ASHER TARMON ◻ EZRI UVAL
HEBREW VERB TABLES

ASHER TARMON ▫ EZRI UVAL

HEBREW VERB TABLES

A NEW EXTENDED EDITION FOR THE BEGINNER AND ADVANCED STUDENT

3175 VERBS, 235 TABLES
Including Hebrew–English and English–Hebrew Verb Index
arranged alphabetically, with prepositions

TAMIR PUBLISHERS, JERUSALEM

First edition – 1971
Second edition – 1978
Third edition – 1991

© TAMIR PUBLISHERS
2 Ben Yehuda St., P.O.Box 2481, Jerusalem 91024 Israel, Tel. 02-250717

■ ■ ■

All rights reserved.
No part of this book may be reproduced or distributed
in any form or by any electronic or mechanical means
(including photo-copying and recording),
without written permission from the publishers

Graphic Design: Amir Rom
Typesetting: University Enterprises

ISBN: 965–376–008–4
Library of Congress Catalog No. 72–950991

Printed in Jerusalem by Hemed Press

**Dedicated to
IRWIN SHAW**
former Executive Vice President
of the Detroit Jewish Community Center,
whose initiative and vision
gave this book birth

During the twenty years since the first edition of Hebrew Verb Tables appeared, it has done well among the thousands of teachers and students. The book was translated into a number of languages and has become a vital aid in the study of Hebrew verb conjugations. The distribution was worldwide and the book was well accepted in schools, ulpan courses, community centers overseas and universities both in Israel and abroad.

The secret of the book's success is the easy and convenient method which enables one to grasp how to use the verb, without having to learn the complex rules of Hebrew grammar.

In this extended and updated version, an effort was made to include most of the Hebrew verbs in usage today, to improve their presentation, to simplify their location and to try and keep in step with the changes occurring in the language.

Here's to a fruitful and pleasant learning experience.

CONTENTS

	Page
HEBREW	
Introduction	9
Foreword	11
Guidelines for Users	12
Structure of the Hebrew Verb	14
Hebrew–English Verb Index	15
VERB TABLES (arranged by Conjugational Patterns)	59
פָּעַל	61
נִפְעַל	93
פִּעֵל	106
פֻּעַל	120
הִתְפַּעֵל	129
הִפְעִיל	151
הֻפְעַל	168
List of Matching Verbs (Continuation)	180
List of Verb Tables	186
ENGLISH	
English–Hebrew Verb Index	228
Guidelines for Users	229
Structure of the Hebrew Verb	231
Foreword	232
Introduction	233

INTRODUCTION

I have long been familiar with the book "HEBREW VERB TABLES" by two of my former students Asher Tarmon and Ezri Uval. It has helped numerous learners to gain a knowledge of Hebrew verb conjugations, by a method that is simple and fast. I am happy to see that the editors have acceded to requests by the book's well-wishers and have extended its scope, added some new features and thus updated its contents.

The editors deserve appreciation and praise for having invested much time and labour, leading to the publication of this new edition. The wide circle of students of the Hebrew language has grown larger in recent years. Today there are indeed very many all over the world and in all walks of life, who devote time and energy learning to speak Hebrew. The current waves of immigration to Israel have greatly increased the size of this student population. This book "HEBREW VERB TABLES", comes in response to an ever growing need of those who seek an easy way to become adept in conjugating the Hebrew verb. Their using this book, ensures exactly that.

Professor Haim Rabin

FOREWORD

Since 1971, when our book first appeared, we have received encouraging feedback from many teachers and students both in Israel and overseas. Their repeated requests entailed – extending the scope of the book to include all Hebrew verbs, adding the appropriate prepositions and providing an English-Hebrew Verb Index. Thus we were motivated to publish this new extended edition.

During our preparations over a period of six years, we were engrossed in dictionaries, newspapers and the colloquialisms of spoken Hebrew, in an effort to encompass most of the verbs in use today.

In this book, we have included the following new features:

★ VERB LISTS – Adjacent to each Table, we have added a list of verbs which are conjugated exactly as the model (except where there are no additional verbs that match the model). Lengthy lists are continued on another page indicated by the sign ◄.

★ PREPOSITIONS – We have added prepositions to the verbs that require them (except in those cases where the preposition is "אֶת").

★ ENGLISH–HEBREW VERB INDEX – We arranged this index alphabetically for easy reference. Please note that the verbs in this index are a consequence of the translation of the Hebrew Verbs in use. Therefore it cannot aspire to be a comprehensive range of verbs in the English language. If the verb sought is not included, please choose the closest synonym.

★ LIST OF VERB TYPES – We have extended this list threefold and have given almost all the existing types including rare ones.

Before using this book, please note:

★ HEBREW VERB INDEX – This is arranged alphabetically and the verb appears in the third person, singular, past tense. The number alongside the verb indicates the TABLE number to refer to, for the correct conjugation (not the page number).

★ TABLES – these are arranged in sections according to Conjugational Patterns. To make the Tables easier to locate, we have substantially enlarged the actual figure. We also considered dispensing with the rare feminine 2nd and 3rd person plural (תִּלְמַדְנָה, לָמַדְנָה) but decided to retain them and print them in a smaller typeface, since they are still in use.

★ VOWELLING – In order not to unduly burden the student we have retained the consonant dot (dagesh kal) in the letters ב׳ כ׳ פ׳ ת׳ only.

We hope this new edition will continue to be of help to students of Hebrew wherever they may be.

Jerusalem, Hannukah, 1990

Asher Tarmon and Ezri Uval

GUIDELINES FOR USERS OF

SAMPLE PAGE FROM VERB INDEX

English	No.	Hebrew	English	No.	Hebrew
collapse	155	הִתְמוֹטֵט	(become) expensive	135	הִתְיַקֵּר
dissolve (intr.)	155	הִתְמוֹסֵס בְּ...	permit, untie, release	198	הִתִּיר
merge, (be) blended	135	הִתְמַזֵּג עִם...	sap, weaken	198	הִתִּישׁ
specialise, master	159	הִתְמַחָה בְּ...	take a seat	135	הִתְיַשֵּׁב
persist, persevere	178	הִתְמִיד בְּ...	settle		בְּ...
astound, amaze	185	הִתְמִיהַּ	(become) antiquated	140	הִתְיַשֵּׁן
(become) addicted	135	הִתְמַכֵּר לְ...	straighten (intr.)	135	הִתְיַשֵּׁר
(be) filled	139	הִתְמַלֵּא בְּ...	(be) orphaned	135	הִתְיַתֵּם מִ...
pretend (innocence)	177	הִתַּמֵּם	(be) honoured	135	הִתְכַּבֵּד בְּ...
materialize (intr.)	135	הִתְמַמֵּשׁ	(become) round	135	הִתְכַּדֵּר
(be) appointed,	159	הִתְמַנָּה לְ...	intend, mean	140	הִתְכַּוֵּן לְ...
(be) nominated			prepare (oneself)	156	הִתְכּוֹנֵן לְ...
(become) institutionalized	135	הִתְמַסֵּד	bend (intr.)	155	הִתְכּוֹפֵף
			shrink (intr.)	135	הִתְכַּוֵּץ
devote (intr.)	135	הִתְמַסֵּר לְ...	deny (intr.)	137	הִתְכַּחֵשׁ לְ...
dwindle, (be) diminished	137	הִתְמַעֵט	maintain (oneself)	167	הִתְכַּלְכֵּל
			assemble	135	הִתְכַּנֵּס
(be) familiar	139	הִתְמַצֵּא בְּ...	cover (oneself)	159	הִתְכַּסָּה בְּ...
focus (intr.)	135	הִתְמַקֵּד בְּ...	(become) ugly	137	הִתְכָּעֵר
bargain, haggle	138	הִתְמַקֵּחַ עִם...	wrap (oneself)	167	הִתְכַּרְבֵּל
locate (intr.)	135	הִתְמַקֵּם בְּ...	correspond	135	הִתְכַּתֵּב עִם...
rebel	136	הִתְמָרֵד	brawl	135	הִתְכַּתֵּשׁ עִם...
(become) embittered	167	הִתְמַרְמֵר עַל...	mock	208	הֵתֵל בְּ...
(be) lengthened	135	הִתְמַשֵּׁךְ	flounder	135	הִתְלַבֵּט בְּ...
stretch (oneself)	138	הִתְמַתֵּחַ	dress (intr.)	135	הִתְלַבֵּשׁ
(become) moderate	140	הִתְמַתֵּן	(get) excited	137	הִתְלַהֵב
prophesy	139	הִתְנַבֵּא	(become) enthused		מִ...
wipe (intr.), dry (intr.)	135	הִתְנַגֵּב בְּ...	glow	137	הִתְלַהֵט
oppose, resist	135	הִתְנַגֵּד לְ...	accompany, escort	159	הִתְלַוָּה לְ...
bicker, tussle	138	הִתְנַגֵּחַ עִם...	grumble	156	הִתְלוֹנֵן
clash, collide	135	הִתְנַגֵּשׁ בְּ...	complain		עַל...
volunteer	135	הִתְנַדֵּב לְ...	jest, joke	155	הִתְלוֹצֵץ
swing (intr.), oscillate	167	הִתְנַדְנֵד	scoff		עַל...
(be) evaporated, vanish	135	הִתְנַדֵּף	whisper together	137	הִתְלַחֵשׁ עִם...
stipulate	190	הִתְנָה	coalesce, unite	135	הִתְלַכֵּד עִם...
(be) stipulated	221	הֻתְנָה	(become) dirty, dirty (intr.)	167	הִתְלַכְלֵךְ
behave	137	הִתְנַהֵג			
(be) managed	137	הִתְנַהֵל	blaze up, (be) inflamed	138	הִתְלַקֵּחַ
degenerate	140	הִתְנַוֵּן			
fly (intr.) (flag)	155	הִתְנוֹסֵס	gather together	135	הִתְלַקֵּט
sway	157	הִתְנוֹעֵעַ	linger, delay (intr.)	168	הִתְמַהְמַהּ
abstain from	135	הִתְנַזֵּר מִ...	(be) soft-hearted	155	הִתְמוֹגֵג מִ...
settle (on land)	137	הִתְנַחֵל בְּ...	pit (oneself) against, wrestle with	155	הִתְמוֹדֵד עִם...
(be) consoled	137	הִתְנַחֵם בְּ...			

By following these three steps you can conjugate all the verbs in this book:

1. Look for the verb in the alphabetical Verb Index

Say we decided to look for the conjugation of the verb הִתְלַהֵב. The number shown alongside this verb refers to the appropriate table, in this case 137. (Note: This is the Table number and not the page number!).

231

"HEBREW VERB TABLES"

SAMPLE PAGE OF VERB TABLES

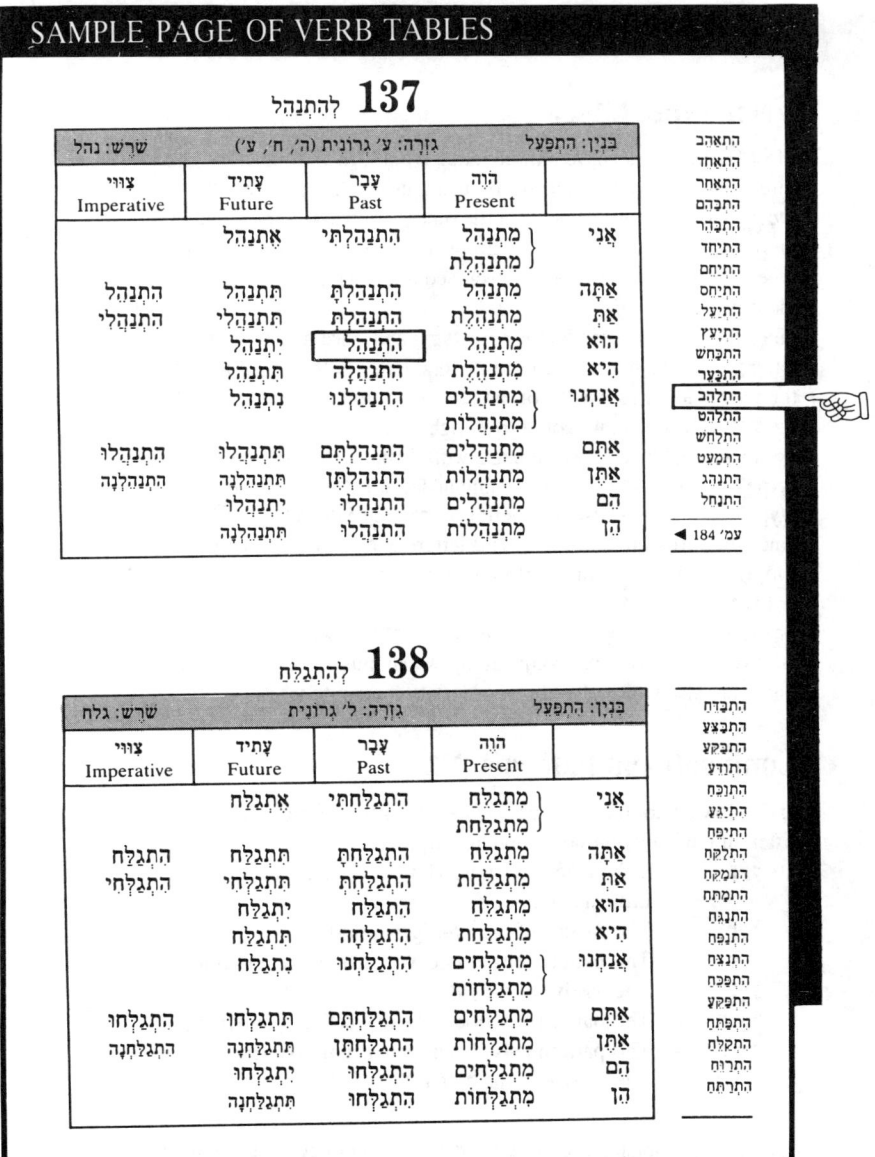

2. The number shown alongside the verb helps us to find the right Table

We have found Table 137. Our verb הִתְלַהֵב is not the model used in this Table, but is identical. All the other verbs listed at the side of this Table, are the same as the model הִתְנַהֵל. The sign ◄ refers to a continuation of these matching verbs on page 184.

3. Now conjugate exactly as is done in this Table's model

STRUCTURE OF THE HEBREW VERB

Verb Types גִּזְרָה

Most Hebrew verbs have a three-letter "root". In "strong verbs" all three letters are retained in all conjugations. Such verbs are called שְׁלֵמִים which means "whole". In the other, or "weak verbs", one or more letters may be changed or dropped. In order to classify each type of verb, a code has been developed to aid with the identification.

Since the Hebrew word for verb is "פֹּעַל", and since it contains three letters, it is customary to refer to the first letter as the "פ" of the פֹּעַל; the second letter as the "ע" of the פֹּעַל; the third letter as the "ל" of the פֹּעַל. (Of course, we count from right to left.)

For example, all verbs which begin with the letter "נ" are of the פ"נ "type" or גִּזְרָה. All verbs whose middle letter is "ו" are of the ע"ו "type". All verbs whose third letter is "ה" are of the ל"ה "type".

Since the verbs with guttural גְּרוֹנִית letters א, ה, ח, ע are usually conjugated the same way, verbs are also classified as פ׳ גְּרוֹנִית, ע׳ גְּרוֹנִית or ל׳ גְּרוֹנִית.

The tables also include "singletons" or מְיוּחָדוֹת. These are frequently-used verbs with irregular conjugations which must be learned by rote. There are also tables of verbs whose roots contain four letters.

Conjugational Patterns בִּנְיָן

The following are the seven conjugational patterns which have different but sometimes overlapping purposes:

a. פָּעַל – This is the pattern which tells of plain, simple ordinary action.
b. נִפְעַל – The passive of the פָּעַל. (generally)
c. פִּעֵל – This pattern tells of intensive action. (generally)
d. פֻּעַל – The passive of the פִּעֵל.
e. הִתְפַּעֵל – This pattern describes reflexive action. (generally)
f. הִפְעִיל – This pattern tells of causative action. (generally)
g. הֻפְעַל – The passive of the הִפְעִיל.

Note: Conjugational patterns פֻּעַל and הֻפְעַל do not have the Infinitive form, nor do they have the Imperative.

ENGLISH–HEBREW VERB INDEX

A

English	Page	Hebrew
abandon	22	זָנַח
	32	נָטַשׁ
	185	הִזְנִיחַ
	178	הִפְקִיר
abbreviate	91	קִצֵּר
abhor	93	תִּעֵב
abort	198	הִפִּיל
abound (intr.)	22	שָׁפַע
absorb	1	סָפַג, קָלַט
abstain	76	נִמְנַע
abstain from	135	הִתְנַזֵּר מִ...
abstract	105	תִּקְצֵר
abuse	135	הִתְעַלֵּל בְּ...
accelerate	202	הֵאִיץ בְּ...
accentuate	178	הִטְעִים
accept	91	קִבֵּל
acclimatize	105	אִקְלֵם
accommodate	110	אִכְסֵן
accompany	78	נִלְוָה אֶל...
	159	הִתְלַוָּה לְ...
accomplish	178	הִסְפִּיק
accumulate	1	צָבַר
	4	אָצַר
accuse	181	הֶאֱשִׁים
accustom	178	הִרְגִּיל
ache	19	כָּאַב
achieve	198	הִשִּׂיג
acquiesce	70	נֶעְתַּר לְ...
acquaint	198	הִכִּיר
acquiesce	178	הִשְׁלִים עִם...
acquire	1	רָכַשׁ
acquit	103	זִכָּה
act (to do)	19	פָּעַל
act (role)	93	שִׂחֵק
activate	204	הֵנִיעַ
	106	תִּפְעֵל
	178	הִפְעִיל
adapt	91	סִגֵּל, עִבֵּד
adapt (oneself)	142	הִסְתַּגֵּל לְ...
add	194	הוֹסִיף
adhere	3	דָּבַק בְּ...
adjust (intr.)	142	הִסְתַּגֵּל
adjust (tr.)	113	כִּוְנֵן
administer	93	נִהֵל
admire	181	הֶעֱרִיץ
admit	197	הוֹדָה בְּ...
adopt	91	אִמֵּץ
adorn	91	עִטֵּר, קִשֵּׁט
adorn (intr.)	135	הִתְקַשֵּׁט
	167	הִתְפַּרְכֵּס
	135	הִתְהַדֵּר בְּ...
advance	91	קִדֵּם
	135	הִתְקַדֵּם
advance (tr.)	178	הִצְעִיד
advertise	105	פִּרְסֵם
advise	26	יָעַץ לְ...
	93	יִעֵץ לְ...
affix	19	נָעַץ
	22	קָבַע
afforest	93	יִעֵר
affront	178	הִכְלִים
agitate	178	הִסְעִיר
agree	178	הִסְכִּים לְ...
aim	11	חָתַר
	96	כִּוֵּן
air out	105	אִוְרֵר
alert	178	הִזְעִיק
	185	הִתְרִיעַ עַל...
alleviate	208	הֵקֵל
allocate	178	הִפְרִישׁ
	190	הִקְצָה
allot	1	קָצַב
	91	חִלֵּק
	190	הִקְצָה
allow	190	הִרְשָׁה
alter	103	שִׁנָּה
amalgamate	135	הִתְאַגֵּד בְּ...
amaze	184	הִפְלִיא

English	Page	Hebrew	English	Page	Hebrew
amaze	185	הִתְמִיהַּ	arrange	9	עָרַךְ
amble	158	הִסְתּוֹבֵב בְּ...	arrange (music)	91	עִבֵּד
ambush	4	אָרַב לְ...	arrest	4	אָסַר
amputate	22	קָטַע		9	עָצַר
amuse	94	בִּדַּח	arrive	200	הִגִּיעַ לְ...
	109	שִׁעֲשַׁע	ascend	44	עָלָה
amuse (intr.)	173	הִשְׁתַּעֲשַׁע	ascribe	91	שִׁיֵּךְ
analyze	94	נִתַּח	ask	19	שָׁאַל
anchor	64	עָגַן	asphalt	92	זִפֵּת
anger	178	הִכְעִיס, הִרְגִּיז	aspire	19	שָׁאַף
annex	91	סִפַּח	assault	135	הִתְנַפֵּל עַל...
annihilate	178	הִכְחִיד, הִשְׁמִיד		135	הִתְנַקֵּשׁ בְּ...
	179	הִכְרִית		144	הִסְתָּעֵר עַל...
announce	196	הוֹדִיעַ	assemble	178	הִרְכִּיב
	178	הִכְרִיז עַל...	assemble (intr.)	135	הִתְאַסֵּף
annoy	178	הִרְגִּיז		135	הִתְכַּנֵּס
	202	הֵצִיק לְ...		137	הִתְקַהֵל בְּ...
anoint	22	מָשַׁח	assemble (tr.)	178	הִקְהִיל
answer	44	עָנָה	assess	4	אָמַד
apologize	135	הִתְנַצֵּל	assimilate	155	הִתְבּוֹלֵל
appeal against	106	עִרְעֵר עַל...	assist	9	עָזַר לְ...
appear	196	הוֹפִיעַ בְּ...		94	סִיֵּעַ לְ...
appease	91	פִּיֵּס	associate	135	הִתְחַבֵּר עִם...
	103	רִצָּה	astound	178	הִדְהִים
applaud	35	מָחָא		185	הִתְמִיהַּ
apply	38	פָּנָה אֶל...	assure	185	הִבְטִיחַ
apply (law etc.)	202	הֵחִיל	atone	91	כִּפֵּר עַל...
apply to	50	חָל עַל...	attach	91	חִבֵּר
appoint	103	מִנָּה		178	הִצְמִיד
appoint (ruler)	178	הִמְשִׁיל, הִשְׁלִיט	attach (oneself)	65	נִצְמַד אֶל...
appreciate	181	הֶעֱרִיךְ	attach (property)	91	עִקֵּל
approach	3	קָרַב אֶל...	attack	1	תָּקַף
	61	נִגַּשׁ אֶל...		144	הִסְתָּעֵר עַל...
	136	הִתְקָרֵב לְ...		178	הִתְקִיף
arbitrate	91	תִּוֵּךְ בֵּין...	attract	1	מָשַׁךְ
argue	138	הִתְוַכֵּחַ עִם...	attribute	91	שִׁיֵּךְ
	138	הִתְנַצֵּחַ עִם...	authorize	178	הִסְמִיךְ
arise	50	קָם	avoid	76	נִמְנַע מִ...
arm	91	חִמֵּשׁ	awake	202	הֵקִיץ מִ...
arm (oneself)	135	הִתְחַמֵּשׁ	awaken	112	עוֹרֵר
armour	110	שִׁרְיֵן		155	הִתְעוֹרֵר
arouse	112	קוֹמֵם, עוֹרֵר			
arouse hatred	184	הִשְׂנִיא			
arrange	91	סִדֵּר			

B

English	Page	Hebrew
bake	47	אָפָה
balance	96	אִזֵּן
ban	181	הֶחֱרִים
bandage	11	חָבַשׁ
baptize	178	הִטְבִּיל
bargain	138	הִתְמַקֵּחַ עִם...
bark	22	נָבַח
base	91	בִּסֵּס, יִסֵּד
	179	הִשְׁתִּית
base (intr.)	135	הִתְבַּסֵּס
be	48	הָיָה
be able to	55	יָכֹל לְ...
be about to	9	עָמַד לְ...
be accepted	135	הִתְקַבֵּל
be amazed	137	הִתְפָּעֵל מִ...
be bereaved	2	שָׁכַל
be beneficial	194	הוֹעִיל לְ...
be careful	74	נִזְהַר מִ...
be conspicuous	135	הִתְבַּלֵּט
be continued	65	נִמְשַׁךְ
be contrite	136	הִתְחָרֵט
be correct	2	צָדַק
be cruel	167	הִתְאַכְזֵר
be disconnected	135	הִתְנַתֵּק
be defective	65	נִפְגַּם
be different	65	נִבְדַּל מִ...
be devious	135	הִתְחַכֵּם
be fond of	91	חִבֵּב
be feverish	22	קָדַח
be furious	1	קָצַף עַל...
be fed up	74	נִמְאַס עַל...
be guilty	13	אָשֵׁם בְּ...
be ill	45	חָלָה בְּ...
be impertiment	135	הִתְחַצֵּף לְ...
be inclined	42	נָטָה
be in need	152	הֻזְדַּקֵּק לְ...
be insulted	70	נֶעֱלַב
be jealous	95	קִנֵּא
be late	97	אֵחַר לְ...
be made to donate	212	הֻתְרַם
be missing	65	נִפְקַד
be noisy	19	רָעַשׁ
be negligent	135	הִתְרַשֵּׁל
be obstinate	135	הִתְעַקֵּשׁ
be pleasant	20	נָעַם
be precise	178	הִקְפִּיד עַל...
be present	22	נָכַח בְּ...
be pretentious	135	הִתְיַמֵּר לְ...
be proud of	161	הִתְגָּאָה בְּ...
be proved wrong	159	הִתְבַּדָּה
be requested	135	הִתְבַּקֵּשׁ
be right	2	צָדַק
be rid of	65	נִפְטַר מִ...
be shocked	74	נִדְהַם
be slow	91	פִּגֵּר
be sorry	149	הִצְטַעֵר עַל...
be stricken	38	לָקָה בְּ...
be strict	178	הִקְפִּיד עַל...
be unruly	155	הִתְהוֹלֵל
beam	63	קָרַן
bear	36	נָשָׂא
bear (children)	25	יָלַד
bear (fruit)	202	הֵנִיב
bear grudge	1	נָטַר לְ...
beat	11	חָבַט בְּ...
	201	הִכָּה
beat (intr. heart)	19	פָּעַם
beautify	103	יִפָּה
beautify (oneself)	159	הִתְיַפָּה
become accustomed	135	הִתְרַגֵּל לְ...
become addicted	135	הִתְמַכֵּר לְ...
become angry	2	רָגַז עַל...
	19	כָּעַס עַל...
	135	הִתְרַגֵּז עַל...
become aware	86	נוֹכַח
become bestial	137	הִתְבַּהֵם
become blind	135	הִתְעַוֵּר
become blunted	41	קָהָה
become chilled	136	הִתְקָרֵר
become clear	134	הִתְבָּהֵר
become clumsy	171	הִסְתַּרְבֵּל
become confused	167	הִתְבַּלְבֵּל
become convinced	174	הִשְׁתַּכְנֵעַ מִ...
become dark	135	הִתְקַדֵּר

become dark	13	חָשַׁךְ
become deaf	136	הִתְחָרֵשׁ
become dumb	70	נֶאֱלַם
become dry	135	הִתְיַבֵּשׁ
become extreme	187	הִקְצִין
become expensive	135	הִתְיַקֵּר
become equal	162	הִשְׁתַּוָּה
become excited	135	הִתְרַגֵּשׁ
	137	הִתְלַהֵב
	171	הִשְׁתַּלְהֵב
become efficient	137	הִתְיַעֵל
become embittered	167	הִתְמַרְמֵר עַל...
become engaged	136	הִתְאָרֵס
become enraged	138	הִתְרַתֵּחַ
become entangled	142	הִסְתַּבֵּךְ
become fossilized	140	הִתְאַבֵּן
become fat	57	שָׁמַן
become flexible	178	הִתְגַמֵּשׁ
become grey	181	הֶאֱפִיר
become hoarse	65	נִצְרַד
	150	הִצְטָרֵד
become impure	37	טָמֵא בְּ...
become inebriated	135	הִתְבַּשֵּׂם מִ...
become insane	145	הִשְׁתַּגֵּעַ מִ...
become mad	145	הִשְׁתַּגֵּעַ מִ...
become misty	167	הִתְעַרְפֵּל
become mollified	135	הִתְרַכֵּךְ
become mouldy	135	הִתְעַפֵּשׁ
become mute	70	נֶאֱלַם
become obscure	167	הִתְעַרְפֵּל
become old	187	הִזְקִין
	57	זָקֵן
become overcast	140	הִתְעַנֵּן
become orphaned	135	הִתְיַתֵּם
become pale	181	הֶחֱוִיר
become pregnant	135	הִתְעַבֵּר
become pretty	39	יָפָה
become pure	152	הִזְדַּכֵּךְ
become reconciled	135	הִתְפַּיֵּס
become refreshed	176	הִתְרַעֲנֵן
become rich	135	הִתְעַשֵּׁר
become rugged	167	הִתְחַסְפֵּס
become sick	45	חָלָה בְּ...
become serious	187	הִרְצִין
become silent	142	הִשְׁתַּתֵּק
become united	137	הִתְאַחֵד עִם...
become ugly	137	הִתְכַּעֵר
become verified	135	הִתְאַמֵּת
become widowed	170	הִתְאַלְמֵן
become wise	183	הֶחְכִּים
become worn	171	הִשְׁתַּפְשֵׁף
become wrinkled	135	הִתְקַמֵּט
become yellow	178	הִצְהִיב
bed	178	הִשְׁכִּיב
befriend	135	הִתְיַדֵּד עִם...
	157	הִתְרוֹעֵעַ עִם...
beg (money)	91	קִבֵּץ
beget	194	הוֹלִיד
begin	178	הִתְחִיל לְ...
behave	137	הִתְנַהֵג
behave mischievously	168	הִתְפַּרְחֵחַ
behave modestly	151	הִצְטַנֵּעַ
behave wildly	158	הִשְׁתּוֹבֵב
behead	9	עָרַף
belch	93	גִּהֵק
believe	182	הֶאֱמִין בְּ...
belong	142	הִשְׁתַּיֵּךְ לְ...
bend	19	גָּחַן עַל...
	91	עִקֵּם
bend (intr.)	135	הִתְעַקֵּם
	155	הִתְכּוֹפֵף
bend (tr.)	1	כָּפַף
	112	כּוֹפֵף
benefit	72	נֶהֱנָה מִ...
bequeath	103	צִוָּה
	194	הוֹרִישׁ
beseech	140	הִתְחַנֵּן עַל...
besiege	50	צָר עַל...
bestir	137	הִתְנַעֵר מִ...
bestow	178	הִנְחִיל
bet	136	הִתְעָרֵב
betray	1	בָּגַד בְּ...
better	207	הֵיטִיב
bewitch	91	כִּשֵּׁף
bicker	138	הִתְנַגֵּחַ עִם...
billet	96	שִׁכֵּן
bind	1	כָּבַל, קָשַׁר
	59	כָּפַת

bind (book)	1	כָּרַךְ
bite (snake)	198	הִכִּישׁ
bite	32	נָשַׁךְ
bite off	1	נָגַס
blacken	178	הִשְׁחִיר
blame	181	הֶאֱשִׁים
blaze up	138	הִתְלַקֵּחַ
bleach	187	הִלְבִּין
bleat	40	גָּעָה
bleed	59	שָׁתַת
	91	דִּמֵּם
bless	98	בֵּרֵךְ
blind	91	עִוֵּר
	95	סִמֵּא
	105	סִנְוֵר
blink	105	מִצְמֵץ בְּ...
	106	עִפְעֵף
block	1	סָתַם
	11	חָסַם
bloom	22	פָּרַח
blossom	22	פָּרַח
	105	לִבְלֵב
blow	32	נָשַׁב
	204	הֵפִיחַ
blow (shofar)	22	תָּקַע בְּ...
blue	178	הִכְחִיל
blunt	191	הִקְהָה
blur	105	טִשְׁטֵשׁ
blush	5	אָדַם
	178	הִסְמִיק
boast	135	הִתְהַלֵּל
	136	הִתְפָּאֵר
	145	הִשְׁתַּבֵּחַ בְּ...
boil	1	שָׁלַק
	185	הִרְתִּיחַ
boil (intr.)	22	רָתַח
bomb	178	הִפְצִיץ
bombard	178	הִפְגִּיז, הִפְצִיץ
border (upon)	1	גָּבַל בְּ...
bore	105	שִׁעֲמֵם
borrow	38	לָוָה מִ...
bother	178	הִטְרִיד
bother (intr.)	22	טָרַח
	185	הִטְרִיחַ

bounce (tr.)	178	הִקְפִּיץ
bow	166	הִשְׁתַּחֲוָה לְ...
	187	הִרְכִּין
box (fight)	167	הִתְאַגְרֵף
boycott	181	הֶחֱרִים
brag	136	הִתְפָּאֵר
	139	הִתְנַשֵּׂא
braid	22	קָלַע
brake	1	בָּלַם
branch out	144	הִסְתָּעֵף
brandish	202	הֵנִיף
brawl	135	הִתְכַּתֵּשׁ עִם...
bray	19	נָעַר
break into	1	פָּרַץ
break through	22	בָּקַע
break	1	שָׁבַר
break out	136	הִתְפָּרֵץ
breast-feed	207	הֵינִיק
breathe	1	נָשַׁם
breathe (heavily)	135	הִתְנַשֵּׁם
brew	11	חָלַט
bribe	93	שִׁחֵד
bridge	91	גִּשֵּׁר עַל...
brief	105	תִּדְרֵךְ
bring	205	הֵבִיא
bring in	178	הִכְנִיס
bring news	91	בִּשֵּׂר לְ...
bring together	178	הִפְגִּישׁ
bring up	91	חִנֵּךְ
broadcast	91	שִׁדֵּר
broaden	178	הִרְחִיב
brood	2	רָבַץ עַל...
brown (tr.)	178	הִשְׁחִים
bubble	108	בִּעְבֵּעַ
bud	105	לִבְלֵב
budget	105	תִּקְצֵב
	178	הִקְצִיב
build	38	בָּנָה
burden	178	הִכְבִּיד עַל...
burn (intr.)	1	דָּלַק
	19	בָּעַר
burn (tr.)	1	שָׂרַף
burp	93	גִּהֵק
burrow	1	נָבַר בְּ...

burst (intr.)	138	הִתְבַּקֵּעַ, הִתְפַּקֵּעַ
burst forth	204	הֵגִיחַ מִ...
burst into	1	פָּרַץ
burst into song	22	פָּצַח בְּ...
bury	1	קָבַר
bustle	1	שָׁקַק
butcher	19	שָׁחַט
button	1	רָכַס
	105	כִּפְתֵּר
buy	38	קָנָה
buzz	105	זִמְזֵם
bypass	9	עָקַף

C

cable	117	טִלְגְּרֵף לְ...
	178	הִבְרִיק
cackle	105	קִרְקֵר
calculate	91	חִשֵּׁב
call	35	קָרָא לְ...
calm	185	הִרְגִּיעַ
calm down	69	נִרְגַּע
camouflage	190	הִסְוָה
camouflage (oneself)	162	הִסְתַּוָּה
cancel	91	בִּטֵּל
caper	91	רִקֵּד
captivate	91	לִבֵּב
captivate (intr.)	1	קָסַם
capture	1	לָכַד
	38	שָׁבָה
care	19	דָּאַג לְ...
caress	91	לִטֵּף
carry	36	נָשָׂא
carry out	94	בִּצֵּעַ
carve	91	בִּתֵּר, גִּלֵּף
cast	202	הֵטִיל
cast (metal)	32	יָצַק
castigate	91	יִסֵּר
castrate	98	סֵרֵס
catalogue	105	קִטְלֵג
catch	1	תָּפַס
catch cold	147	הִצְטַנֵּן
catch fire	65	נִדְלַק
catch up	198	הִשִּׂיג
categorize	91	סִוֵּג
cause	1	גָּרַם לְ...
cause complex	105	תִּסְבֵּךְ
cause storm	178	הִסְעִיר
cause to dance	178	הִרְקִיד
cause to grow	185	הִצְמִיחַ
cause to hear	185	הִשְׁמִיעַ
cause to read	184	הִקְרִיא
cause to strike	179	הִשְׁבִּית
cease	13	חָדַל
cease (intr.)	1	פָּסַק
	39	כָּלָה
	178	הִפְסִיק
cease (labour)	59	שָׁבַת
celebrate	11	חָגַג
certify	91	אִשֵּׁר
chain	1	כָּבַל
chance upon	154	הִזְדַּמֵּן לְ...
change	103	שִׁנָּה
	181	הֶחֱלִיף
change (intr.)	162	הִשְׁתַּנָּה
change (money)	1	פָּרַט
characterize	110	אִפְיֵן
charge (an account)	1	זָקַף
charm	178	הִקְסִים
charm (intr.)	1	קָסַם לְ...
chase	1	רָדַף אַחֲרֵי...
chase away	185	הִבְרִיחַ
	202	הֵנִיס
chastise	91	יִסֵּר
chat	115	שׂוֹחַח עִם...
chatter	105	פִּטְפֵּט
cheat	103	רִמָּה
check	1	בָּדַק
chide	105	קִנְטֵר
chill	98	קֵרֵר
chirp	91	צִיֵּץ
chisel	92	סִתֵּת
choke (intr.)	71	נֶחֱנַק
	192	הִשְׁתַּנֵּק

choose	19	בָּחַר בְּ...
chop	91	קִצֵּץ
	94	בִּקַּע
christianize	91	נִצֵּר
circle	50	חָג
	112	סוֹבֵב
circumcise	50	מָל
civilise	111	תִּרְבֵּת
claim	21	טָעַן
claim descent	137	הִתְיַחֵס עַל...
clarify	96	לִבֵּן
	98	בֵּרֵר
	178	הִבְהִיר
clash	135	הִתְנַגֵּשׁ בְּ...
clasp	59	לָפַת
classify	96	מִיֵּן
clatter	105	טִרְטֵר
clean	103	נִקָּה
clean (oneself)	159	הִתְנַקָּה
cleanse	93	טִהֵר
clear throat	108	כִּחְכֵּחַ
cleave	94	בִּקַּע, פִּלַּח
clench	1	קָמַץ
climb	91	טִפֵּס
	181	הֶעְפִּיל לְ...
climb (aircraft)	33	נָסַק
cling	3	דָּבַק בְּ...
cling to	65	נִטְפַּל אֶל...
	135	הִתְרַפֵּק עַל...
clip	1	גָּזַם
cloak	9	עָטַף
close	1	סָגַר
close (eyes)	9	עָצַם
clutch	70	נֶאֱחַז בְּ...
coalesce	135	הִתְלַכֵּד עִם...
coat	103	צִפָּה
coax	91	שִׁדֵּל
coerce	38	כָּפָה עַל...
cohabit	152	הִזְדַוֵּג
collapse	155	הִתְמוֹטֵט
collapse (intr.)	1	קָרַס
collapse (tr.)	112	מוֹטֵט
collect	4	אָסַף
collect (taxes)	38	גָּבָה

collide	135	הִתְנַגֵּשׁ
colour	1	צָבַע
comb	98	סֵרֵק
comb (intr.)	144	הִסְתָּרֵק
combine	1	כָּרַךְ
	98	צֵרֵף
come to	54	בָּא לְ...
come to end	142	הִסְתַּיֵּם
come from	54	בָּא מִ...
come late	137	הִתְאַחֵר
come true	135	הִתְאַמֵּת
come with	54	בָּא עִם...
command	1	פָּקַד
	103	צִוָּה
	197	הוֹרָה
command (a force)	91	פִּקֵּד עַל...
commence	179	הִתְחִיל
commend	94	שִׁבַּח
commit (oneself)	135	הִתְחַיֵּב לְ...
commit adultery	19	נָאַף
commit crime	22	פָּשַׁע
commit suicide	135	הִתְאַבֵּד
commune	137	הִתְיַחֵד עִם...
compact	19	דָּחַס
compare	103	דִּמָּה
	190	הִשְׁוָה
compel	19	לָחַץ
	91	אִלֵּץ
	185	הִכְרִיחַ
compensate	91	שִׁלֵּם
	103	פִּצָּה
compete	161	הִתְחָרָה בְּ...
compile	91	לִקֵּט
complain	1	קָבַל עַל...
	156	הִתְאוֹנֵן עַל...
	156	הִתְלוֹנֵן עַל...
complete	178	הִשְׁלִים
complicate	91	סִבֵּךְ
compliment	188	הֶחֱמִיא לְ...
comply	73	נַעֲנָה לְ...
compose (music)	187	הִלְחִין
comprehend	1	תָּפַשׂ
compress	19	דָּחַס
comprise	1	כָּלַל

English	Page	Hebrew
compromise	135	הִתְפַּשֵּׁר
compute	91	חָשַׁב
conceal	63	טָמַן
	178	הִסְתִּיר
	181	הֶעֱלִים מִ...
	189	הֶחְבִּיא
concede	91	וִתֵּר
conceive (child)	44	הָרָה
conceive (idea)	46	הָגָה
concentrate	91	רִכֵּז
	135	הִתְרַכֵּז בְּ...
conclude	1	גָּמַר
concoct	22	רָקַח
	38	בָּדָה
concur	178	הִסְכִּים
	159	הִתְרַצָּה
condense	91	רִכֵּז
	111	תִּמְצֵת
conduct (music)	94	נִצַּח עַל...
confess	159	הִתְוַדָּה
confine	91	רִתֵּק
confirm	91	אִשֵּׁר
	95	וִדֵּא
confiscate	181	הֶחֱרִים
	185	הִפְקִיעַ
conform	91	סִגֵּל
confront (tr.)	92	עִמֵּת
confuse	105	בִּלְבֵּל
congeal	178	הִגְלִיד
congratulate	93	אִחֵל לְ...
congregate	137	הִתְקַהֵל
	155	הִתְגּוֹדֵד
conquer	1	כָּבַשׁ
consecrate	11	חָנַךְ
consent	194	הוֹאִיל לְ...
conserve	91	שִׁמֵּר
consider	1	שָׁקַל
	135	הִתְחַשֵּׁב בְּ...
console	93	נִחֵם
consolidate	91	בִּסֵּס, גִּבֵּשׁ
consolidate (intr.)	135	הִתְבַּסֵּס
conspire	1	קָשַׁר נֶגֶד...
construct	38	בָּנָה
consult	85	נוֹעַץ בְּ...
consult	137	הִתְיָעֵץ בְּ...
consult (secretly)	158	הִסְתּוֹדֵד עִם...
consume	1	צָרַךְ
	91	אִכֵּל
consume (distance: water)	35	גָּמָא
contact	135	הִתְקַשֵּׁר לְ...
contain	202	הֵכִיל
contaminate	93	זִהֵם
continue	178	הִמְשִׁיךְ
contradict	1	סָתַר
contribute	1	תָּרַם
contrive (scheme)	105	תִּחְבֵּל
control	94	פִּקַּח עַל...
convene	91	כִּנֵּס
	96	זִמֵּן
	178	הִקְהִיל
	194	הוֹעִיד
converse	115	שׂוֹחֵחַ עִם...
convert	202	הֵמִיר
convert (intr.)	142	הִשְׁתַּמֵּד
convert (to Judaism)	91	גִּיֵּר
	135	הִתְגַּיֵּר
convert (to christianity)	135	הִתְנַצֵּר
convict	91	חִיֵּב
	185	הִרְשִׁיעַ
coo (dove)	45	הָמָה
cook	91	בִּשֵּׁל
cool	96	צִנֵּן
co-operate	91	שִׁתֵּף
co-opt	91	שִׁתֵּף
	94	סִפַּח
co-ordinate	98	תֵּאֵם
copy	181	הֶעְתִּיק
cork	1	פָּקַק
correspond	135	הִתְכַּתֵּב עִם...
corrode	91	אִכֵּל
corrupt	179	הִשְׁחִית
cost	44	עָלָה
cough	143	הִשְׁתַּעֵל
counsel	26	יָעַץ לְ...
	93	יִעֵץ לְ...
	178	הִדְרִיךְ
count	1	סָפַר
	38	מָנָה

counterfeit	91	זִיֵּף
court	91	חִזֵּר אַחֲרֵי...
cover	103	חִפָּה עַל, כִּסָּה
cover (intr.)	44	עָטָה
cover (oneself)	159	הִתְכַּסָּה בְּ...
cover (news)	91	סִקֵּר
covet	11	חָמַד
crack	1	סָדַק
	94	פִּצַּח
crash (intr.)	135	הִתְרַסֵּק
crave	159	הִתְאַוָּה לְ...
crawl	19	זָחַל
creak	11	חָרַק
crease	91	קִמֵּט
create	32	יָצַר
	35	בָּרָא
	112	חוֹלֵל
credit	103	זִכָּה
creep	19	זָחַל
criticise	91	בִּקֵּר
cross (intr.)	148	הִצְטַלֵּב
cross over	45	חָצָה
cross (river)	22	צָלַח
crossbreed	178	הִצְלִיב
crouch	2	רָבַץ עַל...
crow	105	קִרְקֵר
crowd (together)	158	הִצְטוֹפֵף
crowd (tr.)	112	צוֹפֵף
crown	178	הִכְתִּיר
crucify	1	צָלַב
crumble (intr.)	155	הִתְפּוֹרֵר
crumble (tr.)	112	פּוֹרֵר
crush	19	מָחַץ
	91	רִטֵּשׁ, רִסֵּק
	112	רוֹצֵץ
crust	1	קָרַם
	178	הִגְלִיד
cry	38	בָּכָה
cry out	19	זָעַק
crystallize	91	גִּבֵּשׁ
crystallise (intr.)	135	הִתְגַּבֵּשׁ
cuddle (intr.)	148	הִצְטַנֵּף
cultivate	91	עִבֵּד
culture (medical)	111	תִּרְבֵּת
curb	1	בָּלַם
	96	רִסֵּן
curdle (intr.)	140	הִתְגַּבֵּן
cure	95	רִפֵּא
cure (tr.)	184	הִבְרִיא מִ...
curl (hair)	105	סִלְסֵל
curse	91	קִלֵּל
curtail	91	קִצֵּץ בְּ...
cut	1	גָּזַר
	11	חָתַךְ
cut (bread)	22	בָּצַע
cut (hair)	1	גָּזַז
	91	סִפֵּר
cut (stones)	92	סִתֵּת
cut down	94	כִּסַּח
cut off	91	בִּתֵּק, קִפֵּד

D

dam	1	סָכַר
damage	91	חִבֵּל בְּ...
	105	קִלְקֵל
	198	הִזִּיק לְ...
dampen	178	הִרְטִיב
dance	1	רָקַד
	112	חוֹלֵל
dare	208	הֵעֵז לְ...
dare (intr.)	203	הֵהִין לְ...
darken	181	הֶאֱפִיל
	183	הֶחְשִׁיךְ
	202	הֵעִיב עַל...
darken (intr.)	41	כָּהָה
dash	91	זִנֵּק
dazzle	105	סִנְוֵר
deafen	181	הֶחֱרִישׁ
deal with	9	עָסַק בְּ...
debate	138	הִתְוַכֵּחַ
debate (scholarly)	167	הִתְפַּלְפֵּל עִם...
debrief	105	תִּחְקֵר
decay	39	בָּלָה
decelerate	208	הֵאֵט

English	Page	Hebrew	English	Page	Hebrew
deceive	91	כִּזֵּב	demand	22	תָּבַע
	103	רִמָּה	demean (oneself)	135	הִתְרַפֵּס לִפְנֵי...
	109	תִּעְתֵּעַ בְּ...	demilitarize	98	פֵּרֵז
	197	הוֹנָה	demolish	9	הָרַס
decide	183	הֶחְלִיט	demonstrate	178	הִדְגִּים
decipher	109	פִּעְנֵחַ		187	הִפְגִּין
declare	178	הִכְרִיז עַל...	demote	194	הוֹרִיד
	178	הִצְהִיר עַל...	denounce	196	הוֹקִיעַ
decline	22	שָׁקַע	deny	1	כָּפַר בְּ...
decode	109	פִּעְנֵחַ		178	הִכְחִישׁ
decorate	91	עִטֵּר, קִשֵּׁט	deny (intr.)	137	הִתְכַּחֵשׁ לְ...
decorate (tr. medals)	9	עָנַד	deny (tr.)	94	קִפַּח
decrease (tr.)	93	פִּחֵת	depart	28	יָצָא
decree	1	גָּזַר עַל...	depart (make getaway)	142	הִסְתַּלֵּק מִ...
dedicate	178	הִקְדִּישׁ	deplete	105	דִּלְדֵּל
deduct	91	חִסֵּר	deploy	1	פָּרַס
	103	נִכָּה	deport	98	גֵּרֵשׁ
deepen	181	הֶעֱמִיק	deposit	178	הִפְקִיד
defame	178	הִשְׁמִיץ	depreciate (tr.)	93	פִּחֵת
defeat	202	הֵבִיס	depress	105	דִּכְדֵּךְ
defend	209	הֵגֵן עַל...		202	הֵעִיק עַל...
defend (intr.)	156	הִתְגּוֹנֵן	deprive	1	שָׁלַל
defer	191	הִשְׁהָה		94	קִפַּח
defile	95	טִמֵּא	derive	19	שָׁאַב
define	178	הִגְדִּיר		202	הֵפִיק
defray	22	פָּרַע	derive (intr.)	22	נָבַע
defrost	178	הִפְשִׁיר	desalinate	178	הִתְפִּיל
degenerate	140	הִתְנַוֵּן	descend	25	יָרַד מִ...
degrade (oneself)	159	הִתְבַּזָּה	describe	98	תֵּאַר
dehydrate	26	יִבֵּשׁ	desecrate	91	חִלֵּל
delay	91	עִכֵּב		103	בִּזָּה
	40	דָּחָה	desert	9	עָרַק מִ...
delay (intr.)	168	הִתְמַהְמֵהַּ	design	91	עִצֵּב
delay (payment)	203	הֵלִין	designate	93	יִעֵד
delegate	4	אָצַל	desire	11	חָשַׁק בְּ...
delete	19	מָחַק		15	חָפֵץ בְּ...
delight (intr.)	135	הִתְעַנֵּג עַל...	despair	85	נוֹאַשׁ
delineate	190	הִתְוָה		136	הִתְיָאֵשׁ מִ...
deliver	1	מָסַר	despise	19	מָאַס בְּ...
deliver (in childbirth)	91	יִלֵּד		50	בָּז לְ...
delouse	38	פִּלָּה		105	זִלְזֵל בְּ...
delude	190	הִשְׁלָה	destroy	9	הָרַס
delve	135	הִתְעַמֵּק בְּ...		103	כִּלָּה
demand	1	דָּרַשׁ		179	הִשְׁחִית

English	Page	Hebrew	English	Page	Hebrew	English	Page	Hebrew
destroy	181	הֶחֱרִיב	dirty	105	לִכְלֵךְ			
detach	1	תָּלַשׁ	dirty (intr.)	167	הִתְלַכְלֵךְ			
detail	98	פֵּרֵט	disagree	9	חָלַק עַל...			
detain	191	הִשְׁהָה	disappear	70	נֶעֱלַם			
deter	185	הִרְתִּיעַ	disappoint	105	אִכְזֵב			
deteriorate (intr.)	167	הִתְדַּרְדֵּר		178	הִכְזִיב			
	142	הִשְׁתַּבֵּשׁ	disavow	1	כָּפַר בְּ...			
determine	1	גָּרַס		178	הִכְחִישׁ			
	11	חָרַץ	discard	178	הִשְׁלִיךְ			
	22	קָבַע	discern	187	הִבְחִין בְּ...			
	185	הִכְרִיעַ	discharge	91	פִּטֵּר			
detest	19	בָּחַל בְּ...	disconnect	91	נִתֵּק			
	19	מָאַס בְּ...	discover	103	גִּלָּה			
	50	קָץ בְּ...	discriminate	190	הִפְלָה בֵּין...			
	93	תִּעֵב	discuss	50	דָּן בְּ...			
devaluate	93	פִּחֵת	disdain	105	זִלְזֵל בְּ...			
devastate	178	הִשְׁמִיד	disgorge	205	הֵקִיא			
develop	94	פִּתַּח	disguise (oneself)	135	הִתְחַפֵּשׂ לְ...			
develop (intr.)	138	הִתְפַּתַּח	disgust	178	הִגְעִיל			
deviate	11	חָרַג מִ...	dishonour	91	חִלֵּל			
	38	סָטָה מִ...	disinfect	95	חִטֵּא			
devise	32	יָצַר	dislocate	34	נָקַע			
devise (plot)	105	תִּחְבֵּל	dismantle (intr.)	136	הִתְפָּרֵק			
devote (intr.)	135	הִתְמַסֵּר לְ...	dismantle	98	פֵּרֵק			
diagnose	110	אִבְחֵן	dismiss	91	סִלֵּק, פִּטֵּר			
diaper	91	חִתֵּל		94	שִׁלַּח			
dictate	178	הִכְתִּיב		200	הֵדִיחַ			
die	65	נִפְטַר	dispatch	91	שִׁגֵּר			
	60	מֵת		22	שָׁלַח			
die (animal)	135	הִתְפַּגֵּר	disperse (intr.)	135	הִתְפַּזֵּר			
die out	19	דָּעַךְ	display	198	הִצִּיג			
differ	9	חָלַק עַל...	dispossess	91	נִשֵּׁל			
differentiate	178	הִבְדִּיל בֵּין...	dispute	53	רָב עִם...			
dig	11	חָפַר		167	הִתְפַּלְמֵס עִם...			
	38	כָּרָה	disqualify	1	פָּסַל			
digest	91	עִכֵּל	disregard	105	צִפְצֵף עַל...			
digress	11	חָרַג מִ...		135	הִתְעַלֵּם מִ...			
dilute	19	מָהַל	disrupt	91	שִׁבֵּשׁ			
	91	דִּלֵּל	dissolve (intr.)	155	הִתְמוֹסֵס בְּ...			
dim	91	עִמְעֵם	distance	178	הִרְחִיק			
dine	19	סָעַד	distance (oneself)	19	רָחַק מִ...			
dip	1	טָבַל	distil	91	זִקֵּק			
	178	הִטְבִּיל	distort	91	סִלֵּף			
direct	96	כִּוֵּן		92	עִוֵּת			

distort	98	סֵרֵס
distress	178	הִדְאִיג
distribute	91	חִלֵּק
disturb	178	הִטְרִיד
	185	הִפְרִיעַ לְ...
dive	1	צָלַל לְ...
diversify	96	גִּוֵּן
divert	190	הִפְנָה
divide	91	חִלֵּק
divorce	98	גֵּרֵשׁ
do	44	עָשָׂה
do advance study	142	הִשְׁתַּלֵּם
document	93	תִּעֵד
dog	159	הִתְחַקָּה אַחֲרֵי...
domesticate	92	בִּיֵּת
dominate	11	חָלַשׁ עַל...
	142	הִשְׁתַּלֵּט עַל...
donate	1	תָּרַם
	32	נָדַב
dot	91	נִקֵּד
double	1	כָּפַל
	178	הִכְפִּיל
doubt	105	פִּקְפֵּק
dovetail	91	שִׁלֵּב
doze	50	נָם
	105	נִמְנֵם
	167	הִתְנַמְנֵם
drag	1	גָּרַר
	19	סָחַב
drain	91	יִבֵּשׁ, נִקֵּז
drain	103	מִצָּה
dramatize	178	הִמְחִיז
draw	91	צִיֵּר
draw (water)	38	דָּלָה
draw near (tr.)	98	קֵרֵב
dread	19	פָּחַד מִ...
dream	9	חָלַם
dress (intr.)	135	הִתְלַבֵּשׁ
	2	לָבַשׁ
dress (tr.)	178	הִלְבִּישׁ
dribble (ball)	105	כִּדְרֵר
drill	22	קָדַח
drink	38	שָׁתָה
drink (to excess)	35	סָבָא
drip	1	דָּלַף
	32	נָטַף
	33	נָזַל
	105	טִפְטֵף
drive	19	נָהַג בְּ...
drop	202	הֵטִיל
drop (letter)	105	שִׁלְשֵׁל
drop (tr.)	1	שָׁמַט
drop out	32	נָשַׁר
drown (intr.)	22	טָבַע
drown (tr.)	185	הִטְבִּיעַ
drowse	167	הִתְנַמְנֵם
drug	91	סִמֵּם
drum	112	תּוֹפֵף
dry	91	יִבֵּשׁ
dry (intr.)	26	יָבַשׁ
	135	הִתְנַגֵּב בְּ...
dry (oneself)	135	הִתְיַבֵּשׁ
duplicate	105	שִׁכְפֵּל
dust	91	אִבֵּק
dwarf	91	גִּמֵּד
dwell	50	דָּר בְּ...
	63	שָׁכַן בְּ...
dwindle	56	קָטֹן
	137	הִתְמַעֵט

E

earn	142	הִשְׂתַּכֵּר
earn (a living)	167	הִתְפַּרְנֵס מִ...
ease	202	הֵפִיג
ease tension (intr.)	136	הִתְפָּרֵק
eat	6	אָכַל
eavesdrop	114	צוֹתֵת לְ...
echo	106	הִדְהֵד בְּ...
economise	91	קִמֵּץ בְּ...
edit	9	עָרַךְ
educate	91	חִנֵּךְ
effect	91	מִמֵּשׁ
electrify	105	חִשְׁמֵל
elevate	112	רוֹמֵם

elevate	186	הִגְבִּיהַּ
elucidate	98	פֵּרֵשׁ
embalm	11	חָנַט
embarrass	202	הֵבִיךְ
embellish	98	פֵּאֵר
embezzle	19	מָעַל בְּ...
embitter	98	מֵרֵר
embrace	91	חִבֵּק
embrace (one another)	135	הִתְחַבֵּק עִם...
embroider	1	רָקַם
embroil	91	סִבֵּךְ
emigrate	91	הִגֵּר מִ...
emit	1	פָּלַט
emphasize	178	הִבְלִיט, הִדְגִּישׁ
employ	181	הֶעֱבִיד, הֶעֱסִיק
empty	113	רוֹקֵן
	202	הֵרִיק
empty (intr.)	156	הִתְרוֹקֵן מִ...
enable	105	אִפְשֵׁר לְ...
encircle	4	אָפַף
	91	כִּתֵּר
	198	הִקִּיף
enclose	91	גִּדֵּר
encounter	65	נִתְקַל בְּ...
encourage	112	עוֹדֵד
end	91	סִיֵּם
endanger	96	סִכֵּן
endanger (oneself)	147	הִסְתַּכֵּן בְּ...
endear (oneself)	135	הִתְחַבֵּב עַל...
endow	194	הוֹרִישׁ
enforce	4	אָכַף
engrave	11	חָקַק, חָרַט
enjoy	72	נֶהֱנָה מִ...
enlarge	178	הִגְדִּיל
enlist	135	הִתְגַּיֵּס לְ...
enlist (military)	135	הִתְחַיֵּל
enlist (tr.)	91	חִיֵּל
ennoble	181	הֶאֱצִיל
enquire	11	חָקַר
enrage	185	הִרְתִּיחַ
enrich	181	הֶעֱשִׁיר
enroll	68	נִרְשַׁם
enslave	105	שִׁעְבֵּד
	181	הֶעֱבִיד
enter	65	נִכְנַס לְ...
entertain	91	בִּדֵּר
	109	שִׁעֲשֵׁעַ
entertain (intr.)	135	הִתְבַּדֵּר
entertain (oneself)	173	הִשְׁתַּעֲשֵׁעַ
enthrone	178	הִמְלִיךְ
enthuse	178	הִלְהִיב
entice	91	שִׁדֵּל
	103	פִּתָּה
entreat	9	עָתַר לְ...
entrench (intr.)	135	הִתְחַפֵּר בְּ...
entrust	178	הִפְקִיד
entwine	1	שָׁזַר
envision	38	חָזָה
envy	95	קִנֵּא בְּ...
enwrap	91	לִפֵּף
equip	91	צִיֵּד
equip (oneself)	148	הִצְטַיֵּד בְּ...
eradicate	93	בִּעֵר
erase	19	מָחַק
erect	202	הֵקִים
erode	19	סָחַף
err	38	שָׁגָה בְּ...
	40	טָעָה
escalate	178	הִסְלִים
escape	22	בָּרַח מִ...
	50	נָס מִ...
	65	נִמְלַט
escape (intr.)	65	נִפְלַט מִ...
escort	103	לִוָּה
	159	הִתְלַוָּה לְ...
establish	26	יָסַד
	202	הֵקִים
esteem	181	הֶחֱשִׁיב
estimate	4	אָמַד
	93	שִׁעֵר
estrange oneself	135	הִתְנַכֵּר לְ...
eulogise	1	סָפַד לְ...
	178	הִסְפִּיד
evacuate	103	פִּנָּה
evade	12	חָמַק מִ...
	135	הִתְחַמֵּק מִ...
	142	הִשְׁתַּמֵּט מִ...
evaluate	181	הֶעֱרִיךְ

evaporate	159	הִתְאַדָּה
evict	91	נִשֵּׁל
evolve	171	הִשְׁתַּלְשֵׁל
evolve (intr.)	22	נָבַע
exacerbate	181	הֶחֱרִיף
exaggerate	178	הִגְזִים בְּ...
	178	הִפְרִיז בְּ...
examine	1	בָּדַק
	21	בָּחַן
excavate	11	חָפַר
excel	147	הִצְטַיֵּן בְּ...
exchange	181	הֶחֱלִיף
excite	91	רִגֵּשׁ
	106	שִׁלְהֵב
	178	הִלְהִיב
execute	206	הֵמִית
exempt	1	פָּטַר
exercise	105	תִּרְגֵּל
	135	הִתְעַמֵּל
exhale	32	נָשַׁף
exhaust	94	יִגַּע
exist	135	הִתְקַיֵּם
expand	178	הִגְדִּיל
expand (intr.)	137	הִתְרַחֵב
	178	הִרְחִיב
expect	103	צִפָּה לְ...
expedite	202	הֵרִיץ
expel	98	גֵּרֵשׁ
experience	45	חָוָה
	159	הִתְנַסָּה בְּ...
expire (document)	22	פָּקַע
expire (life) (intr.)	1	גָּסַס
	22	גָּוַע
explain	98	בֵּאֵר
	178	הִסְבִּיר
explode (intr.)	155	הִתְפּוֹצֵץ
explode (tr.)	112	פּוֹצֵץ
exploit	91	נִצֵּל
export	95	יִצֵּא
expose	11	חָשַׂף
express	95	בִּטֵּא
	200	הִבִּיעַ
express oneself	139	הִתְבַּטֵּא
extend	194	הוֹשִׁיט
extend (intr.)	146	הִשְׂתָּרֵעַ עַל...
exterminate (pests)	178	הִדְבִּיר
extinguish	103	כִּבָּה
extort	19	סָחַט
extradite	178	הִסְגִּיר
extricate	91	חִלֵּץ, מִלֵּט
extricate (from water)	38	שָׁלָה

F

fade	19	דָּעַךְ
fade (intr.)	40	דָּהָה
fail	65	נִכְשַׁל בְּ...
fail (tr.)	178	הִכְשִׁיל
faint	135	הִתְעַלֵּף
fall	32	נָפַל מִ...
fall asleep	68	נִרְדַּם
fall in love	137	הִתְאַהֵב בְּ...
falsify	91	זִיֵּף, סִלֵּף
fan out	136	הִתְפָּרֵס
fancy	135	הִתְחַשֵּׁק לְ...
fascinate	91	רִתֵּק
	178	הִקְסִים
fashion	91	עִצֵּב
fast	50	צָם
fasten	1	רָכַס
	91	הִדֵּק
fatten	91	פִּטֵּם
fawn	135	הִתְחַנֵּף לְ...
fear	11	חָשַׁשׁ מִ...
	18	חָרַד מִ...
	19	פָּחַד מִ...
	29	יָרֵא מִ...
feed	181	הֶאֱכִיל
	203	הֵזִין
feed (animals)	181	הֶאֱבִיס
feed (intr.)	88	נִזּוֹן עַל...
feed (tr.)	50	זָן
feel ashamed	51	בּוֹשׁ בְּ...
feel	50	חָשׁ בְּ...
	178	הִרְגִּישׁ

feel (tr.)	91	מִשֵּׁשׁ
feel dizzy	171	הִסְתַּחְרֵר
feel pain	19	כָּאַב
feel relief	22	רָוַח לְ...
fell	11	חָטַב
	22	גָּדַע
	59	כָּרַת
fence	91	גִּדֵּר
ferment (intr.)	1	תָּסַס
ferment (tr.)	178	הִתְסִיס
fertilize	96	דִּשֵּׁן
	190	הִפְרָה
fetch	205	הֵבִיא
fetter	1	כָּבַל
	9	עָקַד
fight	19	לָחַם בְּ...
	74	נִלְחַם בְּ...
file (documents)	91	תִּיֵּק
file (smooth)	1	פָּצַר
file away	1	גָּנַז
fill	95	מִלֵּא
film	178	הִסְרִיט
filter	96	סִנֵּן
finance	96	מִמֵּן
find	35	מָצָא
find difficult	159	הִתְקַשָּׁה
fine	1	קָנַס
finish	1	גָּמַר
	91	סִיֵּם
	103	כִּלָּה
fish	50	דָּג
fit in (intr.)	142	הִשְׁתַּבֵּץ בְּ...
fit together	91	שִׁלֵּב
flash	105	נִצְנֵץ
flatten	91	רִדֵּד
	94	שִׁטֵּחַ
flatter	135	הִתְחַנֵּף לְ...
	181	הֶחֱנִיף לְ...
flee	22	בָּרַח מִ...
	50	נָס מִ...
	65	נִמְלַט
flicker	91	רִצֵּד
	106	הִבְהֵב
fling	1	זָרַק

fling	105	טִלְטֵל
float	202	הֵשִׁיט
float (intr.)	50	צָף
flood	1	שָׁטַף
	202	הֵצִיף
flounder	135	הִתְלַבֵּט בְּ...
flourish	105	שִׂגְשֵׂג
flow	1	זָרַם
	22	קָלַח
flutter	105	שִׁקְשֵׁק
fly (intr.)	50	עָף, טָס בְּ...
	155	הִתְעוֹפֵף
fly (intr.) (flag)	155	הִתְנוֹסֵס
fly (tr.)	202	הֵטִיס, הֵעִיף
	185	הִפְרִיחַ
focalise	91	מִקֵּד
focus	91	מִיקֵד
focus (intr.)	135	הִתְמַקֵּד בְּ...
fold	91	קִפֵּל
fold (intr.)	135	הִתְקַפֵּל
follow	9	עָקַב אַחֲרֵי...
foment	178	הִמְרִיד
fool	181	הֶעֱרִים עַל...
forbid	4	אָסַר עַל...
force	4	אָנַס
	38	כָּפָה עַל...
	19	אִלֵּץ, לָחַץ עַל...
	185	הִכְרִיחַ
force to kneel	178	הִבְרִיךְ
foreclose	91	עִקֵּל
forego	91	וִתֵּר
foresee	38	צָפָה
forewarn	190	הִתְרָה בְּ...
forge	91	זִיֵּף
forge (metal)	91	חִשֵּׁל
forget	22	שָׁכַח
forgive	19	מָחַל עַל...
	22	סָלַח לְ...
form	91	יִסֵּד
formulate	110	סִגְנֵן
fortify	91	בִּצֵּר
fortify (intr.)	135	הִתְבַּצֵּר
fossilize	96	אִבֵּן
foster	94	טִפֵּחַ

found	26	יָסַד
fragment	91	פִּצֵּל
free (intr.)	159	הִתְפַּנָּה מִ...
	171	הִשְׁתַּחְרֵר מִ...
freeze	184	הִקְפִּיא
freeze (intr.)	35	קָפָא
freshen	110	רַעֲנֵן
frighten	178	הִבְהִיל, הִפְחִיד
frustrate	105	תִּסְכֵּל
fry	96	טִגֵּן
fulfill	91	קִיֵּם
	95	מִלֵּא
	178	הִגְשִׁים
function	105	תִּפְקֵד
furnish	93	רִהֵט

G

gabble	105	מִלְמֵל
gain	185	הִרְוִיחַ
gallop	19	דָּהַר
gallop (tr.)	178	הִדְהִיר
garden	96	גִּנֵּן
gargle	105	גִּרְגֵּר
gasp	135	הִתְנַשֵּׁף
gather	4	אָסַף
	91	כִּנֵּס, לִקֵּט, קִבֵּץ
gather together	135	הִתְלַקֵּט
generalize	178	הִכְלִיל
get (understand)	1	תָּפַס
get away from	137	הִתְרַחֵק מִ...
get divorced	136	הִתְגָּרֵשׁ
get drunk	142	הִשְׁתַּכֵּר מִ...
get fresh air	167	הִתְאַוְרֵר
get into conflict	171	הִסְתַּכְסֵךְ
get wet	68	נִרְטַב
gird	4	אָזַר
	11	חָגַר
gird (oneself)	135	הִתְאַזֵּר בְּ...
give	58	נָתַן
give birth (animals)	178	הִמְלִיט
give evidence	202	הֵעִיד
give in to	76	נִכְנַע לְ...
give reason	91	נִמֵּק
gladden	91	עִנֵּג
	94	שִׂמַּח
glide (in the air)	40	דָּאָה
glide from	1	גָּלַשׁ מִ...
glow	19	בָּהַק, לָהַט
	137	הִתְלַהֵט
glue	178	הִדְבִּיק
gnash	11	חָרַק
gnaw	105	כִּרְסֵם
go awry	142	הִשְׁתַּבֵּשׁ
go into exile	38	גָּלָה מִ... לְ...
go into heat	137	הִתְיַחֵם
go for a walk	91	טִיֵּל
go north	187	הִצְפִּין
go on trip, hike	91	טִיֵּל
go out (fire, light)	39	כָּבָה
go slowly	150	הִשְׁתָּרֵךְ
go south	178	הִדְרִים לְ...
go straight	207	הֵישִׁיר
go wild	158	הִשְׁתּוֹלֵל
go wrong	142	הִשְׁתַּבֵּשׁ
gore	34	נָגַח
gorge (oneself)	1	זָלַל
	135	הִתְפַּטֵּם
gossip	91	רִכֵּל
gouge	91	נִקֵּר
govern	1	מָשַׁל, שָׁלַט בְּ...
grade	98	דֵּרֵג
graft	178	הִרְכִּיב
grant	181	הֶעֱנִיק
grapple (intr.)	135	הִתְחַבֵּט בְּ...
grasp	6	אָחַז בְּ...
	181	הֶחֱזִיק בְּ...
grate (on ears)	1	צָרַם
graze	40	רָעָה
greet	98	בֵּרֵךְ
grieve	19	דָּאַב
	136	הִתְאַבֵּל עַל...
grill	38	צָלָה
grimace	103	עִוָּה
grin	93	גִּחֵךְ

grind	1	גָּרַס
	19	שָׁחַק
	21	טָחַן
grip	6	אָחַז
groan	22	גָּנַח
	70	נֶאֱנַח, נֶאֱנַק
groom (oneself)	174	הִצְטַחְצֵחַ
grope	91	גִּשֵּׁשׁ, מִשֵּׁשׁ
ground (aircraft)	109	קִרְקַע
grow	22	צָמַח
grow (intr.)	3	גָּדַל
grow (cultivate)	91	גִּדֵּל
grow dark	183	הֶחֱשִׁיךְ
grow old	154	הִזְדַּקֵּן
grow tall	24	גָּבַהּ
grow weak	71	נֶחְלַשׁ
growl	19	נָהַם
grumble	63	רָגַן
	156	הִתְאוֹנֵן עַל...
	156	הִתְלוֹנֵן
grunt	106	חִרְחֵר
guarantee	9	עָרַב לְ...
guard	1	נָטַר, שָׁמַר עַל...
guess	93	נִחֵשׁ
guide	178	הִדְרִיךְ
	191	הִנְחָה
	194	הוֹלִיךְ
gulp	22	גָּמַע
	185	הִבְלִיעַ
gurgle	108	בִּעְבַּע

H

haggle	138	הִתְמַקֵּחַ עִם...
hallucinate	45	הָזָה
halve	45	חָצָה
hammer (metal)	22	רָקַע
hang	38	תָּלָה
happen	38	קָרָה
harass	1	רָדַף
harbour (feelings)	19	רָחַשׁ

harden	190	הִקְשָׁה
harden (heart etc.)	185	הִקְשִׁיחַ
harden (intr.)	159	הִתְקַשָּׁה
harm	211	הֵרַע לְ...
harness	1	רָתַם
harvest	1	קָצַר
harvest (grapes)	1	בָּצַר
hasten	50	אָץ לְ...
	153	הִזְדָּרֵז
hasten (tr.)	98	זֵרֵז
	202	הֵחִישׁ
hatch	1	דָּגַר עַל...
hate	37	שָׂנֵא
have	48	הָיָה
have mercy on	93	רִחֵם עַל...
have to	70	נֶאֱלַץ לְ...
heal	95	רִפֵּא
heap	9	עָרַם
	91	גִּבֵּב
hear	22	שָׁמַע
heat	91	חִמֵּם
	198	הִסִּיק
heat (metal)	96	לִבֵּן
heed	92	צִיֵּת לְ...
help	9	עָזַר לְ...
	94	סִיֵּעַ לְ...
hesitate	91	הִסֵּס
hew	11	חָטַב
hide (tr.)	178	הִסְתִּיר
	187	הִטְמִין
	189	הֶחְבִּיא
hide	63	טָמַן
hide (intr.)	142	הִסְתַּתֵּר מִ...
	139	הִתְחַבֵּא
hint	1	רָמַז
hire	1	שָׂכַר
hire out	178	הִשְׂכִּיר
hit	201	הִכָּה
hit (target)	22	קָלַע אֶל...
hoard	4	אָגַר
hoe	9	עָדַר
hold	6	אָחַז
	181	הֶחֱזִיק בְּ...
hone	91	לִטֵּשׁ

honor	91	כִּבֵּד
	194	הוֹקִיר
hoot	1	צָפַר
hop	91	נִתֵּר
	103	דִּדָּה
hope	103	קִוָּה לְ...
horrify	181	הֶחֱרִיד
hospitalize	105	אִשְׁפֵּז
host	101	אֵרַח
house	96	שִׁכֵּן
hover	93	רִחֵף מֵעַל...
howl	91	יִלֵּל
hug	91	גִּפֵּף, חִבֵּק
hug (one another)	135	הִתְגַּפֵּף עִם...
	135	הִתְחַבֵּק עִם...
hum	91	פִּזֵּם
	105	זִמְזֵם
humble (oneself)	151	הִצְטַנֵּעַ
humiliate	178	הִשְׁפִּיל
hunch (the back)	96	גִּבֵּן
hunger	19	רָעַב לְ...
hunt	50	צָד
hurl	105	טִלְטֵל
hurry (intr.)	50	אָץ לְ...
	71	נֶחְפַּז
	93	מִהֵר
hurt	178	הִכְאִיב לְ...
hypnotize	105	הִפְנֵט

I

identify	104	זִהָה
identify (oneself)	165	הִזְדַּהָה עִם...
ignite	198	הִצִּית
ignore	135	הִתְעַלֵּם מִ...
illustrate	91	אִיֵּר
	178	הִמְחִישׁ
imagine	103	דִּמָּה
imbue	183	הֶחְדִּיר
imitate	103	חִקָּה
immigrate	91	הִגֵּר לְ...
immunize (intr.)	140	הִתְחַסֵּן
immunize	96	חִסֵּן
impair	1	פָּגַם בְּ...
impart	190	הִקְנָה
implement	94	בִּצַּע
implore	19	זָעַק
	178	הִפְצִיר בְּ...
import	95	יִבֵּא
impose	198	הִטִּיל
impose (tr.)	178	הִשְׁלִיט
impoverish	105	דִּלְדֵּל
impoverish (intr.)	155	הִתְרוֹשֵׁשׁ
impress	178	הִרְשִׁים
imprison	35	כָּלָא
improve (intr.)	171	הִשְׁתַּכְלֵל
	142	הִשְׁתַּפֵּר
improve (tr.)	185	הִשְׁבִּיחַ
improve	91	שִׁפֵּר
	105	שִׁכְלֵל
improvise	105	אִלְתֵּר
impute	1	טָפַל עַל...
inaugurate	11	חָנַךְ
incite	103	שִׁסָּה
	106	חִרְחֵר
incline	187	הִרְכִּין
include	1	כָּלַל
	178	הִכְלִיל
incorporate (intr.)	135	הִתְגַּלֵּם
increase	178	הִגְבִּיר
increase (intr.)	159	הִתְרַבָּה
increase price	91	יִקֵּר
incriminate	178	הִפְלִיל
indicate	96	צִיֵּן
	185	הִצְבִּיעַ עַל...
induce	190	הִשְׁרָה
induce (to speak)	112	דּוֹבֵב
industrialize	93	תִּעֵשׁ
infect (disease)	178	הִדְבִּיק
infect (intr.)	65	נִדְבַּק
infer	198	הִסִּיק
infiltrate	147	הִסְתַּנֵּן לְ...
inflame	103	לִבָּה
	106	שִׁלְהֵב

inflate	94	נָפַח
influence	185	הִשְׁפִּיעַ עַל...
inform	196	הוֹדִיעַ לְ...
inform against	187	הִלְשִׁין עַל...
infuriate	178	הִרְגִּיז
infuse	183	הֶחְדִּיר
inhale	19	שָׁאַף
inherit	26	יָרַשׁ
initiate	32	יָזַם
intimidate	91	אִיֵּם עַל...
inject	178	הִזְרִיק
injure	22	פָּצַע, פָּגַע בְּ...
inoculate	96	חִסֵּן
	178	הִרְכִּיב
inseminate	185	הִזְרִיעַ
insert	22	תָּקַע
	105	שִׁרְבֵּב
	178	הִכְנִיס
insist	9	עָמַד עַל...
inspect	21	בָּחַן
instal	187	הִתְקִין
instigate	206	הֵסִית
instruct	197	הוֹרָה לְ...
insult	22	פָּגַע בְּ...
	181	הֶעֱלִיב
insure	94	בִּטַּח
integrate	142	הִשְׁתַּלֵּב בְּ...
intend	140	הִתְכַּוֵּן לְ...
intercept	9	עָצַר
intercept (airplane)	98	יֵרֵט
interest	110	עִנְיֵן
interest (oneself)	170	הִתְעַנְיֵן בְּ...
interleave	1	שָׁזַר
interfere	136	הִתְעָרֵב בְּ...
internalise	178	הִפְנִים
internationalize	106	בִּנְאֵם
interpret	98	פֵּרֵשׁ
interrogate	11	חָקַר
interrupt	178	הִפְסִיק
interrupt (a speaker)	94	שִׁסַּע
interview	110	רִאְיֵן
intimidate	91	אִיֵּם עַל...
intrigue	105	סִכְסֵךְ בֵּין...
introduce	198	הִצִּיג
introduce (oneself)	138	הִתְוַדַּע
inundate	202	הֵצִיף
invade	1	פָּלַשׁ לְ...
invalidate	1	פָּסַל
invent	184	הִמְצִיא
invert	9	הָפַךְ
invest	185	הִשְׁקִיעַ
investigate	1	בָּלַשׁ אַחֲרֵי...
invite	187	הִזְמִין
iron (clothes)	93	גִּהֵץ
irrigate	190	הִשְׁקָה
irritate	110	עִצְבֵּן
	178	הִרְגִּיז
isolate	112	בּוֹדֵד
isolate (intr.)	155	הִתְבּוֹדֵד

J

jabber	105	מִלְמֵל
jail	4	אָסַר
jeopardise	96	סִכֵּן
jerk	105	פִּרְפֵּר
jest	155	הִתְלוֹצֵץ
join	145	הִסְתַּפֵּחַ אֶל...
	150	הִצְטָרֵף לְ...
join (tr.)	178	הִצְמִיד
joke	138	הִתְבַּדֵּחַ
judge	1	שָׁפַט
	50	דָּן
jump	1	קָפַץ
jump (tr.)	178	הִקְפִּיץ
justify	178	הִצְדִּיק
justify (oneself)	148	הִצְטַדֵּק

K

keep watch	1	שָׁמַר עַל...
keep quiet	1	שָׁתַק

keep distance	19	רָחַק מִ...
kick	19	בָּעַט בְּ...
kidnap	11	חָטַף
kill	9	הָרַג
	206	הֵמִית
kindle	178	הִדְלִיק
kiss	91	נִשֵּׁק
kiss (one another)	135	הִתְנַשֵּׁק עִם...
knead	50	לָשׁ
	103	עִסָּה
kneel	22	כָּרַע עַל...
knit	1	סָרַג
knock	1	דָּפַק בְּ...
	198	הִקִּישׁ
know	30	יָדַע

L

labour	9	עָמַל
	31	יָגַע
lack	13	חָסַר
lag	91	פִּגֵּר
lament	103	בִּכָּה
land (intr.)	19	נָחַת
land (tr.)	179	הִנְחִית
lash	190	הִלְקָה
last	5	אָרַךְ
laud	91	הִלֵּל
laugh	19	צָחַק
launder	91	כִּבֵּס
lay (eggs)	202	הֵטִיל
lay (tr.)	178	הִשְׁכִּיב
lay out	22	שָׁטַח
laze	135	הִתְבַּטֵּל
lead	178	הִנְהִיג
	194	הוֹבִיל, הוֹלִיךְ
leaf	105	דִּפְדֵּף בְּ...
leak	1	דָּלַף
leak (information)	178	הִדְלִיף
lean (tr.)	187	הִשְׁעִין
lean	63	רָכַן
	75	נִשְׁעַן עַל...
leap	1	קָפַץ
	91	דִּלֵּג עַל...
learn	2	לָמַד
learn by heart	96	שִׁנֵּן
lease	11	חָכַר
	183	הֶחְכִּיר
leave behind	178	הִשְׁאִיר
	194	הוֹתִיר
leave from	28	יָצָא מִ...
lecture	190	הִרְצָה
legalise	178	הִכְשִׁיר
legislate	11	חָקַק
	112	חוֹקֵק
lend	178	הִשְׁאִיל
	190	הִלְוָה
lengthen	181	הֶאֱרִיךְ
lessen	22	גָּרַע מִ...
	93	מִעֵט
	178	הִמְעִיט
let (rent)	178	הִשְׂכִּיר
let blood	198	הִקִּיז
let loose	190	הִרְפָּה מִ...
level	91	פִּלֵּס
	96	אִזֵּן
libel	181	הֶעֱלִיל עַל...
liberate	19	גָּאַל
	105	שִׁחְרֵר
lick	1	לָחַךְ
	91	לִקֵּק
lie	91	שִׁקֵּר לְ...
lie down	2	שָׁכַב
lift	202	הֵרִים
light	178	הִדְלִיק
	202	הֵאִיר
lighten	208	הֵקֵל
like	7	אָהַב
	8	אָהַד
	91	חִבֵּב
limit	178	הִגְבִּיל
limit (intr.)	171	הִצְטַמְצֵם
limp	22	צָלַע
linger	40	שָׁהָה
	162	הִשְׁתַּהָה
	168	הִתְמַהְמֵהַּ

English	Page	Hebrew
link	91	קָשַׁר בֵּין...
liquidate	91	חִסֵּל
listen	178	הִקְשִׁיב לְ...
	182	הֶאֱזִין לְ...
live	49	חַי
live (dwell)	50	גָּר בְּ...
load	9	עָמַס
	21	טָעַן
	181	הֶעֱמִיס
	187	הִטְעִין
loan	178	הִשְׁאִיל
	190	הִלְוָה
loathe	50	קָץ בְּ...
locate	91	אִתֵּר
locate (intr.)	135	הִתְמַקֵּם בְּ...
lock	19	נָעַל
lodge (dwell)	50	לָן בְּ...
	170	הִתְאַכְסֵן בְּ...
lodge (tr.)	203	הֵלִין
long for	45	הָמָה
look at	198	הִבִּיט בְּ...
look for	91	חִפֵּשׂ
loot	1	בָּזַז
lop off	22	גָּדַע
lose	178	הִפְסִיד
lose (intr.)	6	אָבַד לְ...
lose (tr.)	91	אִבֵּד
lose temper	170	הִתְעַצְבֵּן עַל...
love	7	אָהַב
lower (tr.)	178	הִנְמִיךְ
	194	הוֹרִיד
lubricate	96	שִׁמֵּן
lurk	4	אָרַב לְ...
lust	9	עָגַב עַל...

M

English	Page	Hebrew
madden	94	שִׁגֵּעַ
magnetize	105	מִגְנֵט
maintain	91	קִיֵּם
	105	כִּלְכֵּל
maintain (oneself)	167	הִתְכַּלְכֵּל
make a speech	19	נָאַם
make bloom	185	הִפְרִיחַ
make cheese	96	גִּבֵּן
make conspicuous	178	הִבְלִיט
make cumbersome	105	סִרְבֵּל
make convenant	59	כָּרַת
make dizzy	105	סִחְרֵר
make do	142	הִסְתַּפֵּק בְּ...
make efficient	93	יִעֵל
make effort	135	הִתְאַמֵּץ
make filthy	91	טִנֵּף
make flexible	178	הִגְמִישׁ
make flow	178	הִזְרִים
make forget	185	הִשְׁכִּיחַ
make happy	94	שִׂמַּח
make Kosher	178	הִכְשִׁיר
make loop	9	עָנַב
make laugh	178	הִצְחִיק
make love	135	הִתְעַלֵּס עִם...
make miserable	105	אִמְלֵל
make nervous	110	עִצְבֵּן
make noise	178	הִרְעִישׁ
make pancakes	91	לִבֵּב
make perceptible	178	הִמְחִישׁ
make pleasant	178	הִנְעִים
make possible	167	הִתְאַפְשֵׁר
make pregnant	91	עִבֵּר
make run	202	הֵרִיץ
make someone sign	183	הֶחְתִּים
make sure	95	וִדֵּא
make weep	185	הִדְמִיעַ
malinger	159	הִתְחַלָּה
maltreat	9	עָשַׁק
	112	עוֹלֵל לְ...
	135	הִתְעַלֵּל בְּ...
man	91	אִיֵּשׁ
manage	93	נִהֵל
manage (intr.)	142	הִסְתַּדֵּר
manoeuvre	110	תִּמְרֵן
manufacture	91	יִצֵּר
manure	91	זִבֵּל
march	19	צָעַד
march (tr.)	178	הִצְעִיד

mark	96	סִמֵּן, צִיֵּן
market	91	שִׁוֵּק
marry	36	נָשָׂא
	140	הִתְחַתֵּן עִם...
marry off	199	הִשִּׂיא
mash	91	רִסֵּק
massacre	22	טָבַח
massage	103	עִסָּה
master	160	הִתְמַחָה בְּ...
master (sexually)	19	בָּעַל
match	178	הִתְאִים לְ...
match-make	91	שִׁדֵּךְ
mate	152	הִזְדַוֵּג עִם...
mate (tr.) (animal)	185	הִרְבִּיעַ
materialize (intr.)	135	הִתְגַשֵּׁם
	135	הִתְמַמֵּשׁ
mature	2	בָּגַר
	135	הִתְבַּגֵּר
measure	1	מָדַד
mechanize	96	מִכֵּן
mediate	91	פִּשֵּׁר בֵּין...
	91	תִּוֵּךְ בֵּין...
meditate upon	46	הָגָה בְּ...
meet	1	פָּגַשׁ
	65	נִפְגַּשׁ עִם...
meet in privacy	137	הִתְיַחֵד עִם...
melt	178	הִפְשִׁיר
melt (intr.)	90	נָמַס
melt (solids)	198	הִתִּיךְ
melt (tr.)	208	הֵמֵס
memorise	96	שִׁנֵּן
mend	96	תִּקֵּן
mend (breach)	104	אִחָה
mention	32	נָקַב בְּ...
	178	הִזְכִּיר
merge	135	הִתְמַזֵּג עִם...
merit	38	זָכָה בְּ...
milk	9	חָלַב
mill	21	טָחַן
mine	38	כָּרָה
mine (military)	91	מִקֵּשׁ
minister	96	כִּהֵן בְּ...
misdirect	191	הִטְעָה
mislead	191	הִטְעָה, הִתְעָה
miss	169	הִתְגַעְגֵעַ לְ...
miss (opportunity)	181	הֶחֱמִיץ
miss (target)	188	הֶחֱטִיא
mitigate	178	הִמְתִּיק
mix	1	בָּלַל
	22	רָקַח
	98	עֵרֵב
	105	עִרְבֵּב, עִרְבֵּל
mix (intr.)	167	הִתְעַרְבֵּב
mix (liquids)	19	מָהַל
moan	70	נֶאֱנַק
mobilize	91	גִּיֵּס
mock	19	צָחַק לְ... לָעַג לְ...
	105	לִגְלֵג
	208	הֵתֵל בְּ...
model	178	הִדְגִּים
moderate	96	מִתֵּן
	191	הִנְחָה
moderate (intr.)	140	הִתְמַתֵּן
moisten	108	לִחְלֵחַ
moo	40	גָּעָה
mortgage	105	שִׁעְבֵּד
	110	מִשְׁכֵּן
mortify (oneself)	142	הִסְתַּגֵּף
motivate	204	הֵנִיעַ
mourn	135	הִתְאַבֵּל עַל...
move (intr.)	50	זָז
	52	זָע, נָע
move (tr.)	202	הֵזִיז
multiply	178	הִכְפִּיל
multiply (intr.)	1	שָׁרַץ
	159	הִתְרַבָּה
multiply (tr.)	1	כָּפַל
murder	22	רָצַח
murmur	63	רָגַן

N

nag	105	נִדְנֵד
name	35	קָרָא לְ...
	103	כִּנָּה

narrow	210	הֵצֵר
nationalise	178	הִלְאִים
naturalise	108	אִזְרֵחַ
naturalise (intr.)	168	הִתְאַזְרֵחַ
nauseate	178	הִגְעִיל
navigate	91	נִוֵּט
need	1	צָרַךְ
	150	הִצְטָרֵךְ
negate	1	שָׁלַל
neglect	185	הִזְנִיחַ
neigh	19	צָהַל
nest	96	קִנֵּן בְּ...
neutralize	105	נִטְרֵל
nibble	1	נָבַר בְּ...
nip	1	צָבַט
nod	108	נִעְנֵעַ
note	1	רָשַׁם
notice	187	הִבְחִין בְּ...
nourish	203	הֵזִין
number off	135	הִתְפַּקֵּד
numerate	105	מִסְפֵּר

O

obey	22	שָׁמַע לְ...
	92	צִיֵּת לְ...
obligate	91	חִיֵּב
obscure	105	עִרְפֵּל
observe	38	צָפָה בְּ...
	156	הִתְבּוֹנֵן בְּ...
	178	הִשְׁקִיף מִ... עַל...
obstruct	11	חָסַם
obtain	198	הִשִּׂיג
occupy (oneself)	135	הִתְעַסֵּק בְּ...
occur	50	חָל בְּ...
	116	אֵרַע
	135	הִתְקַיֵּם
	155	הִתְחוֹלֵל
officiate	96	כִּהֵן בְּ...
omit	178	הִשְׁמִיט
	181	הֶחֱסִיר
open	22	פָּתַח
open (ears; eyes)	22	פָּקַח
open (mouth)	38	פָּצָה
open (wide)	19	פָּעַר
	91	פִּשֵּׂק
operate (medic)	94	נִתַּח
oppose	135	הִתְנַגֵּד לְ...
oppress	9	עָשַׁק
	95	דִּכֵּא
orchestrate	105	תִּזְמֵר
ordain	178	הִסְמִיךְ
order (goods)	187	הִזְמִין
organise (intr.)	170	הִתְאַרְגֵּן
organize	110	אִרְגֵּן
oscillate	167	הִתְנַדְנֵד
outfit	91	צִיֵּד
outflank	91	אִגֵּף
overcome	2	גָּבַר עַל...
	135	הִתְגַּבֵּר עַל...
overdo	178	הִגְדִּישׁ
	178	הִפְרִיז בְּ...
overeat	1	זָלַל
overfeed	178	הִלְעִיט
overflow	1	גָּלַשׁ
overlap	11	חָפַף
overload	181	הֶעֱמִיס
overpower	142	הִשְׁתַּלֵּט עַל...
	185	הִכְנִיעַ
overtake	9	עָקַף
overthrow	198	הִפִּיל
overturn	135	הִתְהַפֵּךְ
overview	11	חָלַשׁ עַל...
owe	50	חָב

P

pacify	91	פִּיֵּס
	178	הִשְׁקִיט
	185	הִרְגִּיעַ
pack	4	אָרַז
pad	91	רִפֵּד

English	Page	Hebrew		English	Page	Hebrew		English	Page	Hebrew
paddle	171	הִשְׁתַּכְשֵׁךְ בְּ...		permit	198	הִתִּיר			190	הִרְשָׁה
paint	22	צָבַע		perpetuate	185	הִנְצִיחַ				
paint (oneself)	151	הִצְטַבֵּעַ		perplex	202	הֵבִיךְ				
pair	91	זִוֵּג		persecute	1	רָדַף				
pamper	91	פִּנֵּק		persevere	178	הִתְמִיד בְּ...				
pamper (intr.)	135	הִתְפַּנֵּק		persist	178	הִתְמִיד בְּ...				
pant	135	הִתְנַשֵּׁם		personify	91	גִּלֵּם				
parachute	22	צָנַח		perspire	200	הִזִּיעַ				
parachute (tr.)	185	הִצְנִיחַ		persuade	108	שִׁכְנֵעַ				
paralyse	91	שִׁתֵּק		perturb (intr.)	1	טָרַד				
pardon	19	מָחַל עַל...		peruse	96	עִיֵּן בְּ...				
	22	סָלַח לְ...		pester	202	הֵצִיק				
	62	חָנַן		pet	91	לִטֵּף				
park	193	הֶחֱנָה		petition	9	עָתַר לְ...				
park (intr.)	44	חָנָה		photograph	91	צִלֵּם				
part	65	נִפְרַד מִ...		phrase	94	נִסַּח				
participate	142	הִשְׁתַּתֵּף בְּ...			110	סִגְנֵן				
pass through	143	הִשְׁתַּחֵל לְ...		pick	1	קָטַף				
pass by	9	חָלַף, עָבַר			19	בָּחַר בְּ...				
pass over	22	פָּסַח עַל...			91	חִטֵּט בְּ...				
pat	22	טָפַח עַל...		pick (a quarrel)	159	הִתְאַנָּה לְ...				
patch	184	הִטְלִיא		pickle	1	כָּבַשׁ				
patrol	91	סִיֵּר בְּ...		pierce	1	דָּקַר				
pave	1	סָלַל			91	נִקֵּב				
	91	רִצֵּף		pile	9	עָרַם				
pave (the way)	91	פִּלֵּס		pile up	148	הִצְטַבֵּר				
pay	91	שִׁלֵּם		pinch	1	צָבַט				
pay attention	178	הִקְשִׁיב		pine	65	נִכְסַף לְ...				
pay heed	40	שָׁעָה לְ...		pit (oneself) against	155	הִתְמוֹדֵד עִם...				
peck	91	נִקֵּר		pity	11	חָמַל עַל...				
peek	202	הֵצִיץ			50	חָס עַל...				
peel	91	קִלֵּף			93	רִחֵם עַל...				
peel (intr.)	135	הִתְקַלֵּף		placate	103	רִצָּה				
penetrate	11	חָדַר לְ...		place	198	הִצִּיב				
perceive	1	תָּפַשׂ			200	הִנִּיחַ				
	40	רָאָה		plan	110	תִּכְנֵן				
perfect	105	שִׁכְלֵל		plane	185	הִקְצִיעַ				
perforate	91	נִקֵּב		plant	1	שָׁתַל				
perform (on stage)	196	הוֹפִיעַ בְּ...			34	נָטַע				
perform	94	בִּצַּע		plaster	94	טִיַּח				
perfume	91	בִּשֵּׂם		play	93	שִׂחֵק				
perfume (oneself)	135	הִתְבַּשֵּׂם		play (instrument)	96	נִגֵּן בְּ...				
perish	78	נִסְפָּה בְּ...		play (flute)	91	חִלֵּל				
permeate	106	חִלְחֵל								

play the fool	162	הִשְׁתַּטָּה
plead	140	הִתְחַנֵּן אֶל...
plot	1	זָמַם
plough	11	חָרַשׁ
pluck	1	מָרַט, תָּלַשׁ
pluck (string instruments)	1	פָּרַט
plug	1	פָּקַק
plunder	1	בָּזַז, שָׁלַל
plunge	1	צָלַל לְ...
poison	178	הִרְעִיל
polish	91	לִטֵּשׁ
	108	צִחְצַח
	178	הִבְהִיק, הִבְרִיק
pollute	93	זִהֵם
ponder	106	הִרְהֵר
populate	105	אִכְלֵס
pore	96	עִיֵּן בְּ...
portend	91	בִּשֵּׂר
pose (pretend)	159	הִתְחַזָּה לְ...
post	91	שִׁבֵּץ
post (mail)	105	שִׁלְשֵׁל
postpone	40	דָּחָה
pounce	91	זִנֵּק
pour	1	מָזַג, שָׁפַךְ
	32	יָצַק
pour down	81	נִתַּךְ
powder	91	אִפֵּר
practise	105	תִּרְגֵּל
	140	הִתְאַמֵּן בְּ...
praise	91	הִלֵּל
	94	שִׁבַּח
	98	פֵּאֵר
praise (intr.)	135	הִתְהַלֵּל
prance	91	פִּזֵּז
pray	135	הִתְפַּלֵּל
preach	1	דָּרַשׁ
precede	178	הִקְדִּים
predict	38	חָזָה
preen (intr.)	135	הִתְקַשֵּׁט
prefer	91	בִּכֵּר
	183	הֶעֱדִיף
prepare	203	הֵכִין
prepare (oneself)	156	הִתְכּוֹנֵן לְ...
present	198	הִגִּישׁ
preserve	91	שִׁמֵּר
press	19	דָּחַק
	93	גִּהֵץ
pretend piety	135	הִתְחַסֵּד
pretend (innocence)	177	הִתַּמֵּם
prettify (oneself)	167	הִתְגַּנְדֵּר
prevail	1	שָׂרַר
	150	הִשְׂתָּרֵר עַל...
prevent	22	מָנַע
prey	1	טָרַף
print	178	הִדְפִּיס
proclaim	178	הִצְהִיר עַל...
procure (donation)	178	הִתְרִים
prod	110	דִּרְבֵּן
produce	32	יָצַר
	202	הֵפִיק
profess	1	דָּגַל בְּ...
profit	65	נִשְׂכַּר
	185	הִרְוִיחַ
profiteer	105	סִפְסֵר בְּ...
programme	111	תִּכְנֵת
progress	135	הִתְקַדֵּם
prohibit	4	אָסַר עַל...
project (pictures)	187	הִקְרִין
prolong	181	הֶאֱרִיךְ בְּ...
promenade	135	הִתְהַלֵּךְ בְּ...
promise	185	הִבְטִיחַ
pronounce	1	פָּסַק
	95	בִּטֵּא
proof-read	200	הִגִּיהַּ
prophesy	83	נִבָּא
	139	הִתְנַבֵּא
propose	200	הִצִּיעַ
prosper	22	פָּרַח
	185	הִצְלִיחַ בְּ...
prostrate oneself	145	הִשְׁתַּטַּח עַל...
	166	הִשְׁתַּחֲוָה לְ...
protect	103	חִפָּה עַל...
	113	גּוֹנֵן עַל...
	209	הֵגֵן עַל...
protest	40	מָחָה עַל...
protrude	1	בָּלַט
	152	הִזְדַּקֵּר מִ...
prove	196	הוֹכִיחַ

provide (a living)	105	פִּרְנֵס
provoke	161	הִתְגָּרָה בְּ...
	178	הִקְנִיט
prune	1	גָּזַם
pry	91	חִטֵּט בְּ...
publicize	105	פִּרְסֵם
pull	1	מָשַׁךְ
pull out	9	עָקַר
pump	19	שָׁאַב
punch	11	חָבַט בְּ...
punctuate	91	פִּסֵּק
punish	181	הֶעֱנִישׁ
purchase	1	רָכַשׁ
	38	קָנָה
purify	91	זִכֵּךְ
	93	טִהֵר
pursue	1	דָּלַק אַחֲרֵי...
push	19	דָּחַף
put	53	שָׂם
put on shoes	19	נָעַל
put away	187	הִטְמִין
put on make-up	135	הִתְאַפֵּר
put on socks	1	גָּרַב

Q

quarrel	53	רָב עִם...
	155	הִתְקוֹטֵט עִם...
quarry	11	חָצַב
quench	103	רִוָּה
quench (intr.)	39	רָוָה
quiet	178	הִשְׁקִיט
quit	9	עָזַב
quiver	105	פִּרְפֵּר
quote	91	צִטֵּט

R

race	19	שָׁעַט
radiate	187	הִקְרִין
radiate (intr.)	63	קָרַן
raffle	178	הִגְרִיל
rage	2	רָגַז עַל...
	19	גָּעַשׁ, סָעַר, זָעַף
	19	כָּעַס עַל...
raid	1	פָּשַׁט עַל...
raise	1	זָקַף
	91	גִּדֵּל
	193	הֶעֱלָה
	202	הֵרִים
raise (flag)	202	הֵנִיף
rake	1	גָּרַף
range	94	טִוַּח
rape	4	אָנַס
ration	1	קָצַב
rattle	105	טִרְטֵר, קִשְׁקֵשׁ
reach	200	הִגִּיעַ לְ...
react	202	הֵגִיב עַל...
read	35	קָרָא
reap	1	קָצַר
rear	91	גִּדֵּל
rebel	1	מָרַד בְּ...
	136	הִתְמָרֵד
	155	הִתְקוֹמֵם
rebuke	1	נָזַף בְּ...
	19	צָעַק עַל...
	103	גִּנָּה
	196	הוֹכִיחַ
receive	91	קִבֵּל
receive (telecom.)	1	קָלַט
receive news	135	הִתְבַּשֵּׂר
recite	105	דִּקְלֵם
recline	75	נִשְׁעַן עַל...
recognize	198	הִכִּיר
recoil	69	נִרְתַּע
recommend	178	הִמְלִיץ עַל...
reconcile	178	הִשְׁלִים בֵּין...
recondition	91	שִׁפֵּץ
reconstruct	105	שִׁחְזֵר
record	1	רָשַׁם
	178	הִקְלִיט
recover (intr.)	77	נִרְפָּא מִ...
	155	הִתְאוֹשֵׁשׁ מִ...
recruit	91	גִּיֵּס, חִיֵּל

recuperate (intr.)	181	הֶחֱלִים מִ...
	184	הִבְרִיא מִ...
redden	181	הֶאֱדִים
redeem	38	פָּדָה
reduce	91	קִצֵּץ בְּ...
	22	גָּרַע מִ...
reduce (price)	194	הוֹזִיל
reduce (size)	187	הִקְטִין
refer (tr.)	190	הִפְנָה
refine	91	זִכֵּךְ, זִקֵּק
	96	עִדֵּן
reflect	91	שִׁקֵּף
refrain	76	נִמְנַע מִ...
refresh	110	רִעְנֵן
refuel	105	תִּדְלֵק
refuse	98	סֵרֵב
	100	מֵאֵן לְ...
refute	1	סָתַר
	178	הִפְרִיךְ
register	1	רָשַׁם
regret	149	הִצְטַעֵר עַל...
regularize	178	הִסְדִּיר
regulate	92	וִסֵּת
rehabilitate	91	שִׁקֵּם
rehabilitate (intr.)	142	הִשְׁתַּקֵּם
rehearse	9	חָזַר
reign	1	מָלַךְ עַל...
reinforce	91	חִזֵּק
	105	תִּגְבֵּר
reject	40	דָּחָה
rejoice	9	עָלַז
	22	שָׂמַח
relate	93	יִחֵס
relate (intr.)	137	הִתְיַחֵס לְ...
relax	69	נִרְגַּע
release	105	שִׁחְרֵר
	198	הִתִּיר
relinquish	91	וִתֵּר
rely	22	בָּטַח בְּ...
rely on	1	סָמַךְ עַל...
	142	הִסְתַּמֵּךְ עַל...
remain	74	נִשְׁאַר
	84	נוֹתַר
remark	202	הֵעִיר

remember	1	זָכַר
remind	178	הִזְכִּיר לְ...
remove	91	סִלֵּק
	178	הִרְחִיק
	202	הֵסִיר
remove (shoes or corks)	9	חָלַץ
remove honey	38	רָדָה
remove stones	91	סִקֵּל
rend	1	טָרַף
	22	קָרַע
	94	שִׁסַּע
rendezvous	85	נוֹעַד עִם...
renew	91	חִדֵּשׁ
renovate	91	שִׁפֵּץ
renounce	91	וִתֵּר
rent (tenancy)	1	שָׂכַר
rent out	178	הִשְׂכִּיר
repair	96	תִּקֵּן
repay	1	גָּמַל לְ...
repeat	9	חָזַר עַל...
repel	10	הָדַף
repent	136	הִתְחָרֵט עַל...
replace	181	הֶחֱזִיר
reply	44	עָנָה
	202	הֵשִׁיב
report	94	דִּוַּח עַל...
represent	91	יִצֵּג
reprimand	1	נָזַף בְּ...
	103	גִּנָּה
reproach	19	גָּעַר בְּ...
request	91	בִּקֵּשׁ
request from	91	בִּקֵּשׁ מִ...
rescue	91	חִלֵּץ
	196	הוֹשִׁיעַ
rescue from	19	גָּאַל מִ...
research	11	חָקַר
resemble	38	דָּמָה לְ...
reserve	110	שִׁרְיֵן
reside	63	שָׁכַן בְּ...
	155	הִתְגּוֹרֵר בְּ...
resign	135	הִתְפַּטֵּר מִ...
respect	91	כִּבֵּד
respond	44	עָנָה עַל...
	202	הֵשִׁיב

rest	1	נָפַשׁ
	52	נָח
restore	91	חִדֵּשׁ
	112	קוֹמֵם
	202	הֵשִׁיב
restrain	96	רִסֵּן
restrain (intr.)	1	גָּדַר
	135	הִתְאַפֵּק
	140	הִתְרַסֵּן
	178	הִבְלִיג עַל...
restrict	105	צִמְצֵם
resuscitate	178	הִנְשִׁים
retire	1	פָּרַשׁ מִ...
retort	202	הֵגִיב עַל...
retreat	89	נָסוֹג מִ...
retrieve (from water)	38	מָשָׁה
return (tr.)	181	הֶחֱזִיר
return (intr.)	9	חָזַר
	50	שָׁב מִ...
reveal to	103	גָּלָה לְ...
revenge	32	נָקַם
reveal to	103	גִּלָּה לְ...
revenge	32	נָקַם
reverberate	106	הִדְהֵד בְּ...
review	1	סָקַר
revive	193	הֶחֱיָה
revolt	1	מָרַד בְּ...
	155	הִתְקוֹמֵם
revolve	105	גִּלְגֵּל
reward	1	גָּמַל לְ...
rhyme	11	חָרַז
ride	2	רָכַב עַל...
ridicule	19	לָעַג לְ...
ring	105	צִלְצֵל בְּ...
rinse	1	שָׁטַף
rinse (dishes)	204	הֵדִיחַ
ripen	178	הִבְשִׁיל
rise	44	עָלָה
	155	הִתְרוֹמֵם
rise (intr.)	40	גָּאָה
rise (sun)	22	זָרַח
rise early	178	הִשְׁכִּים
risk	96	סִכֵּן
roam	1	נָדַד מִ...

roar	19	שָׁאַג
roar (sea)	45	הָמָה
roast	38	צָלָה
rob	1	גָּזַל, שָׁדַד
roll	105	גִּלְגֵּל
roll (intr.)	135	הִתְפַּלֵּשׁ בְּ...
roll (oneself)	155	הִתְגּוֹלֵל
roll (tr.)	1	גָּלַל
roll down	105	דִּרְדֵּר
	167	הִתְדַּרְדֵּר
roll over	167	הִתְגַּלְגֵּל
roll up	178	הִפְשִׁיל
rot	178	הִבְאִישׁ
rotate (intr.)	158	הִסְתּוֹבֵב
roughen	105	חִסְפֵּס
round off	91	עִגֵּל
round out (intr.)	135	הִתְעַגֵּל
rout	91	מִגֵּר
	202	הֵנִיס
rove	112	שׁוֹטֵט בְּ...
row (w/oars)	11	חָתַר
rub	91	חִכֵּךְ
	105	שִׁפְשֵׁף
rub against	135	הִתְחַכֵּךְ בְּ...
rule	1	מָשַׁל, מָלַךְ עַל...
	1	שָׁלַט בְּ...
rumble	105	שִׁקְשֵׁק
run	50	רָץ
run out	5	אָזַל
run over	1	דָּרַס
run riot	141	הִתְפָּרֵעַ
run short	5	אָזַל
rush (tr.)	178	הִבְהִיל
rush around	155	הִתְרוֹצֵץ
rust	181	הֶחֱלִיד

S

sabotage	91	חִבֵּל בְּ...
sacrifice	178	הִקְרִיב
sacrifice (tr.)	22	זָבַח

English	Page	Hebrew
sadden	93	צִעֵר
	181	הֶעֱצִיב
sail	50	שָׁט בְּ...
	178	הִפְלִיג לְ...
salt	185	הִמְלִיחַ
salute	185	הִצְדִּיעַ
sanctify	91	קִדֵּשׁ
sap	198	הִתִּישׁ
satisfy	91	סִפֵּק
	185	הִשְׂבִּיעַ
saturate	190	הִרְוָה
save	11	חָסַךְ
save (rescue)	198	הִצִּיל
saw	91	נִסֵּר
say	6	אָמַר
scan	1	סָרַק
scatter	91	פִּזֵּר
	38	זָרָה
scent	108	רִחְרֵחַ
scheme	1	זָמַם
scoff	155	הִתְלוֹצֵץ עַל...
scold	19	גָּעַר בְּ...
scorch	1	צָרַב
	11	חָרַךְ
score (goal)	185	הִבְקִיעַ
scorn	50	בָּז לְ...
	105	זִלְזֵל בְּ...
scowl	19	זָעַף
scrape	98	גֵּרַד
	105	קִרְצֵף
scratch	98	גֵּרַד
scratch (intr.)	136	הִתְגָּרֵד
scream	22	צָוַח, צָרַח עַל...
screw	178	הִבְרִיג
scribble	105	קִשְׁקֵשׁ
scrub	105	שִׁפְשֵׁף
sculpt	91	פִּסֵּל
seal	4	אָטַם
	11	חָתַם
search	91	חִפֵּשׂ
season	91	תִּבֵּל
seat	194	הוֹשִׁיב
seclude (oneself)	1	פָּרַשׁ מִ...
	142	הִסְתַּגֵּר
secrete	178	הִפְרִישׁ
secure	108	אִבְטֵחַ
seduce	103	פִּתָּה
see	40	רָאָה
see (one another)	161	הִתְרָאָה עִם...
seed	22	זָרַע
seek	91	חִפֵּשׂ
seem	78	נִדְמָה
select	1	בֵּרֵר
	19	בָּחַר בְּ...
sell	1	מָכַר
send	22	שָׁלַח
sense	50	חָשׁ בְּ...
sentence	50	דָּן
separate	178	הִפְרִיד
separate (between)	11	חָצַץ בֵּין...
serve	91	שִׁמֵּשׁ
	99	שֵׁרֵת
	198	הִגִּישׁ
set aside	93	יִחֵד
set on fire	178	הִבְעִיר
set up	113	כּוֹנֵן
set upon	135	הִתְנַכֵּל לְ...
settle	135	הִתְיַשֵּׁב בְּ...
settle (intr.)	145	הִשְׁתַּקַּע בְּ...
settle (on land)	137	הִתְנַחֵל בְּ...
settle (tr.)	91	יִשֵּׁב
	187	הִשְׁכִּין
sever	91	נִתֵּק
sew	1	תָּפַר
shake	93	נִעֵר
	108	נִעְנֵעַ
shake (tr.)	178	הִרְעִיד
shame	91	בִּיֵּשׁ
shampoo	11	חָפַף
sharpen	91	חִדֵּד
	178	הִשְׁחִיז
shatter	91	נִפֵּץ
shave	94	גִּלַּח
shave (intr.)	138	הִתְגַּלֵּחַ
shed	198	הִשִּׁיר
shed (tears)	22	דָּמַע
shell	178	הִפְגִּיז
shepherd	40	רָעָה

English	Page	Hebrew		English	Page	Hebrew
shift	202	הֵזִיז, הֵסִיט		silence	112	דוֹמֵם
shine	1	נָצַץ			178	הִדְמִים, הִשְׁתִּיק
	22	זָרַח		simplify	91	פִּשֵּׁט
	178	הִבְהִיק		sin	17	חָטָא
shine (intr.)	19	בָּהַק, זָהַר		sing	53	שָׁר
	202	הֵאִיר			91	זִמֵּר
shirk	142	הִשְׁתַּמֵּט מִ...		single out	93	יִחֵד
shiver	19	רָעַד		sink	22	צָנַח, שָׁקַע בְּ...
shock	91	הָמַם		sink (tr.)	94	טִבַּע
	109	זִעְזֵעַ			185	הִטְבִּיעַ, הִשְׁקִיעַ
	178	הִדְהִים		sip	1	לָגַם
shoe	178	הִנְעִיל		sit	25	יָשַׁב עַל...
shoe (a horse)	105	פִּרְזֵל		site	91	מִקֵּם
shoot	43	יָרָה		sketch	91	צִיֵּר
shorten	91	קִצֵּר			105	שִׂרְטֵט
shout	19	צָעַק		skid	181	הֶחֱלִיק
shout (joyfully)	19	צָהַל		skip	91	דִּלֵּג עַל, קִפֵּץ
shove (intr.)	74	נִדְחַף לְ...			22	פָּסַח עַל...
show	192	הֶרְאָה		slacken	190	הִרְפָּה מִ...
show off	167	הִתְגַּנְדֵּר		slam	1	טָרַק
shower (intr.)	138	הִתְקַלֵּחַ		slap	1	סָטַר לְ...
shower (tr.)	178	הִמְטִיר עַל...		slaughter	19	שָׁחַט
shred	1	גָּרַס			22	טָבַח
shriek	22	צָוַח		slay	1	קָטַל
shrink (intr.)	135	הִתְכַּוֵּץ		sleep	27	יָשֵׁן
shrink (tr.)	91	כִּוֵּץ		sleep (put to)	178	הִרְדִּים
shrivel (intr.)	148	הִצְטַמֵּק		sleep with	2	שָׁכַב עִם...
shrivel (tr.)	91	צִמֵּק		sleuth	1	בָּלַשׁ אַחֲרֵי...
shudder	52	זָע		slice	1	פָּרַס
	167	הִתְחַלְחֵל		slim	39	רָזָה
shun	137	הִתְרַחֵק מִ...		slip	181	הֶחֱלִיק
shush	103	הִסָּה		slot	91	שִׁבֵּץ
shut	1	סָגַר		slow down	208	הֵאַט
	4	אָטַם		slumber	50	נָם
	202	הֵגִיף		smack	1	סָטַר לְ...
shut (eyes)	9	עָצַם		smarten	105	תִּחְכֵּם
shutter	202	הֵגִיף		smash	91	נִפֵּץ, נִתֵּץ, שִׁבֵּר
side with	91	צִדֵּד בְּ...		smear	22	מָרַח
sieve	103	נִפָּה		smell	204	הֵרִיחַ
sieze	1	תָּפַס		smile	91	חִיֵּךְ
sift	1	בָּרַר			149	הִצְטַחֵק
	103	נִפָּה		smite	9	הָלַם בְּ...
sigh	70	נֶאֱנַח			201	הִכָּה
sign	11	חָתַם עַל...		smoke	96	עִשֵּׁן

English	Page	Hebrew		English	Page	Hebrew
smoothen	181	הֶחֱלִיק		split	1	סָדַק
smudge	105	טִשְׁטֵשׁ			91	פָּלַג
smuggle	185	הִבְרִיחַ		split (intr.)	135	הִתְפַּלֵּג מִ...
smuggle in	178	הִגְנִיב		spoil	105	קִלְקֵל
snatch	11	חָטַף		spoil (intr.)	167	הִתְקַלְקֵל
sneak in	135	הִתְגַּנֵּב לְ...		spray	91	רִסֵּס
sneer	105	לִגְלֵג עַל...			178	הִזְלִיף
sneeze	135	הִתְעַטֵּשׁ			198	הִתִּיז
sniff	108	רִחְרֵחַ		spread	22	מָרַח
snipe	1	צָלַף			202	הֵפִיץ
snore	19	נָחַר		spread (intr.)	135	הִתְפַּשֵּׁט
soak	38	שָׁרָה			136	הִתְפָּרֵס
soak (tr.)	190	הִשְׁרָה		spread (tr.)	1	פָּרַשׂ
soap	96	סִבֵּן		spring	91	קִפֵּץ
soap (oneself)	147	הִסְתַּבֵּן		sprinkle	38	זָרָה
soar	40	דָּאָה			201	הִזָּה
sob	91	יִבֵּב		sprout	1	נָבַט
sober up	138	הִתְפַּכֵּחַ			105	בִּצְבֵּץ
soften (intr.)	135	הִתְרַכֵּךְ		sprout (tr.)	178	הִנְבִּיט
soften	91	רִכֵּךְ		spur	110	דִּרְבֵּן
soil	105	לִכְלֵךְ		spy	91	רִגֵּל אַחֲרֵי...
	178	הִכְתִּים		squander	105	בִּזְבֵּז
solder	91	רִתֵּךְ		square	94	רִבַּע
	178	הִלְחִים		squash	19	מָעַךְ
solve	1	פָּתַר		squeeze	19	מָעַךְ, סָחַט
soothe	185	הִרְגִּיעַ		squint	1	פָּזַל
sort	91	סִוֵּג		stab	1	דָּקַר
	96	מִיֵּן		stabilize	91	יִצֵּב
sound	185	הִשְׁמִיעַ		stage	91	בִּיֵּם
space	94	רִוַּח		stain	178	הִכְתִּים
spank	178	הִרְבִּיץ לְ...		stammer	105	גִּמְגֵּם
sparkle	1	נָצַץ		stamp	22	רָקַע
speak	91	דִּבֵּר		stamp (mail)	91	בִּיֵּל
speak insolently	204	הֵטִיחַ		stand (intr.)	9	עָמַד
specialise	160	הִתְמַחָה בְּ...		stand (tr.)	181	הֶעֱמִיד
specify	32	נָקַב בְּ...		stand aloof	135	הִתְבַּדֵּל מִ...
	98	פֵּרֵט		stand erect	152	הִזְדַּקֵּף
speculate	105	סִפְסֵר בְּ...		stand for	1	דָּגַל בְּ...
spend	195	הוֹצִיא		stand out	1	בָּלַט
spend (time)	103	בִּלָּה			135	הִתְבַּלֵּט
spice	91	תִּבֵּל		staple	178	הִכְלִיב
spit	1	רָקַק		start (motor)	185	הִתְנִיעַ
	26	יָרַק		start (tr.)	178	הִזְנִיק
splash	198	הִתִּיז		starve (intr.)	19	רָעַב לְ...

starve (tr.)	178	הִרְעִיב
station	198	הִצִּיב
station (oneself)	135	הִתְיַצֵּב
stay	40	שָׁהָה בְּ...
stay at	170	הִתְאַכְסֵן
steal	1	גָּנַב
steal from	1	גָּזַל מִ...
steam	103	אִדָּה
steer	91	נִוֵּט
step	1	דָּרַךְ עַל...
	19	צָעַד
sterilize	91	עִקֵּר
stick	178	הִדְבִּיק
stick to	3	דָּבַק בְּ...
stimulate	178	הִמְרִיץ
sting	9	עָקַץ
stink	185	הִסְרִיחַ
stipulate	190	הִתְנָה
stir	19	בָּחַשׁ
stitch	178	הִכְלִיב
stone	1	רָגַם
stone (to death)	1	סָקַל
stoop	19	גָּהַר עַל, גָּחַן עַל
	63	רָכַן
stop	9	עָצַר
	178	הִפְסִיק
storm	178	הִרְעִישׁ
	185	הִבְקִיעַ
straighten	91	יִשֵּׁר
straighten (intr.)	135	הִתְיַשֵּׁר
strain	135	הִתְאַמֵּץ
strain (tr.)	96	סִנֵּן
strangle	11	חָנַק
stray	38	סָטָה מִ...
	40	תָּעָה
strengthen	91	חִזֵּק, חִשֵּׁל
strengthen (oneself)	135	הִתְחַזֵּק
	140	הִתְחַסֵּן
stress	178	הִדְגִּישׁ
stretch	22	מָתַח
stretch (intr.)	146	הִשְׂתָּרֵעַ
stretch (oneself)	138	הִתְמַתֵּחַ
	138	הִתְרַוֵּחַ בְּ...
stride	22	פָּסַע
strike	22	פָּגַע בְּ...
	201	הִכָּה
strike roots	161	הִתְעָרָה בְּ...
strike (work)	59	שָׁבַת
string	11	חָרַז
strip	1	פָּשַׁט
strip (intr.)	167	הִתְעַרְטֵל
strip (tr.)	105	עַרְטֵל
strive	11	חָתַר לְ...
	142	הִשְׁתַּדֵּל לְ...
stroll	135	הִתְהַלֵּךְ בְּ...
struggle	70	נֶאֱבַק בְּ...
study	2	לָמַד
stumble	2	כָּשַׁל בְּ...
	19	מָעַד
	65	נִתְקַל בְּ...
stun	9	הָמַם
stunt	91	גִּמֵּד
stupify	105	טִמְטֵם
stutter	105	גִּמְגֵּם
sub-divide (intr.)	135	הִתְפַּצֵּל מִ...
subdue	185	הִכְנִיעַ
subjugate	105	שִׁעְבֵּד
submit	76	נִכְנַע לְ...
	184	הִמְצִיא
subtract	181	הֶחְסִיר
succeed	185	הִצְלִיחַ לְ...
suck	1	מָצַץ
suckle	26	יָנַק
sue	22	תָּבַע
suffer	1	סָבַל מִ...
	135	הִתְיַסֵּר בְּ...
suffer diarrhoea	105	שִׁלְשֵׁל
suffocate	181	הֶחֱנִיק
suffocate (intr.)	71	נֶחֱנַק
suggest	200	הִצִּיעַ
suit	9	הָלַם
	178	הִתְאִים לְ...
sully	178	הִכְפִּישׁ
summarize	91	סִכֵּם
	105	תִּקְצֵר
summon	178	הִזְעִיק
sum up	91	סִכֵּם
sunbathe	142	הִשְׁתַּזֵּף

supervise	94	פִּקֵּחַ עַל...
	185	הִשְׁגִּיחַ עַל...
supply	91	סִפֵּק
support	1	תָּמַךְ בְּ...
	8	אָהַד
	19	סָעַד
	94	סִיֵּעַ לְ...
suppose	1	סָבַר
	93	שִׁעֵר
	200	הִנִּיחַ
suppress	95	דִּכֵּא
	178	הִשְׁתִּיק
surmount	135	הִתְגַּבֵּר עַל...
surprise	185	הִפְתִּיעַ
surrender	76	נִכְנַע לְ...
surround	91	כִּתֵּר
	198	הִקִּיף
survey	1	סָקַר
survive	1	שָׂרַד
suspect	11	חָשַׁד בְּ...
suspend (service)	191	הִשְׁעָה
sustain	91	קִיֵּם
	105	פִּרְנֵס
swagger	167	הִתְרַבְרֵב
swallow	22	בָּלַע
swarm	1	שָׁרַץ
	19	רָחַשׁ
sway	157	הִתְנוֹעֵעַ
swear (take an oath)	76	נִשְׁבַּע
swear at	91	גִּדֵּף
swear in	185	הִשְׁבִּיעַ
sweep	107	טִאטֵא
sweeten	178	הִמְתִּיק
swell	22	תָּפַח
swell (intr.)	138	הִתְנַפֵּחַ
swim	40	שָׂחָה
swing (intr.)	167	הִתְנַדְנֵד
swing (tr.)	105	נִדְנֵד
switch	181	הֶחֱלִיף
switch off	103	כִּבָּה
swoop	50	עָט עַל...
symbolize	91	סִמֵּל
synchronise	110	תִּזְמֵן

T

tack	19	נָעַץ
tag	91	תִּיֵּג
take	34	לָקַח
	32	נָטַל
take a seat	135	הִתְיַשֵּׁב
take care of	91	טִפֵּל בְּ...
	185	הִשְׁגִּיחַ עַל...
take dessert	94	קִנַּח בְּ...
take off (aircraft)	184	הִמְרִיא
take off (clothes)	1	פָּשַׁט
take pains	22	טָרַח
take place	135	הִתְקַיֵּם
	137	הִתְרַחֵשׁ
take revenge	135	הִתְנַקֵּם
take root	150	הִשְׁתָּרֵשׁ
take shelter	46	חָסָה בְּ...
talk	91	דִּבֵּר
tame	91	אִלֵּף
tap (phone)	114	צוֹתֵת לְ...
tar	92	זִפֵּת
tarry	135	הִתְעַכֵּב
taste	19	טָעַם
teach	91	לִמֵּד
	197	הוֹרָה
tear	22	קָרַע
tease	161	הִתְגָּרָה בְּ...
	178	הִקְנִיט
	102	גֵּרָה
telephone	105	צִלְצֵל לְ...
	110	טִלְפֵּן לְ...
tell	6	אָמַר לְ...
	91	סִפֵּר
	198	הִגִּיד
temper	91	חִסֵּם
tempt	103	פִּתָּה
tenderize	96	עִדֵּן
terrify	179	הִבְעִית
	181	הֶחֱרִיד
test	1	בָּדַק
	21	בָּחַן

thank	197	הוֹדָה לְ...
thicken	103	עִבָּה
thicken (intr.)	159	הִתְעַבָּה
think	11	חָשַׁב
think about	106	הִרְהֵר בְּ...
thirst	37	צָמֵא
thread	178	הִשְׁחִיל
threaten	91	אִיֵּם עַל...
thresh	50	דָּשׁ
throw down	198	הִפִּיל
throw	1	זָרַק
throw away	178	הִשְׁלִיךְ
thrust	10	הָדַף
	19	תָּחַב
thrust (oneself)	74	נִדְחַק לְ...
thunder	19	רָעַם
	178	הִרְעִים
thwart	91	סִכֵּל
tick (intr.)	105	תִּקְתֵּק
tickle	105	דִּגְדֵּג
tie	1	קָשַׁר
tie (parcel)	1	צָרַר
tighten	91	הִדֵּק
tile	91	רִצֵּף
time	110	תִּזְמֵן
tire (intr.)	135	הִתְעַיֵּף
tire (tr.)	91	עִיֵּף
	94	יִגֵּעַ
toast (food)	38	קָלָה
toil	9	עָמַל
	31	יָגַע
	138	הִתְיַגֵּעַ מִ...
tolerate	1	סָבַל
torment (intr.)	159	הִתְעַנָּה בְּ...
torpedo	105	טִרְפֵּד
torture	103	עִנָּה
touch	34	נָגַע בְּ...
tour	91	תִּיֵּר, סִיֵּר בְּ...
	50	תָּר
tow	1	גָּרַר
track	9	עָקַב אַחֲרֵי...
trade	19	סָחַר בְּ...
trail	159	הִתְחַקָּה אַחֲרֵי...
trail behind	152	הִזְדַּנֵּב אַחֲרֵי...

train	96	אִמֵּן
	178	הִכְשִׁיר
train (intr.)	140	הִתְאַמֵּן בְּ...
trample	1	דָּרַס, רָמַס
transfer	181	הֶעֱבִיר, הֶעְתִּיק
transgress	17	חָטָא
translate	105	תִּרְגֵּם
transmit	1	מָסַר
	91	שִׁדֵּר
transpire	159	הִתְהַוָּה
transplant	178	הִשְׁתִּיל
transport	194	הוֹבִיל
	200	הִסִּיעַ
trap	1	לָכַד
travel	34	נָסַע לְ...
tread	1	דָּרַךְ עַל...
	22	פָּסַע
	105	דִּשְׁדֵּשׁ בְּ...
treat	137	הִתְיַחֵס אֶל...
treat (medic)	91	טִפֵּל בְּ...
tremble	19	רָעַד
trick	191	הִתְעָה
trill (voice)	105	סִלְסֵל
triple	91	שִׁלֵּשׁ
trouble (tr.)	185	הִטְרִיחַ
trudge	150	הִשְׁתָּרֵךְ
trust	1	סָמַךְ עַל...
	22	בָּטַח בְּ...
	182	הֶאֱמִין בְּ...
try	103	נִסָּה
	142	הִשְׁתַּדֵּל לְ...
tune	96	כִּוֵּן
turn	112	סוֹבֵב
turn (intr.)	38	פָּנָה אֶל...
turn (pages)	105	דִּפְדֵּף בְּ...
turn aside	50	סָר מִ...
turn black	178	הִשְׁחִיר
turn blue	178	הִכְחִיל
turn brown	178	הִשְׁחִים
turn green	194	הוֹרִיק
turn grey	181	הֶאֱפִיר
turn in	178	הִסְגִּיר
turn into (tr.)	208	הֵסֵב
turn left	180	הִשְׂמְאִיל

turn over	9	הָפַךְ
turn red	181	הֶאְדִּים
turn right (intr.)	207	הֵימִין
turn sour	181	הֶחְמִיץ
turn white	187	הִלְבִּין
turn yellow	178	הִצְהִיב
tussle	138	הִתְנַגֵּחַ עִם...
twinkle	105	נִצְנֵץ
twist	91	עִקֵּם, פִּתֵּל
twist (intr.)	135	הִתְפַּתֵּל
type	105	תִּקְתֵּק
tyrannise	38	רָדָה בְּ...

U

uglify	93	כִּעֵר
undermine	11	חָתַר תַּחַת...
	106	עִרְעֵר
	109	קִעְקֵעַ
understand	203	הֵבִין
undertake	135	הִתְחַיֵּב לְ...
undo	210	הֵפֵר
undress (intr.)	135	הִתְפַּשֵּׁט
undress (tr.)	178	הִפְשִׁיט
unfurl	1	פָּרַשׂ
unify	181	הֶאֱחִיד
unite	91	אִגֵּד, לִכֵּד
	93	אִחֵד
	135	הִתְחַבֵּר עִם...
	135	הִתְלַכֵּד עִם...
unload	1	פָּרַק
unravel	109	פִּעְנֵחַ
unroll	112	גּוֹלֵל
unsheathe	1	שָׁלַף
unstitch	1	פָּרַם
untie	198	הִתִּיר
update	110	עִדְכֵּן
update (oneself)	170	הִתְעַדְכֵּן
upgrade	193	הֶעֱלָה
upholster	91	רִפֵּד
uproot	9	עָקַר
	98	שֵׁרֵשׁ
urge	19	דָּחַק בְּ...
	98	זֵרֵז
	178	הִמְרִיץ
	178	הִפְצִיר בְּ...
	202	הֵאִיץ בְּ...
urinate	187	הִשְׁתִּין
use	142	הִשְׁתַּמֵּשׁ בְּ...
utilise	91	נִצֵּל
	142	הִשְׁתַּמֵּשׁ בְּ...

V

vacate	103	פָּנָה
validate	92	אִמֵּת
value	181	הֶחֱשִׁיב
vanish	89	נָמוֹג
	135	הִתְנַדֵּף
variegate	96	גִּוֵּן
ventilate	105	אִוְרֵר
verify	92	אִמֵּת
	95	וִדֵּא
vex	105	קִנְטֵר
villify	91	גִּדֵּף
	178	הִשְׁמִיץ
vindicate	178	הִצְדִּיק
violate	210	הֵפֵר
visit to	91	בִּקֵּר בְּ...
visit with	91	בִּקֵּר אֵצֶל...
volunteer	135	הִתְנַדֵּב לְ...
volunteer (tr.)	91	נִדֵּב
vomit	205	הֵקִיא
vote	185	הִצְבִּיעַ
vouch for	9	עָרַב לְ...
vow	32	נָדַר
vowel	91	נִקֵּד

W

wag	105	כִּשְׁכֵּשׁ בְּ...
wail	91	יִלֵּל

wait	103	חִכָּה לְ...
	187	הִמְתִּין לְ...
wake	202	הֵעִיר
walk	25	הָלַךְ
wallow	112	בּוֹסֵס בְּ...
	155	הִתְבּוֹסֵס בְּ...
wander	1	נָדַד מִ...
	40	תָּעָה
want	38	רָצָה
warm	91	חִמֵּם
warm (oneself)	135	הִתְחַמֵּם
warn	178	הִזְהִיר
	185	הִתְרִיעַ עַל...
wash	19	רָחַץ
wash (intr.)	137	הִתְרַחֵץ
waste	105	בִּזְבֵּז
watch	142	הִסְתַּכֵּל בְּ...
water	190	הִשְׁקָה
wave	105	נִפְנֵף
weaken	198	הִתִּישׁ
weaken (tr.)	181	הֶחֱלִישׁ
wear	2	לָבַשׁ
wear (hat)	11	חָבַשׁ
wear out (intr.)	135	הִתְרַפֵּט
wear (jewels)	9	עָנַד
weave	4	אָרַג
	38	טָוָה
wed (tr.)	96	חִתֵּן
weed	91	נִכֵּשׁ
weep	38	בָּכָה
	138	הִתְיַפֵּחַ
weigh	1	שָׁקַל
welcome	178	הִקְבִּיל
welcome	91	קִדֵּם
weld	91	רִתֵּךְ
wet	178	הִרְטִיב
whip	178	הִצְלִיף בְּ...
whip (punish)	190	הִלְקָה
whirl (intr.)	167	הִתְעַרְבֵּל
whisk	178	הִקְצִיף
whisper	19	לָחַשׁ
whisper together	137	הִתְלַחֵשׁ עִם...
whistle	1	שָׁרַק
	105	צִפְצֵף

whiten	187	הִלְבִּין
whitewash	91	סִיֵּד
whore	38	זָנָה
widen	178	הִרְחִיב
wilt	32	נָבַל
win	2	גָּבַר עַל...
	38	זָכָה בְּ...
	94	נִצַּח
wind	91	לִפֵּף
wink	1	קָרַץ
	106	עִפְעֵף בְּ...
winter	11	חָרַף
wipe (intr.)	135	הִתְנַגֵּב בְּ...
wipe	91	נִגֵּב
	94	קִנַּח
wipe (tears)	40	מָחָה
wish	93	אִחֵל לְ...
withdraw	135	הִתְבַּדֵּל מִ...
	195	הוֹצִיא
wither	32	נָבַל
	39	בָּלָה
withstand	9	עָמַד בְּ...
wonder	23	תָּמַהּ
	40	תָּהָה
	139	הִתְפַּלֵּא עַל...
work	9	עָבַד
worry	19	דָּאַג לְ...
worsen	181	הֶחֱרִיף
worship	1	סָגַד לְ...
wound	22	פָּצַע
wrap (intr.)	44	עָטָה
	135	הִתְעַטֵּף בְּ...
wrap (oneself)	167	הִתְכַּרְבֵּל
wrap (tr.)	9	עָטַף
wreck	91	שִׁבֵּר
wrestle	70	נֶאֱבַק עִם...
	135	הִתְאַבֵּק בְּ...
	155	הִתְגּוֹשֵׁשׁ עִם...
wrestle with	155	הִתְמוֹדֵד עִם...
wriggle	135	הִתְפַּתֵּל
wrinkle	91	קִמֵּט
write	1	כָּתַב

Y

yawn	93	פִּהֵק
yearn for	158	הִשְׁתּוֹקֵק לְ...
yearn	9	עָרַג לְ...
	23	כָּמַהּ לְ...
	65	נִכְסַף לְ...
yearn	93	יִחֵל לְ...
yell	22	צָרַח עַל...

Z

zero	91	אֶפֶס

אשר טרמון □ עזרי אובל

לוחות פְּעָלִים

מהדורה מעודכנת ומורחבת
לתלמיד המתחיל והמתקדם

3175 פעלים, 235 לוחות,
כולל מפתח פעלים עברי–אנגלי ואנגלי–עברי,
ערוך על־פי סדר האלפבית, עם מילות־יחס

בתרגום לאנגלית

תמיר, מוציאים לאור, ירושלים

מהדורה ראשונה – 1971
מהדורה שניה – 1978
מהדורה שלישית – 1991

© כל הזכויות שמורות ל"תמיר מוציאים לאור"

בן־יהודה 2, ת.ד. 2481 ירושלים 91024, טל' 02־250717

■ ■ ■

אין להעתיק או להפיץ ספר זה, או קטעים ממנו,
בשום צורה ובשום אמצעי, אלקטרוני או מכאני
(לרבות צילום והקלטה), בלא אישור בכתב
מהמוציאים לאור

עיצוב גרפי: עמיר רום
סדר: מפעלים אוניברסיטאיים
הדפסה: דפוס חמד

מסת"ב: 4–008–376–965
מספר קטלוגי בספריית הקונגרס: LC 72־950991

נדפס בירושלים, תשנ"א

מוקדש לארווין שו
המנהל הכללי לשעבר
של המרכז הקהילתי היהודי בדטרויט,
אשר יוזמתו וחזונו הביאו
לחיבור ספר זה

במשך עשרים השנים שחלפו מאז הופיע הספר "לוחות פעלים" במהדורתו הראשונה, הוא עמד במבחן של אלפי מורים ורבבות תלמידים. הספר תורגם למספר שפות, והיה לכלי־עזר מרכזי ללימוד נטיית הפעלים העבריים. הוא הופץ ברחבי העולם ונקלט היטב בבתי־ספר, באולפנים ללימוד עברית, במרכזים קהילתיים בתפוצות ובאוניברסיטאות בארץ ובחו"ל.
סוד הצלחתו של הספר הוא השיטה הקלה והנוחה, המאפשרת ללמוד את השימוש בפועל, מבלי "להסתבך" במערכת הכללים של הדקדוק העברי.
במהדורה מעודכנת ומורחבת זו נעשה מאמץ רב להקיף את מירב הפעלים השימושיים בעברית, לשפר את ההגשה, להקל על הדפדוף וההתמצאות, ולהדביק את התמורות המתהוות בשפה.
לימוד נעים ופורה.

תוכן העניינים

עמ'

עברית

הקדמה 9
מבוא 11
איך להשתמש בספר 12
על מבנה הפועל העברי 14
מפתח פעלים עברי–אנגלי 15
לוחות הפעלים (ערוכים על־פי בניינים) 59
פָּעַל 61
נִפְעַל 93
פִּעֵל 106
פֻּעַל 120
הִתְפַּעֵל 129
הִפְעִיל 151
הֻפְעַל 168
רשימת פעלים על־פי הלוחות: המשך 180
רשימת הלוחות 186

אנגלית

מפתח פעלים אנגלי–עברי 228
על מבנה הפועל העברי 229
איך להשתמש בספר 231
מבוא 232
הקדמה 233

הקדמה

הספר "לוחות פעלים", שנערך בידי שניים מתלמידַי בעבר, אשר טרמון ועזרי אובל, מוּכּר לי זה זמן רב. ספר זה סייע ללומדים רבים לרכוש בצורה פשוטה ומהירה את נטיית הפעלים העבריים. שמח אני לראות, שהעורכים נענו למשאלות של אוהדי הספר, הרחיבו את היקפו, הוסיפו לו חידושים ועדכנו את תוכנו. יש להעריך את העורכים על העמל הרב שהשקיעו בהוצאה לאור של מהדורה חדשה זו.

חוג לומדי העברית מתרחב במשך השנים. בכל פינה בעולם ובכל תחומי החיים אפשר למצוא היום אנשים, המקדישים מזמנם ומתאמצים ללמוד עברית. גלי העלייה הנוכחיים אל מדינת ישראל הגבירו עוד יותר את ממדיה של אוכלוסייה זו.

הספר "לוחות פעלים" עונה על צורך גדל והולך של אלה, המחפשים שיטה קלה לסגל לעצמם את נטיית הפעלים העבריים. השימוש בספרם של טרמון ואובל מבטיח להם בדיוק דבר זה.

פרופסור חיים רבין

מבוא

מאז הופיע הספר לראשונה, ב־1971, זרמו אלינו תגובות מעודדות מצד מורים ותלמידים רבים, בארץ וברחבי העולם. בקשותיהם להרחיב את הספר ולהקיף את כל הפעלים העבריים, להוסיף לפעלים מילות־יחס ולכלול בספר מפתח לועזי־עברי, דחפו אותנו להוציא לאור מהדורה מעודכנת ומורחבת זו.
במהלך העבודה, שנמשכה למעלה משש שנים, סרקנו מילונים, נברנו בעיתונים והטינו אוזן לשפה המדוברת, במאמץ להקיף את מירב הפעלים העבריים השימושיים בימינו.

בספר שלפניך כללנו חידושים אלה:

- ★ רשימת פעלים – לצד לוחות הפעלים צירפנו רשימה של פעלים הנוטים לפיהם (אלא אם אין פעלים נוספים הנוטים לפי אותו לוח). רשימות פעלים ארוכות נמשכות בעמוד, שמספרו מצוין ליד הסימן ◄.
- ★ מילות־יחס – הוספנו את מילות־היחס לפעלים המחייבים זאת, למעט מקרים שבהם מילת־היחס היא "אֶת".
- ★ מפתח פעלים לועזי – ערכנו את מפתח הפעלים גם על־פי סדר האלפבית הלועזי.
- ★ רשימת גזרות – הרחבנו את הרשימה פי־שלושה, וכללנו בה כמעט את כל הגזרות, לרבות גזרות נדירות.

לפני השימוש בספר, ראוי לשים לב להערות אלה:

- ★ מפתח הפעלים – ערוך לפי סדר אלפבית. הפועל מופיע בזמן עבר ובצורת נסתר (גוף שלישי). המספר הרשום ליד הפועל הוא מספר הלוח, המדגים את הנטייה המתאימה (ולא מספר העמוד).
- ★ לוחות הפעלים – ערוכים על־פי בניינים. כדי להקל על הדפדוף וההתמצאות, הגדלנו מאוד את מספר הלוח.
  שקלנו האם להשמיט את צורות הנקבה הנדירות בגוף שני ושלישי רבים (תלמדנה, למדנה), והחלטנו להשאירן ולסדרן באות קטנה יותר, כי בכל זאת הן עדיין בשימוש.
- ★ ניקוד – כדי לא להעמיס על הלומד, השארנו את הדגש הקל רק באותיות ב׳, כ׳, פ׳ ות׳.

אנו מקווים, כי הספר במהדורתו החדשה יוסיף לסייע ללומדי העברית באשר הם.

ירושלים, חנוכה תשנ"א

אשר טרמון, עזרי אובל

איך להשתמש

עמוד לדוגמא מתוך מפתח הפעלים

הִתְיַקֵּר	135	(become) expensive
הִתִּיר	198	permit, untie, release
הִתִּישׁ	198	sap, weaken
הִתְיַשֵּׁב בְּ...	135	take a seat settle
הִתְיַשֵּׁן	140	(become) antiquated
הִתְיַשֵּׁר	135	straighten (intr.)
הִתְיַתֵּם מִ...	135	(be) orphaned
הִתְכַּבֵּד בְּ...	135	(be) honoured
הִתְכַּדֵּר	135	(become) round
הִתְכַּוֵּן לְ...	140	intend, mean
הִתְכּוֹנֵן לְ...	156	prepare (oneself)
הִתְכּוֹפֵף	155	bend (intr.)
הִתְכַּוֵּץ	135	shrink (intr.)
הִתְכַּחֵשׁ לְ...	137	deny (intr.)
הִתְכַּלְכֵּל	167	maintain (oneself)
הִתְכַּנֵּס	135	assemble
הִתְכַּסָּה בְּ...	159	cover (oneself)
הִתְכַּעֵר	137	(become) ugly
הִתְכַּרְבֵּל	167	wrap (oneself)
הִתְכַּתֵּב עִם...	135	correspond
הִתְכַּתֵּשׁ עִם...	135	brawl
הֵתֵל בְּ...	208	mock
הִתְלַבֵּט בְּ...	135	flounder
הִתְלַבֵּשׁ	135	dress (intr.)
הִתְלַהֵב מִ...	137	(get) excited (become) enthused
הִתְלַהֵט	137	glow
הִתְלַוָּה לְ...	159	accompany, escort
הִתְלוֹנֵן עַל...	156	grumble complain
הִתְלוֹצֵץ עַל...	155	jest, joke scoff
הִתְלַחֵשׁ עִם...	137	whisper together
הִתְלַכֵּד עִם...	135	coalesce, unite
הִתְלַכְלֵךְ	167	(become) dirty, dirty (intr.)
הִתְלַקֵּחַ	138	blaze up, (be) inflamed
הִתְלַקֵּט	135	gather together
הִתְמַהְמֵהַּ	168	linger, delay (intr.)
הִתְמוֹגֵג מִ...	155	(be) soft-hearted
הִתְמוֹדֵד עִם...	155	pit (oneself) against, wrestle with
הִתְמוֹטֵט	155	collapse
הִתְמוֹסֵס בְּ...	155	dissolve (intr.)
הִתְמַזֵּג עִם...	135	merge, (be) blended
הִתְמַחָה בְּ...	159	specialise, master
הִתְמִיד בְּ...	178	persist, persevere
הִתְמִיהַּ	185	astound, amaze
הִתְמַכֵּר לְ...	135	(become) addicted
הִתְמַלֵּא בְּ...	139	(be) filled
הִתַּמֵּם	177	pretend (innocence)
הִתְמַמֵּשׁ	135	materialize (intr.)
הִתְמַנָּה לְ...	159	(be) appointed, (be) nominated
הִתְמַסֵּד	135	(become) institutionalized
הִתְמַסֵּר לְ...	135	devote (intr.)
הִתְמַעֵט	137	dwindle, (be) diminished
הִתְמַצֵּא בְּ...	139	(be) familiar
הִתְמַקֵּד בְּ...	135	focus (intr.)
הִתְמַקֵּחַ עִם...	138	bargain, haggle
הִתְמַקֵּם בְּ...	135	locate (intr.)
הִתְמָרֵד	136	rebel
הִתְמַרְמֵר עַל...	167	(become) embittered
הִתְמַשֵּׁךְ	135	(be) lengthened
הִתְמַתֵּחַ	138	stretch (oneself)
הִתְמַתֵּן	140	(become) moderate
הִתְנַבֵּא	139	prophesy
הִתְנַגֵּב בְּ...	135	wipe (intr.), dry (intr.)
הִתְנַגֵּד לְ...	135	oppose, resist
הִתְנַגֵּחַ עִם...	138	bicker, tussle
הִתְנַגֵּשׁ בְּ...	135	clash, collide
הִתְנַדֵּב לְ...	135	volunteer
הִתְנַדְנֵד	167	swing (intr.), oscillate
הִתְנַדֵּף	135	(be) evaporated, vanish
הִתְנָה	190	stipulate
הֻתְנָה	221	(be) stipulated
הִתְנַהֵג	137	behave
הִתְנַהֵל	137	(be) managed
הִתְנַוֵּן	140	degenerate
הִתְנוֹסֵס	155	fly (intr.) (flag)
הִתְנוֹעֵעַ	157	sway
הִתְנַזֵּר מִ...	135	abstain from
הִתְנַחֵל בְּ...	137	settle (on land)
הִתְנַחֵם בְּ...	137	(be) consoled

בעזרת שלושה צעדים אלה ניתן לתרגל את נטייתם של כל הפעלים בספר:

1. מחפשים את הפועל במפתח הפעלים לפי האלפבית

החלטנו לחפש את נטיית הפועל הִתְלַהֵב. המספר שליד הפועל מפנה אל הלוח המתאים, שמספרו 137 (נא לשים לב: זהו מספר הלוח ולא מספר העמוד).

בספר "לוחות פעלים"

עמוד לוחות לדוגמא

137 לְהִתְנַהֵל

בִּנְיָן: הִתְפַּעֵל		גִּזְרָה: ע׳ גְּרוֹנִית (ה׳, ח׳, ע׳)		שֹׁרֶשׁ: נהל
	הֹוֶה Present	עָבָר Past	עָתִיד Future	צִוּוּי Imperative
אֲנִי	מִתְנַהֵל / מִתְנַהֶלֶת	הִתְנַהַלְתִּי	אֶתְנַהֵל	
אַתָּה	מִתְנַהֵל	הִתְנַהַלְתָּ	תִּתְנַהֵל	הִתְנַהֵל
אַתְּ	מִתְנַהֶלֶת	הִתְנַהַלְתְּ	תִּתְנַהֲלִי	הִתְנַהֲלִי
הוּא	מִתְנַהֵל	הִתְנַהֵל	יִתְנַהֵל	
הִיא	מִתְנַהֶלֶת	הִתְנַהֲלָה	תִּתְנַהֵל	
אֲנַחְנוּ	מִתְנַהֲלִים / מִתְנַהֲלוֹת	הִתְנַהַלְנוּ	נִתְנַהֵל	
אַתֶּם	מִתְנַהֲלִים	הִתְנַהַלְתֶּם	תִּתְנַהֲלוּ	הִתְנַהֲלוּ
אַתֶּן	מִתְנַהֲלוֹת	הִתְנַהַלְתֶּן	תִּתְנַהֵלְנָה	הִתְנַהֵלְנָה
הֵם	מִתְנַהֲלִים	הִתְנַהֲלוּ	יִתְנַהֲלוּ	
הֵן	מִתְנַהֲלוֹת	הִתְנַהֲלוּ	תִּתְנַהֵלְנָה	

הִתְאַהֵב
הִתְאַחֵד
הִתְאַחֵר
הִתְבַּהֵם
הִתְבַּהֵר
הִתְיַחֵד
הִתְיַחֵם
הִתְיַחֵס
הִתְיַעֵל
הִתְיָעֵץ
הִתְכַּחֵשׁ
הִתְכַּעֵר
הִתְלַהֵב
הִתְלַהֵט
הִתְלַחֵשׁ
הִתְמַעֵט
הִתְנַהֵג
הִתְנַחֵל

עמ׳ 184 ◄

138 לְהִתְגַּלֵּחַ

בִּנְיָן: הִתְפַּעֵל		גִּזְרָה: ל׳ גְּרוֹנִית		שֹׁרֶשׁ: גלח
	הֹוֶה Present	עָבָר Past	עָתִיד Future	צִוּוּי Imperative
אֲנִי	מִתְגַּלֵּחַ / מִתְגַּלַּחַת	הִתְגַּלַּחְתִּי	אֶתְגַּלַּח	
אַתָּה	מִתְגַּלֵּחַ	הִתְגַּלַּחְתָּ	תִּתְגַּלַּח	הִתְגַּלַּח
אַתְּ	מִתְגַּלַּחַת	הִתְגַּלַּחְתְּ	תִּתְגַּלְּחִי	הִתְגַּלְּחִי
הוּא	מִתְגַּלֵּחַ	הִתְגַּלַּח	יִתְגַּלַּח	
הִיא	מִתְגַּלַּחַת	הִתְגַּלְּחָה	תִּתְגַּלַּח	
אֲנַחְנוּ	מִתְגַּלְּחִים / מִתְגַּלְּחוֹת	הִתְגַּלַּחְנוּ	נִתְגַּלַּח	
אַתֶּם	מִתְגַּלְּחִים	הִתְגַּלַּחְתֶּם	תִּתְגַּלְּחוּ	הִתְגַּלְּחוּ
אַתֶּן	מִתְגַּלְּחוֹת	הִתְגַּלַּחְתֶּן	תִּתְגַּלַּחְנָה	הִתְגַּלַּחְנָה
הֵם	מִתְגַּלְּחִים	הִתְגַּלְּחוּ	יִתְגַּלְּחוּ	
הֵן	מִתְגַּלְּחוֹת	הִתְגַּלְּחוּ	תִּתְגַּלַּחְנָה	

הִתְכַּדֵּחַ
הִתְבַּצֵּעַ
הִתְבַּקֵּעַ
הִתְוַדֵּעַ
הִתְוַכֵּחַ
הִתְיַגֵּעַ
הִתְיַפֵּחַ
הִתְלַקֵּחַ
הִתְמַקֵּחַ
הִתְמַתֵּחַ
הִתְנַגֵּחַ
הִתְנַפֵּחַ
הִתְנַצֵּחַ
הִתְפַּכֵּחַ
הִתְפַּקֵּעַ
הִתְפַּתֵּחַ
הִתְקַלֵּחַ
הִתְרַוֵּחַ
הִתְרַתֵּחַ

2. בעזרת המספר שליד הפועל מדפדפים ומוצאים את הלוח המתאים

הגענו אל לוח מספר 137. הפועל "שלנו", הִתְלַהֵב, אינו הפועל המודגם בלוח, אבל הוא דומה לו. גם יתר הפעלים ברשימה שבצד הלוח דומים לפועל המודגם – הִתְנַהֵל.
הסימן ◄ מראה כי לרשימה יש המשך בעמ׳ 184.

3. מתרגלים את נטיית הפועל על־פי הדוגמא שבלוח

על מבנה הפועל העברי

גזרה

לרוב הפעלים בעברית יש שורש בן שלושה עיצורים. השורשים ה״שְׁלֵמִים״ שומרים על כל העיצורים שלהם בכל הנטיות. שורשים אחרים אינם שומרים על כל העיצורים בנטיות השונות, והם ״מאבדים״ לעתים עיצור אחד או יותר.
קיימת דרך שיכולה לעזור לזיהוי ולמיון פעלים על־פי סוגיהם: המלה ״פועל״ מורכבת בעצמה משלושה עיצורים. מקובל להתייחס אל העיצור הראשון של כל שורש כאל ״פ׳ הַפֹּעַל״, אל העיצור השני כאל ״ע׳ הַפֹּעַל״, ואל העיצור השלישי כאל ״ל׳ הַפֹּעַל״.
לדוגמא: כל הפעלים שיש נ׳ בראשם נמצאים בקבוצה, או בגִזְרַת פ״נ, כל הפעלים שיש ו׳ באמצעם הם בגִזְרַת ע״ו, וכל הפעלים שיש ה׳ בסופם הם בגִזְרַת ל״ה. בדרך זאת ניתן לזהות גם פעלים, שיש בהם אוֹתִיּוֹת גְרוֹנִיּוֹת (א׳, ה׳, ח׳, ע׳), בפעלים בגזרת פ׳ גְרוֹנִית, ע׳ גְרוֹנִית או ל׳ גְרוֹנִית.
בספר זה יש גם גזרות הקרויות ״״מְיוּחָדוֹת״. אלה הן קבוצות של פעלים יחידים או נדירים, שנטייתם מיוחדת, ויש ללמוד ולהכיר אותם לעצמם. כמו־כן יש בספר לוחות של קבוצות פעלים ״מְרוּבָּעִים״, ששורשיהם בעלי ארבעה עיצורים.

בניין

להלן רשימה של שבעת הבִּנְיָנִים בפועל העברי והמשמעות הכללית של כל אחד מהם:

1. פָּעַל – מתאר על־פי־רוב פעלים פעילים פשוטים.
2. נִפְעַל – מתאר לעתים קרובות את צורת הסביל של בניין פָּעַל.
3. פִּעֵל – מתאר על־פי־רוב פעלים פעילים.
4. פֻּעַל – מתאר על־פי־רוב את צורת הסביל של פִּעֵל.
5. הִתְפַּעֵל – מתאר לעתים קרובות פעלים פעילים, פעלים הדדיים, או פעלים חוזרים.
6. הִפְעִיל – מתאר בדרך־כלל פעלים פעילים, או פעלים גורמים.
7. הֻפְעַל – מתאר בדרך־כלל את צורת הסביל של הִפְעִיל.

הערה: לבניינים פֻּעַל והֻפְעַל אין שם־פועל ואין צורות ציווי.

מפתח פעלים עברי–אנגלי

א

אָבַד לְ...	6	lose (intr.)
אִבֵּד	91	lose (tr.)
אָבָה לְ...	47	(be) willing
אִבְחֵן	110	diagnose
אֻבְחַן	133	(be) diagnosed
אִבְטֵחַ	108	secure
אֻבְטַח	131	(be) secured
אִבֵּן	96	fossilize
אִבֵּק	91	powder, dust
אִגֵּד	91	unite
אִגֵּף	91	outflank
אֻגַּף	118	(be) outflanked
אָגַר	4	hoard, amass
אִדָּה	103	steam
אֻדָּה	126	(be) steamed
אָדַם	5	blush
אָהַב	7	love, like
אָהַד	8	like, support
אִוְרֵר	105	air out, ventilate
אֻוְרַר	129	(be) ventilated
אָזַל	5	run short, run out
אִזֵּן	96	balance, level
אֻזַּן	123	(be) balanced
אָזַר	4	gird
אִזְרֵחַ	108	naturalise
אֻזְרַח	131	(be) naturalised
אִחֵד	93	unite
אֻחַד	120	(be) united
אִחָה	104	mend (breach, rift)
אֻחָה	127	(be) mended (breach, rift)
אָחַז בְּ...	6	grasp, hold, grip
אִחֵל לְ...	93	congratulate, wish
אֵחַר לְ...	97	(be) late
אָטַם	4	seal, shut
אִיֵּם עַל...	91	threaten, intimidate
אִיֵּר	91	illustrate
אֻיַּר	118	(be) illustrated
אִיֵּשׁ	91	man
אֻיַּשׁ	118	(be) manned
אִכְזֵב	105	disappoint
אֻכְזַב	129	(be) disappointed
אָכַל	6	eat
אִכֵּל	91	corrode, consume
אֻכַּל	118	(be) corroded, (be) consumed
אִכְלֵס	105	populate
אֻכְלַס	129	(be) populated
אִכְסֵן	110	accommodate
אֻכְסַן	133	(be) accommodated
אָכַף	4	enforce
אִלֵּף	91	tame
אֻלַּף	118	(be) tamed
אִלֵּץ	91	force, compel
אֻלַּץ	118	(be) forced
אִלְתֵּר	105	improvise
אֻלְתַּר	129	(be) improvised
אָמַד	4	estimate, assess
אִמְלֵל	105	make miserable
אֻמְלַל	129	(become) miserable
אִמֵּן	96	train
אֻמַּן	123	(be) trained
אִמֵּץ	91	adopt
אֻמַּץ	118	(be) adopted
אָמַר	6	say
לְ...		tell
אִמֵּת	92	verify, validate
אֻמַּת	119	(be) verified, (be) validated
אָנַס	4	rape, force
אָסַף	4	collect, gather
אָסַר	4	arrest, jail
עַל...		prohibit, forbid
אָפָה	47	bake
אִפְיֵן	110	characterize
אֻפְיַן	133	(be) characterized
אִפֵּס	91	zero
אֻפַּס	118	(be) zeroed

encircle	4	אָפַף
make-up (cosmetics)	91	אִפֵּר
enable	105	אִפְשֵׁר לְ...
hasten, hurry	50	אָץ לְ...
delegate	4	אָצַל
accumulate	4	אָצַר
acclimatize	105	אִקְלֵם
ambush, lurk	4	אָרַב לְ...
weave	4	אָרַג
organize	110	אִרְגֵּן
(be) organised	133	אֻרְגַּן
pack	4	אָרַז
host	101	אֵרַח
last	5	אָרַךְ
occur	116	אֵרַע
(be) guilty	13	אָשַׁם בְּ...
hospitalize	105	אִשְׁפֵּז
(be) hospitalized	129	אֻשְׁפַּז
confirm, certify	91	אִשֵּׁר
(be) confirmed, (be) certified	118	אֻשַּׁר
locate	91	אִתֵּר
(be) located	118	אֻתַּר

ב

come to	54	בָּא לְ...
come with		עִם...
come from		מִ...
explain	98	בֵּאֵר
betray	1	בָּגַד בְּ...
mature	2	בָּגַר
(be) isolated	118	בֻּדַּד
concoct	38	בָּדָה
amuse	94	בִּדַּח
examine, test, check	1	בָּדַק
entertain	91	בִּדֵּר
shine (intr.), glow	19	בָּהַק
isolate	112	בּוֹדֵד
wallow	112	בּוֹסֵס בְּ...
feel ashamed	51	בּוֹשׁ בְּ...
tarry	112	בּוֹשֵׁשׁ לְ...
despise, scorn	50	בָּז לְ...
waste, squander	105	בִּזְבֵּז
(be) wasted, (be) squandered	129	בֻּזְבַּז
desecrate	103	בִּזָּה
loot, plunder	1	בָּזַז
detest	19	בָּחַל בְּ...
test, inspect, examine	21	בָּחַן
choose, pick, select	19	בָּחַר בְּ...
stir	19	בָּחַשׁ
express, pronounce	95	בִּטֵּא
(be) expressed, (be) pronounced	122	בֻּטָּא
trust, rely	22	בָּטַח בְּ...
insure	94	בִּטַּח
(be) insured	121	בֻּטַּח
cancel	91	בִּטֵּל
(be) cancelled	118	בֻּטַּל
stamp (mail)	91	בִּיֵּל
(be) stamped (mail)	118	בֻּיַּל
stage	91	בִּיֵּם
(be) staged	118	בֻּיַּם
shame	91	בִּיֵּשׁ
(be put to) shame	118	בֻּיַּשׁ
domesticate	92	בִּיֵּת
(be) domesticated	119	בֻּיַּת
cry, weep	38	בָּכָה
lament	103	בִּכָּה
prefer	91	בִּכֵּר
confuse	105	בִּלְבֵּל
(become) confused	129	בֻּלְבַּל
wither, decay	39	בָּלָה
spend (time)	103	בִּלָּה
stand out, protrude	1	בָּלַט
mix	1	בָּלַל
brake, curb	1	בָּלַם
swallow	22	בָּלַע
sleuth, investigate	1	בָּלַשׁ אַחֲרֵי...
internationalize	106	בִּנְאֵם
(be) internationalized	130	בֻּנְאַם
build, construct	38	בָּנָה
base, consolidate	91	בִּסֵּס

(be) based, (be) consolidated	118	בֻּסַּס
bubble, gurgle	108	בִּעְבֵּעַ
kick	19	בָּעַט בְּ...
master (sexually)	19	בָּעַל
burn (intr.)	19	בָּעַר
eradicate	93	בִּעֵר
sprout	105	בִּצְבֵּץ
cut (bread)	22	בָּצַע
carry out, implement	94	בִּצַּע
(be) implemented	121	בֻּצַּע
harvest (grapes)	1	בָּצַר
fortify	91	בִּצֵּר
(be) fortified	118	בֻּצַּר
break through	22	בָּקַע
cleave, chop	94	בִּקַּע
criticise	91	בִּקֵּר
visit with		אֵצֶל...
visit to		בְּ...
request	91	בִּקֵּשׁ
request from		מִ...
create	35	בָּרָא
escape, flee	22	בָּרַח מִ...
bless, greet	98	בֵּרֵךְ
(be) blessed	124	בֹּרַךְ
sift, select	1	בָּרַר
clarify	98	בֵּרֵר
cook	91	בִּשֵּׁל
(be) cooked	118	בֻּשַּׁל
perfume	91	בִּשֵּׂם
(be) perfumed	118	בֻּשַּׂם
portend	91	בִּשֵּׂר
bring news to		לְ...
cut off	91	בִּתֵּק
(be) cut off	118	בֻּתַּק
carve, dismember	91	בִּתֵּר
(be) carved, (be) dismembered	118	בֻּתַּר

ג

rise (intr.)	40	גָּאָה
liberate	19	גָּאַל
rescue from		מִ...
heap	91	גִּבֵּב
collect (taxes)	38	גָּבָה
grow tall	24	גָּבַהּ
border (upon)	1	גָּבַל בְּ...
hunch (the back)	96	גִּבֵּן
make cheese		
overcome, win	2	גָּבַר עַל...
crystallize, consolidate	91	גִּבֵּשׁ
(be) crystallized, (be) consolidated	118	גֻּבַּשׁ
grow (intr.)	3	גָּדַל
grow (cultivate), raise, rear	91	גִּדֵּל
(be) grown, (be) raised, (be) reared	118	גֻּדַּל
fell, lop off	22	גָּדַע
villify, swear (at)	91	גִּדֵּף
(be) villified, (be) sworn (at)	118	גֻּדַּף
restrain (intr.)	1	גָּדַר
enclose, fence	91	גִּדֵּר
(to be) fenced, (to be) enclosed	118	גֻּדַּר
fill up	1	גָּדַשׁ
press, iron (clothes)	93	גִּהֵץ
(be) ironed	125	גֹּהַץ
burp, belch	93	גִּהֵק
stoop	19	גָּהַר עַל...
unroll, unfold	112	גּוֹלֵל
diversify, variegate	96	גִּוֵּן
(be) diversified, (be) variegated	123	גֻּוַּן
protect	113	גּוֹנֵן עַל...
expire (life) (intr.)	22	גָּוַע
cut (hair)	1	גָּזַז
rob	1	גָּזַל
steal from		מִ...
prune, clip	1	גָּזַם
cut	1	גָּזַר
decree		עַל...
grin	93	גִּחֵךְ
bend, stoop	19	גָּחַן עַל...

put on socks	1	גָּרַב
gargle	105	גִּרְגֵּר
scratch, scrape	98	גֵּרֵד
tease, excite	102	גֵּרָה
(be) teased, (be) excited	128	גֹּרָה
cause	1	גָּרַם לְ...
grind, determine, shred	1	גָּרַס
reduce, lessen	22	גָּרַע מִ...
rake	1	גָּרַף
drag, tow	1	גָּרַר
expel, divorce, deport	98	גֵּרֵשׁ
(be) expelled, (be) divorced, (be) deported	124	גֹּרַשׁ
bridge	91	גִּשֵּׁר עַל...
grope	91	גִּשֵּׁשׁ

ד

grieve	19	דָּאַב
worry, care	19	דָּאַג לְ...
glide (in the air), soar	40	דָּאָה
cling, adhere, stick to	3	דָּבַק בְּ...
talk, speak	91	דִּבֵּר
(be) spoken	118	דֻּבַּר
fish	50	דָּג
tickle	105	דִּגְדֵּג
stand for, profess	1	דָּגַל בְּ...
hatch	1	דָּגַר עַל...
hop	103	דִּדָּה
fade (intr.)	40	דָּהָה
gallop	19	דָּהַר
induce (to speak)	112	דּוֹבֵב
silence	112	דּוֹמֵם
report	94	דִּוַּח עַל...
(be) reported	121	דֻּוַּח
delay, postpone, reject	40	דָּחָה
compact, compress	19	דָּחַס
push	19	דָּחַף
press	19	דָּחַק
urge		בְּ...

mobilize, recruit	91	גִּיֵּס
(to be) mobilized, (to be) recruited	118	גֻּיַּס
convert (to Judaism)	91	גִּיֵּר
(be) converted (to Judaism)	118	גֻּיַּר
roll, revolve	105	גִּלְגֵּל
(be) rolled, (be) revolved	129	גֻּלְגַּל
go into exile	38	גָּלָה מִ... לְ...
discover	103	גִּלָּה
reveal to		לְ...
shave	94	גִּלַּח
(be) shaved	121	גֻּלַּח
roll (tr.)	1	גָּלַל
personify	91	גִּלֵּם
(be) personified	118	גֻּלַּם
carve, engrave	91	גִּלֵּף
(be) carved, (be) engraved	118	גֻּלַּף
overflow	1	גָּלַשׁ
glide from		מִ...
consume (distance; water)	35	גָּמָא
stutter, stammer	105	גִּמְגֵּם
dwarf, stunt	91	גִּמֵּד
(be) dwarfed, (be) stunted	118	גֻּמַּד
reward, repay	1	גָּמַל לְ...
gulp	22	גָּמַע
finish, conclude	1	גָּמַר
steal	1	גָּנַב
reprimand, rebuke	103	גִּנָּה
(be) reprimanded, (be) rebuked	126	גֻּנָּה
conceal, file away	1	גָּנַז
groan	22	גָּנַח
garden	96	גִּנֵּן
expire (life)	1	גָּסַס
moo, bleat	40	גָּעָה
scold, reproach	19	גָּעַר בְּ...
rage	19	גָּעַשׁ
hug, caress	91	גִּפֵּף
live (dwell)	50	גָּר בְּ...

(be) prompt	91	דִיֵּק
(be) precise		בְּ...
oppress, suppress	95	דִכֵּא
(be) oppressed, (be) suppressed	122	דֻכָּא
depress	105	דִכְדֵךְ
skip, leap	91	דִלֵּג עַל...
deplete, impoverish	105	דִלְדֵל
(be) impoverished, (be) depleted	129	דֻלְדַל
draw (water)	38	דָלָה
dilute	91	דִלֵּל
(be) diluted	118	דֻלַּל
leak, drip	1	דָלַף
burn (intr.)	1	דָלַק
pursue		אַחֲרֵי...
resemble	38	דָמָה לְ...
imagine, compare	103	דִמָּה
bleed	91	דִמֵּם
shed (tears)	22	דָמַע
judge, sentence	50	דָן
discuss		בְּ...
fade, die out	19	דָעַךְ
leaf, turn (pages)	105	דִפְדֵף בְּ...
knock	1	דָפַק בְּ...
(be) strict, (be) pedantic	105	דִקְדֵק בְּ...
recite	105	דִקְלֵם
pierce, stab	1	דָקַר
dwell	50	דָר בְּ...
spur, prod	110	דִרְבֵּן
(be) spurred, (be) prodded	133	דֻרְבַּן
grade	98	דֵרֵג
(be) graded	124	דֹרַג
roll (down)	105	דִרְדֵר
(be) rolled (down)	129	דֻרְדַר
step, tread	1	דָרַךְ עַל...
trample, run over	1	דָרַס
demand, preach	1	דָרַשׁ
thresh	50	דָשׁ
tread	105	דִשְׁדֵשׁ בְּ...
fertilize	96	דִשֵּׁן
(be) fertilized	123	דֻשַּׁן

ה

feed (animals)	181	הֶאֱבִיס
redden, turn red	181	הֶאֱדִים
listen	182	הֶאֱזִין לְ...
unify	181	הֶאֱחִיד
slow down, decelerate	208	הֵאֵט
accelerate, urge	202	הֵאִיץ בְּ...
light, shine (intr.)	202	הֵאִיר
feed	181	הֶאֱכִיל
believe, trust	182	הֶאֱמִין בְּ...
darken, (become) dark	181	הֶאֱפִיל
turn grey	181	הֶאֱפִיר
ennoble	181	הֶאֱצִיל
lengthen	181	הֶאֱרִיךְ
prolong		בְּ...
blame, accuse	181	הֶאֱשִׁים
(be) blamed, (be) accused	215	הָאֳשַׁם
rot	178	הִבְאִישׁ
differentiate	178	הִבְדִּיל בֵּין...
flicker	106	הִבְהֵב
frighten, rush (tr.)	178	הִבְהִיל
polish, shine	178	הִבְהִיק
clarify	178	הִבְהִיר
(be) rushed, (become) frightened	218	הֻבְהַל
(be) clarified	218	הֻבְהַר
notice, discern	187	הִבְחִין בְּ...
(be) promised, (be) assured	217	הֻבְטַח
promise, assure	185	הִבְטִיחַ
bring, fetch	205	הֵבִיא
look at	198	הִבִּיט בְּ...
embarrass, perplex	202	הֵבִיךְ
understand	203	הֵבִין
defeat	202	הֵבִיס
express	200	הִבִּיעַ
restrain (intr.)	178	הִבְלִיג עַל...
(make) conspicuous, emphasize	178	הִבְלִיט

English	Page	Hebrew
crust, congeal	178	הִגְלִיד
(make) flexible	178	הִגְמִישׁ
defend, protect	209	הֵגֵן עַל...
(be) smuggled in	212	הֻגְנַב
smuggle in	178	הִגְנִיב
disgust, nauseate	178	הִגְעִיל
emigrate immigrate	91	הִגֵּר מִ... לְ...
raffle	178	הִגְרִיל
(be) raffled	212	הֻגְרַל
fulfil	178	הִגְשִׁים
(be) fulfilled	212	הֻגְשַׁם
(be) distressed	218	הֻדְאַג
distress	178	הִדְאִיג
glue, infect (disease)	178	הִדְבִּיק
exterminate (pests)	178	הִדְבִּיר
(be) glued, (be) infected	212	הֻדְבַּק
(be) exterminated (pests)	212	הֻדְבַּר
model, demonstrate	178	הִדְגִּים
emphasize, stress	178	הִדְגִּישׁ
(be) modelled, (be) demonstrated	212	הֻדְגַּם
(be) emphasised, (be) stressed	212	הֻדְגַּשׁ
echo, reverberate	106	הִדְהֵד בְּ...
astound, shock, amaze	178	הִדְהִים
gallop (tr.)	178	הִדְהִיר
(be) dismissed	228	הֻדַּח
rinse (dishes)	204	הֵדִיחַ
dismiss	200	הִדִּיחַ
leak (information)	178	הִדְלִיף
kindle, light	178	הִדְלִיק
(be) leaked (information)	212	הֻדְלַף
(be) kindled, (be) lit	212	הֻדְלַק
silence	178	הִדְמִים
make weep	185	הִדְמִיעַ
repel, thrust	10	הָדַף
print	178	הִדְפִּיס
(be) printed	212	הֻדְפַּס
fasten, tighten	91	הִדֵּק
(be) fastened, (be) tightened	118	הֻדַּק

English	Page	Hebrew
gulp	185	הִבְלִיעַ
(be) expressed	228	הֻבַּע
set on fire	178	הִבְעִיר
terrify	179	הִבְעִית
(be) set on fire	218	הֻבְעַר
score (goal), storm	185	הִבְקִיעַ
(be) scored (goal), (be) stormed	217	הֻבְקַע
(be) screwed	212	הֻבְרַג
(be) smuggled, (be) chased away	217	הֻבְרַח
recuperate (intr.), cure (tr.)	184	הִבְרִיא מִ...
screw	178	הִבְרִיג
smuggle, chase away	185	הִבְרִיחַ
force to kneel	178	הִבְרִיךְ
polish, cable	178	הִבְרִיק
(be) polished, (be) cabled	212	הֻבְרַק
ripen	178	הִבְשִׁיל
(be) elevated	219	הֻגְבַּהּ
elevate	186	הִגְבִּיהַּ
limit	178	הִגְבִּיל
increase	178	הִגְבִּיר
(be) limited	212	הֻגְבַּל
(be) strengthened, (be) increased, (be) amplified	212	הֻגְבַּר
enlarge, expand	178	הִגְדִּיל
define	178	הִגְדִּיר
overdo	178	הִגְדִּישׁ
(be) enlarged	212	הֻגְדַּל
(be) defined	212	הֻגְדַּר
conceive (idea), pronounce meditate upon	46	הָגָה בְּ...
exaggerate	178	הִגְזִים בְּ...
react, retort	202	הֵגִיב עַל...
tell	198	הִגִּיד
proof-read	200	הִגִּיהַּ
burst forth	204	הֵגִיחַ מִ...
arrive, reach	200	הִגִּיעַ לְ...
shut, shutter	202	הֵגִיף
serve, present	198	הִגִּישׁ

(be) chased away, (be) routed	224	הוּנַס	
(be) activated, (be) motivated	229	הוּנַע	
(be) brandished, (be) swung, (be) raised (flag)	224	הוּנַף	
(be) shifted	224	הוּסַט	
add	194	הוֹסִיף	
(be) removed	224	הוּסַר	
(be) instigated	225	הוּסַת	
convene, designate	194	הוֹעִיד	
(be) beneficial	194	הוֹעִיל לְ...	
appear, perform (stage)	196	הוֹפִיעַ בְּ...	
(be) spread, (be) distributed	224	הוּפַץ	
(be) violated, (be) undone	224	הוּפַר	
(be) withdrawn	226	הוּצָא מִ...	
withdraw, spend	195	הוֹצִיא	
(be) flooded, (be) inundated	224	הוּצַף בְּ...	
denounce	196	הוֹקִיעַ	
honour	194	הוֹקִיר	
(be) erected, (be) established	224	הוּקַם	
(be) lowered	224	הוּרַד	
teach, command instruct	197	הוֹרָה לְ...	
lower, demote	194	הוֹרִיד	
turn green	194	הוֹרִיק	
bequeath, endow	194	הוֹרִישׁ	
(be) lifted, (be) raised	224	הוּרַם	
(be) despatched, (be) made to run	224	הוּרַץ	
(be) emptied	224	הוּרַק	
(be) seated, (be) returned	224	הוּשַׁב	
(be) extended	224	הוּשַׁט	
seat	194	הוֹשִׁיב	
extend	194	הוֹשִׁיט	
rescue	196	הוֹשִׁיעַ	
leave behind	194	הוֹתִיר	
identify (oneself)	165	הִזְדַּהָה עִם...	

guide, counsel	178	הִדְרִיךְ	
go south	178	הִדְרִים לְ...	
(be) guided, (be) counselled	212	הֻדְרַךְ	
dare (intr.)	203	הֵהִין לְ...	
(be) slowed down, (be) decelerated	231	הוּאַט	
consent	194	הוֹאִיל לְ...	
(be) accelerated	231	הוּאַץ	
(be) brought	226	הוּבָא	
lead, transport	194	הוֹבִיל	
(be) led, (be) transported	224	הוּבַל	
(be) understood	230	הוּבַן	
(be) defeated	224	הוּבַס	
(be) shut, (be) shuttered	224	הוּגַף	
thank admit	197	הוֹדָה לְ... בְּ...	
(be) rinsed	229	הוּדַח	
announce inform	196	הוֹדִיעַ לְ...	
(be) shifted, (be) moved	224	הוּזַז מִ...	
reduce (price)	194	הוֹזִיל	
(be) reduced (price)	224	הוּזַל	
(be) fed, (be) nourished	230	הוּזַן בְּ...	
(be) hastened	231	הוּחַשׁ לְ...	
(be) bettered, (be) improved	224	הוּטַב	
(be) laid (eggs), (be) dropped, (be) cast	224	הוּטַל	
(be) flown	224	הוּטַס	
prove, rebuke	196	הוֹכִיחַ	
(be) prepared	230	הוּכַן	
beget	194	הוֹלִיד	
guide, lead	194	הוֹלִיךְ	
(be) melted	232	הוּמַס	
(be) killed, (be) executed	225	הוּמַת	
deceive	197	הוֹנָה	
(be) placed, (be) laid	229	הוּנַח	

hide (tr.), conceal	189	הֶחְבִּיא
infuse, imbue	183	הֶחְדִּיר
(be) infused, (be) imbued	212	הֻחְדַּר
(become) pale	181	הֶחֱוִיר
hold, grasp	181	הֶחֱזִיק בְּ...
return (tr.), replace	181	הֶחֱזִיר
(be) held, (be) grasped	212	הֻחְזַק
(be) returned	212	הֻחְזַר
miss (target)	188	הֶחֱטִיא
revive	193	הֶחֱיָה
apply (law etc)	202	הֵחִיל
hasten (tr.)	202	הֵחִישׁ
(become) wise	183	הֶחְכִּים
lease	183	הֶחְכִּיר
(be) leased	212	הֻחְכַּר
(be) decided	212	הֻחְלַט
rust	181	הֶחֱלִיד
decide	183	הֶחְלִיט
recuperate	181	הֶחֱלִים מִ...
change, exchange	181	הֶחֱלִיף
slip, skid, smoothen	181	הֶחֱלִיק
weaken (tr.)	181	הֶחֱלִישׁ
(be) changed	212	הֻחְלַף
(become) smooth	212	הֻחְלַק
(be) weakened	212	הֻחְלַשׁ
compliment	188	הֶחֱמִיא לְ...
miss (opportunity), turn sour	181	הֶחֱמִיץ
(be) severe	183	הֶחְמִיר
(be) missed (opportunity)	212	הֻחְמַץ
park	193	הֶחֱנָה
flatter	181	הֶחֱנִיף לְ...
suffocate	181	הֶחֱנִיק
omit, subtract	181	הֶחֱסִיר
destroy, devastate	181	הֶחֱרִיב
terrify, horrify	181	הֶחֱרִיד
confiscate, ban, boycott	181	הֶחֱרִים
worsen, exacerbate	181	הֶחֱרִיף
(be) silent, deafen	181	הֶחֱרִישׁ
(be) confiscated, (be) banned, (be) boycotted	215	הָחֳרַם
(keep) silent	193	הֶחֱשָׁה

(become) infected	149	הִזְדַּהֵם
mate, cohabit	152	הִזְדַּוֵּג עִם...
(become) pure	152	הִזְדַּכֵּךְ
chance upon	154	הִזְדַּמֵּן לְ...
trail behind	152	הִזְדַּנֵּב אַחֲרֵי...
(be) shocked	175	הִזְדַּעְזֵעַ מִ...
grow old	154	הִזְדַּקֵּן
stand erect	152	הִזְדַּקֵּף
(be) in need	152	הִזְדַּקֵּק לְ...
protrude	152	הִזְדַּקֵּר מִ...
hasten	153	הִזְדָּרֵז
hallucinate	45	הָזָה
sprinkle	201	הִזָּה
warn	178	הִזְהִיר
(be) warned	212	הֻזְהַר
shift, move (tr.)	202	הֵזִיז
feed, nourish	203	הֵזִין
perspire	200	הִזִּיעַ
damage	198	הִזִּיק לְ...
mention remind	178	הִזְכִּיר לְ...
(be) mentioned, (be) reminded	212	הֻזְכַּר
spray	178	הִזְלִיף
invite, order (goods)	187	הִזְמִין
(be) invited, (be) ordered (goods)	213	הֻזְמַן
(be) abandoned, (be) neglected	217	הֻזְנַח
abandon, neglect	185	הִזְנִיחַ
start (tr.)	178	הִזְנִיק
(be) started	212	הֻזְנַק
summon, alert	178	הִזְעִיק
(be) summoned, (be) alerted	218	הֻזְעַק
(become) old, (make) old	187	הִזְקִין
make flow	178	הִזְרִים
inseminate	185	הִזְרִיעַ
inject	178	הִזְרִיק
(be) made to flow	212	הֻזְרַם
(be) injected	212	הֻזְרַק
(be) hidden, (be) concealed	216	הֻחְבָּא

annihilate	178	הִכְחִיד
turn blue, blue	178	הִכְחִיל
deny, disavow	178	הִכְחִישׁ
(be) denied, (be) disavowed	218	הֻכְחַשׁ
contain	202	הֵכִיל
prepare	203	הֵכִין
bite (snake)	198	הִכִּישׁ
recognize, acquaint	198	הִכִּיר
staple, stitch	178	הִכְלִיב
generalize, include	178	הִכְלִיל
affront	178	הִכְלִים
(be) generalized, (be) included	212	הֻכְלַל
insert, bring in	178	הִכְנִיס
overpower, subdue	185	הִכְנִיעַ
(be) brought in	212	הֻכְנַס
(be) overpowered, (be) subdued	217	הֻכְנַע
anger	178	הִכְעִיס
multiply, double	178	הִכְפִּיל
sully	178	הִכְפִּישׁ
(be) multiplied	212	הֻכְפַּל
(be) recognized, (be) acquainted	227	הֻכַּר
(be) announced	212	הֻכְרַז
(be) compelled	217	הֻכְרַח
declare, announce	178	הִכְרִיז עַל...
force, compel	185	הִכְרִיחַ
determine	185	הִכְרִיעַ
annihilate	179	הִכְרִית
(be) determined	217	הֻכְרַע
fail (tr.)	178	הִכְשִׁיל
train, legalise, (make) Kosher	178	הִכְשִׁיר
(be) failed	212	הֻכְשַׁל
(be) trained, (be) legalised, (be made) Kosher	212	הֻכְשַׁר
(be) dictated	212	הֻכְתַּב
dictate	178	הִכְתִּיב
stain, soil	178	הִכְתִּים
crown	178	הִכְתִּיר
(be) stained, (be) soiled	212	הֻכְתַּם

value, esteem	181	הֶחֱשִׁיב
make suspect	183	הֶחְשִׁיד
darken, grow dark	183	הֶחְשִׁיךְ
(make someone) sign	183	הֶחְתִּים
(be made to) sign	212	הֻחְתַּם
dip, baptize	178	הִטְבִּיל
sink (tr.), drown (tr.)	185	הִטְבִּיעַ
(be) dipped, (be) baptized	212	הֻטְבַּל
(be) sunk, (be) drowned	217	הֻטְבַּע
speak insolently	204	הֵטִיחַ
impose	198	הִטִּיל
lay (eggs), drop, cast	202	הֵטִיל
fly (tr.)	202	הֵטִיס
(be) imposed	227	הֻטַּל
patch	184	הִטְלִיא
hide (tr.), put away	187	הִטְמִין
(be) hidden, (be) put away	213	הֻטְמַן
mislead, misdirect	191	הִטְעָה
(be) misled, (be) misdirected	223	הֻטְעָה
accentuate	178	הִטְעִים
load	187	הִטְעִין
(be) loaded	220	הֻטְעַן
(be) bothered, (be) disturbed	212	הֻטְרַד
(be) troubled, (be) bothered	217	הֻטְרַח
bother, disturb	178	הִטְרִיד
trouble (tr.), bother	185	הִטְרִיחַ
be, have	48	הָיָה
better, improve	207	הֵיטִיב
turn right (intr.)	207	הֵימִין
breast-feed	207	הֵינִיק
go straight	207	הֵישִׁיר
hurt	178	הִכְאִיב לְ...
burden	178	הִכְבִּיד עַל...
beat, strike, hit	201	הִכָּה
(be) beaten, (be) struck, (be) smitten	233	הֻכָּה
disappoint	178	הִכְזִיב

English	Page	Hebrew
shock	91	הָמַם
melt (tr.)	208	הֵמֵס
lessen	178	הִמְעִיט
(be) invented, (be) submitted	216	הֻמְצָא
invent, submit	184	הִמְצִיא
take off (aircraft)	184	הִמְרִיא
foment	178	הִמְרִיד
urge, stimulate	178	הִמְרִיץ
(be) urged, (be) stimulated	212	הֻמְרַץ
continue	178	הִמְשִׁיךְ
appoint (ruler)	178	הִמְשִׁיל
wait	187	הִמְתִּין ל...
sweeten, mitigate	178	הִמְתִּיק
(be) sweetened, (be) mitigated	212	הֻמְתַּק
sprout (tr.)	178	הִנְבִּיט
(be) led	218	הֻנְהַג
lead	178	הִנְהִיג
guide, moderate	191	הִנְחָה
(be) guided, (be) moderated	223	הֻנְחָה
bestow	178	הִנְחִיל
land (tr.)	179	הִנְחִית
(be) landed	234	הֻנְחַת
bear (fruit)	202	הֵנִיב
place, suppose allow	200	הִנִּיחַ ל...
chase away, rout	202	הֵנִיס
activate, motivate	204	הֵנִיעַ
brandish, raise (flag etc.)	202	הֵנִיף
lower (tr.)	178	הִנְמִיךְ
(be) lowered	212	הֻנְמַךְ
shoe	178	הִנְעִיל
(make) pleasant	178	הִנְעִים
(be) perpetuated	217	הֻנְצַח
perpetuate	185	הִנְצִיחַ
resuscitate	178	הִנְשִׁים
(be) resuscitated	212	הֻנְשַׁם
turn into (tr.)	208	הֵסֵב
explain	178	הִסְבִּיר
(be) explained	212	הֻסְבַּר
extradite, turn in	178	הִסְגִּיר
(be) crowned	212	הֻכְתַּר
exhaust	192	הִלְאָה
nationalise	178	הִלְאִים
(be) nationalised	218	הֻלְאַם
whiten, turn white, bleach	187	הִלְבִּין
dress (tr.)	178	הִלְבִּישׁ
(be) whitened	213	הֻלְבַּן
(be) dressed	212	הֻלְבַּשׁ
enthuse, excite	178	הִלְהִיב
lend, loan	190	הִלְוָה
solder	178	הִלְחִים
compose (music)	187	הִלְחִין
(be) soldered	218	הֻלְחַם
(be) composed (music)	220	הֻלְחַן
lodge (tr.), delay (payment)	203	הֵלִין
walk	25	הָלַךְ
praise, laud	91	הִלֵּל
smite, suit	9	הָלַם בְּ...
(be) overfed	218	הֻלְעַט
overfeed	178	הִלְעִיט
whip (punish), lash	190	הִלְקָה
(be) whipped (punish), (be) lashed	221	הֻלְקָה
inform against	187	הִלְשִׁין עַל...
(make) loathsome	178	הִמְאִיס
roar (sea), coo (dove), long for	45	הָמָה
(be) dramatized	218	הֻמְחַז
dramatize	178	הִמְחִיז
(make) perceptible, illustrate	178	הִמְחִישׁ
shower (tr.)	178	הִמְטִיר עַל...
convert	202	הֵמִיר
kill, execute	206	הֵמִית
(be) salted	217	הֻמְלַח
salt	185	הִמְלִיחַ
give birth (animals)	178	הִמְלִיט
enthrone	178	הִמְלִיךְ
recommend	178	הִמְלִיץ עַל...
(be) enthroned	212	הֻמְלַךְ
(be) recommended	212	הֻמְלַץ
stun	9	הָמַם

English	Page	Hebrew
endanger oneself	147	הִסְתַּכֵּן בְּ...
(get into) conflict, (become) embroiled	171	הִסְתַּכְסֵךְ עִם...
(become) curled	171	הִסְתַּלְסֵל
depart (make getaway)	142	הִסְתַּלֵּק מִ...
rely on	142	הִסְתַּמֵּךְ עַל...
(be) indicated	147	הִסְתַּמֵּן
(be) blinded	171	הִסְתַּנְוֵר מִ...
infiltrate	147	הִסְתַּנֵּן לְ...
branch out	144	הִסְתָּעֵף
assault, attack	144	הִסְתָּעֵר עַל...
join, (become) annexed	145	הִסְתַּפַּח אֶל...
(be) satisfied, make do	142	הִסְתַּפֵּק בְּ...
(have) haircut	142	הִסְתַּפֵּר
(be) inquisitive	171	הִסְתַּקְרֵן
(be) hidden, (be) concealed	212	הִסְתַּר
(become) clumsy	171	הִסְתַּרְבֵּל
comb (intr.)	144	הִסְתָּרֵק
hide (intr.)	142	הִסְתַּתֵּר מִ...
(be) employed, (be) enslaved	215	הָעֳבַד
employ, enslave	181	הֶעֱבִיד
transfer	181	הֶעֱבִיר
(be) transferred	215	הָעֳבַר מִ...
prefer	183	הֶעֱדִיף
(be) preferred	215	הָעֳדַף
dare	208	הֵעֵז לְ...
darken	202	הֵעִיב עַל...
(give) evidence	202	הֵעִיד
fly (tr.)	202	הֵעִיף
depress	202	הֵעִיק עַל...
remark, wake	202	הֵעִיר
raise, upgrade	193	הֶעֱלָה
(be) upgraded	222	הָעֳלָה
insult	181	הֶעֱלִיב
libel	181	הֶעֱלִיל עַל...
conceal	181	הֶעֱלִים מִ...
(be) stood	215	הָעֳמַד
stand (tr.)	181	הֶעֱמִיד
load, overload	181	הֶעֱמִיס
deepen	181	הֶעֱמִיק
(be) deepened	215	הָעֳמַק
grant	181	הֶעֱנִיק

English	Page	Hebrew
(be) extradited	212	הֻסְגַּר
regularize	178	הִסְדִּיר
shush	103	הִסָּה
camouflage	190	הִסְוָה
(be) camouflaged	221	הֻסְוָה
shift	202	הֵסִיט
transport	200	הִסִּיעַ
heat, infer	198	הִסִּיק
remove	202	הֵסִיר
instigate	206	הֵסִית
agree, concur	178	הִסְכִּים לְ...
escalate	178	הִסְלִים
authorize, ordain	178	הִסְמִיךְ
blush	178	הִסְמִיק
hesitate	91	הִסֵּס
(be) transported	228	הֻסַּע
agitate, (cause) storm	178	הִסְעִיר
(be) eulogised	212	הֻסְפַּד
eulogise	178	הִסְפִּיד
accomplish	178	הִסְפִּיק
(be) filmed	212	הֻסְרַט
stink	185	הִסְרִיחַ
film	178	הִסְרִיט
(be) defiled	144	הִסְתָּאַב
(become) entangled, (become) embroiled	142	הִסְתַּבֵּךְ בְּ...
soap oneself	147	הִסְתַּבֵּן
(be) ascertained	142	הִסְתַּבֵּר
adapt (oneself), adjust (intr.)	142	הִסְתַּגֵּל לְ...
mortify (oneself)	142	הִסְתַּגֵּף
seclude (oneself)	142	הִסְתַּגֵּר
manage (intr.)	142	הִסְתַּדֵּר
rotate (intr.) amble	158	הִסְתּוֹבֵב בְּ...
consult (secretly)	158	הִסְתּוֹדֵד עִם...
camouflage (oneself)	162	הִסְתַּוָּה
feel dizzy	171	הִסְתַּחְרֵר
dissociate (oneself) from	142	הִסְתַּיֵּג מִ...
come to end	142	הִסְתַּיֵּם
(be) helped	145	הִסְתַּיֵּעַ בְּ...
hide (tr.), conceal	178	הִסְתִּיר
watch	142	הִסְתַּכֵּל בְּ...
(be) summed up	142	הִסְתַּכֵּם בְּ...

25

(be) internalised	212	הֻפְנַם
lose	178	הִפְסִיד
stop, cease, interrupt	178	הִפְסִיק
(be) stopped, (be) interrupted	212	הֻפְסַק
activate	178	הִפְעִיל
(be) activated, (be) operated	218	הֻפְעַל
bombard, bomb	178	הִפְצִיץ
implore, urge	178	הִפְצִיר בְּ...
(be) bombarded	212	הֻפְצַץ
(be) deposited (be) entrusted	212	הֻפְקַד עַל...
deposit, entrust	178	הִפְקִיד
confiscate	185	הִפְקִיעַ
abandon	178	הִפְקִיר
(be) confiscated	217	הֻפְקַע
(be) abandoned	212	הֻפְקַר
violate, undo	210	הֵפֵר
(be) separated	212	הֻפְרַד מִ...
fertilize	190	הִפְרָה
(be) fertilised	221	הֻפְרָה
(be) flown	217	הֻפְרַח
separate	178	הִפְרִיד
exaggerate, overdo	178	הִפְרִיז בְּ...
fly (tr.), (make) bloom	185	הִפְרִיחַ
refute	178	הִפְרִיךְ
disturb	185	הִפְרִיעַ לְ...
secrete, allocate	178	הִפְרִישׁ
(be) refuted	212	הֻפְרַךְ
(be) disturbed	217	הֻפְרַע
(be) allocated, (be) secreted	212	הֻפְרַשׁ
(be) undressed	212	הֻפְשַׁט
undress (tr.)	178	הִפְשִׁיט
roll up	178	הִפְשִׁיל
defrost, melt	178	הִפְשִׁיר
(be) defrosted, (be) melted	212	הֻפְשַׁר
surprise	185	הִפְתִּיעַ
(be) surprised	217	הֻפְתַּע
(be) placed, (be) stationed	227	הֻצַּב
punish	181	הֶעֱנִישׁ
(be) granted	215	הָעֳנַק
(be) punished	215	הָעֳנַשׁ
employ	181	הֶעֱסִיק
(be) employed	215	הָעֳסַק
climb	181	הֶעְפִּיל לְ...
sadden	181	הֶעֱצִיב
appreciate, valuate	181	הֶעֱרִיךְ
fool	181	הֶעֱרִים עַל...
admire	181	הֶעֱרִיץ
(be) appreciated, (be) evaluated	215	הָעֳרַךְ
enrich	181	הֶעֱשִׁיר
copy, transfer	181	הֶעְתִּיק
(be) copied, (be) transferred	215	הָעְתַּק
(be) bombarded, (be) shelled	212	הֻפְגַּז
bombard, shell	178	הִפְגִּיז
demonstrate	187	הִפְגִּין
bring together	178	הִפְגִּישׁ
(be) brought together	212	הֻפְגַּשׁ
(be) frightened	218	הֻפְחַד
frighten	178	הִפְחִיד
ease	202	הֵפִיג
blow	204	הֵפִיחַ
overthrow, throw down, abort	198	הִפִּיל
spread, distribute	202	הֵפִיץ
derive, produce	202	הֵפִיק
turn over, invert	9	הָפַךְ
(be) overthrown, (be) thrown down, (be) aborted	227	הֻפַּל
discriminate	190	הִפְלָה בֵּין...
amaze	184	הִפְלִיא
sail	178	הִפְלִיג לְ...
incriminate	178	הִפְלִיל
divert, refer (tr.)	190	הִפְנָה
(be) referred (tr.), (be) diverted	221	הֻפְנָה
hypnotize	105	הִפְנֵט
(be) hypnotised	129	הֻפְנַט
internalise	178	הִפְנִים

(be) attached	212	הֻצְמַד לְ...
attach, join (tr.)	178	הִצְמִיד
(cause to) grow	185	הִצְמִיחַ
(be) parachuted	217	הֻצְנַח
parachute (tr.)	185	הִצְנִיחַ
conceal	185	הִצְנִיעַ
(be) suggested, (be) proposed	228	הֻצַּע
(be) marched, (be) advanced	218	הֻצְעַד
march (tr.), advance (tr.)	178	הִצְעִיד
conceal, go north	187	הִצְפִּין
narrow	210	הֵצֵר
(be) ignited	235	הֻצַּת
(be) parallel to, welcome	178	הִקְבִּיל
precede	178	הִקְדִּים
dedicate	178	הִקְדִּישׁ
(be) preceded	212	הֻקְדַּם
(be) dedicated	212	הֻקְדַּשׁ
blunt	191	הִקְהָה
convene, assemble (tr.)	178	הִקְהִיל
(be) assembled	218	הֻקְהַל
reduce (size)	187	הִקְטִין
(be) reduced (size)	213	הֻקְטַן
vomit, disgorge	205	הֵקִיא
let blood	198	הִקִּיז
establish, erect	202	הֵקִים
encircle, surround	198	הִקִּיף
awake	202	הֵקִיץ מִ...
knock, beat (drum)	198	הִקִּישׁ
lighten, alleviate	208	הֵקֵל
(be) recorded	212	הֻקְלַט
record	178	הִקְלִיט
impart	190	הִקְנָה
tease, provoke	178	הִקְנִיט
charm, fascinate	178	הִקְסִים
(be) charmed, (be) fascinated	212	הֻקְסַם
(be) encircled, (be) surrounded	227	הֻקַּף
(be) frozen	216	הֻקְפָּא
freeze	184	הִקְפִּיא
(be) precise, (be) strict	178	הִקְפִּיד עַל...

vote	185	הִצְבִּיעַ
indicate		עַל...
(be) displayed, (be) presented	227	הֻצַּג
salute	185	הִצְדִּיעַ
justify, vindicate	178	הִצְדִּיק
turn yellow	178	הִצְהִיב
declare, proclaim	178	הִצְהִיר עַל...
(be) declared	218	הֻצְהַר
(make) laugh	178	הִצְחִיק
paint (oneself)	151	הִצְטַבֵּעַ
pile up	148	הִצְטַבֵּר
justify oneself	148	הִצְטַדֵּק
(be) commanded	164	הִצְטַוָּה
crowd (together)	158	הִצְטוֹפֵף
groom (oneself)	174	הִצְטַחְצֵחַ
smile, laugh	149	הִצְטַחֵק
equip oneself	148	הִצְטַיֵּד בְּ...
excel	147	הִצְטַיֵּן בְּ...
cross (intr.), (make) sign of cross	148	הִצְטַלֵּב
(be) photographed	148	הִצְטַלֵּם
(be) limited, limit (intr.)	171	הִצְטַמְצֵם
shrivel (intr.)	148	הִצְטַמֵּק
catch cold	147	הִצְטַנֵּן
humble (oneself), behave modestly	151	הִצְטַנֵּעַ
cuddle (intr.)	148	הִצְטַנֵּף
regret, (be) sorry	149	הִצְטַעֵר עַל...
(become) hoarse	150	הִצְטָרֵד
need	150	הִצְטָרֵךְ
join	150	הִצְטָרֵף לְ...
station, place	198	הִצִּיב
display, introduce	198	הִצִּיג
save (rescue)	198	הִצִּיל
suggest, propose	200	הִצִּיעַ
flood, inundate	202	הֵצִיף
peek	202	הֵצִיץ
annoy, pester	202	הֵצִיק לְ...
ignite	198	הִצִּית
crossbreed	178	הִצְלִיב
succeed	185	הִצְלִיחַ לְ...
prosper		בְּ...
whip	178	הִצְלִיף בְּ...

English	Page	Hebrew	English	Page	Hebrew
profit, gain	185	הֵרִיחַ	bounce (tr.), (cause to) jump	178	הִקְפִּיץ
(be) widened, (be) expanded, (be) broadened	218	הֻרְחַב	(be) bounced	212	הֻקְפַּץ
			(be) budgetted	212	הֻקְצַב
widen, expand, broaden	178	הִרְחִיב	allocate, allot	190	הִקְצָה
			(be) allocated, (be) allotted	221	הֻקְצָה
remove, dismiss, distance	178	הִרְחִיק	budget	178	הִקְצִיב
(be) removed, (be) dismissed, (be) distanced	218	הֻרְחַק מִ...	(become) extreme	187	הִקְצִין
			plane	185	הִקְצִיעַ
			whisk	178	הִקְצִיף
wet, dampen	178	הִרְטִיב	(be) whisked	212	הֻקְצַף
smell	204	הֵרִיחַ	cause to read	184	הִקְרִיא
lift, raise	202	הֵרִים	sacrifice	178	הִקְרִיב
make run, expedite	202	הֵרִיץ	(become) bald	185	הִקְרִיחַ
empty	202	הֵרִיק	project (pictures), radiate	187	הִקְרִין
(be) assembled, (be) inoculated, (be) grafted	212	הֻרְכַּב	(be) projected (pictures), (be) radiated	213	הֻקְרַן
assemble, inoculate, graft	178	הִרְכִּיב	harden (make) difficult	190	הִקְשָׁה עַל...
bow, incline	187	הִרְכִּין	pay attention listen to	178	הִקְשִׁיב לְ...
destroy, demolish	9	הָרַס	harden (heart etc.)	185	הִקְשִׁיחַ
harm	211	הֵרַע לְ...	show	192	הֶרְאָה
(be) starved	218	הֻרְעַב	do often	190	הִרְבָּה לְ...
starve (tr.)	178	הִרְעִיב	mate (tr. animal)	185	הִרְבִּיעַ
(cause to) tremble, shake (tr.)	178	הִרְעִיד	spank	178	הִרְבִּיץ לְ...
poison	178	הִרְעִיל	kill	9	הָרַג
thunder	178	הִרְעִים	annoy, anger, irritate	178	הִרְגִּיז
make noise, storm	178	הִרְעִישׁ	accustom	178	הִרְגִּיל
(be) poisoned	218	הֻרְעַל	pacify, calm, soothe	185	הִרְגִּיעַ
let loose, slacken	190	הִרְפָּה מִ...	feel, sense	178	הִרְגִּישׁ
lecture	190	הִרְצָה	(be) accustomed to, (be) used to	212	הֻרְגַּל
(become) serious	187	הִרְצִין			
(cause to) dance	178	הִרְקִיד	(be) pacified, (be) calmed, (be) soothed	217	הֻרְגַּע
permit, allow	190	הִרְשָׁה			
impress	178	הִרְשִׁים	(be) felt	212	הֻרְגַּשׁ
convict	185	הִרְשִׁיעַ	(put to) sleep	178	הִרְדִּים
(be) convicted	217	הֻרְשַׁע	(be) put to sleep	212	הֻרְדַּם
(be) boiled	217	הֻרְתַּח	conceive (child)	44	הָרָה
boil, enrage	185	הִרְתִּיחַ	ponder think about	106	הִרְהֵר בְּ...
deter	185	הִרְתִּיעַ			
loan, lend	178	הִשְׁאִיל	saturate	190	הִרְוָה

English	Page	Hebrew
(be) hired, (be) let, (be) rented	212	הֻשְׂכַּר
delude	190	הִשְׁלָה
appoint (ruler), impose (tr.)	178	הִשְׁלִיט
throw away, discard	178	הִשְׁלִיךְ
complete	178	הִשְׁלִים
reconcile		בֵּין...
acquiesce		עִם...
(be) thrown away, (be) discarded	212	הֻשְׁלַךְ
(be) completed	212	הֻשְׁלַם
turn left	180	הִשְׂמְאִיל
(be) devastated, (be) annihilated	212	הֻשְׁמַד
(be) omitted	212	הֻשְׁמַט
devastate, annihilate	178	הִשְׁמִיד
omit	178	הִשְׁמִיט
sound	185	הִשְׁמִיעַ
defame, villify	178	הִשְׁמִיץ
(be) defamed, (be) villified	212	הֻשְׁמַץ
(arouse) hatred	184	הִשְׂנִיא
suspend (service)	191	הִשְׁעָה
(be) suspended (service)	223	הֻשְׁעָה
lean (tr.)	187	הִשְׁעִין
humiliate	178	הִשְׁפִּיל
influence	185	הִשְׁפִּיעַ עַל...
(be) humiliated	212	הֻשְׁפַּל
(be) influenced	217	הֻשְׁפַּע
irrigate, water	190	הִשְׁקָה
(be) irrigated, (be) watered	221	הֻשְׁקָה
(be) pacified, (be) quieted	212	הֻשְׁקַט
pacify, quiet	178	הִשְׁקִיט
invest, sink (tr.)	185	הִשְׁקִיעַ
observe	178	הִשְׁקִיף מִ... עַל...
(be) invested, (be) sunk	217	הֻשְׁקַע
soak (tr.), induce	190	הִשְׁרָה
(be) soaked, (be) induced	221	הֻשְׁרָה
(be) astonished	163	הִשְׁתָּאָה

English	Page	Hebrew
leave behind	178	הִשְׁאִיר
(be) loaned	218	הֻשְׁאַל
(be) left	218	הֻשְׁאַר
improve (tr.), (be) improved	185	הִשְׁבִּיחַ
swear in	185	הִשְׁבִּיעַ
satisfy	185	הִשְׂבִּיעַ
(cause to) strike	179	הִשְׁבִּית
(be) sworn in	217	הֻשְׁבַּע
(be) struck (shut down)	214	הֻשְׁבַּת
(be) obtained, (be) achieved	227	הֻשַּׂג
supervise, take care of	185	הִשְׁגִּיחַ עַל...
detain, defer	191	הִשְׁהָה
(be) deferred, (be) detained	223	הֻשְׁהָה
compare, equalise	190	הִשְׁוָה
(be) compared, (be) equalised	221	הֻשְׁוָה
(be) sharpened	218	הֻשְׁחַז
sharpen	178	הִשְׁחִיז
thread	178	הִשְׁחִיל
brown (tr.), turn brown	178	הִשְׁחִים
blacken, turn black	178	הִשְׁחִיר
destroy, corrupt	179	הִשְׁחִית
(be) threaded	218	הֻשְׁחַל
(be) destroyed, (be) corrupted	234	הֻשְׁחַת
marry off	199	הִשִּׂיא
reply, restore, respond	202	הֵשִׁיב
obtain, achieve, catch up	198	הִשִּׂיג
float	202	הֵשִׁיט
shed	198	הִשִּׁיר
(be) bedded, (be made to) lie	212	הֻשְׁכַּב
bed, lay (tr.)	178	הִשְׁכִּיב
(make) forget	185	הִשְׁכִּיחַ
(become) wiser	178	הִשְׂכִּיל
rise early	178	הִשְׁכִּים
settle (tr.)	187	הִשְׁכִּין
hire out, let, rent out	178	הִשְׂכִּיר

change (intr.)	162	הִשְׁתַּנָּה
(be) strangled, choke (intr.)	142	הִשְׁתַּנֵּק
(become) subservient	171	הִשְׁתַּעְבֵּד לְ...
cough	143	הִשְׁתַּעֵל
(be) bored	172	הִשְׁתַּעֲמֵם
amuse (oneself), entertain (oneself)	173	הִשְׁתַּעֲשֵׁעַ בְּ...
(be) poured out	142	הִשְׁתַּפֵּךְ
improve (intr.)	142	הִשְׁתַּפֵּר
(become) worn	171	הִשְׁתַּפְשֵׁף
(be) silenced, (be) suppressed	212	הֻשְׁתַּק
rehabilitate (intr.)	142	הִשְׁתַּקֵּם
settle (intr.)	145	הִשְׁתַּקֵּעַ בְּ...
(be) reflected	142	הִשְׁתַּקֵּף בְּ...
(be) inserted (wrongly)	171	הִשְׁתַּרְבֵּב
go slowly, trudge	150	הִשְׂתָּרֵךְ
extend (intr.), stretch (intr.)	146	הִשְׂתָּרַע עַל...
prevail	150	הִשְׂתָּרֵר עַל...
(take) root	150	הִשְׁתָּרֵשׁ
(be) based, (be) founded	214	הֻשְׁתַּת
participate	142	הִשְׁתַּתֵּף בְּ...
(become) silent	142	הִשְׁתַּתֵּק
commit suicide	135	הִתְאַבֵּד
mourn, grieve	135	הִתְאַבֵּל עַל...
(become) fossilized	140	הִתְאַבֵּן
wrestle	135	הִתְאַבֵּק בְּ...
amalgamate	135	הִתְאַגֵּד בְּ...
box (fight)	167	הִתְאַגְרֵף
evaporate	159	הִתְאַדָּה
fall in love	137	הִתְאַהֵב בְּ...
crave	159	הִתְאַוָּה לְ...
complain, grumble	156	הִתְאוֹנֵן עַל...
get fresh air	167	הִתְאַוְרֵר
recover (intr.)	155	הִתְאוֹשֵׁשׁ מְ...
gird (oneself)	135	הִתְאַזֵּר בְּ...
(become) naturalised	168	הִתְאַזְרֵחַ
(be) balanced	140	הִתְאַזֵּן
(become) united	137	הִתְאַחֵד עִם...
(be) healed	160	הִתְאַחָה
come late	137	הִתְאַחֵר

boast	145	הִשְׁתַּבֵּחַ בְּ...
fit in (intr.), (be) integrated	142	הִשְׁתַּבֵּץ בְּ...
go awry, go wrong, deteriorate (intr.)	142	הִשְׁתַּבֵּשׁ
(become) mad, insane	145	הִשְׁתַּגֵּעַ מְ...
(be) betrothed	142	הִשְׁתַּדֵּךְ עִם...
try, endeavor, strive	142	הִשְׁתַּדֵּל לְ...
linger, (be) delayed	162	הִשְׁתָּהָה
behave wildly	158	הִשְׁתּוֹבֵב
(become) equal	162	הִשְׁתַּוָּה לְ...
(be) unruly, go wild	158	הִשְׁתּוֹלֵל
(be) amazed, (be) astonished	158	הִשְׁתּוֹמֵם עַל...
yearn for	158	הִשְׁתּוֹקֵק לְ...
sunbathe	142	הִשְׁתַּזֵּף
bow, prostrate (intr.)	166	הִשְׁתַּחֲוָה לְ...
pass through	143	הִשְׁתַּחֵל לְ...
(be) released, free (intr.)	171	הִשְׁתַּחְרֵר מְ...
(play the) fool	162	הִשְׁתַּטָּה
prostrate oneself	145	הִשְׁתַּטֵּחַ עַל...
belong	142	הִשְׁתַּיֵּךְ לְ...
transplant	178	הִשְׁתִּיל
urinate	187	הִשְׁתִּין
silence, suppress	178	הִשְׁתִּיק
base	179	הִשְׁתִּית
improve (intr.)	171	הִשְׁתַּכְלֵל
settle down	147	הִשְׁתַּכֵּן בְּ...
(become) convinced	174	הִשְׁתַּכְנֵעַ מְ...
(get) drunk	142	הִשְׁתַּכֵּר מְ...
earn	142	הִשְׂתַּכֵּר
paddle	171	הִשְׁתַּכְשֵׁךְ בְּ...
(be) transplanted	212	הֻשְׁתַּל בְּ...
integrate	142	הִשְׁתַּלֵּב בְּ...
(become) excited	171	הִשְׁתַּלְהֵב
overpower, dominate	142	הִשְׁתַּלֵּט עַל...
(be) paid, do advance study	142	הִשְׁתַּלֵּם
evolve, hang (intr.)	171	הִשְׁתַּלְשֵׁל
convert (intr.)	142	הִשְׁתַּמֵּד
evade, shirk	142	הִשְׁתַּמֵּט מְ...
(be) preserved	142	הִשְׁתַּמֵּר
use, utilise	142	הִשְׁתַּמֵּשׁ בְּ...

suit, match	178	הִתְאִים לְ...
(be) disappointed	167	הִתְאַכְזֵב מִ...
(be) cruel	167	הִתְאַכְזֵר לְ...
lodge, stay at	170	הִתְאַכְסֵן בְּ...
(become) widowed	170	הִתְאַלְמֵן
(be) suited, (be) matched	218	הֻתְאַם
train (intr.), practise	140	הִתְאַמֵּן בְּ...
(make) effort, strain (intr.)	135	הִתְאַמֵּץ
(become) verified, come true	135	הִתְאַמֵּת
pick (a quarrel)	159	הִתְאַנָּה לְ...
(become) (a) Moslem	167	הִתְאַסְלֵם
assemble (intr.)	135	הִתְאַסֵּף
(be) zeroed, (be) nullified	135	הִתְאַפֵּס
restrain (intr.)	135	הִתְאַפֵּק
put on make-up	135	הִתְאַפֵּר
(be made) possible	167	הִתְאַפְשֵׁר
(be) acclimatized	167	הִתְאַקְלֵם בְּ...
organise (intr.)	170	הִתְאַרְגֵּן
(be) guest of	141	הִתְאָרֵחַ אֵצֶל...
(be) lengthened	136	הִתְאָרֵךְ
(become) engaged (to be married)	136	הִתְאָרֵס עִם...
hospitalized oneself	167	הִתְאַשְׁפֵּז בְּ...
(be) explained	136	הִתְבָּאֵר
mature, (become) adult	135	הִתְבַּגֵּר
(be) proved wrong	159	הִתְבַּדָּה
joke	138	הִתְבַּדֵּחַ
withdraw, stand aloof	135	הִתְבַּדֵּל מִ...
entertain (intr.)	135	הִתְבַּדֵּר
become bestial	137	הִתְבַּהֵם
(become) clear	137	הִתְבַּהֵר
isolate (intr.), (be) secluded	155	הִתְבּוֹדֵד
assimilate	155	הִתְבּוֹלֵל
observe	156	הִתְבּוֹנֵן בְּ...
wallow	155	הִתְבּוֹסֵס בְּ...
(be) ashamed	155	הִתְבּוֹשֵׁשׁ
(be) wasted	167	הִתְבַּזְבֵּז
degrade (oneself)	159	הִתְבַּזָּה
express oneself	139	הִתְבַּטֵּא

laze, (be) cancelled, (be) idle	135	הִתְבַּטֵּל
(feel) ashamed	135	הִתְבַּיֵּשׁ
(become) confused	167	הִתְבַּלְבֵּל
(be) worn out	159	הִתְבַּלָּה
(be) conspicuous, (be) prominent, stand out	135	הִתְבַּלֵּט
(be) intoxicated	135	הִתְבַּסֵּם מִ...
consolidate (intr.), (be) established, base (intr.)	135	הִתְבַּסֵּס
(be) implemented	138	הִתְבַּצֵּעַ
fortify (intr.)	135	הִתְבַּצֵּר
burst (intr.)	138	הִתְבַּקֵּעַ
(be) requested	135	הִתְבַּקֵּשׁ
(be) blessed	136	הִתְבָּרֵךְ בְּ...
(be) clarified	136	הִתְבָּרֵר
(be) cooked	135	הִתְבַּשֵּׁל
perfume (oneself) (become) inebriated	135	הִתְבַּשֵּׂם מִ...
receive news	135	הִתְבַּשֵּׂר
(be) proud of	161	הִתְגָּאָה בְּ...
(become) hunched, curdle (intr.)	140	הִתְגַּבֵּן
surmount, overcome	135	הִתְגַּבֵּר עַל...
crystallize (intr.) (be) consolidated	135	הִתְגַּבֵּשׁ
congregate	155	הִתְגּוֹדֵד
roll (oneself)	155	הִתְגּוֹלֵל
defend (intr.)	156	הִתְגּוֹנֵן
reside	155	הִתְגּוֹרֵר בְּ...
wrestle	155	הִתְגּוֹשֵׁשׁ עִם...
enlist	135	הִתְגַּיֵּס לְ...
convert (to Judaism)	135	הִתְגַּיֵּר
roll over	167	הִתְגַּלְגֵּל
(be) discovered	159	הִתְגַּלָּה
shave (intr.)	138	הִתְגַּלֵּחַ
incorporate (intr.)	135	הִתְגַּלֵּם
(be) dwarfed	135	הִתְגַּמֵּד
(become) flexible	135	הִתְגַּמֵּשׁ
sneak in	135	הִתְגַּנֵּב לְ...
show off, prettify oneself	167	הִתְגַּנְדֵּר
yearn, miss	169	הִתְגַּעְגֵּעַ לְ...
hug (one another)	135	הִתְגַּפֵּף עִם...

English	Page	Hebrew	English	Page	Hebrew
(be) educated, (be) brought up	135	הִתְחַנֵּךְ	scratch (intr.)	136	הִתְגָּרֵד
plead, beseech	140	הִתְחַנֵּן אֶל...	tease, provoke	161	הִתְגָּרָה בְּ...
flatter, fawn	135	הִתְחַנֵּף לְ...	get divorced	136	הִתְגָּרֵשׁ מִ...
pretend piety	135	הִתְחַסֵּד	materialize (intr.)	135	הִתְגַּשֵּׁם
liquidate (intr.)	135	הִתְחַסֵּל	deteriorate, roll down	167	הִתְדַּרְדֵּר
immunize (intr.), strengthen (oneself)	140	הִתְחַסֵּן	(be) tightened	135	הִתְהַדֵּק
(become) rugged	167	הִתְחַסְפֵּס	adorn (intr.)	135	הִתְהַדֵּר בְּ...
entrench (intr.)	135	הִתְחַפֵּר בְּ...	transpire, (be) formed	159	הִתְהַוָּה
disguise (oneself)	135	הִתְחַפֵּשׂ לְ...	(be) unruly	155	הִתְהוֹלֵל
(be) impertinent	135	הִתְחַצֵּף לְ...	stroll, promenade	135	הִתְהַלֵּךְ בְּ...
trail, dog	159	הִתְחַקָּה אַחֲרֵי...	praise (intr.), boast	135	הִתְהַלֵּל
compete	161	הִתְחָרָה בְּ...	overturn	135	הִתְהַפֵּךְ
repent, (be) contrite	136	הִתְחָרֵט עַל...	confess	159	הִתְוַדָּה
(become) deaf	136	הִתְחָרֵשׁ	(become) acquainted	138	הִתְוַדַּע אֶל...
consider, have regard for	135	הִתְחַשֵּׁב בְּ...	delineate	190	הִתְוָה
(be) strengthened	135	הִתְחַשֵּׁל	debate argue	138	הִתְוַכַּח עִם...
(be) electrocuted	167	הִתְחַשְׁמֵל	hide (intr.)	139	הִתְחַבֵּא
fancy	135	הִתְחַשֵּׁק לְ...	endear oneself	135	הִתְחַבֵּב עַל...
marry	140	הִתְחַתֵּן עִם...	grapple (intr.)	135	הִתְחַבֵּט בְּ...
despair	136	הִתְיָאֵשׁ מִ...	embrace (one another), hug	135	הִתְחַבֵּק עִם...
dry (oneself), (become) dry	135	הִתְיַבֵּשׁ	associate, unite	135	הִתְחַבֵּר עִם...
toil, (become) tired	138	הִתְיַגַּע מִ...	(become) sharp	135	הִתְחַדֵּד
befriend	135	הִתְיַדֵּד עִם...	(be) renewed	135	הִתְחַדֵּשׁ
spray, splash	198	הִתִּיז	occur	155	הִתְחוֹלֵל
meet in privacy, commune	137	הִתְיַחֵד עִם...	(be) clarified, become evident	135	הִתְחַוֵּר לְ...
go into heat	137	הִתְיַחֵם	pose (pretend)	159	הִתְחַזָּה לְ...
relate to claim descent treat	137	הִתְיַחֵס לְ... עַל... אֶל...	strengthen (oneself)	135	הִתְחַזֵּק
			commit (oneself), undertake	135	הִתְחַיֵּב לְ...
melt (solids)	198	הִתִּיךְ	begin, start, commence	178	הִתְחִיל לְ...
(be) pretentious	135	הִתְיַמֵּר לְ...	enlist (military)	135	הִתְחַיֵּל
suffer	135	הִתְיַסֵּר בְּ...	rub against	135	הִתְחַכֵּךְ בְּ...
(become) efficient	137	הִתְיַעֵל	(be) devious	135	הִתְחַכֵּם
consult	137	הִתְיָעֵץ בְּ...	malinger	159	הִתְחַלָּה
beautify (oneself), (turn) handsome	159	הִתְיַפָּה	shudder	167	הִתְחַלְחֵל
			change (intr.)	135	הִתְחַלֵּף
weep, sob	138	הִתְיַפַּח	(be) divided, (be) distributed	135	הִתְחַלֵּק
(be) stabilized, station (oneself)	135	הִתְיַצֵּב	warm (oneself)	135	הִתְחַמֵּם
			(be) oxidized	170	הִתְחַמְצֵן
			evade	135	הִתְחַמֵּק מִ...
			arm (oneself)	135	הִתְחַמֵּשׁ

English	Page	Hebrew
collapse	155	הִתְמוֹטֵט
dissolve (intr.)	155	הִתְמוֹסֵס בְּ...
merge, (be) blended	135	הִתְמַזֵּג עִם...
specialise, master	159	הִתְמַחָה בְּ...
persist, persevere	178	הִתְמִיד בְּ...
astound, amaze	185	הִתְמִיהַּ
(become) addicted	135	הִתְמַכֵּר לְ...
(be) filled	139	הִתְמַלֵּא בְּ...
pretend (innocence)	177	הִתַּמֵּם
materialize (intr.)	135	הִתְמַמֵּשׁ
(be) appointed, (be) nominated	159	הִתְמַנָּה לְ...
(become) institutionalized	135	הִתְמַסֵּד
devote (intr.)	135	הִתְמַסֵּר לְ...
dwindle, (be) diminished	137	הִתְמַעֵט
(be) familiar	139	הִתְמַצֵּא בְּ...
focus (intr.)	135	הִתְמַקֵּד בְּ...
bargain, haggle	138	הִתְמַקֵּחַ עִם...
locate (intr.)	135	הִתְמַקֵּם בְּ...
rebel	136	הִתְמָרֵד
(become) embittered	167	הִתְמַרְמֵר עַל...
(be) lengthened	135	הִתְמַשֵּׁךְ
stretch (oneself)	138	הִתְמַתַּח
(become) moderate	140	הִתְמַתֵּן
prophesy	139	הִתְנַבֵּא
wipe (intr.), dry (intr.)	135	הִתְנַגֵּב בְּ...
oppose, resist	135	הִתְנַגֵּד לְ...
bicker, tussle	138	הִתְנַגֵּחַ עִם...
clash, collide	135	הִתְנַגֵּשׁ בְּ...
volunteer	135	הִתְנַדֵּב לְ...
swing (intr.), oscillate	167	הִתְנַדְנֵד
(be) evaporated, vanish	135	הִתְנַדֵּף
stipulate	190	הִתְנָה
(be) stipulated	221	הִתְנָה
behave	137	הִתְנַהֵג
(be) managed	137	הִתְנַהֵל
degenerate	140	הִתְנַוֵּן
fly (intr.) (flag)	155	הִתְנוֹסֵס
sway	157	הִתְנוֹעֵעַ
abstain from	135	הִתְנַזֵּר מִ...
settle (on land)	137	הִתְנַחֵל בְּ...
(be) consoled	137	הִתְנַחֵם בְּ...

English	Page	Hebrew
(become) expensive	135	הִתְיַקֵּר
permit, untie, release	198	הִתִּיר
sap, weaken	198	הִתִּישׁ
take a seat, settle	135	הִתְיַשֵּׁב בְּ...
(become) antiquated	140	הִתְיַשֵּׁן
straighten (intr.)	135	הִתְיַשֵּׁר
(be) orphaned	135	הִתְיַתֵּם מִ...
(be) honoured	135	הִתְכַּבֵּד בְּ...
(become) round	135	הִתְכַּדֵּר
intend, mean	140	הִתְכַּוֵּן לְ...
prepare (oneself)	156	הִתְכּוֹנֵן לְ...
bend (intr.)	155	הִתְכּוֹפֵף
shrink (intr.)	135	הִתְכַּוֵּץ
deny (intr.)	137	הִתְכַּחֵשׁ לְ...
maintain (oneself)	167	הִתְכַּלְכֵּל
assemble	135	הִתְכַּנֵּס
cover (oneself)	159	הִתְכַּסָּה בְּ...
(become) ugly	137	הִתְכַּעֵר
wrap (oneself)	167	הִתְכַּרְבֵּל
correspond	135	הִתְכַּתֵּב עִם...
brawl	135	הִתְכַּתֵּשׁ עִם...
mock	208	הֵתֵל בְּ...
flounder	135	הִתְלַבֵּט בְּ...
dress (intr.)	135	הִתְלַבֵּשׁ
(get) excited, (become) enthused	137	הִתְלַהֵב מִ...
glow	137	הִתְלַהֵט
accompany, escort	159	הִתְלַוָּה לְ...
grumble, complain	156	הִתְלוֹנֵן עַל...
jest, joke, scoff	155	הִתְלוֹצֵץ עַל...
whisper together	137	הִתְלַחֵשׁ עִם...
coalesce, unite	135	הִתְלַכֵּד עִם...
(become) dirty, dirty (intr.)	167	הִתְלַכְלֵךְ
blaze up, (be) inflamed	138	הִתְלַקַּח
gather together	135	הִתְלַקֵּט
linger, delay (intr.)	168	הִתְמַהְמַהּ
(be) soft-hearted	155	הִתְמוֹגֵג מִ...
pit (oneself) against, wrestle with	155	הִתְמוֹדֵד עִם...

start (motor)	185	הִתְנִיעַ
set upon	135	הִתְנַכֵּל לְ...
estrange oneself	135	הִתְנַכֵּר לְ...
doze, drowse	167	הִתְנַמְנֵם
experience	159	הִתְנַסָּה בְּ...
(be) started (motor)	217	הֻתְנַע
bestir	137	הִתְנַעֵר מִ...
swell	138	הִתְנַפֵּחַ
assault	135	הִתְנַפֵּל עַל...
(be) shattered	135	הִתְנַפֵּץ
argue	138	הִתְנַצֵּחַ עִם...
apologize	135	הִתְנַצֵּל
convert (intr.) (to Christianity)	135	הִתְנַצֵּר
clean (oneself)	159	הִתְנַקָּה
(be) drained	135	הִתְנַקֵּז
(take) revenge	135	הִתְנַקֵּם בְּ...
assault	135	הִתְנַקֵּשׁ בְּ...
brag	139	הִתְנַשֵּׂא
pant, breathe heavily	135	הִתְנַשֵּׁם
gasp	135	הִתְנַשֵּׁף
kiss (one another)	135	הִתְנַשֵּׁק עִם...
(be) disconnected	135	הִתְנַתֵּק מִ...
ferment (tr.), incite	178	הִתְסִיס
(be) fermented, (be) agitated	212	הֻתְסַס
thicken (intr.)	159	הִתְעַבָּה
(become) pregnant	135	הִתְעַבֵּר
(become) round, round out (intr.)	135	הִתְעַגֵּל
update (oneself)	170	הִתְעַדְכֵּן
(become) refined, (become) gentle	140	הִתְעַדֵּן
mislead, trick	191	הִתְעָה
(be) misled, (be) tricked	223	הֻתְעָה
(be) encouraged, (be) invigorated	155	הִתְעוֹדֵד
fly (intr.)	155	הִתְעוֹפֵף
(become) blind, (be) blinded	135	הִתְעַוֵּר
awaken	155	הִתְעוֹרֵר
wrap (intr.)	135	הִתְעַטֵּף בְּ...
sneeze	135	הִתְעַטֵּשׁ
tire (intr.)	135	הִתְעַיֵּף
tarry	135	הִתְעַכֵּב
(be) digested	135	הִתְעַכֵּל
(be) uplifted	159	הִתְעַלָּה עַל...
abuse, maltreat	135	הִתְעַלֵּל בְּ...
ignore, disregard	135	הִתְעַלֵּם מִ...
make love	135	הִתְעַלֵּס עִם...
faint	135	הִתְעַלֵּף
exercise	135	הִתְעַמֵּל
delve	135	הִתְעַמֵּק בְּ...
delight (intr.)	135	הִתְעַנֵּג עַל...
torment (intr.)	159	הִתְעַנָּה בְּ...
interest (oneself)	170	הִתְעַנְיֵן בְּ...
(become) overcast	140	הִתְעַנֵּן
occupy (oneself)	135	הִתְעַסֵּק בְּ...
(become) mouldy	135	הִתְעַפֵּשׁ
lose temper	170	הִתְעַצְבֵּן עַל...
(be) lazy	135	הִתְעַצֵּל
(become) stronger	135	הִתְעַצֵּם
bend (intr.)	135	הִתְעַקֵּם
(be) stubborn, (be) obstinate	135	הִתְעַקֵּשׁ
bet, wager	136	הִתְעָרֵב
interfere, intermingle		בְּ...
mix (intr.)	167	הִתְעַרְבֵּב
whirl (intr.)	167	הִתְעַרְבֵּל
strike roots	161	הִתְעָרָה בְּ...
strip (intr.)	167	הִתְעַרְטֵל
(become) undermined	167	הִתְעַרְעֵר
(become) obscure, blurred, misty	167	הִתְעַרְפֵּל
(become) rich	135	הִתְעַשֵּׁר
boast, brag	136	הִתְפָּאֵר
die (animal)	135	הִתְפַּגֵּר
explode (intr.)	155	הִתְפּוֹצֵץ
crumble (intr.)	155	הִתְפּוֹרֵר
disperse (intr.)	135	הִתְפַּזֵּר
(become) carbonised, (become) charred	137	הִתְפַּחֵם
gorge (oneself)	135	הִתְפַּטֵּם
resign	135	הִתְפַּטֵּר מִ...
desalinate	178	הִתְפִּיל
(become) reconciled	135	הִתְפַּיֵּס עִם...
sober up	138	הִתְפַּכֵּחַ מִ...

English	Page	Hebrew	English	Page	Hebrew
rebel, revolt	155	הִתְקוֹמֵם	(be) desalinated	212	הִתְפַּל
occur, exist, take place	135	הִתְקַיֵּם	wonder	139	הִתְפַּלֵּא עַל...
instal	187	הִתְקִין	split (intr.)	135	הִתְפַּלֵּג מִ...
attack	178	הִתְקִיף	pray	135	הִתְפַּלֵּל
shower (intr.)	138	הִתְקַלֵּחַ	dispute	167	הִתְפַּלְמֵס עִם...
peel (intr.)	135	הִתְקַלֵּף	debate (scholarly)	167	הִתְפַּלְפֵּל עִם...
spoil (intr.), (be) ruined	167	הִתְקַלְקֵל	(be) shocked, (be) horrified	135	הִתְפַּלֵּץ
(become) wrinkled	135	הִתְקַמֵּט	roll (intr.)	135	הִתְפַּלֵּשׁ בְּ...
(be) installed	213	הֻתְקַן	free (intr.), disengage	159	הִתְפַּנָּה מִ...
(be) attacked	212	הֻתְקַף	pamper (intr.)	135	הִתְפַּנֵּק
fold (intr.)	135	הִתְקַפֵּל	(be) amazed	137	הִתְפַּעֵל מִ...
(become) angry, enraged	135	הִתְקַצֵּף עַל...	(become) stirred	137	הִתְפַּעֵם מִ...
(become) shortened	135	הִתְקַצֵּר	sub-divide (intr.)	135	הִתְפַּצֵּל מִ...
approach	136	הִתְקָרֵב לְ...	number off	135	הִתְפַּקֵּד
(become) chilled	136	הִתְקָרֵר	burst (intr.)	138	הִתְפַּקַּע
harden (intr.), find difficult	159	הִתְקַשָּׁה	(become) licentious behave mischievously	135 168	הִתְפַּקֵּר הִתְפַּרְחֵחַ
adorn (intr.), preen (intr.)	135	הִתְקַשֵּׁט	adorn (oneself)	167	הִתְפַּרְכֵּס
contact	135	הִתְקַשֵּׁר לְ...	earn (a living)	167	הִתְפַּרְנֵס מִ...
(be) permitted, (be) untied, (be) released	227	הֻתַּר	fan out, spread (intr.)	136	הִתְפָּרֵס
see (one another)	161	הִתְרָאָה עִם...	(become) famous, (be) published	167	הִתְפַּרְסֵם
(be) interviewed	170	הִתְרָאֵיֵן	(go) wild, run riot	141	הִתְפָּרֵעַ
multiply (intr.), increase (intr.)	159	הִתְרַבָּה	break out	136	הִתְפָּרֵץ
swagger	167	הִתְרַבְרֵב	dismantle (intr.), ease tension (intr.)	136	הִתְפָּרֵק
(become) angry	135	הִתְרַגֵּז עַל...	(be) explained	136	הִתְפָּרֵשׁ
(become) accustomed	135	הִתְרַגֵּל לְ...	undress (intr.), spread (intr.)	135	הִתְפַּשֵּׁט
(become) excited	135	הִתְרַגֵּשׁ	compromise	135	הִתְפַּשֵּׁר
forewarn	190	הִתְרָה בְּ...	(be) tempted, (be) enticed, (be) seduced	159	הִתְפַּתָּה לְ...
stretch (oneself)	138	הִתְרַוֵּחַ בְּ...	develop (intr.)	138	הִתְפַּתֵּחַ
rise, (become) exalted	155	הִתְרוֹמֵם	twist (intr.), wriggle	135	הִתְפַּתֵּל
befriend	157	הִתְרוֹעֵעַ עִם...	(be) received (be) accepted	135	הִתְקַבֵּל לְ...
(become) weak, (become) loose	155	הִתְרוֹפֵף	(be) gathered	135	הִתְקַבֵּץ
rush around	155	הִתְרוֹצֵץ	advance, progress	135	הִתְקַדֵּם
empty (intr.)	156	הִתְרוֹקֵן מִ...	(become) dark	135	הִתְקַדֵּר
(become) impoverished	155	הִתְרוֹשֵׁשׁ	(become) sanctified	135	הִתְקַדֵּשׁ
expand (intr.)	137	הִתְרַחֵב	assemble (intr.), congregate	137	הִתְקַהֵל בְּ...
wash (intr.), bathe	137	הִתְרַחֵץ			
get away from, shun	137	הִתְרַחֵק מִ...			
take place, occur	137	הִתְרַחֵשׁ			
procure (donation)	178	הִתְרִים	quarrel	155	הִתְקוֹטֵט עִם...

alert, warn	185	הִתְרִיעַ עַל...
concentrate	135	הִתְרַכֵּז בְּ...
soften (intr.), (become) mollified	135	הִתְרַכֵּךְ
(be made to) donate	212	הֻתְרַם
restrain (intr.)	140	הִתְרַסֵּן
crash (intr.)	135	הִתְרַסֵּק
(become) angry	137	הִתְרַעֵם עַל...
(become) refreshed	176	הִתְרַעֲנֵן
(be) cured, (be) healed	139	הִתְרַפֵּא מִ...
(become) slack	159	הִתְרַפָּה
wear out (intr.)	135	הִתְרַפֵּט
demean (oneself)	135	הִתְרַפֵּס לִפְנֵי...
cling to	135	הִתְרַפֵּק עַל...
concur	159	הִתְרַצָּה
(be) negligent	135	הִתְרַשֵּׁל בְּ...
(be) impressed	135	הִתְרַשֵּׁם מִ...
(become) enraged	138	הִתְרַתֵּחַ
(be) sapped, (be) weakened	227	הֻתַּשׁ

ו

confirm, verify, make sure	95	וִדֵּא
regulate	92	וִסֵּת
(be) regulated	119	וֻסַּת
relinquish, renounce, concede, forego	91	וִתֵּר

ז

sacrifice (tr.)	22	זָבַח
manure	91	זִבֵּל
(be) manured	118	זֻבַּל
identify	104	זִהָה
(be) identified	127	זֻהָה
pollute, contaminate	93	זִהֵם
(be) polluted, (be) infected	125	זֻהַם
shine (intr.)	19	זָהַר
pair, match, mate	91	זִוֵּג
(be) paired, (be) matched, (be) mated	118	זֻוַּג
move (intr.)	50	זָז
crawl, creep	19	זָחַל
forge, counterfeit, fake, falsify	91	זִיֵּף
(be) forged, (be) counterfeited, (be) faked, (be) falsified	118	זֻיַּף
win, merit	38	זָכָה בְּ...
acquit, credit	103	זִכָּה
(be) acquitted, (be) credited	126	זֻכָּה מִ...
refine, purify	91	זִכֵּךְ
(be) purified, (be) refined	118	זֻכַּךְ
remember	1	זָכַר
despise, scorn, disdain	105	זִלְזֵל בְּ...
overeat, gorge (intr.)	1	זָלַל
hum, buzz	105	זִמְזֵם
scheme, plot	1	זָמַם
convene	96	זִמֵּן
(be) convened	123	זֻמַּן
sing	91	זִמֵּר
feed (tr.)	50	זָן
whore	38	זָנָה
abandon	22	זָנַח
dash, pounce	91	זִנֵּק
move (intr.), shudder	52	זָע
shock	109	זִעְזֵעַ
(be) shocked	132	זֻעֲזַע
(be) angry, (be) indignant, (be) furious	19	זָעַם עַל...
rage, scowl	19	זָעַף
cry out, implore	19	זָעַק
asphalt, tar	92	זִפֵּת
(be) asphalted, (be) tarred	119	זֻפַּת
(grow) old	57	זָקֵן
raise, charge (an account)	1	זָקַף

refine, distil	91	זִקֵּק
(be) refined, (be) distilled	118	זֻקַּק
scatter, sprinkle	38	זָרָה
hasten, urge	98	זֵרֵז
(be) hastened, (be) urged	124	זֹרַז
shine, rise (sun)	22	זָרַח
flow	1	זָרַם
seed	22	זָרַע
throw, fling	1	זָרַק

ח

owe	50	חָב
like, (be) fond of	91	חִבֵּב
punch, beat	11	חָבַט בְּ...
sabotage, damage	91	חִבֵּל בְּ...
embrace, hug	91	חִבֵּק
attach, compose	91	חִבֵּר
(be) attached, (be) composed	118	חֻבַּר
bandage, wear (hat)	11	חָבַשׁ
circle	50	חָג
hover		מֵעַל...
celebrate	11	חָגַג
gird	11	חָגַר
sharpen	91	חִדֵּד
(be) sharpened	118	חֻדַּד
cease	13	חָדַל
penetrate	11	חָדַר לְ...
renew, restore	91	חִדֵּשׁ
(be) renewed, (be) restored	118	חֻדַּשׁ
experience	45	חָוָה
create, dance	112	חוֹלֵל
legislate	112	חוֹקֵק
predict, envision	45	חָזָה
strengthen, reinforce	91	חִזֵּק
(be) strengthened, (be) reinforced	118	חֻזַּק
return (intr.), repeat, rehearse	9	חָזַר
court	91	חִזֵּר אַחֲרֵי...
sin, transgress	17	חָטָא
disinfect	95	חִטֵּא
(be) disinfected	122	חֻטָּא
hew, fell	11	חָטַב
pick, pry	91	חִטֵּט בְּ...
snatch, kidnap	11	חָטַף
live	49	חַי
obligate, convict	91	חִיֵּב
(be) obligated, (be) convicted	118	חֻיַּב
smile	91	חִיֵּךְ
recruit, enlist (tr.)	91	חִיֵּל
(be) recruited, (be) enlisted	118	חֻיַּל
wait	103	חִכָּה לְ...
rub	91	חִכֵּךְ
(be) smart	16	חָכַם
lease	11	חָכַר
occur	50	חָל בְּ...
milk	9	חָלַב
(become) sick, (be) ill	45	חָלָה בְּ...
permeate	106	חִלְחֵל
brew	11	חָלַט
play (flute), desecrate, dishonour	91	חִלֵּל
(be) played (flute), (be) desecrated, (be) dishonoured	118	חֻלַּל
dream	9	חָלַם
pass by	9	חָלַף
remove (shoes or corks)	9	חָלַץ
rescue, extricate	91	חִלֵּץ
(be) rescued, (be) extricated	118	חֻלַּץ
differ, disagree	9	חָלַק עַל...
distribute, divide, allot	91	חִלֵּק
(be) distributed, (be) divided, (be) allotted	118	חֻלַּק
overview, dominate	11	חָלַשׁ עַל...
covet	11	חָמַד

pity	11	חָמַל עַל...
heat, warm	91	חִמֵּם
(be) heated, (be) warmed	118	חֻמַּם
evade	12	חָמַק מִ...
arm	91	חִמֵּשׁ
(be) armed	118	חֻמַּשׁ
park (intr.)	44	חָנָה
embalm	11	חָנַט
inaugurate, consecrate	11	חָנַךְ
educate, bring up	91	חִנֵּךְ
(be) educated	118	חֻנַּךְ
pardon, endow	62	חָנַן
strangle	11	חָנַק
pity	50	חָס עַל...
take shelter	46	חָסָה בְּ...
save	11	חָסַךְ
liquidate	91	חִסֵּל
(be) liquidated	118	חֻסַּל
block, obstruct	11	חָסַם
temper	91	חִסֵּם
immunize, inoculate	96	חִסֵּן
(be) immunized, (be) inoculated	123	חֻסַּן
roughen	105	חִסְפֵּס
lack, (be) absent	13	חָסַר
deduct	91	חִסֵּר
cover, protect	103	חִפָּה עַל...
overlap, shampoo	11	חָפַף
desire	15	חָפֵץ בְּ...
dig, excavate	11	חָפַר
seek, search, look for	91	חִפֵּשׂ
quarry	11	חָצַב
cross over, halve	45	חָצָה
separate (between)	11	חָצַץ בֵּין...
imitate	103	חִקָּה
engrave, legislate	11	חָקַק
enquire, research, interrogate	11	חָקַר
(be) destroyed	13	חָרֵב
deviate, digress	11	חָרַג מִ...
fear	18	חָרַד מִ...
rhyme, string	11	חָרַז
incite, grunt	106	חִרְחֵר

engrave	11	חָרַט
scorch	11	חָרַךְ
winter	11	חָרַף
determine	11	חָרַץ
creak, gnash	11	חָרַק
plough	11	חָרַשׁ
sense, feel	50	חָשׁ בְּ...
think	11	חָשַׁב
calculate, compute	91	חִשֵּׁב
(be) calculated, (be) computed	118	חֻשַּׁב
suspect	11	חָשַׁד בְּ...
(become) dark	13	חָשַׁךְ
strengthen, forge (metal)	91	חִשֵּׁל
(be) forged (metal), (be) strengthened	118	חֻשַּׁל
electrify	105	חִשְׁמֵל
expose	11	חָשַׂף
desire	11	חָשַׁק בְּ...
fear	11	חָשַׁשׁ מִ...
(be) concerned		לְ...
cut	11	חָתַךְ
diaper	91	חִתֵּל
(be) diapered	118	חֻתַּל
seal	11	חָתַם
sign		עַל...
wed (tr.)	96	חִתֵּן
undermine, aim, strive, row (w/oars)	11	חָתַר

ט

sweep	107	טִאטֵא
slaughter, massacre	22	טָבַח
dip	1	טָבַל
drown (intr.)	22	טָבַע
sink (tr.)	94	טִבַּע
fry	96	טִגֵּן
(be) fried	123	טֻגַּן
purify, cleanse	93	טִהֵר
(be) purified	125	טֹהַר

weave	38	טָוָה
range	94	טִוַּח
mill	21	טָחַן
plaster	94	טִיַּח
(be) plastered	121	טֻיַּח
go for a walk, go on trip, hike	91	טִיֵּל
cable	117	טִלְגְּרֵף לְ...
fling, hurl	105	טִלְטֵל
(be) flung	129	טֻלְטַל
telephone	110	טִלְפֵּן לְ...
(become) impure	37	טָמֵא
defile	95	טִמֵּא
stupify	105	טִמְטֵם
hide, conceal, bury	63	טָמַן
make filthy, befoul	91	טִנֵּף
(be) made filthy, (be) befouled	118	טֻנַּף
fly	50	טָס בְּ...
err	40	טָעָה
taste	19	טָעַם
claim, load	21	טָעַן
pat	22	טָפַח עַל...
foster	94	טִפֵּחַ
(be) fostered	121	טֻפַּח
drip	105	טִפְטֵף
impute	1	טָפַל עַל...
take care of, treat (medically)	91	טִפֵּל בְּ...
(be) taken care of, (be) treated (medically)	118	טֻפַּל
climb	91	טִפֵּס
perturb (intr.)	1	טָרַד
take pains, bother	22	טָרַח
rattle, clatter	105	טִרְטֵר
prey, rend	1	טָרַף
torpedo	105	טִרְפֵּד
(be) torpedoed	129	טֻרְפַּד
slam	1	טָרַק
blur, smudge	105	טִשְׁטֵשׁ
(be) blurred, (be) smudged	129	טֻשְׁטַשׁ

י

(cause) despair	98	יִאֵשׁ
import	95	יִבֵּא
(be) imported	122	יֻבָּא
sob	91	יִבֵּב
dry (intr), dehydrate	26	יָבַשׁ
dry, drain	91	יִבֵּשׁ
(be) drained, (be) dried	118	יֻבַּשׁ
labour, toil	31	יָגַע
tire (tr.), exhaust	94	יִגַּע
know	30	יָדַע
initiate	32	יָזַם
set aside, single out	93	יִחֵד
(be) set aside, (be) singled out	120	יֻחַד
yearn	93	יִחֵל לְ...
relate, attribute	93	יִחֵס
(be) attributed	120	יֻחַס
(be) able to	55	יָכֹל לְ...
bear (children)	25	יָלַד
deliver (in childbirth)	91	יִלֵּד
(be) delivered (in childbirth)	118	יֻלַּד
wail, howl	91	יִלֵּל
suckle	26	יָנַק
found, establish	26	יָסַד
base, form	91	יִסֵּד
chastise, castigate	91	יִסֵּר
designate	93	יִעֵד
(be) designated	120	יֻעַד
make efficient	93	יִעֵל
(be) made efficient	120	יֻעַל
advise, counsel	26	יָעַץ לְ...
advise, counsel	93	יִעֵץ לְ...
afforest	93	יִעֵר
(be) afforested	120	יֻעַר
(become) pretty	39	יָפָה
beautify	103	יִפָּה
(be) beautified	126	יֻפָּה
depart	28	יָצָא
leave from		מִ...

export	95	יִצֵּא
(be) exported	122	יֻצָּא
stabilize	91	יִצֵּב
represent	91	יִצֵּג
(be) represented	118	יֻצַּג
cast (metal), pour	32	יָצַק
produce, create, devise	32	יָצַר
manufacture	91	יִצֵּר
(to be) manufactured	118	יֻצַּר
increase price	91	יִקֵּר
fear	29	יָרֵא מִ...
descend	25	יָרַד מִ...
shoot	43	יָרָה
intercept (airplane)	98	יֵרֵט
(be) intercepted (airplane)	124	יֹרַט
spit	26	יָרַק
inherit	26	יָרַשׁ
sit	25	יָשַׁב עַל...
settle (tr.)	91	יִשֵּׁב
(be) inhabited, (be) settled	118	יֻשַּׁב
sleep	27	יָשֵׁן
straighten	91	יִשֵּׁר
(be) straightened	118	יֻשַּׁר

כ

(feel) pain, ache	19	כָּאַב
honor, respect	91	כִּבֵּד
(be) honored, (be) respected	118	כֻּבַּד
go out (fire, light)	39	כָּבָה
extinguish, switch off	103	כִּבָּה
(be) extinguished, (be) switched off	126	כֻּבָּה
chain, fetter, bind	1	כָּבַל
launder	91	כִּבֵּס
(be) laundered	118	כֻּבַּס
conquer, pickle	1	כָּבַשׁ
dribble (ball)	105	כִּדְרֵר
darken (intr.)	41	כָּהָה
officiate, minister	96	כִּהֵן בְּ...
direct, aim, tune	96	כִּוֵּן
(be) directed, (be) aimed, (be) tuned	123	כֻּוַּן
adjust (tr.), set up	113	כּוֹנֵן
bend (tr.)	112	כּוֹפֵף
shrink (tr.)	91	כִּוֵּץ
(be) shrunk	118	כֻּוַּץ
deceive	91	כִּזֵּב
clear throat	108	כִּחְכֵּחַ
imprison, lock up	35	כָּלָא
cease (intr.)	39	כָּלָה
finish, destroy	103	כִּלָּה
maintain	105	כִּלְכֵּל
include, comprise	1	כָּלַל
yearn	23	כָּמַהּ לְ...
name	103	כִּנָּה
(be) named	126	כֻּנָּה
convene, gather	91	כִּנֵּס
(be) convened, (be) gathered	118	כֻּנַּס
cover	103	כִּסָּה
(be) covered	126	כֻּסָּה
cut down	94	כִּסַּח
(be) annoyed, rage	19	כָּעַס עַל...
uglify	93	כִּעֵר
force, coerce	38	כָּפָה עַל...
multiply (tr.), double	1	כָּפַל
bend (tr.)	1	כָּפַף
deny, disavow	1	כָּפַר בְּ...
atone	91	כִּפֵּר עַל...
bind	59	כָּפַת
button	105	כִּפְתֵּר
dig, mine	38	כָּרָה
bind (book), combine	1	כָּרַךְ
gnaw	105	כִּרְסֵם
(be) gnawed	129	כֻּרְסַם
kneel	22	כָּרַע עַל...
fell, (make) convenant	59	כָּרַת
wag	105	כִּשְׁכֵּשׁ בְּ...
stumble	2	כָּשַׁל בְּ...
bewitch	91	כִּשֵּׁף
(be) bewitched	118	כֻּשַּׁף

write	1	כָּתַב
encircle, surround	91	כִּתֵּר
(be) encircled, (be) surrounded	118	כֻּתַּר

ל

captivate, make pancakes	91	לִבֵּב
inflame	103	לִבָּה
(be) inflamed	126	לֻבָּה
bud, blossom	105	לִבְלֵב
clarify, heat (metal)	96	לִבֵּן
(be) clarified, (be) heated (metal)	123	לֻבַּן
dress (intr.), wear	2	לָבַשׁ
sneer, mock	105	לִגְלֵג עַל...
sip	1	לָגַם
glow	19	לָהַט
borrow	38	לָוָה מִ...
escort, accompany	103	לִוָּה
lick	1	לָחַךְ
moisten	108	לִחְלֵחַ
fight	19	לָחַם בְּ...
force, compel	19	לָחַץ עַל...
whisper	19	לָחַשׁ
pet, caress	91	לִטֵּף
(be) petted, (be) caressed	118	לֻטַּף
polish, hone	91	לִטֵּשׁ
(be) polished, (be) honed	118	לֻטַּשׁ
capture, trap	1	לָכַד
unite	91	לִכֵּד
(be) united	118	לֻכַּד
dirty, soil	105	לִכְלֵךְ
(be) dirtied, (be) soiled	129	לֻכְלַךְ
learn, study	2	לָמַד
teach	91	לִמֵּד
lodge (dwell)	50	לָן בְּ...
ridicule, mock	19	לָעַג לְ...
chew	19	לָעַס
wind, enwrap	91	לִפֵּף
clasp	59	לָפַת
(be) stricken	38	לָקָה בְּ...
take	34	לָקַח
gather, compile	91	לִקֵּט
(be) gathered, (be) compiled	118	לֻקַּט
lick	91	לִקֵּק
knead	50	לָשׁ

מ

refuse	100	מֵאֵן לְ...
despise, detest	19	מָאַס בְּ...
magnetize	105	מִגְנֵט
rout, defeat	91	מִגֵּר
(be) routed, (be) defeated	118	מֻגַּר
measure	1	מָדַד
mix (liquids), dilute	19	מָהַל
hurry (intr.)	93	מִהֵר
collapse (tr.)	112	מוֹטֵט
pour	1	מָזַג
applaud	35	מָחָא
protest, wipe (tears)	40	מָחָה
forgive, pardon	19	מָחַל עַל...
crush	19	מָחַץ
erase, delete	19	מָחַק
classify, sort	96	מִיֵּן
(be) classified, (be) sorted	123	מֻיַּן
mechanize	96	מִכֵּן
(be) mechanized	123	מֻכַּן
sell	1	מָכַר
circumcise	50	מָל
fill, fulfil	95	מִלֵּא
(be) filled, (be) fulfilled	122	מֻלָּא
extricate	91	מִלֵּט
(be) extricated	118	מֻלַּט
reign, rule	1	מָלַךְ עַל...

jabber, gabble	105	מִלְמֵל
finance	96	מִמֵּן
(be) financed	123	מֻמַּן
effect	91	מִמֵּשׁ
(be) effected	118	מֻמַּשׁ
count	38	מָנָה
appoint	103	מִנָּה
(be) appointed	126	מֻנָּה
prevent	22	מָנַע
numerate	105	מִסְפֵּר
transmit, deliver	1	מָסַר
stumble	19	מָעַד
lessen	93	מִעֵט
squash, squeeze	19	מָעַךְ
embezzle	19	מָעַל בְּ...
find	35	מָצָא
drain	103	מִצָּה
(be) drained	126	מֻצָּה
blink	105	מִצְמֵץ בְּ...
suck	1	מָצַץ
focus, focalise	91	מִקֵּד
(be) focussed	118	מֻקַּד
site	91	מִקֵּם
(be) sited	118	מֻקַּם
mine (military)	91	מִקֵּשׁ
(be) mined (military)	118	מֻקַּשׁ
rebel, revolt	1	מָרַד בְּ...
smear, spread	22	מָרַח
pluck	1	מָרַט
polish	98	מֵרֵק
(be) polished	124	מֹרַק
embitter	98	מֵרֵר
retrieve (from water)	38	מָשָׁה
anoint	22	מָשַׁח
pull, attract	1	מָשַׁךְ
mortgage, pawn	110	מִשְׁכֵּן
(be) mortgaged, (be) pawned	133	מֻשְׁכַּן
rule, govern	1	מָשַׁל
grope, feel (tr.)	91	מִשֵּׁשׁ
die	60	מֵת
stretch	22	מָתַח
moderate	96	מִתֵּן
(be) moderated	123	מֻתַּן

נ

struggle wrestle	70	נֶאֱבַק בְּ... עִם...
(be) hoarded, (be) amassed	70	נֶאֱגַר בְּ...
clutch, (be) grasped	70	נֶאֱחַז בְּ...
(be) sealed shut	70	נֶאֱטַם
(be) eaten	70	נֶאֱכַל
(become) dumb, (become) mute	70	נֶאֱלַם
have to, (be) compelled	70	נֶאֱלַץ לְ...
(make a) speech	19	נָאַם
(be) estimated	70	נֶאֱמַד
(be) said	70	נֶאֱמַר
sigh, groan	70	נֶאֱנַח
(be) forced, (be) raped	70	נֶאֱנַס
groan, moan	70	נֶאֱנַק
(be) gathered, (be) collected	70	נֶאֱסַף
(be) forbidden, (be) jailed	70	נֶאֱסַר
commit adultery	19	נָאַף
(be) baked	72	נֶאֱפָה
(be) weaved	70	נֶאֱרַג
(be) packed	70	נֶאֱרַז
(be) accused	70	נֶאֱשַׁם בְּ...
prophesy	83	נִבָּא
(be) different	65	נִבְדַּל מִ...
(be) examined, (be) tested	65	נִבְדַּק
(be) frightened, (be) scared	74	נִבְהַל מִ...
(be) pillaged, (be) plundered	65	נִבְזַז
bark	22	נָבַח
(be) tested	75	נִבְחַן
(be) chosen, (be) elected	74	נִבְחַר
(be) stirred	74	נִבְחַשׁ
sprout	1	נָבַט
wither, wilt	32	נָבַל

(be) shocked	74	נִדְהַם
(be) discussed, (be) sentenced	88	נָדוֹן
(be) postponed, (be) rejected	80	נִדְחָה
(be) compacted, (be) compressed	74	נִדְחַס לְ...
(be) pushed, shove (intr.)	74	נִדְחַף לְ...
(be) shoved, thrust oneself	74	נִדְחַק לְ...
(be) lit, catch fire	65	נִדְלַק
seem	78	נִדְמָה
swing (tr.), nag	105	נִדְנֵד
(be) printed	65	נִדְפַּס
(be) stabbed, (be) pierced	65	נִדְקַר
vow	32	נָדַר
(be) run over, (be) trampled	65	נִדְרַס
(be) demanded, (be) sought	65	נִדְרַשׁ
drive	19	נָהַג בְּ...
(be) used to		לְ...
(be) pronounced	72	נֶהֱגָה
(be) driven back	70	נֶהֱדַף
manage, administer	93	נִהֵל
(be) managed, (be) administered	125	נֹהַל
growl	19	נָהַם
enjoy, benefit	72	נֶהֱנָה מִ...
(be) killed	70	נֶהֱרַג
(be) destroyed	70	נֶהֱרַס
despair	85	נוֹאַשׁ
(be) known	86	נוֹדַע
navigate, steer	91	נִוֵּט
(become) aware	86	נוֹכַח
(be) born	84	נוֹלַד
(be) founded, (be) established	84	נוֹסַד
(be) added	84	נוֹסַף עַל...
rendezvous	85	נוֹעַד עִם...
(be) destined		לְ...
consult	85	נוֹעַץ בְּ...

(be) stopped, (be) restrained	65	נִבְלַם
(be) swallowed	76	נִבְלַע
(be) built	78	נִבְנָה
evolve (intr.), derive (intr.)	22	נָבַע
(be) terrified	67	נִבְעַת
(be) split	76	נִבְקַע
burrow, nibble	1	נָבַר בְּ...
(be) created	77	נִבְרָא
(be) redeemed, (be) rescued	74	נִגְאַל מִ...
wipe	91	נִגֵּב
(be) wiped	118	נֻגַּב
(be) cut off	76	נִגְדַּע
(be) pruned	65	נִגְזַם
(be) decreed, (be) cut	65	נִגְזַר
gore	34	נָגַח
(be) weaned	65	נִגְמַל מִ...
(be) completed	65	נִגְמַר
play (instrument)	96	נִגֵּן בְּ...
(be) played (instrument)	123	נֻגַּן
(be) stolen	65	נִגְנַב מִ...
(be) concealed, (be) filed away	65	נִגְנַז
bite off	1	נָגַס
touch	34	נָגַע בְּ...
(be) disgusted	74	נִגְעַל מִ...
(be) defeated	81	נִגַּף לִפְנֵי...
(be) caused	65	נִגְרַם
(be) ground, (be) shredded	65	נִגְרַס
(be) diminished, (be) deducted	76	נִגְרַע מִ...
(be) raked, (be) swept away	65	נִגְרַף
(be) dragged, (be) towed	65	נִגְרַר
approach	61	נִגַּשׁ אֶל...
donate	32	נָדַב
volunteer (tr.)	91	נִדֵּב
(become) infected, (be) stuck	65	נִדְבַּק
wander, roam	1	נָדַד מִ...

(be) scorched, (be) charred	71	נֶחְרַךְ
(be) ploughed	70	נֶחֱרַשׁ
guess	93	נִחֵשׁ
(be) considered, (be) esteemed	71	נֶחְשַׁב
(be) suspected	71	נֶחְשַׁד
(be) exposed	71	נֶחְשַׂף
land (intr.)	19	נָחַת
(be) cut	71	נֶחְתַּךְ
(be) signed, (be) sealed	71	נֶחְתַּם
(be) slaughtered, (be) massacred	76	נִטְבַּח
(be) dipped, (be) baptised	65	נִטְבַּל בְּ...
(be) inclined	42	נָטָה
(be) ground, (be) milled	75	נִטְחַן
take	32	נָטַל
(be) contaminated	77	נִטְמָא
(be) hidden, (be) concealed, (be) buried	66	נִטְמַן
(be) assimilated	76	נִטְמַע בְּ...
plant	34	נָטַע
drip	32	נָטַף
cling to	65	נִטְפַּל אֶל...
guard	1	נָטַר
bear grudge		לְ...
neutralize	105	נִטְרֵל
(be) neutralized	129	נֻטְרַל
(be) shuffled, (be) scrambled, (be) devoured	65	נִטְרַף
(be) slammed	65	נִטְרַק
abandon	32	נָטַשׁ
(be) chained	65	נִכְבַּל
(be) conquered, (be) pickled	65	נִכְבַּשׁ
deduct	103	נִכָּה
(be) deducted	126	נֻכָּה
(be) burnt, (be) scalded	78	נִכְוָה
(be) present	22	נָכַח בְּ...
(be) imprisoned	77	נִכְלָא בְּ...

(be) made, (be) produced	84	נוֹצַר
(be) shot	87	נוֹרָה
(be) saved (redeemed)	86	נוֹשַׁע
remain	84	נוֹתַר
(be) careful	74	נִזְהַר מִ...
(be) nourished, feed (intr.)	88	נִזּוֹן עַל...
(be) reminded, (be) mentioned	65	נִזְכַּר בְּ...
drip	33	נָזַל
(be) summoned	74	נִזְעַק
rebuke, reprimand	1	נָזַף בְּ...
(be) in need of	65	נִזְקַק לְ...
(be) sown	76	נִזְרַע
(be) thrown	65	נִזְרַק
rest	52	נָח
(be) struck	71	נֶחְבַּט
(be) injured	71	נֶחְבַּל
(be) bandaged	71	נֶחְבַּשׁ
(be) hewn	71	נֶחְטַב
(be) snatched, (be) kidnapped	71	נֶחְטַף
(be) milked	71	נֶחְלַב
(be) extricated	71	נֶחְלַץ מִ...
grow weak	71	נֶחְלַשׁ
console	93	נִחֵם
(be) consoled	120	נִחַם
(be) inaugurated, (be) consecrated	71	נֶחְנַךְ
choke (intr.), (be) strangled, suffocate (intr.)	71	נֶחְנַק
(be) saved	71	נֶחְסַךְ
(be) blocked	71	נֶחְסַם
hurry	71	נֶחְפַּז
(be) dug	71	נֶחְפַּר
(be) quarried	71	נֶחְצַב
(be) engraved, (be) legislated	71	נֶחְקַק
(be) investigated	71	נֶחְקַר
snore	19	נָחַר
(be) ruined	70	נֶחֱרַב
(be) alarmed	71	נֶחֱרַד

(be) included	65	נִכְלַל בְּ...
(be) ashamed	65	נִכְלַם
enter	65	נִכְנַס לְ...
surrender, yield	76	נִכְנַע לְ...
yearn, pine	65	נִכְסַף לְ...
(be) forced, (be) coerced	78	נִכְפָּה עַל...
(be) doubled	65	נִכְפַּל
(be) tied	67	נִכְפַּת
(be) quarried	78	נִכְרָה
(be) bound	65	נִכְרַךְ
(be) felled	67	נִכְרַת
weed	91	נִכֵּשׁ
fail	65	נִכְשַׁל בְּ...
(be) written	65	נִכְתַּב
accompany	78	נִלְוָה אֶל...
fight	74	נִלְחַם בְּ...
(be) pressured	74	נִלְחַץ
(be) whispered	74	נִלְחַשׁ
(be) captured, (be) trapped	65	נִלְכַּד
(be) taught	65	נִלְמַד
(be) chewed	74	נִלְעַס
(be) taken	76	נִלְקַח
doze, slumber	50	נָם
(be) fed up	74	נִמְאַס עַל...
(be) measured	65	נִמְדַּד
(be) mixed (liquids), (be) diluted	74	נִמְהַל בְּ...
vanish, evaporate (intr.)	89	נָמוֹג
(be) circumcised	88	נִמּוֹל
(be) poured (liquids)	65	נִמְזַג
(be) forgiven	74	נִמְחַל
(be) crushed	74	נִמְחַץ
(be) erased	74	נִמְחַק
(be) sold	65	נִמְכַּר
(become) filled	77	נִמְלָא
escape, flee	65	נִמְלַט
(be) numbered (be) listed	78	נִמְנָה עִם...
doze	105	נִמְנֵם
abstain avoid, refrain	76	נִמְנַע מִ...
melt (intr.)	90	נָמַס
(be) transmitted, (be) delivered	65	נִמְסַר לְ...
(be) squashed, (be) squeezed	74	נִמְעַךְ
(be) found, (be) present	77	נִמְצָא
(be) sucked	65	נִמְצַץ
(give) reasons	91	נִמֵּק
(be) spread	76	נִמְרַח
(be) plucked	65	נִמְרַט
(be) retrieved (from water)	78	נִמְשָׁה מִ...
(be) annointed	76	נִמְשַׁח
(be) continued, (be) attracted	65	נִמְשַׁךְ
(be) stretched, (be) tensed	76	נִמְתַּח
(be) rebuked, (be) reprimanded	65	נִנְזַף
(be) locked	74	נִנְעַל
(be) affixed	74	נִנְעַץ בְּ...
(be) taken (measures)	65	נִנְקַט
escape, flee	50	נָס מִ...
(be) closed	65	נִסְגַּר
(be) cracked	65	נִסְדַּק
try, experiment	103	נִסָּה
(be) tried, (be) experimented	126	נֻסָּה
retreat	89	נָסוֹג מִ...
phrase, formulate	94	נִסֵּחַ
(be) phrased, (be) formulated	121	נֻסַּח
(be) dragged	74	נִסְחַב
(be) squeezed, (be) extorted	74	נִסְחַט
(be) swept away, (be) eroded	74	נִסְחַף
(be) traded	74	נִסְחַר
(be) forgiven	76	נִסְלַח
(be) paved	65	נִסְלַל
travel	34	נָסַע לְ...
(be) absorbed (liquids)	65	נִסְפַּג בְּ...
perish	78	נִסְפָּה בְּ...
(be) counted, (be) numbered	65	נִסְפַּר

(be) hit, (be) injured, (be) offended	76	נִפְגַּע
meet	65	נִפְגַּשׁ עִם...
(be) redeemed	78	נִפְדָּה
sift, sieve	103	נִפָּה
(be) scattered, (be) widespread	89	נָפוֹץ
inflate	94	נִפַּח
(be) inflated	121	נֻפַּח
die	65	נִפְטַר
(be) rid of, (be) exempt		מִ...
fall	32	נָפַל מִ...
(be) emitted, escape (intr.)	65	נִפְלַט מִ...
wave	105	נִפְנֵף
(be) disqualified	65	נִפְסַל
(be) cut off, (be) interrupted	65	נִפְסַק
(be) opened widely	74	נִפְעַר
smash, shatter	91	נִפֵּץ
(be) smashed, (be) shattered	118	נֻפַּץ
(be) wounded	76	נִפְצַע
(be) missing, (be) counted	65	נִפְקַד
(be) opened (ear, eye)	76	נִפְקַח
(be) separated, part	65	נִפְרַד מִ...
(be) unstitched	65	נִפְרַם
(be) sliced	65	נִפְרַס
(be) paid	76	נִפְרַע
(be) breached, (be) broken into	65	נִפְרַץ
(be) spread	65	נִפְרַשׂ
rest, recuperate	1	נָפַשׁ
(be) opened	76	נִפְתַּח
(be) solved	65	נִפְתַּר
(be) pinched	65	נִצְבַּט
(be) painted, (be) coloured	76	נִצְבַּע
win	94	נִצַּח
conduct (music)		עַל...
(be) defeated	121	נֻצַּח
(be) saved, (be) rescued	81	נִצַּל מִ...

climb (aircraft)	33	נָסַק
(be) stoned (to death)	65	נִסְקַל בְּ...
(be) reviewed	65	נִסְקַר
saw	91	נִסֵּר
(be) sawn	118	נֻסַּר
(be) knitted	65	נִסְרַג
(be) scanned	65	נִסְרַק
(be) plugged (clogged)	65	נִסְתַּם
move	52	נָע
(be) hoed, (be) missing	70	נֶעֱדַר
(be) abandoned	70	נֶעֱזַב
(be) aided, (be) helped	70	נֶעֱזַר בְּ...
(be) wrapped	70	נֶעֱטַף בְּ...
lock, put on shoes	19	נָעַל
(be) insulted, (be) offended	70	נֶעֱלַב
disappear	70	נֶעֱלַם
(be) pleasant	20	נָעַם
(be) answered	73	נַעֲנָה
comply		לְ...
nod, shake	108	נִעְנַע
(be) shaken	132	נֻעֲנַע
(be) punished	70	נֶעֱנַשׁ
affix, tack	19	נָעַץ
(be) saddened, (be) sorrowful	70	נֶעֱצַב
(be) shut (eyes)	70	נֶעֱצַם
(be) stopped, (be) detained	70	נֶעֱצַר
(be) fettered (for sacrifice)	70	נֶעֱקַד
(be) by-passed	70	נֶעֱקַף
(be) stung	70	נֶעֱקַץ
(be) uprooted	70	נֶעֱקַר מִ...
bray	19	נָעַר
shake	93	נִעֵר
(be) arranged, (be) edited	70	נֶעֱרַךְ
(be) piled	70	נֶעֱרַם
(be) decapitated	70	נֶעֱרַף
(be) done	73	נַעֲשָׂה
(be) oppressed	70	נֶעֱשַׁק
acqiesce	70	נֶעְתַּר לְ...
(be) defective	65	נִפְגַּם

fall asleep	68	נִרְדַּם
(be) chased, (be) persecuted	68	נִרְדַּף
(be) washed	68	נִרְחַץ
get wet	68	נִרְטַב
(be) purchased	68	נִרְכַּשׁ
(be) hinted	68	נִרְמַז
(be) trampled	68	נִרְמַס
recover, (be) healed	77	נִרְפָּא מִ...
(be) murdered	69	נִרְצַח
(be) decayed	68	נִרְקַב
(be) embroidered, (be) devised	68	נִרְקַם
(be) registered, (be) listed, enroll	68	נִרְשַׁם
(be) harnessed	68	נִרְתַּם לְ...
(be) startled, recoil	69	נִרְתַּע
bear, carry, marry	36	נָשָׂא
(be) carried, (be) married	83	נִשָּׂא לְ...
(be) pumped, (be) drawn	74	נִשְׁאַב
(be) asked, (be) borrowed	74	נִשְׁאַל
remain	74	נִשְׁאַר
blow	32	נָשַׁב
(be) captured	78	נִשְׁבָּה
swear (take an oath)	76	נִשְׁבַּע
(be) broken	65	נִשְׁבַּר
(be) robbed	65	נִשְׁדַּד
(be) butchered, (be) slaughtered	74	נִשְׁחַט
(be) ground, (be) eroded	74	נִשְׁחַק
(be) rinsed, (be) flooded	65	נִשְׁטַף
bite	32	נָשַׁךְ
(be) forgotten	76	נִשְׁכַּח
(be) rented, profit	65	נִשְׂכַּר
dispossess, evict	91	נִשֵּׁל
(be) dispossessed, (be) evicted	118	נֻשַּׁל
(be) sent	76	נִשְׁלַח
(be) governed, (be) dominated	65	נִשְׁלַט

exploit, utilise	91	נִצֵּל
(be) exploited, (be) utilised	118	נֻצַּל
(be) crucified	65	נִצְלַב
(be) roasted	78	נִצְלָה
attach (oneself)	65	נִצְמַד אֶל...
twinkle, flash	105	נִצְנֵץ
shine, sparkle	1	נָצַץ
christianize	91	נִצֵּר
(be) christianized	118	נֻצַּר
(be) scorched	65	נִצְרַב
(become) hoarse	65	נִצְרַד
mention, specify	32	נָקַב בְּ...
pierce, perforate	91	נִקֵּב
(be) pierced, (be) perforated	118	נֻקַּב
(be) determined, (be) fixed	76	נִקְבַּע
(be) buried	65	נִקְבַּר
vowel, dot	91	נִקֵּד
(be) vowelled, (be) dotted	118	נֻקַּד
(be) drilled	76	נִקְדַּח
clean	103	נִקָּה
(be) cleaned	126	נֻקָּה
drain	91	נִקֵּז
(be) drained	118	נֻקַּז
(be) slain	65	נִקְטַל
(be) picked	65	נִקְטַף
(be) toasted	78	נִקְלָה
(be) absorbed	65	נִקְלַט
revenge, avenge	32	נָקַם
(be) bought	78	נִקְנָה
(be) fined	65	נִקְנַס
dislocate	34	נָקַע
(be) reaped	65	נִקְצַר
gouge, peck	91	נִקֵּר
(be) called, (be) read	77	נִקְרָא
(be) torn	76	נִקְרַע
(be) bound (be) connected	65	נִקְשַׁר אֶל...
(be) seen	79	נִרְאָה
(be) stoned	68	נִרְגַּם בְּ...
relax, calm down	69	נִרְגַּע

(be) withdrawn	65	נִשְׁלַל
(be) completed	65	נִשְׁלַם
(be) unsheathed	65	נִשְׁלַף מִ...
breathe	1	נָשַׁם
(be) dropped, (be) omitted	65	נִשְׁמַט מִ...
(be) heard, (be) listened to	76	נִשְׁמַע
(be) protected, (be) preserved	65	נִשְׁמַר
lean, recline	75	נִשְׁעַן עַל...
exhale, blow	32	נָשַׁף
(be) judged, (be) sentenced	65	נִשְׁפַּט
(be) spilled, (be) shed	65	נִשְׁפַּךְ
kiss	91	נִשֵּׁק
(be) kissed	118	נֻשַּׁק
(be) weighed, (be) considered	65	נִשְׁקַל
drop out	32	נָשַׁר
(be) scratched	65	נִשְׂרַט
(be) burnt	65	נִשְׂרַף
(be) planted	65	נִשְׁתַּל
(be) sued	76	נִתְבַּע
(be) sprinkled, (be) sprayed	81	נִתַּז
analyze, operate (med.)	94	נִתַּח
(be) analysed, (be) operated (med.)	121	נֻתַּח
pour down	81	נִתַּךְ
(be) hung, (be) hanged, (be) suspended	78	נִתְלָה
(be) torn off (be) uprooted	65	נִתְלַשׁ מִ...
(be) supported	65	נִתְמַךְ
give	58	נָתַן
(be) given, (be) allowed	82	נִתַּן
(be) caught, (be) grasped	65	נִתְפַּס
(be) sewn	65	נִתְפַּר
smash	91	נִתֵּץ
(be) smashed	118	נֻתַּץ
sever, disconnect	91	נִתֵּק
(be) severed, (be) disconnected	118	נֻתַּק
stumble, encounter	65	נִתְקַל בְּ...
(be) stuck	76	נִתְקַע בְּ...
(be) afflicted (suddenly)	65	נִתְקַף
hop	91	נִתַּר
(be) donated, (be) contributed	65	נִתְרַם

ס

drink (to excess)	35	סָבָא
complicate, embroil	91	סִבֵּךְ
(be) complicated, (be) embroiled	118	סֻבַּךְ
tolerate	1	סָבַל
suffer		מִ...
soap	96	סִבֵּן
(be) soaped	123	סֻבַּן
suppose	1	סָבַר
worship	1	סָגַד לְ...
adapt, conform	91	סִגֵּל
formulate, phrase	110	סִגְנֵן
(be) formulated, (be) phrased	133	סֻגְנַן
close, shut	1	סָגַר
crack, split	1	סָדַק
arrange	91	סִדֵּר
(be) arranged	118	סֻדַּר
turn, circle	112	סוֹבֵב
categorize, sort	91	סִוֵּג
(be) categorized, (be) sorted	118	סֻוַּג
drag	19	סָחַב
squeeze, extort	19	סָחַט
erode	19	סָחַף
trade	19	סָחַר בְּ...
(make) dizzy	105	סִחְרֵר
deviate, stray	38	סָטָה מִ...
slap, smack	1	סָטַר לְ...
whitewash	91	סִיֵּד

(be) whitewashed	118	סֻיַּד
finish, end	91	סִיֵּם
assist, help, support	94	סִיַּע לְ...
patrol, tour	91	סִיֵּר בְּ...
thwart	91	סִכֵּל
(be) thwarted	118	סֻכַּל
summarize, sum up	91	סִכֵּם
(be) summarized, (be) summed up	118	סֻכַּם
risk, endanger, jeopardise	96	סִכֵּן
intrigue, cause dispute	105	סִכְסֵךְ בֵּין...
dam	1	סָכַר
forgive, pardon	22	סָלַח לְ...
pave	1	סָלַל
curl (hair), trill (voice)	105	סִלְסֵל
distort, falsify	91	סִלֵּף
(be) distorted, (be) falsified	118	סֻלַּף
dismiss, remove	91	סִלֵּק
(be) dismissed, (be) removed	118	סֻלַּק
blind	95	סִמֵּא
(be) blinded	122	סֻמָּא
rely on, trust	1	סָמַךְ עַל...
symbolize	91	סִמֵּל
drug	91	סִמֵּם
(be) drugged	118	סֻמַּם
mark	96	סִמֵּן
(be) marked	123	סֻמַּן
blind, dazzle	105	סִנְוֵר
(be) blinded, (be) dazzled	129	סֻנְוַר
filter, strain (tr.)	96	סִנֵּן
(be) filtered, (be) strained	123	סֻנַּן
dine, support	19	סָעַד
rage	19	סָעַר
absorb	1	סָפַג
eulogise	1	סָפַד לְ...
co-opt, annex	94	סִפֵּחַ
(be) co-opted, (be) annexed	121	סֻפַּח
speculate, profiteer	105	סִפְסֵר בְּ...
supply, satisfy	91	סִפֵּק
(be) supplied, (be) satisfied	118	סֻפַּק
count	1	סָפַר
tell, cut (hair)	91	סִפֵּר
(be) told, (be) cut (hair)	118	סֻפַּר
stone (to death)	1	סָקַל
remove stones	91	סִקֵּל
review, survey	1	סָקַר
cover news	91	סִקֵּר
intrigue	110	סִקְרֵן
turn aside	50	סָר מִ...
refuse	96	סֵרֵב
(make) cumbersome	123	סִרְבֵּל
knit	1	סָרַג
castrate, distort	98	סֵרֵס
(be) castrated, (be) distorted	124	סֹרַס
scan	1	סָרַק
comb	98	סֵרֵק
(be) combed	124	סֹרַק
block, plug	1	סָתַם
contradict, refute	1	סָתַר
chisel, cut (stones)	92	סִתֵּת
(be) chiseled	119	סֻתַּת

ע

work	9	עָבַד
adapt, cultivate, arrange (music)	91	עִבֵּד
(be) adapted, (be) cultivated, (be) arranged (music)	118	עֻבַּד
thicken	103	עִבָּה
pass by, look over	9	עָבַר
(make) pregnant	91	עִבֵּר
lust	9	עָגַב עַל...
round off	91	עִגֵּל
(be) rounded off	118	עֻגַּל
anchor	64	עָגַן

torture	103	עִנָּה
(be) tortured	126	עֻנָּה
interest	110	עִנְיֵן
knead, massage	103	עִסָּה
deal with	9	עָסַק בְּ...
fly	50	עָף
wink, blink	106	עִפְעֵף בְּ...
fashion, design	91	עִצֵּב
(be) fashioned, (be) designed	118	עֻצַּב
irritate, make nervous	110	עִצְבֵּן
close (eyes), shut (eyes)	9	עָצַם
stop, arrest, intercept	9	עָצַר
track, follow	9	עָקַב אַחֲרֵי...
fetter	9	עָקַד
foreclose, attach (property)	91	עִקֵּל
(be) foreclosed, (be) attached (property)	118	עֻקַּל
twist, bend (tr.)	91	עִקֵּם
(be) twisted, (be) bent	118	עֻקַּם
overtake, bypass	9	עָקַף
sting	9	עָקַץ
uproot, pull out	9	עָקַר
sterilize	91	עִקֵּר
(be) sterilized	118	עֻקַּר
guarantee, vouch for	9	עָרַב לְ...
mix	98	עֵרֵב
(be) mixed	124	עֹרַב
mix	105	עִרְבֵּב
(be) mixed	129	עֻרְבַּב
mix (in mixer)	105	עִרְבֵּל
(be) mixed (in mixer)	129	עֻרְבַּל
yearn	9	עָרַג לְ...
strip (tr.)	105	עִרְטֵל
(be) stripped	129	עֻרְטַל
arrange, edit	9	עָרַךְ
pile, heap	9	עָרַם
undermine	106	עִרְעֵר
appeal against		עַל...
(be) undermined	130	עֻרְעַר
behead	9	עָרַף
obscure	105	עִרְפֵּל
desert	9	עָרַק מִ...
update	110	עִדְכֵּן
(be) updated	133	עֻדְכַּן
refine, tenderize	96	עִדֵּן
hoe	9	עָדַר
encourage	112	עוֹדֵד
grimace	103	עִוָּה
maltreat	112	עוֹלֵל לְ...
(make) blind	91	עִוֵּר
awaken, arouse	112	עוֹרֵר
distort	92	עִוֵּת
(be) distorted	119	עֻוַּת
quit, leave	9	עָזַב
help, assist	9	עָזַר לְ...
swoop	50	עָט עַל...
cover (intr.), wrap (intr.)	44	עָטָה
wrap (tr.), cloak	9	עָטַף
adorn, decorate	91	עִטֵּר
(be) adorned, (be) decorated	118	עֻטַּר
peruse, pore	96	עִיֵּן בְּ...
(be) tired	14	עָיַף
tire (tr.)	91	עִיֵּף
delay	91	עִכֵּב
(be) delayed	118	עֻכַּב
digest	91	עִכֵּל
(be) digested, (be) comprehended	118	עֻכַּל
rise, cost, ascend	44	עָלָה
rejoice	9	עָלַז
(cause) to faint	91	עִלֵּף
stand (intr.)	9	עָמַד
insist		עַל...
withstand		בְּ...
(be) about to		לְ...
labour, toil	9	עָמַל
dim	91	עִמֵּם
load	9	עָמַס
confront (tr.)	92	עִמֵּת
(make) loop	9	עָנַב
gladden	91	עִנֵּג
wear (jewels), decorate (tr. medals)	9	עָנַד
reply, answer	44	עָנָה
respond		עַל...

do, make	44	עָשָׂה
smoke	96	עִשֵּׁן
(be) smoked	123	עֻשַּׁן
oppress, maltreat	9	עָשַׁק
entreat, petition	9	עָתַר לְ...

פ

praise, embellish	98	פֵּאֵר
(be) praised, (be) embellished	124	פֹּאַר
impair	1	פָּגַם בְּ...
strike, injure, insult	22	פָּגַע בְּ...
lag, (be) slow	91	פִּגֵּר
meet	1	פָּגַשׁ
redeem	38	פָּדָה
yawn	93	פִּהֵק
explode (tr.)	112	פּוֹצֵץ
crumble (tr.)	112	פּוֹרֵר
prance	91	פִּזֵּז
squint	1	פָּזַל
hum	91	פִּזֵּם
scatter	91	פִּזֵּר
(be) scattered	118	פֻּזַּר
fear, dread	19	פָּחַד מִ...
decrease (tr.), devaluate, depreciate (tr.)	93	פִּחֵת
(be) decreased, (be) devaluated, (be) depreciated	119	פֻּחַת
fatten	91	פִּטֵּם
(be) fattened	118	פֻּטַּם
chatter	105	פִּטְפֵּט
exempt	1	פָּטַר
discharge, dismiss	91	פִּטֵּר
(be) discharged, (be) dismissed	118	פֻּטַּר
pacify, appease	91	פִּיֵּס
(be) appeased, (be) pacified	118	פֻּיַּס
split	91	פִּלֵּג
(be) split	118	פֻּלַּג
delouse	38	פָּלָה
cleave	94	פִּלַּח
emit	1	פָּלַט
pave (the way), level	91	פִּלֵּס
invade	1	פָּלַשׁ לְ...
turn (intr.), apply	38	פָּנָה אֶל...
evacuate, vacate	103	פִּנָּה
(be) evacuated, (be) vacated	126	פֻּנָּה
pamper	91	פִּנֵּק
(be) pampered	118	פֻּנַּק
pass over, skip	22	פָּסַח עַל...
disqualify, invalidate	1	פָּסַל
sculpt	91	פִּסֵּל
(be) sculpted	118	פֻּסַּל
tread, stride	22	פָּסַע
cease, pronounce verdict	1	פָּסַק
punctuate	91	פִּסֵּק
(be) punctuated	118	פֻּסַּק
act (to do)	19	פָּעַל
beat (intr.), (heart, pulse)	19	פָּעַם
decode, decipher, unravel	109	פִּעְנֵחַ
(be) deciphered, (be) decoded	132	פֻּעְנַח
open (wide)	19	פָּעַר
open (mouth)	38	פָּצָה
compensate	103	פִּצָּה
(be) compensated	126	פֻּצָּה
burst into song	22	פָּצַח בְּ...
crack, cleave	94	פִּצַּח
fragment	91	פִּצֵּל
(be) fragmented	118	פֻּצַּל
injure, wound	22	פָּצַע
(be) exploded	118	פֻּצַּץ
file (smooth)	1	פָּצַר
command	1	פָּקַד
command (a force)	91	פִּקֵּד עַל...
open (ears, eyes)	22	פָּקַח
supervise, control	94	פִּקַּח עַל...
expire (document)	22	פָּקַע
doubt	105	פִּקְפֵּק

plug, cork	1	פָּקַק
(be) fruitful	38	פָּרָה
demilitarize	98	פֵּרֵז
shoe (a horse)	105	פִּרְזֵל
blossom, bloom, prosper	22	פָּרַח
change (money), pluck (string instruments)	1	פָּרַט
detail, specify	98	פֵּרֵט
(be) detailed, (be) specified	124	פֹּרַט
unstitch	1	פָּרַם
sustain, provide (a living)	105	פִּרְנֵס
slice, deploy	1	פָּרַס
publicize, advertise	105	פִּרְסֵם
(be) publicized, (be) advertised	129	פֻּרְסַם
defray	22	פָּרַע
quiver, jerk	105	פִּרְפֵּר
burst into, break into	1	פָּרַץ
unload	1	פָּרַק
dismantle	98	פֵּרֵק
(be) dismantled	124	פֹּרַק
(be) crumbled	124	פֹּרַר
retire, seclude (intr.)	1	פָּרַשׁ מִ...
spread (tr.), unfurl	1	פָּרַשׂ
interpret, elucidate	98	פֵּרֵשׁ
(be) interpreted, (be) elucidated	124	פֹּרַשׁ
strip, take off (clothes)	1	פָּשַׁט
raid		עַל...
simplify	91	פִּשֵּׁט
(be) simplified	118	פֻּשַּׁט
commit crime	22	פָּשַׁע
open wide	91	פִּשֵּׂק
mediate	91	פִּשֵּׁר בֵּין...
tempt, seduce, entice	103	פִּתָּה
(be) tempted, (be) seduced, (be) enticed	126	פֻּתָּה
open	22	פָּתַח
develop	94	פִּתֵּחַ
(be) developed	121	פֻּתַּח
twist	91	פִּתֵּל
solve	1	פָּתַר

צ

pinch, nip	1	צָבַט
paint, colour	22	צָבַע
accumulate	1	צָבַר
hunt	50	צָד
side with	91	צִדֵּד בְּ...
(be) right, (be) correct	2	צָדַק
neigh, shout (joyously)	19	צָהַל
command, bequeath	103	צִוָּה
(be) commanded, (be) bequeathed	126	צֻוָּה
shriek, scream	22	צָוַח
crowd (tr.)	112	צוֹפֵף
eavesdrop, tap (phone)	114	צוֹתֵת לְ...
polish	108	צִחְצֵחַ
(be) polished	131	צֻחְצַח
laugh	19	צָחַק
mock		לְ...
quote	91	צִטֵּט
(be) quoted	118	צֻטַּט
equip, outfit	91	צִיֵּד
(be) equipped, (be) outfitted	118	צֻיַּד
indicate, mark	96	צִיֵּן
(be) marked, (be) indicated	123	צֻיַּן
chirp	91	צִיֵּץ
sketch, draw	91	צִיֵּר
(be) sketched, (be) drawn	118	צֻיַּר
obey, heed	92	צִיֵּת לְ...
crucify	1	צָלַב
roast, grill	38	צָלָה
cross (river)	22	צָלַח
dive, plunge	1	צָלַל לְ...
photograph	91	צִלֵּם
(be) photographed	118	צֻלַּם
limp	22	צָלַע
snipe	1	צָלַף
ring	105	צִלְצֵל בְּ...
telephone		לְ...

fast	50	צָם
thirst	37	צָמֵא
grow	22	צָמַח
restrict	105	צִמְצֵם
(be) restricted	129	צֻמְצַם
shrivel (tr.)	91	צִמֵּק
(be) shrivelled	118	צֻמַּק
sink, parachute	22	צָנַח
cool	96	צִנֵּן
(be) cooled	123	צֻנַּן
march, step	19	צָעַד
shout	19	צָעַק
rebuke		עַל...
sadden	93	צִעֵר
float (intr.)	50	צָף
observe, foresee	38	צָפָה בְּ...
coat	103	צִפָּה
expect		לְ...
(be) expected, (be) coated	126	צֻפָּה
whistle	105	צִפְצֵף
disregard		עַל...
hoot	1	צָפַר
besiege	50	צָר עַל...
scorch	1	צָרַב
yell, scream	22	צָרַח עַל...
need, consume	1	צָרַךְ
grate (on ears)	1	צָרַם
combine, join (tr.)	98	צֵרֵף
(be) combined, (be) attached	124	צֹרַף לְ...
tie (parcel)	1	צָרַר

ק

complain	1	קָבַל עַל...
receive, accept	91	קִבֵּל
determine, affix	22	קָבַע
gather, beg (money)	91	קִבֵּץ
(be) gathered	118	קֻבַּץ
bury	1	קָבַר
drill, (be) feverish	22	קָדַח
welcome, advance (tr.)	91	קִדֵּם
(be) welcomed, (be) advanced	118	קֻדַּם
sanctify	91	קִדֵּשׁ
(be) sanctified	118	קֻדַּשׁ
(become) blunted	41	קָהָה
hope	103	קִוָּה לְ...
arouse, restore	112	קוֹמֵם
slay	1	קָטַל
catalogue	105	קִטְלֵג
(be) catalogued	129	קֻטְלַג
decrease (intr.), dwindle	56	קָטַן
amputate, interrupt	22	קָטַע
pick	1	קָטַף
fulfill, maintain, sustain	91	קִיֵּם
(be) fulfilled, (be) maintained, (be) sustained	118	קֻיַּם
toast (food)	38	קָלָה
flow	22	קָלַח
absorb, receive (telecom.), get (understand)	1	קָלַט
curse	91	קִלֵּל
(be) cursed	118	קֻלַּל
braid	22	קָלַע
hit (target)		אֶל...
peel	91	קִלֵּף
(be) peeled	118	קֻלַּף
spoil, damage	105	קִלְקֵל
(be) spoiled, (be) damaged	129	קֻלְקַל
arise	50	קָם
crease, wrinkle	91	קִמֵּט
(be) creased, (be) wrinkled	118	קֻמַּט
clench	1	קָמַץ
(be) stingy, economise	91	קִמֵּץ בְּ...
envy, (be) jealous	95	קִנֵּא בְּ...
buy, purchase	38	קָנָה
wipe	94	קִנַּח
(take) dessert		בְּ...
chide, vex	105	קִנְטֵר

nest	96	קִנֵּן בְּ...
fine	1	קָנַס
captivate (intr.),	1	קָסַם
charm (intr.)		לְ...
undermine	109	קִעְקֵעַ
(be) undermined	132	קֻעְקַע
freeze (intr.)	35	קָפָא
cut off	91	קִפֵּד
deprive, deny (tr.)	94	קִפֵּחַ
(be) deprived	121	קֻפַּח
fold	91	קִפֵּל
(be) folded	118	קֻפַּל
jump, leap	1	קָפַץ
skip, spring	91	קִפֵּץ
loathe, detest	50	קָץ בְּ...
allot, ration	1	קָצַב
(be) furious	1	קָצַף עַל...
chop	91	קִצֵּץ
curtail, reduce		בְּ...
(be) chopped, (be) reduced, (be) curtained	118	קֻצַּץ
reap, harvest	1	קָצַר
shorten, abbreviate	91	קִצֵּר
(be) shortened, (be) abbreviated	118	קֻצַּר
read	35	קָרָא
call, name		לְ...
approach	3	קָרַב אֶל...
draw near (tr.)	98	קֵרֵב
(be) drawn near	124	קֹרַב
happen, occur	38	קָרָה
crust	1	קָרַם
radiate (intr.), beam	63	קָרַן
collapse (intr.)	1	קָרַס
tear, rend	22	קָרַע
wink	1	קָרַץ
scrape	105	קִרְצֵף
ground (aircraft)	109	קִרְקֵעַ
crow, cackle	105	קִרְקֵר
chill	98	קֵרֵר
(be) chilled	124	קֹרַר
decorate, adorn	91	קִשֵּׁט
(be) decorated, (be) adorned	118	קֻשַּׁט
scribble, rattle	105	קִשְׁקֵשׁ
(be) scribbled	129	קֻשְׁקַשׁ
tie, bind	1	קָשַׁר
conspire		נֶגֶד...
link	91	קִשֵּׁר בֵּין...
(be) connected	118	קֻשַּׁר

ר

see, perceive	40	רָאָה
interview	110	רִאְיֵן
(be) interviewed	133	רֻאְיַן
quarrel, dispute	53	רָב עִם...
square	94	רִבֵּעַ
crouch, brood	2	רָבַץ עַל...
(be) annoyed, (be) angry, rage	2	רָגַז עַל...
spy	91	רִגֵּל אַחֲרֵי...
stone	1	רָגַם
grumble, murmur	63	רָגַן
excite	91	רִגֵּשׁ
flatten	91	רִדֵּד
remove honey	38	רָדָה
tyrannise		בְּ...
harrass, persecute	1	רָדַף
chase		אַחֲרֵי...
furnish	93	רִהֵט
(be) furnished	120	רֻהַט
quench (intr.)	39	רָוָה
quench	103	רִוָּה
feel relief	22	רָוַח לְ...
space	94	רִוַּח
elevate	112	רוֹמֵם
crush	112	רוֹצֵץ
empty	113	רוֹקֵן
slim	39	רָזָה
pity, have mercy on	93	רִחֵם עַל...
hover	93	רִחֵף מֵעַל...
wash	19	רָחַץ
distance (oneself)	19	רָחַק מִ...
sniff, scent	108	רִחְרֵחַ
harbour (feelings), swarm	19	רָחַשׁ

crush	91	רִטֵּשׁ
(be) crushed	118	רֻטַּשׁ
ride	2	רָכַב עַל...
concentrate, condense	91	רִכֵּז
(be) concentrated, (be) condensed	118	רֻכַּז
soften	91	רִכֵּךְ
(be) softened	118	רֻכַּךְ
gossip	91	רִכֵּל
lean, stoop	63	רָכַן
fasten, button	1	רָכַס
acquire, purchase	1	רָכַשׁ
deceive, cheat	103	רִמָּה
(be) deceived, (be) cheated	126	רֻמָּה
hint	1	רָמַז
trample	1	רָמַס
restrain, curb	96	רִסֵּן
(be) restrained, (be) curbed	123	רֻסַּן
spray	91	רִסֵּס
(be) sprayed	118	רֻסַּס
crush, mash	91	רִסֵּק
(be) crushed	118	רֻסַּק
hunger, starve (intr.)	19	רָעַב לְ...
shiver, tremble	19	רָעַד
shepherd, graze	40	רָעָה
thunder	19	רָעַם
refresh, freshen	110	רִעְנֵן
(be) noisy	19	רָעַשׁ
cure, heal	95	רִפֵּא
upholster, pad	91	רִפֵּד
(be) upholstered, (be) padded	118	רֻפַּד
run	50	רָץ
flicker	91	רִצֵּד
want	38	רָצָה
appease, placate	103	רִצָּה
murder	22	רָצַח
tile, pave	91	רִצֵּף
(be) tiled, (be) paved	118	רֻצַּף
dance	1	רָקַד
caper	91	רִקֵּד
mix, concoct	22	רָקַח
embroider	1	רָקַם
stamp, hammer (metal)	22	רָקַע
spit	1	רָקַק
register, note, record	1	רָשַׁם
boil (intr.)	22	רָתַח
weld, solder	91	רִתֵּךְ
(be) welded, (be) soldered	118	רֻתַּךְ
harness	1	רָתַם
fascinate, confine	91	רִתֵּק
(be) fascinated, (be) confined	118	רֻתַּק

ש

pump, derive	19	שָׁאַב
roar	19	שָׁאַג
ask, borrow	19	שָׁאַל
aspire, inhale	19	שָׁאַף
return (intr.)	50	שָׁב מִ...
capture	38	שָׁבָה
praise, commend	94	שִׁבַּח
post, slot	91	שִׁבֵּץ
(be) posted, (be) slotted	118	שֻׁבַּץ
break	1	שָׁבַר
smash, wreck	91	שִׁבֵּר
disrupt	91	שִׁבֵּשׁ
(be) disrupted	118	שֻׁבַּשׁ
strike (work), cease (labour)	59	שָׁבַת
err	38	שָׁגָה בְּ...
madden	94	שִׁגַּע
dispatch	91	שִׁגֵּר
(be) dispatched	118	שֻׁגַּר
rob	1	שָׁדַד
match-make	91	שִׁדֵּךְ
(be) matched	118	שֻׁדַּךְ
coax, entice	91	שִׁדֵּל
(be) coaxed, (be) enticed	118	שֻׁדַּל
broadcast, transmit	91	שִׁדֵּר

send	22	שָׁלַח
dispatch	94	שִׁלַּח
(be) dismissed	121	שֻׁלַּח
rule, govern	1	שָׁלַט בְּ...
deprive, negate, plunder	1	שָׁלַל
pay, compensate	91	שִׁלֵּם
(be) paid, (be) compensated	118	שֻׁלַּם
unsheathe	1	שָׁלַף
boil (tr.)	1	שָׁלַק
triple	91	שִׁלֵּשׁ
drop (letter), suffer diarrhoea	105	שִׁלְשֵׁל
(be) dropped (letter)	129	שֻׁלְשַׁל
drop (tr.)	1	שָׁמַט
(become) fat	57	שָׁמֵן
lubricate	96	שִׁמֵּן
(be) lubricated	123	שֻׁמַּן
hear	22	שָׁמַע
obey		לְ...
guard, keep, watch	1	שָׁמַר עַל...
preserve, conserve	91	שִׁמֵּר
(be) preserved, (be) conserved	118	שֻׁמַּר
serve, officiate	91	שִׁמֵּשׁ
change, alter	103	שִׁנָּה
(be) changed, (be) altered	126	שֻׁנָּה
learn by heart, memorise	96	שִׁנֵּן
incite	103	שִׁסָּה
(be) incited	126	שֻׁסָּה
rend, interrupt (a speaker)	94	שִׁסַּע
(be) rent, (be) interrupted	121	שֻׁסַּע
subjugate, enslave, mortgage	105	שִׁעְבֵּד
(be) subjugated, (be) enslaved, (be) mortgaged	129	שֻׁעְבַּד
pay heed	40	שָׁעָה לְ...
race	19	שָׁעַט
(be) broadcast, (be) transmitted	118	שֻׁדַּר
stay, linger	40	שָׁהָה בְּ...
rove	112	שׁוֹטֵט בְּ...
market	91	שִׁוֵּק
(be) marketed	118	שֻׁוַּק
entwine, interleave	1	שָׁזַר
bribe	93	שִׁחֵד
(be) bribed	120	שֻׁחַד
reconstruct	105	שִׁחְזֵר
(be) reconstructed	129	שֻׁחְזַר
butcher, slaughter	19	שָׁחַט
grind	19	שָׁחַק
release, liberate	105	שִׁחְרֵר
(be) released, (be) liberated	129	שֻׁחְרַר
sail	50	שָׁט בְּ...
lay out	22	שָׁטַח
flatten	94	שִׁטַּח
rinse, flood	1	שָׁטַף
ascribe, attribute	91	שִׁיֵּךְ
lie down	2	שָׁכַב
sleep with		עִם...
forget	22	שָׁכַח
(be) bereaved	2	שָׁכַל
perfect, improve	105	שִׁכְלֵל
(be) perfected, (be) improved	129	שֻׁכְלַל
reside, dwell	63	שָׁכַן בְּ...
house, billet	96	שִׁכֵּן
(be) housed, (be) billeted	123	שֻׁכַּן
persuade, convince	108	שִׁכְנֵעַ
(be) persuaded, (be) convinced	131	שֻׁכְנַע
duplicate	105	שִׁכְפֵּל
(be) duplicated	129	שֻׁכְפַּל
fit together, dovetail	91	שִׁלֵּב
(be) interlaced, (be) joined	118	שֻׁלַּב
extricate (from water)	38	שָׁלָה
excite, inflame	106	שִׁלְהֵב
(be) excited, (be) inflamed	130	שֻׁלְהַב

bore	105	שִׁעֲמֵם
(be) bored	129	שֻׁעֲמַם
suppose, estimate	93	שִׁעֵר
(be) estimated, (be) conjectured	125	שֹׁעַר
amuse, entertain	109	שִׁעֲשֵׁעַ
(be) amused, (be) entertained	132	שֻׁעֲשַׁע
judge	1	שָׁפַט
pour	1	שָׁפַךְ
abound (intr.)	22	שָׁפַע
renovate, recondition	91	שִׁפֵּץ
(be) renovated, (be) reconditioned	118	שֻׁפַּץ
improve (tr.)	91	שִׁפֵּר
(be) improved	118	שֻׁפַּר
rub, scrub	105	שִׁפְשֵׁף
(be) rubbed, (be) scrubbed	129	שֻׁפְשַׁף
(be) diligent	1	שָׁקַד עַל...
(be) quiet, (be) calm	1	שָׁקַט
weigh, consider	1	שָׁקַל
rehabilitate	91	שִׁקֵּם
(be) rehabilitated	118	שֻׁקַּם
sink, decline	22	שָׁקַע בְּ...
reflect	91	שִׁקֵּף
bustle	1	שָׁקַק
lie	91	שִׁקֵּר לְ...
flutter, rumble	105	שִׁקְשֵׁק
sing	53	שָׁר
insert	105	שִׁרְבֵּב
(be) inserted	129	שֻׁרְבַּב
soak, prevail	38	שָׁרָה
armour, reserve	110	שִׁרְיֵן
(be) armoured, (be) reserved	133	שֻׁרְיַן
swarm, multiply (intr.)	1	שָׁרַץ
whistle	1	שָׁרַק
uproot	98	שֵׁרֵשׁ
(be) uprooted	124	שֹׁרַשׁ
serve	99	שֵׁרֵת
drink	38	שָׁתָה
plant	1	שָׁתַל
co-operate, co-opt	91	שִׁתֵּף
(be) co-opted	118	שֻׁתַּף
(be) silent, keep quiet	1	שָׁתַק
paralyse	91	שִׁתֵּק
(be) paralysed	118	שֻׁתַּק
bleed	59	שָׁתַת

שׂ

(be) satisfied (food)	22	שָׂבַע
flourish, thrive	105	שִׂגְשֵׂג
chat, converse	115	שׂוֹחַח עִם...
swim	40	שָׂחָה
play, act (role)	93	שִׂחֵק
hire, rent (tenancy)	1	שָׂכַר
put	53	שָׂם
rejoice	22	שָׂמַח
gladden, make happy	94	שִׂמַּח
hate	37	שָׂנֵא
survive	1	שָׂרַד
sketch, draught	105	שִׂרְטֵט
burn (tr.)	1	שָׂרַף
prevail	1	שָׂרַר

ת

co-ordinate	98	תֵּאֵם
(be) co-ordinated	125	תֹּאַם
describe	98	תֵּאֵר
(be) described	125	תֹּאַר
spice, season	91	תִּבֵּל
(be) spiced, (be) seasoned	118	תֻּבַּל
demand, sue	22	תָּבַע
reinforce	105	תִּגְבֵּר
(be) reinforced	129	תֻּגְבַּר
refuel	105	תִּדְלֵק
(be) refuelled	129	תֻּדְלַק
brief	105	תִּדְרֵךְ

ferment (intr.)	1	תָּסַס
detest, abhor	93	תִּעֵב
document	93	תִּעֵד
(be) documented	125	תֻּעַד
stray, wander,	40	תָּעָה
go astray		
industrialize	93	תִּעֵשׂ
(be) industrialised	125	תֻּעַשׂ
deceive	109	תִּעְתֵּעַ בְּ...
swell (intr.)	22	תָּפַח
catch, sieze	1	תָּפַס
activate	106	תִּפְעֵל
(be) activated	130	תֻּפְעַל
function	105	תִּפְקֵד
sew	1	תָּפַר
comprehend, perceive	1	תָּפַשׂ
repair, mend	96	תִּקֵּן
(be) repaired,	123	תֻּקַּן
(be) mended		
insert	22	תָּקַע
blow (shofar)		בְּ...
attack, assault	1	תָּקַף
budget	105	תִּקְצֵב
(be) budgetted	129	תֻּקְצַב
summarize, prepare	105	תִּקְצֵר
abstract		
tick (intr.), type	105	תִּקְתֵּק
tour	50	תָּר
civilise, make	111	תִּרְבֵּת
culture (medical)		
exercise, practise	105	תִּרְגֵּל
(be) exercised,	129	תֻּרְגַּל
(be) practised		
translate, interpret	105	תִּרְגֵּם
(be) translated,	129	תֻּרְגַּם
(be) interpreted		
contribute, donate	1	תָּרַם
(give) excuse	98	תֵּרֵץ

(be) briefed	129	תֻּדְרַךְ
wonder	40	תָּהָה
mediate, arbitrate	91	תִּוֵּךְ בֵּין...
drum	112	תּוֹפֵף
synchronise, time	110	תִּזְמֵן
(be) synchronised,	133	תֻּזְמַן
(be) timed		
orchestrate	105	תִּזְמֵר
(be) orchestrated	129	תֻּזְמַר
thrust	19	תָּחַב
contrive (scheme),	105	תִּחְבֵּל
devise (plot)		
smarten	105	תִּחְכֵּם
(be) smartened	129	תֻּחְכַּם
debrief	105	תִּחְקֵר
(be) debriefed	129	תֻּחְקַר
tag, label	91	תִּיֵּג
(be) tagged,	118	תֻּיַּג
(be) labeled		
file (documents)	91	תִּיֵּק
(be) filed (documents)	118	תֻּיַּק
tour	91	תִּיֵּר
plan	110	תִּכְנֵן
(be) planned	133	תֻּכְנַן
programme	111	תִּכְנֵת
(be) programmed	134	תֻּכְנַת
hang	38	תָּלָה
pluck, detach	1	תָּלַשׁ
(be) astonished,	23	תָּמַהּ
wonder		
support	1	תָּמַךְ בְּ...
condense	111	תִּמְצֵת
(be) condensed	134	תֻּמְצַת
manoeuvre	110	תִּמְרֵן
(be) manoeuvred	133	תֻּמְרַן
(cause) complexes	105	תִּסְבֵּךְ
frustrate	105	תִּסְכֵּל
(be) frustrated	129	תֻּסְכַּל

לוּחוֹת הַפְּעָלִים

ערוכים על־פי בניינים

1 לִסְגֹּר

	שֹׁרֶשׁ: סגר	גִּזְרָה: שְׁלֵמִים (אֶפְעֹל)		בִּנְיָן: פָּעַל
	צִוּוּי Imperative	עָתִיד Future	עָבָר Past	הֹוֶה Present
אֲנִי		אֶסְגֹּר	סָגַרְתִּי	סוֹגֵר / סוֹגֶרֶת
אַתָּה	סְגֹר	תִּסְגֹּר	סָגַרְתָּ	סוֹגֵר
אַתְּ	סִגְרִי	תִּסְגְּרִי	סָגַרְתְּ	סוֹגֶרֶת
הוּא		יִסְגֹּר	סָגַר	סוֹגֵר
הִיא		תִּסְגֹּר	סָגְרָה	סוֹגֶרֶת
אֲנַחְנוּ		נִסְגֹּר	סָגַרְנוּ	סוֹגְרִים / סוֹגְרוֹת
אַתֶּם	סִגְרוּ	תִּסְגְּרוּ	סְגַרְתֶּם	סוֹגְרִים
אַתֶּן	סְגֹרְנָה	תִּסְגֹּרְנָה	סְגַרְתֶּן	סוֹגְרוֹת
הֵם		יִסְגְּרוּ	סָגְרוּ	סוֹגְרִים
הֵן		תִּסְגֹּרְנָה	סָגְרוּ	סוֹגְרוֹת

בָּגַד
בָּדַק
בָּזַז
בָּלַט
בָּלַל
בָּלַם
בָּלַשׁ
בָּצַר
בָּרַר
גָּבַל
גָּדַר
גָּדַשׁ
גָּזַז
גָּזַל
גָּזַם
גָּזַר
גָּלַל
גָּלַשׁ

◄ עמ' 180

2 לִלְמֹד

	שֹׁרֶשׁ: למד	גִּזְרָה: שְׁלֵמִים (אֶפְעַל)		בִּנְיָן: פָּעַל
	צִוּוּי Imperative	עָתִיד Future	עָבָר Past	הֹוֶה Present
אֲנִי		אֶלְמַד	לָמַדְתִּי	לוֹמֵד / לוֹמֶדֶת
אַתָּה	לְמַד	תִּלְמַד	לָמַדְתָּ	לוֹמֵד
אַתְּ	לִמְדִי	תִּלְמְדִי	לָמַדְתְּ	לוֹמֶדֶת
הוּא		יִלְמַד	לָמַד	לוֹמֵד
הִיא		תִּלְמַד	לָמְדָה	לוֹמֶדֶת
אֲנַחְנוּ		נִלְמַד	לָמַדְנוּ	לוֹמְדִים / לוֹמְדוֹת
אַתֶּם	לִמְדוּ	תִּלְמְדוּ	לְמַדְתֶּם	לוֹמְדִים
אַתֶּן	לְמַדְנָה	תִּלְמַדְנָה	לְמַדְתֶּן	לוֹמְדוֹת
הֵם		יִלְמְדוּ	לָמְדוּ	לוֹמְדִים
הֵן		תִּלְמַדְנָה	לָמְדוּ	לוֹמְדוֹת

בָּגַר
גָּבַר
כָּשַׁל
לָבַשׁ
צָדַק
רָבַץ
רָגַז
רָכַב
שָׁכַב
שָׁכַל

3 לִגְדֹּל

בִּנְיָן: פָּעַל	גִּזְרָה: שְׁלֵמִים (אֶפְעַל)		שֹׁרֶשׁ: גדל	
	הוֶֹה Present	עָבָר Past	עָתִיד Future	צִוּוּי Imperative
אֲנִי	גָּדֵל / גְּדֵלָה	גָּדַלְתִּי	אֶגְדַּל	
אַתָּה	גָּדֵל	גָּדַלְתָּ	תִּגְדַּל	גְּדַל
אַתְּ	גְּדֵלָה	גָּדַלְתְּ	תִּגְדְּלִי	גִּדְלִי
הוּא	גָּדֵל	גָּדַל	יִגְדַּל	
הִיא	גְּדֵלָה	גָּדְלָה	תִּגְדַּל	
אֲנַחְנוּ	גְּדֵלִים / גְּדֵלוֹת	גָּדַלְנוּ	נִגְדַּל	
אַתֶּם	גְּדֵלִים	גְּדַלְתֶּם	תִּגְדְּלוּ	גִּדְלוּ
אַתֶּן	גְּדֵלוֹת	גְּדַלְתֶּן	תִּגְדַּלְנָה	גְּדַלְנָה
הֵם	גְּדֵלִים	גָּדְלוּ	יִגְדְּלוּ	
הֵן	גְּדֵלוֹת	גָּדְלוּ	תִּגְדַּלְנָה	

דָּבַק
קָרַב

4 לֶאֱסֹף

בִּנְיָן: פָּעַל	גִּזְרָה: פ׳ גְּרוֹנִית א׳ (אֶפְעֹל)		שֹׁרֶשׁ: אסף	
	הוֶֹה Present	עָבָר Past	עָתִיד Future	צִוּוּי Imperative
אֲנִי	אוֹסֵף / אוֹסֶפֶת	אָסַפְתִּי	אֶאֱסֹף	
אַתָּה	אוֹסֵף	אָסַפְתָּ	תֶּאֱסֹף	אֱסֹף
אַתְּ	אוֹסֶפֶת	אָסַפְתְּ	תַּאַסְפִי	אִסְפִי
הוּא	אוֹסֵף	אָסַף	יֶאֱסֹף	
הִיא	אוֹסֶפֶת	אָסְפָה	תֶּאֱסֹף	
אֲנַחְנוּ	אוֹסְפִים / אוֹסְפוֹת	אָסַפְנוּ	נֶאֱסֹף	
אַתֶּם	אוֹסְפִים	אֲסַפְתֶּם	תַּאַסְפוּ	אִסְפוּ
אַתֶּן	אוֹסְפוֹת	אֲסַפְתֶּן	תֶּאֱסֹפְנָה	אֱסֹפְנָה
הֵם	אוֹסְפִים	אָסְפוּ	יַאַסְפוּ	
הֵן	אוֹסְפוֹת	אָסְפוּ	תֶּאֱסֹפְנָה	

אָגַר
אָזַר
אָטַם
אָכַף
אָמַד
אָנַס
אָסַר
אָפַף
אָצַל
אָצַר
אָרַב
אָרַג
אָרַז

אָדָם
אָזַל

5 לֶאֱרֹךְ

בִּנְיָן: פָּעַל	גִּזְרָה: פ׳ גְרוֹנִית א׳ (אֶפְעַל)			שֹׁרֶשׁ: ארך
	הֹוֶה Present	עָבָר Past	עָתִיד Future	צִוּוּי Imperative
אֲנִי	אוֹרֵךְ אוֹרֶכֶת	אָרַכְתִּי	אֶאֱרַךְ	
אַתָּה	אוֹרֵךְ	אָרַכְתָּ	תֶּאֱרַךְ	אֱרַךְ
אַתְּ	אוֹרֶכֶת	אָרַכְתְּ	תֶּאֶרְכִי	אִרְכִי
הוּא	אוֹרֵךְ	אָרַךְ	יֶאֱרַךְ	
הִיא	אוֹרֶכֶת	אָרְכָה	תֶּאֱרַךְ	
אֲנַחְנוּ	אוֹרְכִים אוֹרְכוֹת	אָרַכְנוּ	נֶאֱרַךְ	
אַתֶּם	אוֹרְכִים	אֲרַכְתֶּם	תֶּאֶרְכוּ	אִרְכוּ
אַתֶּן	אוֹרְכוֹת	אֲרַכְתֶּן	תֶּאֱרַכְנָה	אֱרַכְנָה
הֵם	אוֹרְכִים	אָרְכוּ	יֶאֶרְכוּ	
הֵן	אוֹרְכוֹת	אָרְכוּ	תֶּאֱרַכְנָה	

אָבַד
אָחַז
אָכַל
אָמַר

6 לֶאֱכֹל

בִּנְיָן: פָּעַל	גִּזְרָה: פ׳ גְרוֹנִית (א׳ נָחָה)			שֹׁרֶשׁ: אכל
	הֹוֶה Present	עָבָר Past	עָתִיד Future	צִוּוּי Imperative
אֲנִי	אוֹכֵל אוֹכֶלֶת	אָכַלְתִּי	אֹכַל	
אַתָּה	אוֹכֵל	אָכַלְתָּ	תֹּאכַל	אֱכֹל
אַתְּ	אוֹכֶלֶת	אָכַלְתְּ	תֹּאכְלִי	אִכְלִי
הוּא	אוֹכֵל	אָכַל	יֹאכַל	
הִיא	אוֹכֶלֶת	אָכְלָה	תֹּאכַל	
אֲנַחְנוּ	אוֹכְלִים אוֹכְלוֹת	אָכַלְנוּ	נֹאכַל	
אַתֶּם	אוֹכְלִים	אֲכַלְתֶּם	תֹּאכְלוּ	אִכְלוּ
אַתֶּן	אוֹכְלוֹת	אֲכַלְתֶּן	תֹּאכַלְנָה	אֱכֹלְנָה
הֵם	אוֹכְלִים	אָכְלוּ	יֹאכְלוּ	
הֵן	אוֹכְלוֹת	אָכְלוּ	תֹּאכַלְנָה	

7 לֶאֱהֹב

	הֹוֶה Present	עָבָר Past	עָתִיד Future	צִוּוּי Imperative
בִּנְיָן: פָּעַל	גִּזְרָה: פּ׳ גְרוֹנִית א׳ נָחָה + ע׳ גְרוֹנִית		שֹׁרֶשׁ: אהב	

	הֹוֶה Present	עָבָר Past	עָתִיד Future	צִוּוּי Imperative
אֲנִי	אוֹהֵב / אוֹהֶבֶת	אָהַבְתִּי	אֹהַב	
אַתָּה	אוֹהֵב	אָהַבְתָּ	תֹּאהַב	אֱהַב
אַתְּ	אוֹהֶבֶת	אָהַבְתְּ	תֹּאהֲבִי	אֶהֲבִי
הוּא	אוֹהֵב	אָהַב	יֹאהַב	
הִיא	אוֹהֶבֶת	אָהֲבָה	תֹּאהַב	
אֲנַחְנוּ	אוֹהֲבִים / אוֹהֲבוֹת	אָהַבְנוּ	נֹאהַב	
אַתֶּם	אוֹהֲבִים	אֲהַבְתֶּם	תֹּאהֲבוּ	אֶהֲבוּ
אַתֶּן	אוֹהֲבוֹת	אֲהַבְתֶּן	תֹּאהַבְנָה	אֱהַבְנָה
הֵם	אוֹהֲבִים	אָהֲבוּ	יֹאהֲבוּ	
הֵן	אוֹהֲבוֹת	אָהֲבוּ	תֹּאהַבְנָה	

8 לֶאֱהֹד

בִּנְיָן: פָּעַל	גִּזְרָה: פּ׳ גְרוֹנִית א׳ נָחָה + ע׳ גְרוֹנִית		שֹׁרֶשׁ: אהד	

	הֹוֶה Present	עָבָר Past	עָתִיד Future	צִוּוּי Imperative
אֲנִי	אוֹהֵד / אוֹהֶדֶת	אָהַדְתִּי	אֶאֱהֹד	
אַתָּה	אוֹהֵד	אָהַדְתָּ	תֶּאֱהֹד	אֱהֹד
אַתְּ	אוֹהֶדֶת	אָהַדְתְּ	תֶּאֶהֱדִי	אֶהֱדִי
הוּא	אוֹהֵד	אָהַד	יֶאֱהֹד	
הִיא	אוֹהֶדֶת	אָהֲדָה	תֶּאֱהֹד	
אֲנַחְנוּ	אוֹהֲדִים / אוֹהֲדוֹת	אָהַדְנוּ	נֶאֱהֹד	
אַתֶּם	אוֹהֲדִים	אֲהַדְתֶּם	תֶּאֶהֱדוּ	אֶהֱדוּ
אַתֶּן	אוֹהֲדוֹת	אֲהַדְתֶּן	תֶּאֱהֹדְנָה	אֱהֹדְנָה
הֵם	אוֹהֲדִים	אָהֲדוּ	יֶאֶהֱדוּ	
הֵן	אוֹהֲדוֹת	אָהֲדוּ	תֶּאֱהֹדְנָה	

9 לַעֲבֹד

בִּנְיָן: פָּעַל	גִּזְרָה: פ׳ גְּרוֹנִית (ה׳, ח׳, ע׳) (אֶפְעֹל)			שֹׁרֶשׁ: עבד
	הֹוֶה Present	עָבָר Past	עָתִיד Future	צִוּוּי Imperative
אֲנִי	עוֹבֵד עוֹבֶדֶת	עָבַדְתִּי	אֶעֱבֹד	
אַתָּה	עוֹבֵד	עָבַדְתָּ	תַּעֲבֹד	עֲבֹד
אַתְּ	עוֹבֶדֶת	עָבַדְתְּ	תַּעַבְדִי	עִבְדִי
הוּא	עוֹבֵד	עָבַד	יַעֲבֹד	
הִיא	עוֹבֶדֶת	עָבְדָה	תַּעֲבֹד	
אֲנַחְנוּ	עוֹבְדִים עוֹבְדוֹת	עָבַדְנוּ	נַעֲבֹד	
אַתֶּם	עוֹבְדִים	עֲבַדְתֶּם	תַּעַבְדוּ	עִבְדוּ
אַתֶּן	עוֹבְדוֹת	עֲבַדְתֶּן	תַּעֲבֹדְנָה	עֲבֹדְנָה
הֵם	עוֹבְדִים	עָבְדוּ	יַעַבְדוּ	
הֵן	עוֹבְדוֹת	עָבְדוּ	תַּעֲבֹדְנָה	

הָלַם
הָמַם
הָפַךְ
הָרַג
הָרַס
חָזַר
חָלַב
חָלַם
חָלַף
חָלַץ
חָלַק
עָבַר
עָגַב
עָדַר
עָזַב
עָזַר
עָטַף
עָלַז

עמ׳ 180 ◄

10 לַהֲדֹף

בִּנְיָן: פָּעַל	גִּזְרָה: פ׳ גְּרוֹנִית ה׳ (אֶפְעֹל)			שֹׁרֶשׁ: הדף
	הֹוֶה Present	עָבָר Past	עָתִיד Future	צִוּוּי Imperative
אֲנִי	הוֹדֵף הוֹדֶפֶת	הָדַפְתִּי	אֶהֱדֹף	
אַתָּה	הוֹדֵף	הָדַפְתָּ	תַּהֲדֹף	הֲדֹף
אַתְּ	הוֹדֶפֶת	הָדַפְתְּ	תַּהַדְפִי	הִדְפִי
הוּא	הוֹדֵף	הָדַף	יַהֲדֹף	
הִיא	הוֹדֶפֶת	הָדְפָה	תַּהֲדֹף	
אֲנַחְנוּ	הוֹדְפִים הוֹדְפוֹת	הָדַפְנוּ	נַהֲדֹף	
אַתֶּם	הוֹדְפִים	הֲדַפְתֶּם	תַּהַדְפוּ	הִדְפוּ
אַתֶּן	הוֹדְפוֹת	הֲדַפְתֶּן	תַּהֲדֹפְנָה	הֲדֹפְנָה
הֵם	הוֹדְפִים	הָדְפוּ	יַהַדְפוּ	
הֵן	הוֹדְפוֹת	הָדְפוּ	תַּהֲדֹפְנָה	

11 לַחְקֹר

שֹׁרֶשׁ: חקר	גִּזְרָה: פ׳ גְרוֹנִית ח׳ (אֶפְעֹל)			בִּנְיָן: פָּעַל
צִוּוּי Imperative	עָתִיד Future	עָבָר Past	הֹוֶה Present	
	אֶחְקֹר	חָקַרְתִּי	חוֹקֵר חוֹקֶרֶת	אֲנִי
חֲקֹר	תַּחְקֹר	חָקַרְתָּ	חוֹקֵר	אַתָּה
חִקְרִי	תַּחְקְרִי	חָקַרְתְּ	חוֹקֶרֶת	אַתְּ
	יַחְקֹר	חָקַר	חוֹקֵר	הוּא
	תַּחְקֹר	חָקְרָה	חוֹקֶרֶת	הִיא
	נַחְקֹר	חָקַרְנוּ	חוֹקְרִים חוֹקְרוֹת	אֲנַחְנוּ
חִקְרוּ	תַּחְקְרוּ	חֲקַרְתֶּם	חוֹקְרִים	אַתֶּם
חֲקֹרְנָה	תַּחְקֹרְנָה	חֲקַרְתֶּן	חוֹקְרוֹת	אַתֶּן
	יַחְקְרוּ	חָקְרוּ	חוֹקְרִים	הֵם
	תַּחְקֹרְנָה	חָקְרוּ	חוֹקְרוֹת	הֵן

12 לַחְמֹק

שֹׁרֶשׁ: חמק	גִּזְרָה: פ׳ גְרוֹנִית ח׳ (אֶפְעַל)			בִּנְיָן: פָּעַל
צִוּוּי Imperative	עָתִיד Future	עָבָר Past	הֹוֶה Present	
	אֶחְמַק	חָמַקְתִּי	חוֹמֵק חוֹמֶקֶת	אֲנִי
חֲמֹק	תֶּחְמַק	חָמַקְתָּ	חוֹמֵק	אַתָּה
חִמְקִי	תַּחְמְקִי	חָמַקְתְּ	חוֹמֶקֶת	אַתְּ
	יֵחָמַק	חָמַק	חוֹמֵק	הוּא
	תֶּחְמַק	חָמְקָה	חוֹמֶקֶת	הִיא
	נֶחְמַק	חָמַקְנוּ	חוֹמְקִים חוֹמְקוֹת	אֲנַחְנוּ
חִמְקוּ	תַּחְמְקוּ	חֲמַקְתֶּם	חוֹמְקִים	אַתֶּם
חֲמַקְנָה	תַּחְמַקְנָה	חֲמַקְתֶּן	חוֹמְקוֹת	אַתֶּן
	יַחְמְקוּ	חָמְקוּ	חוֹמְקִים	הֵם
	תַּחְמַקְנָה	חָמְקוּ	חוֹמְקוֹת	הֵן

לְחֲדֹל

אָשֵׁם
חָסֵר
חָרֵב
חָשַׁךְ

13 לַחֲדֹל

בִּנְיָן: פָּעַל	גִזְרָה: פ׳ גְרוֹנִית ח׳ (אֶפְעַל)		שֹׁרֶשׁ: חדל	
	הֹוֶה Present	עָבָר Past	עָתִיד Future	צִוּוּי Imperative
אֲנִי	חָדֵל / חֲדֵלָה	חָדַלְתִּי	אֶחְדַּל	
אַתָּה	חָדֵל	חָדַלְתָּ	תֶּחְדַּל	חֲדַל
אַתְּ	חֲדֵלָה	חָדַלְתְּ	תֶּחְדְּלִי	חִדְלִי
הוּא	חָדֵל	חָדַל	יֶחְדַּל	
הִיא	חֲדֵלָה	חָדְלָה	תֶּחְדַּל	
אֲנַחְנוּ	חֲדֵלִים / חֲדֵלוֹת	חָדַלְנוּ	נֶחְדַּל	
אַתֶּם	חֲדֵלִים	חֲדַלְתֶּם	תֶּחְדְּלוּ	חִדְלוּ
אַתֶּן	חֲדֵלוֹת	חֲדַלְתֶּן	תֶּחְדַּלְנָה	חֲדַלְנָה
הֵם	חֲדֵלִים	חָדְלוּ	יֶחְדְּלוּ	
הֵן	חֲדֵלוֹת	חָדְלוּ	תֶּחְדַּלְנָה	

14 לַעֲיֹף

בִּנְיָן: פָּעַל	גִזְרָה: פ׳ גְרוֹנִית ע׳		שֹׁרֶשׁ: עיף	
	הֹוֶה Present	עָבָר Past	עָתִיד Future	צִוּוּי Imperative
אֲנִי	עָיֵף / עֲיֵפָה	עָיַפְתִּי	אֶעֱיַף	
אַתָּה	עָיֵף	עָיַפְתָּ	תֶּעֱיַף	עֲיַף
אַתְּ	עֲיֵפָה	עָיַפְתְּ	תֶּעֶיְפִי	עִיְפִי
הוּא	עָיֵף	עָיַף	יֶעֱיַף	
הִיא	עֲיֵפָה	עָיְפָה	תֶּעֱיַף	
אֲנַחְנוּ	עֲיֵפִים / עֲיֵפוֹת	עָיַפְנוּ	נֶעֱיַף	
אַתֶּם	עֲיֵפִים	עֲיַפְתֶּם	תֶּעֶיְפוּ	עִיְפוּ
אַתֶּן	עֲיֵפוֹת	עֲיַפְתֶּן	תֶּעֱיַפְנָה	עֲיַפְנָה
הֵם	עֲיֵפִים	עָיְפוּ	יֶעֶיְפוּ	
הֵן	עֲיֵפוֹת	עָיְפוּ	תֶּעֱיַפְנָה	

15 לַחְפֹּץ

	הֹוֶה Present	עָבָר Past	עָתִיד Future	צִוּוּי Imperative
בִּנְיָן: פָּעַל	גִּזְרָה: פ׳ גְּרוֹנִית ח׳ (אֶפְעֹל)			שֹׁרֶשׁ: חפץ
אֲנִי	חָפֵץ / חֲפֵצָה	חָפַצְתִּי	אֶחְפֹּץ	
אַתָּה	חָפֵץ	חָפַצְתָּ	תַּחְפֹּץ	חֲפֹץ
אַתְּ	חֲפֵצָה	חָפַצְתְּ	תַּחְפְּצִי	חִפְצִי
הוּא	חָפֵץ	חָפַץ	יַחְפֹּץ	
הִיא	חֲפֵצָה	חָפְצָה	תַּחְפֹּץ	
אֲנַחְנוּ	חֲפֵצִים / חֲפֵצוֹת	חָפַצְנוּ	נַחְפֹּץ	
אַתֶּם	חֲפֵצִים	חֲפַצְתֶּם	תַּחְפְּצוּ	חִפְצוּ
אַתֶּן	חֲפֵצוֹת	חֲפַצְתֶּן	תַּחְפֹּצְנָה	חֲפֹצְנָה
הֵם	חֲפֵצִים	חָפְצוּ	יַחְפְּצוּ	
הֵן	חֲפֵצוֹת	חָפְצוּ	תַּחְפֹּצְנָה	

16 לַחְכֹּם

	הֹוֶה Present	עָבָר Past	עָתִיד Future	צִוּוּי Imperative
בִּנְיָן: פָּעַל	גִּזְרָה: פ׳ גְּרוֹנִית ח׳ (אֶפְעַל)			שֹׁרֶשׁ: חכם
אֲנִי	חָכָם / חֲכָמָה	חָכַמְתִּי	אֶחְכַּם	
אַתָּה	חָכָם	חָכַמְתָּ	תֶּחְכַּם	חֲכַם
אַתְּ	חֲכָמָה	חָכַמְתְּ	תֶּחְכְּמִי	חִכְמִי
הוּא	חָכָם	חָכַם	יֶחְכַּם	
הִיא	חֲכָמָה	חָכְמָה	תֶּחְכַּם	
אֲנַחְנוּ	חֲכָמִים / חֲכָמוֹת	חָכַמְנוּ	נֶחְכַּם	
אַתֶּם	חֲכָמִים	חֲכַמְתֶּם	תֶּחְכְּמוּ	חִכְמוּ
אַתֶּן	חֲכָמוֹת	חֲכַמְתֶּן	תֶּחְכַּמְנָה	חֲכַמְנָה
הֵם	חֲכָמִים	חָכְמוּ	יֶחְכְּמוּ	
הֵן	חֲכָמוֹת	חָכְמוּ	תֶּחְכַּמְנָה	

17 לַחֲטֹא

	הֹוֶה Present	עָבָר Past	עָתִיד Future	צִוּוּי Imperative
בִּנְיָן: פָּעַל		גִּזְרָה: פ׳ גְּרוֹנִית ח׳ + ל׳׳א		שֹׁרֶשׁ: חטא
אֲנִי	חוֹטֵא / חוֹטֵאת	חָטָאתִי	אֶחֱטָא	
אַתָּה	חוֹטֵא	חָטָאתָ	תֶּחֱטָא	חֲטָא
אַתְּ	חוֹטֵאת	חָטָאת	תֶּחֶטְאִי	חִטְאִי
הוּא	חוֹטֵא	חָטָא	יֶחֱטָא	
הִיא	חוֹטֵאת	חָטְאָה	תֶּחֱטָא	
אֲנַחְנוּ	חוֹטְאִים / חוֹטְאוֹת	חָטָאנוּ	נֶחֱטָא	
אַתֶּם	חוֹטְאִים	חֲטָאתֶם	תֶּחֶטְאוּ	חִטְאוּ
אַתֶּן	חוֹטְאוֹת	חֲטָאתֶן	תֶּחֱטֶאנָה	חֲטֶאנָה
הֵם	חוֹטְאִים	חָטְאוּ	יֶחֶטְאוּ	
הֵן	חוֹטְאוֹת	חָטְאוּ	תֶּחֱטֶאנָה	

18 לַחֲרֹד

	הֹוֶה Present	עָבָר Past	עָתִיד Future	צִוּוּי Imperative
בִּנְיָן: פָּעַל		גִּזְרָה: פ׳ גְּרוֹנִית ח׳ (אֶפְעַל)		שֹׁרֶשׁ: חרד
אֲנִי	חָרֵד / חֲרֵדָה	חָרַדְתִּי	אֶחֱרַד	
אַתָּה	חָרֵד	חָרַדְתָּ	תֶּחֱרַד	חֲרַד
אַתְּ	חֲרֵדָה	חָרַדְתְּ	תֶּחֶרְדִי	חִרְדִי
הוּא	חָרֵד	חָרַד	יֶחֱרַד	
הִיא	חֲרֵדָה	חָרְדָה	תֶּחֱרַד	
אֲנַחְנוּ	חֲרֵדִים / חֲרֵדוֹת	חָרַדְנוּ	נֶחֱרַד	
אַתֶּם	חֲרֵדִים	חֲרַדְתֶּם	תֶּחֶרְדוּ	חִרְדוּ
אַתֶּן	חֲרֵדוֹת	חֲרַדְתֶּן	תֶּחֱרַדְנָה	חֲרַדְנָה
הֵם	חֲרֵדִים	חָרְדוּ	יֶחֶרְדוּ	
הֵן	חֲרֵדוֹת	חָרְדוּ	תֶּחֱרַדְנָה	

19 לִשְׁאֹל

	הֹוֶה Present	עָבָר Past	עָתִיד Future	צִוּוּי Imperative
בִּנְיָן: פָּעַל	גִּזְרָה: ע׳ גְּרוֹנִית (א׳, ה׳, ח׳, ע׳) (אֶפְעַל)			שֹׁרֶשׁ: שאל
אֲנִי	שׁוֹאֵל / שׁוֹאֶלֶת	שָׁאַלְתִּי	אֶשְׁאַל	
אַתָּה	שׁוֹאֵל	שָׁאַלְתָּ	תִּשְׁאַל	שְׁאַל
אַתְּ	שׁוֹאֶלֶת	שָׁאַלְתְּ	תִּשְׁאֲלִי	שַׁאֲלִי
הוּא	שׁוֹאֵל	שָׁאַל	יִשְׁאַל	
הִיא	שׁוֹאֶלֶת	שָׁאֲלָה	תִּשְׁאַל	
אֲנַחְנוּ	שׁוֹאֲלִים / שׁוֹאֲלוֹת	שָׁאַלְנוּ	נִשְׁאַל	
אַתֶּם	שׁוֹאֲלִים	שְׁאַלְתֶּם	תִּשְׁאֲלוּ	שַׁאֲלוּ
אַתֶּן	שׁוֹאֲלוֹת	שְׁאַלְתֶּן	תִּשְׁאַלְנָה	שְׁאַלְנָה
הֵם	שׁוֹאֲלִים	שָׁאֲלוּ	יִשְׁאֲלוּ	
הֵן	שׁוֹאֲלוֹת	שָׁאֲלוּ	תִּשְׁאַלְנָה	

20 לִנְעֹם

	הֹוֶה Present	עָבָר Past	עָתִיד Future	צִוּוּי Imperative
בִּנְיָן: פָּעַל	גִּזְרָה: ע׳ גְּרוֹנִית (אֶפְעַל)			שֹׁרֶשׁ: נעם
אֲנִי	נָעִים / נְעִימָה	נָעַמְתִּי	אֶנְעַם	
אַתָּה	נָעִים	נָעַמְתָּ	תִּנְעַם	נְעַם
אַתְּ	נְעִימָה	נָעַמְתְּ	תִּנְעֲמִי	נַעֲמִי
הוּא	נָעִים	נָעַם	יִנְעַם	
הִיא	נְעִימָה	נָעֲמָה	תִּנְעַם	
אֲנַחְנוּ	נְעִימִים / נְעִימוֹת	נָעַמְנוּ	נִנְעַם	
אַתֶּם	נְעִימִים	נְעַמְתֶּם	תִּנְעֲמוּ	נַעֲמוּ
אַתֶּן	נְעִימוֹת	נְעַמְתֶּן	תִּנְעַמְנָה	נְעַמְנָה
הֵם	נְעִימִים	נָעֲמוּ	יִנְעֲמוּ	
הֵן	נְעִימוֹת	נָעֲמוּ	תִּנְעַמְנָה	

21 לִטְעֹן

בָּחַן
טָחַן

בִּנְיָן: פָּעַל	גִּזְרָה: ע׳ גְּרוֹנִית + ל״נ			שֹׁרֶשׁ: טען
	הֹוֶה Present	עָבָר Past	עָתִיד Future	צִוּוּי Imperative
אֲנִי	טוֹעֵן טוֹעֶנֶת	טָעַנְתִּי	אֶטְעַן	
אַתָּה	טוֹעֵן	טָעַנְתָּ	תִּטְעַן	טְעַן
אַתְּ	טוֹעֶנֶת	טָעַנְתְּ	תִּטְעֲנִי	טַעֲנִי
הוּא	טוֹעֵן	טָעַן	יִטְעַן	
הִיא	טוֹעֶנֶת	טָעֲנָה	תִּטְעַן	
אֲנַחְנוּ	טוֹעֲנִים טוֹעֲנוֹת	טָעַנּוּ	נִטְעַן	
אַתֶּם	טוֹעֲנִים	טְעַנְתֶּם	תִּטְעֲנוּ	טַעֲנוּ
אַתֶּן	טוֹעֲנוֹת	טְעַנְתֶּן	תִּטְעַנָּה	טְעַנָּה
הֵם	טוֹעֲנִים	טָעֲנוּ	יִטְעֲנוּ	
הֵן	טוֹעֲנוֹת	טָעֲנוּ	תִּטְעַנָּה	

22 לִשְׁלֹחַ

בָּטַח
בָּלַע
בָּצַע
בָּקַע
בָּרַח
גָּדַע
גָּוַע
גָּמַע
גָּנַח
גָּרַע
דָּמַע
זָבַח
זָנַח
זָרַח
זָרַע
טָבַח
טָבַע
טָפַח

עמ׳ 181 ◄

בִּנְיָן: פָּעַל	גִּזְרָה: ל׳ גְּרוֹנִית (ח׳, ע׳) (אֶפְעַל)			שֹׁרֶשׁ: שלח
	הֹוֶה Present	עָבָר Past	עָתִיד Future	צִוּוּי Imperative
אֲנִי	שׁוֹלֵחַ שׁוֹלַחַת	שָׁלַחְתִּי	אֶשְׁלַח	
אַתָּה	שׁוֹלֵחַ	שָׁלַחְתָּ	תִּשְׁלַח	שְׁלַח
אַתְּ	שׁוֹלַחַת	שָׁלַחַתְּ	תִּשְׁלְחִי	שִׁלְחִי
הוּא	שׁוֹלֵחַ	שָׁלַח	יִשְׁלַח	
הִיא	שׁוֹלַחַת	שָׁלְחָה	תִּשְׁלַח	
אֲנַחְנוּ	שׁוֹלְחִים שׁוֹלְחוֹת	שָׁלַחְנוּ	נִשְׁלַח	
אַתֶּם	שׁוֹלְחִים	שְׁלַחְתֶּם	תִּשְׁלְחוּ	שִׁלְחוּ
אַתֶּן	שׁוֹלְחוֹת	שְׁלַחְתֶּן	תִּשְׁלַחְנָה	שְׁלַחְנָה
הֵם	שׁוֹלְחִים	שָׁלְחוּ	יִשְׁלְחוּ	
הֵן	שׁוֹלְחוֹת	שָׁלְחוּ	תִּשְׁלַחְנָה	

23 לִתְמֹהַּ

כָּמָּה

	הֹוֶה Present	עָבָר Past	עָתִיד Future	צִוּוּי Imperative
אֲנִי	תָּמֵהַּ / תְּמֵהָה	תָּמַהְתִּי	אֶתְמַהּ	
אַתָּה	תָּמֵהַּ	תָּמַהְתָּ	תִּתְמַהּ	תְּמַהּ
אַתְּ	תְּמֵהָה	תָּמַהְתְּ	תִּתְמְהִי	תִּמְהִי
הוּא	תָּמֵהַּ	תָּמַהּ	יִתְמַהּ	
הִיא	תְּמֵהָה	תָּמְהָה	תִּתְמַהּ	
אֲנַחְנוּ	תְּמֵהִים / תְּמֵהוֹת	תָּמַהְנוּ	נִתְמַהּ	
אַתֶּם	תְּמֵהִים	תְּמַהְתֶּם	תִּתְמְהוּ	תִּמְהוּ
אַתֶּן	תְּמֵהוֹת	תְּמַהְתֶּן	תִּתְמַהְנָה	תְּמַהְנָה
הֵם	תְּמֵהִים	תָּמְהוּ	יִתְמְהוּ	
הֵן	תְּמֵהוֹת	תָּמְהוּ	תִּתְמַהְנָה	

שֹׁרֶשׁ: תמה
בִּנְיָן: פָּעַל   גִּזְרָה: ל׳ גְּרוֹנִית (ה׳ קַיֶּמֶת) (אֶפְעַל)

24 לִגְבֹּהַּ

	הֹוֶה Present	עָבָר Past	עָתִיד Future	צִוּוּי Imperative
אֲנִי	גָּבוֹהַּ / גְּבוֹהָה	גָּבַהְתִּי	אֶגְבַּהּ	
אַתָּה	גָּבוֹהַּ	גָּבַהְתָּ	תִּגְבַּהּ	גְּבַהּ
אַתְּ	גְּבוֹהָה	גָּבַהְתְּ	תִּגְבְּהִי	גִּבְהִי
הוּא	גָּבוֹהַּ	גָּבַהּ	יִגְבַּהּ	
הִיא	גְּבוֹהָה	גָּבְהָה	תִּגְבַּהּ	
אֲנַחְנוּ	גְּבוֹהִים / גְּבוֹהוֹת	גָּבַהְנוּ	נִגְבַּהּ	
אַתֶּם	גְּבוֹהִים	גְּבַהְתֶּם	תִּגְבְּהוּ	גִּבְהוּ
אַתֶּן	גְּבוֹהוֹת	גְּבַהְתֶּן	תִּגְבַּהְנָה	גְּבַהְנָה
הֵם	גְּבוֹהִים	גָּבְהוּ	יִגְבְּהוּ	
הֵן	גְּבוֹהוֹת	גָּבְהוּ	תִּגְבַּהְנָה	

שֹׁרֶשׁ: גבה
בִּנְיָן: פָּעַל   גִּזְרָה: ל׳ גְּרוֹנִית (ה׳ קַיֶּמֶת) (אֶפְעַל)

25 לָשֶׁבֶת

הָלַךְ
יָלַד
יָרַד

בִּנְיָן: פָּעַל		גִּזְרָה: נָחֵי פ״י		שֹׁרֶשׁ: ישב
	הֹוֶה Present	עָבָר Past	עָתִיד Future	צִוּוּי Imperative
אֲנִי	יוֹשֵׁב / יוֹשֶׁבֶת	יָשַׁבְתִּי	אֵשֵׁב	
אַתָּה	יוֹשֵׁב	יָשַׁבְתָּ	תֵּשֵׁב	שֵׁב
אַתְּ	יוֹשֶׁבֶת	יָשַׁבְתְּ	תֵּשְׁבִי	שְׁבִי
הוּא	יוֹשֵׁב	יָשַׁב	יֵשֵׁב	
הִיא	יוֹשֶׁבֶת	יָשְׁבָה	תֵּשֵׁב	
אֲנַחְנוּ	יוֹשְׁבִים / יוֹשְׁבוֹת	יָשַׁבְנוּ	נֵשֵׁב	
אַתֶּם	יוֹשְׁבִים	יְשַׁבְתֶּם	תֵּשְׁבוּ	שְׁבוּ
אַתֶּן	יוֹשְׁבוֹת	יְשַׁבְתֶּן	תֵּשַׁבְנָה	שֵׁבְנָה
הֵם	יוֹשְׁבִים	יָשְׁבוּ	יֵשְׁבוּ	
הֵן	יוֹשְׁבוֹת	יָשְׁבוּ	תֵּשַׁבְנָה	

26 לִינֹק

יָבַשׁ
יָסַד
יָעַץ
יָרַק
יָרַשׁ

בִּנְיָן: פָּעַל		גִּזְרָה: פ״י		שֹׁרֶשׁ: ינק
	הֹוֶה Present	עָבָר Past	עָתִיד Future	צִוּוּי Imperative
אֲנִי	יוֹנֵק / יוֹנֶקֶת	יָנַקְתִּי	אִינַק	
אַתָּה	יוֹנֵק	יָנַקְתָּ	תִּינַק	יְנַק
אַתְּ	יוֹנֶקֶת	יָנַקְתְּ	תִּינְקִי	יִנְקִי
הוּא	יוֹנֵק	יָנַק	יִינַק	
הִיא	יוֹנֶקֶת	יָנְקָה	תִּינַק	
אֲנַחְנוּ	יוֹנְקִים / יוֹנְקוֹת	יָנַקְנוּ	נִינַק	
אַתֶּם	יוֹנְקִים	יְנַקְתֶּם	תִּינְקוּ	יִנְקוּ
אַתֶּן	יוֹנְקוֹת	יְנַקְתֶּן	תִּינַקְנָה	יְנַקְנָה
הֵם	יוֹנְקִים	יָנְקוּ	יִינְקוּ	
הֵן	יוֹנְקוֹת	יָנְקוּ	תִּינַקְנָה	

27 לִישֹׁן

בִּנְיָן: פָּעַל		גִּזְרָה: פ״י		שֹׁרֶשׁ: ישן
	הֹוֶה Present	עָבָר Past	עָתִיד Future	צִוּוּי Imperative
אֲנִי	יָשֵׁן / יְשֵׁנָה	יָשַׁנְתִּי	אִישַׁן	
אַתָּה	יָשֵׁן	יָשַׁנְתָּ	תִּישַׁן	יְשַׁן
אַתְּ	יְשֵׁנָה	יָשַׁנְתְּ	תִּישְׁנִי	יִשְׁנִי
הוּא	יָשֵׁן	יָשֵׁן	יִישַׁן	
הִיא	יְשֵׁנָה	יָשְׁנָה	תִּישַׁן	
אֲנַחְנוּ	יְשֵׁנִים / יְשֵׁנוֹת	יָשַׁנּוּ	נִישַׁן	
אַתֶּם	יְשֵׁנִים	יְשַׁנְתֶּם	תִּישְׁנוּ	יִשְׁנוּ
אַתֶּן	יְשֵׁנוֹת	יְשַׁנְתֶּן	תִּישַׁנָּה	יְשַׁנָּה
הֵם	יְשֵׁנִים	יָשְׁנוּ	יִישְׁנוּ	
הֵן	יְשֵׁנוֹת	יָשְׁנוּ	תִּישַׁנָּה	

28 לָצֵאת

בִּנְיָן: פָּעַל		גִּזְרָה: פ״י + ל״א		שֹׁרֶשׁ: יצא
	הֹוֶה Present	עָבָר Past	עָתִיד Future	צִוּוּי Imperative
אֲנִי	יוֹצֵא / יוֹצֵאת	יָצָאתִי	אֵצֵא	
אַתָּה	יוֹצֵא	יָצָאתָ	תֵּצֵא	צֵא
אַתְּ	יוֹצֵאת	יָצָאת	תֵּצְאִי	צְאִי
הוּא	יוֹצֵא	יָצָא	יֵצֵא	
הִיא	יוֹצֵאת	יָצְאָה	תֵּצֵא	
אֲנַחְנוּ	יוֹצְאִים / יוֹצְאוֹת	יָצָאנוּ	נֵצֵא	
אַתֶּם	יוֹצְאִים	יְצָאתֶם	תֵּצְאוּ	צְאוּ
אַתֶּן	יוֹצְאוֹת	יְצָאתֶן	תֵּצֶאנָה	צֶאנָה
הֵם	יוֹצְאִים	יָצְאוּ	יֵצְאוּ	
הֵן	יוֹצְאוֹת	יָצְאוּ	תֵּצֶאנָה	

29 לִירֹא

בִּנְיָן: פָּעַל		גִּזְרָה: פ״י + ל״א		שֹׁרֶשׁ: ירא
	הֹוֶה Present	עָבָר Past	עָתִיד Future	צִוּוּי Imperative
אֲנִי	יָרֵא / יְרֵאָה	יָרֵאתִי	אִירָא	
אַתָּה	יָרֵא	יָרֵאתָ	תִּירָא	יְרָא
אַתְּ	יְרֵאָה	יָרֵאת	תִּירְאִי	יִרְאִי
הוּא	יָרֵא	יָרֵא	יִירָא	
הִיא	יְרֵאָה	יָרְאָה	תִּירָא	
אֲנַחְנוּ	יְרֵאִים / יְרֵאוֹת	יָרֵאנוּ	נִירָא	
אַתֶּם	יְרֵאִים	יְרֵאתֶם	תִּירְאוּ	יִירְאוּ
אַתֶּן	יְרֵאוֹת	יְרֵאתֶן	תִּירֶאנָה	יְרֶאנָה
הֵם	יְרֵאִים	יָרְאוּ	יִירְאוּ	
הֵן	יְרֵאוֹת	יָרְאוּ	תִּירֶאנָה	

30 לָדַעַת

בִּנְיָן: פָּעַל		גִּזְרָה: פ״י + ל׳ גְּרוֹנִית		שֹׁרֶשׁ: ידע
	הֹוֶה Present	עָבָר Past	עָתִיד Future	צִוּוּי Imperative
אֲנִי	יוֹדֵעַ / יוֹדַעַת	יָדַעְתִּי	אֵדַע	
אַתָּה	יוֹדֵעַ	יָדַעְתָּ	תֵּדַע	דַּע
אַתְּ	יוֹדַעַת	יָדַעַתְּ	תֵּדְעִי	דְּעִי
הוּא	יוֹדֵעַ	יָדַע	יֵדַע	
הִיא	יוֹדַעַת	יָדְעָה	תֵּדַע	
אֲנַחְנוּ	יוֹדְעִים / יוֹדְעוֹת	יָדַעְנוּ	נֵדַע	
אַתֶּם	יוֹדְעִים	יְדַעְתֶּם	תֵּדְעוּ	דְּעוּ
אַתֶּן	יוֹדְעוֹת	יְדַעְתֶּן	תֵּדַעְנָה	דַּעְנָה
הֵם	יוֹדְעִים	יָדְעוּ	יֵדְעוּ	
הֵן	יוֹדְעוֹת	יָדְעוּ	תֵּדַעְנָה	

31 לִיגֹּעַ

בִּנְיָן: פָּעַל | גִּזְרָה: פ״י + ל׳ גְּרוֹנִית | שֹׁרֶשׁ: יגע

	הֹוֶה Present	עָבָר Past	עָתִיד Future	צִוּוּי Imperative
אֲנִי	יָגֵעַ / יְגֵעָה	יָגַעְתִּי	אִיגַע	
אַתָּה	יָגֵעַ	יָגַעְתָּ	תִּיגַע	יְגַע
אַתְּ	יְגֵעָה	יָגַעְתְּ	תִּיגְעִי	יִגְעִי
הוּא	יָגֵעַ	יָגַע	יִיגַע	
הִיא	יְגֵעָה	יָגְעָה	תִּיגַע	
אֲנַחְנוּ	יְגֵעִים / יְגֵעוֹת	יָגַעְנוּ	נִיגַע	
אַתֶּם	יְגֵעִים	יְגַעְתֶּם	תִּיגְעוּ	יִגְעוּ
אַתֶּן	יְגֵעוֹת	יְגַעְתֶּן	תִּיגַעְנָה	יְגַעְנָה
הֵם	יְגֵעִים	יָגְעוּ	יִיגְעוּ	
הֵן	יְגֵעוֹת	יָגְעוּ	תִּיגַעְנָה	

32 לִפֹּל

בִּנְיָן: פָּעַל | גִּזְרָה: פ״נ + חסרי פ״י (אֶפְעֹל) | שֹׁרֶשׁ: נפל

	הֹוֶה Present	עָבָר Past	עָתִיד Future	צִוּוּי Imperative
אֲנִי	נוֹפֵל / נוֹפֶלֶת	נָפַלְתִּי	אֶפֹּל	
אַתָּה	נוֹפֵל	נָפַלְתָּ	תִּפֹּל	נְפֹל
אַתְּ	נוֹפֶלֶת	נָפַלְתְּ	תִּפְּלִי	נִפְלִי
הוּא	נוֹפֵל	נָפַל	יִפֹּל	
הִיא	נוֹפֶלֶת	נָפְלָה	תִּפֹּל	
אֲנַחְנוּ	נוֹפְלִים / נוֹפְלוֹת	נָפַלְנוּ	נִפֹּל	
אַתֶּם	נוֹפְלִים	נְפַלְתֶּם	תִּפְּלוּ	נִפְלוּ
אַתֶּן	נוֹפְלוֹת	נְפַלְתֶּן	תִּפֹּלְנָה	נְפֹלְנָה
הֵם	נוֹפְלִים	נָפְלוּ	יִפְּלוּ	
הֵן	נוֹפְלוֹת	נָפְלוּ	תִּפֹּלְנָה	

יָזַם
יָצַק
יָצַר
נָבַל
נָדַב
נָדַר
נָטַל
נָטַף
נָטַשׁ
נָקַב
נָקַם
נָשַׁב
נָשַׁךְ
נָשַׁף
נָשַׁר

33 לִנְזֹל

נָסַק

בִּנְיָן: פָּעַל	גִּזְרָה: פ״נ (אֶפְעַל)		שֹׁרֶשׁ: נזל	
	הֹוֶה Present	עָבָר Past	עָתִיד Future	צִוּוּי Imperative
אֲנִי	נוֹזֵל נוֹזֶלֶת	נָזַלְתִּי	אֶזַּל	
אַתָּה	נוֹזֵל	נָזַלְתָּ	תִּזַּל	זַל
אַתְּ	נוֹזֶלֶת	נָזַלְתְּ	תִּזְּלִי	זְלִי
הוּא	נוֹזֵל	נָזַל	יִזַּל	
הִיא	נוֹזֶלֶת	נָזְלָה	תִּזַּל	
אֲנַחְנוּ	נוֹזְלִים נוֹזְלוֹת	נָזַלְנוּ	נִזַּל	
אַתֶּם	נוֹזְלִים	נְזַלְתֶּם	תִּזְּלוּ	זְלוּ
אַתֶּן	נוֹזְלוֹת	נְזַלְתֶּן	תִּזַּלְנָה	זַלְנָה
הֵם	נוֹזְלִים	נָזְלוּ	יִזְּלוּ	
הֵן	נוֹזְלוֹת	נָזְלוּ	תִּזַּלְנָה	

34 לִנְסֹעַ

לָקַח
נָגַח
נָגַע
נָטַע
נָקַע

בִּנְיָן: פָּעַל	גִּזְרָה: פ״נ + ל׳ גְרוֹנִית		שֹׁרֶשׁ: נסע	
	הֹוֶה Present	עָבָר Past	עָתִיד Future	צִוּוּי Imperative
אֲנִי	נוֹסֵעַ נוֹסַעַת	נָסַעְתִּי	אֶסַּע	
אַתָּה	נוֹסֵעַ	נָסַעְתָּ	תִּסַּע	סַע
אַתְּ	נוֹסַעַת	נָסַעְתְּ	תִּסְּעִי	סְעִי
הוּא	נוֹסֵעַ	נָסַע	יִסַּע	
הִיא	נוֹסַעַת	נָסְעָה	תִּסַּע	
אֲנַחְנוּ	נוֹסְעִים נוֹסְעוֹת	נָסַעְנוּ	נִסַּע	
אַתֶּם	נוֹסְעִים	נְסַעְתֶּם	תִּסְּעוּ	סְעוּ
אַתֶּן	נוֹסְעוֹת	נְסַעְתֶּן	תִּסַּעְנָה	סַעְנָה
הֵם	נוֹסְעִים	נָסְעוּ	יִסְּעוּ	
הֵן	נוֹסְעוֹת	נָסְעוּ	תִּסַּעְנָה	

35 לִקְרֹא

שֹׁרֶשׁ: קרא		גִּזְרָה: ל״א		בִּנְיָן: פָּעַל
צִוּוּי Imperative	עָתִיד Future	עָבָר Past	הֹוֶה Present	
	אֶקְרָא	קָרָאתִי	קוֹרֵא	אֲנִי
			קוֹרֵאת	
קְרָא	תִּקְרָא	קָרָאתָ	קוֹרֵא	אַתָּה
קִרְאִי	תִּקְרְאִי	קָרָאת	קוֹרֵאת	אַתְּ
	יִקְרָא	קָרָא	קוֹרֵא	הוּא
	תִּקְרָא	קָרְאָה	קוֹרֵאת	הִיא
	נִקְרָא	קָרָאנוּ	קוֹרְאִים	אֲנַחְנוּ
			קוֹרְאוֹת	
קִרְאוּ	תִּקְרְאוּ	קְרָאתֶם	קוֹרְאִים	אַתֶּם
קְרֶאנָה	תִּקְרֶאנָה	קְרָאתֶן	קוֹרְאוֹת	אַתֶּן
	יִקְרְאוּ	קָרְאוּ	קוֹרְאִים	הֵם
	תִּקְרֶאנָה	קָרְאוּ	קוֹרְאוֹת	הֵן

בָּרָא
גָּמָא
כָּלָא
מָחָא
מָצָא
סָבָא
קָפָא

36 לָשֵׂאת

שֹׁרֶשׁ: נשׂא		גִּזְרָה: פ״נ + ל״א		בִּנְיָן: פָּעַל
צִוּוּי Imperative	עָתִיד Future	עָבָר Past	הֹוֶה Present	
	אֶשָּׂא	נָשָׂאתִי	נוֹשֵׂא	אֲנִי
			נוֹשֵׂאת	
שָׂא	תִּשָּׂא	נָשָׂאתָ	נוֹשֵׂא	אַתָּה
שְׂאִי	תִּשְּׂאִי	נָשָׂאת	נוֹשֵׂאת	אַתְּ
	יִשָּׂא	נָשָׂא	נוֹשֵׂא	הוּא
	נִשָּׂא	נָשְׂאָה	נוֹשֵׂאת	הִיא
		נָשָׂאנוּ	נוֹשְׂאִים	אֲנַחְנוּ
	תִּשְּׂאוּ		נוֹשְׂאוֹת	
שְׂאוּ	תִּשֶּׂאנָה	נְשָׂאתֶם	נוֹשְׂאִים	אַתֶּם
שֶׂאנָה	יִשְּׂאוּ	נְשָׂאתֶן	נוֹשְׂאוֹת	אַתֶּן
	תִּשֶּׂאנָה	נָשְׂאוּ	נוֹשְׂאִים	הֵם
		נָשְׂאוּ	נוֹשְׂאוֹת	הֵן

37 לִצְמֹא

טָמֵא
שָׂנֵא

בִּנְיָן: פָּעַל	גִּזְרָה: ל״א	שֹׁרֶשׁ: צמא		
	הֹוֶה Present	עָבָר Past	עָתִיד Future	צִוּוּי Imperative
אֲנִי	צָמֵא / צְמֵאָה	צָמֵאתִי	אֶצְמָא	
אַתָּה	צָמֵא	צָמֵאתָ	תִּצְמָא	צְמָא
אַתְּ	צְמֵאָה	צָמֵאת	תִּצְמְאִי	צִמְאִי
הוּא	צָמֵא	צָמֵא	יִצְמָא	
הִיא	צְמֵאָה	צָמְאָה	תִּצְמָא	
אֲנַחְנוּ	צְמֵאִים / צְמֵאוֹת	צָמֵאנוּ	נִצְמָא	
אַתֶּם	צְמֵאִים	צְמֵאתֶם	תִּצְמְאוּ	צִמְאוּ
אַתֶּן	צְמֵאוֹת	צְמֵאתֶן	תִּצְמֶאנָה	צְמֶאנָה
הֵם	צְמֵאִים	צָמְאוּ	יִצְמְאוּ	
הֵן	צְמֵאוֹת	צָמְאוּ	תִּצְמֶאנָה	

38 לִקְנוֹת

בָּדָה
בָּכָה
בָּנָה
גָּבָה
גָּלָה
דָּלָה
דָּמָה
זָכָה
זָנָה
זָרָה
טָוָה
כָּפָה
כָּרָה
לָוָה
לָקָה
מָנָה
מָשָׁה
סָטָה

עמ׳ 181 ◄

בִּנְיָן: פָּעַל	גִּזְרָה: ל״ה	שֹׁרֶשׁ: קנה		
	הֹוֶה Present	עָבָר Past	עָתִיד Future	צִוּוּי Imperative
אֲנִי	קוֹנֶה / קוֹנָה	קָנִיתִי	אֶקְנֶה	
אַתָּה	קוֹנֶה	קָנִיתָ	תִּקְנֶה	קְנֵה
אַתְּ	קוֹנָה	קָנִית	תִּקְנִי	קְנִי
הוּא	קוֹנֶה	קָנָה	יִקְנֶה	
הִיא	קוֹנָה	קָנְתָה	תִּקְנֶה	
אֲנַחְנוּ	קוֹנִים / קוֹנוֹת	קָנִינוּ	נִקְנֶה	
אַתֶּם	קוֹנִים	קְנִיתֶם	תִּקְנוּ	קְנוּ
אַתֶּן	קוֹנוֹת	קְנִיתֶן	תִּקְנֶינָה	קְנֶינָה
הֵם	קוֹנִים	קָנוּ	יִקְנוּ	
הֵן	קוֹנוֹת	קָנוּ	תִּקְנֶינָה	

39 לִכְבּוֹת

בִּנְיָן: פָּעַל	גִּזְרָה: ל״ה		שֹׁרֶשׁ: כבה	
	הֹוֶה Present	עָבָר Past	עָתִיד Future	צִוּוּי Imperative
אֲנִי	כָּבֶה כָּבָה	כָּבִיתִי	אֶכְבֶּה	
אַתָּה	כָּבֶה	כָּבִיתָ	תִּכְבֶּה	כְּבֵה
אַתְּ	כָּבָה	כָּבִית	תִּכְבִּי	כְּבִי
הוּא	כָּבֶה	כָּבָה	יִכְבֶּה	
הִיא	כָּבָה	כָּבְתָה	תִּכְבֶּה	
אֲנַחְנוּ	כָּבִים כָּבוֹת	כָּבִינוּ	נִכְבֶּה	
אַתֶּם	כָּבִים	כְּבִיתֶם	תִּכְבּוּ	כְּבוּ
אַתֶּן	כָּבוֹת	כְּבִיתֶן	תִּכְבֶּינָה	כְּבֶינָה
הֵם	כָּבִים	כָּבוּ	יִכְבּוּ	
הֵן	כָּבוֹת	כָּבוּ	תִּכְבֶּינָה	

בָּלָה
יָפָה
כָּלָה
רָוָה
רָזָה

40 לִרְאוֹת

בִּנְיָן: פָּעַל	גִּזְרָה: ל״ה + ע׳ גְּרוֹנִית		שֹׁרֶשׁ: ראה	
	הֹוֶה Present	עָבָר Past	עָתִיד Future	צִוּוּי Imperative
אֲנִי	רוֹאֶה רוֹאָה	רָאִיתִי	אֶרְאֶה	
אַתָּה	רוֹאֶה	רָאִיתָ	תִּרְאֶה	רְאֵה
אַתְּ	רוֹאָה	רָאִית	תִּרְאִי	רְאִי
הוּא	רוֹאֶה	רָאָה	יִרְאֶה	
הִיא	רוֹאָה	רָאֲתָה	תִּרְאֶה	
אֲנַחְנוּ	רוֹאִים רוֹאוֹת	רָאִינוּ	נִרְאֶה	
אַתֶּם	רוֹאִים	רְאִיתֶם	תִּרְאוּ	רְאוּ
אַתֶּן	רוֹאוֹת	רְאִיתֶן	תִּרְאֶינָה	רְאֶינָה
הֵם	רוֹאִים	רָאוּ	יִרְאוּ	
הֵן	רוֹאוֹת	רָאוּ	תִּרְאֶינָה	

גָּאָה
גָּעָה
דָּאָה
דָּהָה
דָּחָה
טָעָה
מָחָה
רָעָה
שָׁהָה
שָׁחָה
שָׁעָה
תָּהָה
תָּעָה

קָהָה

41 לִכְהוֹת

בִּנְיָן: פָּעַל	גִּזְרָה: ל״ה + ע׳ גְרוֹנִית		שֹׁרֶשׁ: כהה	
	הֹוֶה Present	עָבָר Past	עָתִיד Future	צִוּוּי Imperative
אֲנִי	כֵּהֶה / כֵּהָה	כָּהִיתִי	אֶכְהֶה	
אַתָּה	כֵּהֶה	כָּהִיתָ	תִּכְהֶה	כְּהֵה
אַתְּ	כֵּהָה	כָּהִית	תִּכְהִי	כְּהִי
הוּא	כֵּהֶה	כָּהָה	יִכְהֶה	
הִיא	כֵּהָה	כָּהֲתָה	תִּכְהֶה	
אֲנַחְנוּ	כֵּהִים / כֵּהוֹת	כָּהִינוּ	נִכְהֶה	
אַתֶּם	כֵּהִים	כְּהִיתֶם	תִּכְהוּ	כְּהוּ
אַתֶּן	כֵּהוֹת	כְּהִיתֶן	תִּכְהֶינָה	כְּהֶינָה
הֵם	כֵּהִים	כָּהוּ	יִכְהוּ	
הֵן	כֵּהוֹת	כָּהוּ	תִּכְהֶינָה	

42 לִנְטוֹת

בִּנְיָן: פָּעַל	גִּזְרָה: ל״ה + פ״נ		שֹׁרֶשׁ: נטה	
	הֹוֶה Present	עָבָר Past	עָתִיד Future	צִוּוּי Imperative
אֲנִי	נוֹטֶה / נוֹטָה	נָטִיתִי	אֶטֶּה	
אַתָּה	נוֹטֶה	נָטִיתָ	תִּטֶּה	נְטֵה
אַתְּ	נוֹטָה	נָטִית	תִּטִּי	נְטִי
הוּא	נוֹטֶה	נָטָה	יִטֶּה	
הִיא	נוֹטָה	נָטְתָה	תִּטֶּה	
אֲנַחְנוּ	נוֹטִים / נוֹטוֹת	נָטִינוּ	נִטֶּה	
אַתֶּם	נוֹטִים	נְטִיתֶם	תִּטּוּ	נְטוּ
אַתֶּן	נוֹטוֹת	נְטִיתֶן	תִּטֶּינָה	נְטֶינָה
הֵם	נוֹטִים	נָטוּ	יִטּוּ	
הֵן	נוֹטוֹת	נָטוּ	תִּטֶּינָה	

43 לִירוֹת

בִּנְיָן: פָּעַל	גִּזְרָה: ל״ה + פ״י		שֹׁרֶשׁ: ירה	
	הוֶה Present	עָבָר Past	עָתִיד Future	צִוּוּי Imperative
אֲנִי	יוֹרֶה יוֹרָה	יָרִיתִי	אִירֶה	
אַתָּה	יוֹרֶה	יָרִיתָ	תִּירֶה	יְרֵה
אַתְּ	יוֹרָה	יָרִית	תִּירִי	יְרִי
הוּא	יוֹרֶה	יָרָה	יִירֶה	
הִיא	יוֹרָה	יָרְתָה	תִּירֶה	
אֲנַחְנוּ	יוֹרִים יוֹרוֹת	יָרִינוּ	נִירֶה	
אַתֶּם	יוֹרִים	יְרִיתֶם	תִּירוּ	יְרוּ
אַתֶּן	יוֹרוֹת	יְרִיתֶן	תִּירֶינָה	יְרֶינָה
הֵם	יוֹרִים	יָרוּ	יִירוּ	
הֵן	יוֹרוֹת	יָרוּ	תִּירֶינָה	

44 לַעֲשׂוֹת

בִּנְיָן: פָּעַל	גִּזְרָה: ל״ה + פ׳ גְּרוֹנִית		שֹׁרֶשׁ: עשה	
	הוֶה Present	עָבָר Past	עָתִיד Future	צִוּוּי Imperative
אֲנִי	עוֹשֶׂה עוֹשָׂה	עָשִׂיתִי	אֶעֱשֶׂה	
אַתָּה	עוֹשֶׂה	עָשִׂיתָ	תַּעֲשֶׂה	עֲשֵׂה
אַתְּ	עוֹשָׂה	עָשִׂית	תַּעֲשִׂי	עֲשִׂי
הוּא	עוֹשֶׂה	עָשָׂה	יַעֲשֶׂה	
הִיא	עוֹשָׂה	עָשְׂתָה	תַּעֲשֶׂה	
אֲנַחְנוּ	עוֹשִׂים עוֹשׂוֹת	עָשִׂינוּ	נַעֲשֶׂה	
אַתֶּם	עוֹשִׂים	עֲשִׂיתֶם	תַּעֲשׂוּ	עֲשׂוּ
אַתֶּן	עוֹשׂוֹת	עֲשִׂיתֶן	תַּעֲשֶׂינָה	עֲשֶׂינָה
הֵם	עוֹשִׂים	עָשׂוּ	יַעֲשׂוּ	
הֵן	עוֹשׂוֹת	עָשׂוּ	תַּעֲשֶׂינָה	

הָרָה
חָנָה
עָטָה
עָלָה
עָנָה

45 לַחֲלוֹת

	הֹוֶה Present	עָבָר Past	עָתִיד Future	צִוּוּי Imperative	שֹׁרֶשׁ: חלה	בִּנְיָן: פָּעַל גִּזְרָה: ל"ה + פ' גְרוֹנִית
אֲנִי	חוֹלֶה חוֹלָה	חָלִיתִי	אֶחֱלֶה			
אַתָּה	חוֹלֶה	חָלִיתָ	תֶּחֱלֶה	חֲלֵה		
אַתְּ	חוֹלָה	חָלִית	תֶּחֱלִי	חֲלִי		
הוּא	חוֹלֶה	חָלָה	יֶחֱלֶה			
הִיא	חוֹלָה	חָלְתָה	תֶּחֱלֶה			
אֲנַחְנוּ	חוֹלִים חוֹלוֹת	חָלִינוּ	נֶחֱלֶה			
אַתֶּם	חוֹלִים	חֲלִיתֶם	תֶּחֱלוּ	חֲלוּ		
אַתֶּן	חוֹלוֹת	חֲלִיתֶן	תֶּחֱלֶינָה	חֲלֶינָה		
הֵם	חוֹלִים	חָלוּ	יֶחֱלוּ			
הֵן	חוֹלוֹת	חָלוּ	תֶּחֱלֶינָה			

הָזֶה
הָמָה
חָוֶה
חָזֶה
חָצֶה

46 לַהֲגוֹת

	הֹוֶה Present	עָבָר Past	עָתִיד Future	צִוּוּי Imperative	שֹׁרֶשׁ: הגה	בִּנְיָן: פָּעַל גִּזְרָה: ל"ה + פ' גְרוֹנִית
אֲנִי	הוֹגֶה הוֹגָה	הָגִיתִי	אֶהְגֶּה			
אַתָּה	הוֹגֶה	הָגִיתָ	תֶּהְגֶּה	הֲגֵה		
אַתְּ	הוֹגָה	הָגִית	תֶּהְגִּי	הֲגִי		
הוּא	הוֹגֶה	הָגָה	יֶהְגֶּה			
הִיא	הוֹגָה	הָגְתָה	תֶּהְגֶּה			
אֲנַחְנוּ	הוֹגִים הוֹגוֹת	הָגִינוּ	נֶהְגֶּה			
אַתֶּם	הוֹגִים	הֲגִיתֶם	תֶּהְגּוּ	הֲגוּ		
אַתֶּן	הוֹגוֹת	הֲגִיתֶן	תֶּהְגֶּינָה	הֲגֶינָה		
הֵם	הוֹגִים	הָגוּ	יֶהְגּוּ			
הֵן	הוֹגוֹת	הָגוּ	תֶּהְגֶּינָה			

חָסָה

47 לֶאֱפוֹת

בִּנְיָן: פָּעַל		גִּזְרָה: ל״ה + פ״א		שֹׁרֶשׁ: אפה
	הֹוֶה Present	עָבָר Past	עָתִיד Future	צִוּוּי Imperative
אֲנִי	אוֹפֶה / אוֹפָה	אָפִיתִי	אֹפֶה	
אַתָּה	אוֹפֶה	אָפִיתָ	תֹּאפֶה	אֱפֵה
אַתְּ	אוֹפָה	אָפִית	תֹּאפִי	אֱפִי
הוּא	אוֹפֶה	אָפָה	יֹאפֶה	
הִיא	אוֹפָה	אָפְתָה	תֹּאפֶה	
אֲנַחְנוּ	אוֹפִים / אוֹפוֹת	אָפִינוּ	נֹאפֶה	
אַתֶּם	אוֹפִים	אֲפִיתֶם	תֹּאפוּ	אֱפוּ
אַתֶּן	אוֹפוֹת	אֲפִיתֶן	תֹּאפֶינָה	אֱפֶינָה
הֵם	אוֹפִים	אָפוּ	יֹאפוּ	
הֵן	אוֹפוֹת	אָפוּ	תֹּאפֶינָה	

אָבָה

48 לִהְיוֹת

בִּנְיָן: פָּעַל		גִּזְרָה: ל״ה (מְיוּחֶדֶת)		שֹׁרֶשׁ: היה
	הֹוֶה Present	עָבָר Past	עָתִיד Future	צִוּוּי Imperative
אֲנִי	הוֹוֶה / הוֹוָה	הָיִיתִי	אֶהְיֶה	
אַתָּה	הוֹוֶה	הָיִיתָ	תִּהְיֶה	הֱיֵה
אַתְּ	הוֹוָה	הָיִית	תִּהְיִי	הֲיִי
הוּא	הוֹוֶה	הָיָה	יִהְיֶה	
הִיא	הוֹוָה	הָיְתָה	תִּהְיֶה	
אֲנַחְנוּ	הוֹוִים / הוֹוֹת	הָיִינוּ	נִהְיֶה	
אַתֶּם	הוֹוִים	הֱיִיתֶם	תִּהְיוּ	הֱיוּ
אַתֶּן	הוֹוֹת	הֱיִיתֶן	תִּהְיֶינָה	הֱיֶינָה
הֵם	הוֹוִים	הָיוּ	יִהְיוּ	
הֵן	הוֹוֹת	הָיוּ	תִּהְיֶינָה	

49 לִחְיוֹת

בִּנְיָן: פָּעַל	גִּזְרָה: ל״ה (מְיוּחֶדֶת)		שֹׁרֶשׁ: חיה	
	הֹוֶה Present	עָבָר Past	עָתִיד Future	צִוּוּי Imperative
אֲנִי	חַי / חַיָּה	חָיִיתִי	אֶחְיֶה	
אַתָּה	חַי	חָיִיתָ	תִּחְיֶה	חֲיֵה
אַתְּ	חַיָּה	חָיִית	תִּחְיִי	חֲיִי
הוּא	חַי	חָיָה, חַי	יִחְיֶה	
הִיא	חַיָּה	חָיְתָה	תִּחְיֶה	
אֲנַחְנוּ	חַיִּים / חַיּוֹת	חָיִינוּ	נִחְיֶה	
אַתֶּם	חַיִּים	חֲיִיתֶם	תִּחְיוּ	חֲיוּ
אַתֶּן	חַיּוֹת	חֲיִיתֶן	תִּחְיֶינָה	חֲיֶינָה
הֵם	חַיִּים	חָיוּ	יִחְיוּ	
הֵן	חַיּוֹת	חָיוּ	תִּחְיֶינָה	

50 לָקוּם

בִּנְיָן: פָּעַל	גִּזְרָה: נָחֵי ע״ו		שֹׁרֶשׁ: קום	
	הֹוֶה Present	עָבָר Past	עָתִיד Future	צִוּוּי Imperative
אֲנִי	קָם / קָמָה	קַמְתִּי	אָקוּם	
אַתָּה	קָם	קַמְתָּ	תָּקוּם	קוּם
אַתְּ	קָמָה	קַמְתְּ	תָּקוּמִי	קוּמִי
הוּא	קָם	קָם	יָקוּם	
הִיא	קָמָה	קָמָה	תָּקוּם	
אֲנַחְנוּ	קָמִים / קָמוֹת	קַמְנוּ	נָקוּם	
אַתֶּם	קָמִים	קַמְתֶּם	תָּקוּמוּ	קוּמוּ
אַתֶּן	קָמוֹת	קַמְתֶּן	תָּקֹמְנָה	קֹמְנָה
הֵם	קָמִים	קָמוּ	יָקוּמוּ	
הֵן	קָמוֹת	קָמוּ	תָּקֹמְנָה	

אָץ
בָּז
גָר
דָג
דָן
דָר
דָש
זָז
זָן
חָב
חָג
חָל
חָס
חָש
טָס
לָן
לָש
מָל
עמ׳ 181 ◄

51 לֵבוֹשׁ

בִּנְיָן: פָּעַל	גִּזְרָה: נָחֵי ע״ו		שֹׁרֶשׁ: בוש	
	הֹוֶה Present	עָבָר Past	עָתִיד Future	צִוּוּי Imperative
אֲנִי	בּוֹשׁ / בּוֹשָׁה	בֹּשְׁתִּי	אֵבוֹשׁ	
אַתָּה	בּוֹשׁ	בֹּשְׁתָּ	תֵּבוֹשׁ	בּוֹשׁ
אַתְּ	בּוֹשָׁה	בֹּשְׁתְּ	תֵּבוֹשִׁי	בּוֹשִׁי
הוּא	בּוֹשׁ	בּוֹשׁ	יֵבוֹשׁ	
הִיא	בּוֹשָׁה	בּוֹשָׁה	תֵּבוֹשׁ	
אֲנַחְנוּ	בּוֹשִׁים / בּוֹשׁוֹת	בֹּשְׁנוּ	נֵבוֹשׁ	
אַתֶּם	בּוֹשִׁים	בָּשְׁתֶּם	תֵּבוֹשׁוּ	בּוֹשׁוּ
אַתֶּן	בּוֹשׁוֹת	בָּשְׁתֶּן	תֵּבֹשְׁנָה	בֹּשְׁנָה
הֵם	בּוֹשִׁים	בּוֹשׁוּ	יֵבוֹשׁוּ	
הֵן	בּוֹשׁוֹת	בּוֹשׁוּ	תֵּבֹשְׁנָה	

52 לָנוּחַ

בִּנְיָן: פָּעַל	גִּזְרָה: נָחֵי ע״ו + ל׳ גְּרוֹנִית		שֹׁרֶשׁ: נוח	
	הֹוֶה Present	עָבָר Past	עָתִיד Future	צִוּוּי Imperative
אֲנִי	נָח / נָחָה	נַחְתִּי	אָנוּחַ	
אַתָּה	נָח	נַחְתָּ	תָּנוּחַ	נוּחַ
אַתְּ	נָחָה	נַחְתְּ	תָּנוּחִי	נוּחִי
הוּא	נָח	נָח	יָנוּחַ	
הִיא	נָחָה	נָחָה	תָּנוּחַ	
אֲנַחְנוּ	נָחִים / נָחוֹת	נַחְנוּ	נָנוּחַ	
אַתֶּם	נָחִים	נַחְתֶּם	תָּנוּחוּ	נוּחוּ
אַתֶּן	נָחוֹת	נַחְתֶּן	תָּנַחְנָה	נַחְנָה
הֵם	נָחִים	נָחוּ	יָנוּחוּ	
הֵן	נָחוֹת	נָחוּ	תָּנַחְנָה	

זָע
נָע

רָב
שָׂר

53 לָשִׂים

בִּנְיָן: פָּעַל	גִּזְרָה: נָחֵי ע״י		שֹׁרֶשׁ: שים	
	הֹוֶה Present	עָבָר Past	עָתִיד Future	צִוּוּי Imperative
אֲנִי	שָׂם / שָׂמָה	שַׂמְתִּי	אָשִׂים	
אַתָּה	שָׂם	שַׂמְתָּ	תָּשִׂים	שִׂים
אַתְּ	שָׂמָה	שַׂמְתְּ	תָּשִׂימִי	שִׂימִי
הוּא	שָׂם	שָׂם	יָשִׂים	
הִיא	שָׂמָה	שָׂמָה	תָּשִׂים	
אֲנַחְנוּ	שָׂמִים / שָׂמוֹת	שַׂמְנוּ	נָשִׂים	
אַתֶּם	שָׂמִים	שַׂמְתֶּם	תָּשִׂימוּ	שִׂימוּ
אַתֶּן	שָׂמוֹת	שַׂמְתֶּן	תָּשֵׂמְנָה	שֵׂמְנָה
הֵם	שָׂמִים	שָׂמוּ	יָשִׂימוּ	
הֵן	שָׂמוֹת	שָׂמוּ	תָּשֵׂמְנָה	

54 לָבוֹא

בִּנְיָן: פָּעַל	גִּזְרָה: ע״ו + ל״א		שֹׁרֶשׁ: בוא	
	הֹוֶה Present	עָבָר Past	עָתִיד Future	צִוּוּי Imperative
אֲנִי	בָּא / בָּאָה	בָּאתִי	אָבוֹא	
אַתָּה	בָּא	בָּאתָ	תָּבוֹא	בּוֹא
אַתְּ	בָּאָה	בָּאת	תָּבוֹאִי	בּוֹאִי
הוּא	בָּא	בָּא	יָבוֹא	
הִיא	בָּאָה	בָּאָה	תָּבוֹא	
אֲנַחְנוּ	בָּאִים / בָּאוֹת	בָּאנוּ	נָבוֹא	
אַתֶּם	בָּאִים	בָּאתֶם	תָּבוֹאוּ	בּוֹאוּ
אַתֶּן	בָּאוֹת	בָּאתֶן	תָּבֹאנָה	בֹּאנָה
הֵם	בָּאִים	בָּאוּ	יָבוֹאוּ	
הֵן	בָּאוֹת	בָּאוּ	תָּבֹאנָה	

55 יָכוֹל

בִּנְיָן: פָּעַל	גִּזְרָה: מְיוּחֶדֶת		שֹׁרֶשׁ: יכל	
	הוֶה Present	עָבָר Past	עָתִיד Future	צִוּוּי Imperative
אֲנִי	יָכוֹל יְכוֹלָה	יָכֹלְתִּי	אוּכַל	
אַתָּה	יָכוֹל	יָכֹלְתָּ	תּוּכַל	
אַתְּ	יְכוֹלָה	יָכֹלְתְּ	תּוּכְלִי	
הוּא	יָכוֹל	יָכֹל	יוּכַל	
הִיא	יְכוֹלָה	יָכְלָה	תּוּכַל	
אֲנַחְנוּ	יְכוֹלִים יְכוֹלוֹת	יָכֹלְנוּ	נוּכַל	
אַתֶּם	יְכוֹלִים	יְכָלְתֶּם	תּוּכְלוּ	
אַתֶּן	יְכוֹלוֹת	יְכָלְתֶּן	תּוּכַלְנָה	
הֵם	יְכוֹלִים	יָכְלוּ	יוּכְלוּ	
הֵן	יְכוֹלוֹת	יָכְלוּ	תּוּכַלְנָה	

56 לִקְטֹן

בִּנְיָן: פָּעַל	גִּזְרָה: מְיוּחֶדֶת		שֹׁרֶשׁ: קטן	
	הוֶה Present	עָבָר Past	עָתִיד Future	צִוּוּי Imperative
אֲנִי	קָטֵן קְטֵנָה	קָטֹנְתִּי	אֶקְטַן	
אַתָּה	קָטֵן	קָטֹנְתָּ	תִּקְטַן	קְטַן
אַתְּ	קְטֵנָה	קָטֹנְתְּ	תִּקְטְנִי	קִטְנִי
הוּא	קָטֵן	קָטֹן	יִקְטַן	
הִיא	קְטֵנָה	קָטְנָה	תִּקְטַן	
אֲנַחְנוּ	קְטֵנִים קְטֵנוֹת	קָטֹנּוּ	נִקְטַן	
אַתֶּם	קְטֵנִים	קְטָנְתֶּם	תִּקְטְנוּ	קִטְנוּ
אַתֶּן	קְטֵנוֹת	קְטָנְתֶּן	תִּקְטַנָּה	קְטַנָּה
הֵם	קְטֵנִים	קָטְנוּ	יִקְטְנוּ	
הֵן	קְטֵנוֹת	קָטְנוּ	תִּקְטַנָּה	

57 לִשְׁמֹן

	הֹוֶה Present	עָבָר Past	עָתִיד Future	צִוּוּי Imperative
אֲנִי	שָׁמֵן / שְׁמֵנָה	שָׁמַנְתִּי	אֶשְׁמַן	
אַתָּה	שָׁמֵן	שָׁמַנְתָּ	תִּשְׁמַן	שְׁמַן
אַתְּ	שְׁמֵנָה	שָׁמַנְתְּ	תִּשְׁמְנִי	שְׁמְנִי
הוּא	שָׁמֵן	שָׁמַן	יִשְׁמַן	
הִיא	שְׁמֵנָה	שָׁמְנָה	תִּשְׁמַן	
אֲנַחְנוּ	שְׁמֵנִים / שְׁמֵנוֹת	שָׁמַנּוּ	נִשְׁמַן	
אַתֶּם	שְׁמֵנִים	שְׁמַנְתֶּם	תִּשְׁמְנוּ	שִׁמְנוּ
אַתֶּן	שְׁמֵנוֹת	שְׁמַנְתֶּן	תִּשְׁמַנָּה	שְׁמַנָּה
הֵם	שְׁמֵנִים	שָׁמְנוּ	יִשְׁמְנוּ	
הֵן	שְׁמֵנוֹת	שָׁמְנוּ	תִּשְׁמַנָּה	

בִּנְיָן: פָּעַל גִּזְרָה: ל״נ (אֶפְעַל) שֹׁרֶשׁ: שמן

זקן

58 לָתֵת

	הֹוֶה Present	עָבָר Past	עָתִיד Future	צִוּוּי Imperative
אֲנִי	נוֹתֵן / נוֹתֶנֶת	נָתַתִּי	אֶתֵּן	
אַתָּה	נוֹתֵן	נָתַתָּ	תִּתֵּן	תֵּן
אַתְּ	נוֹתֶנֶת	נָתַתְּ	תִּתְּנִי	תְּנִי
הוּא	נוֹתֵן	נָתַן	יִתֵּן	
הִיא	נוֹתֶנֶת	נָתְנָה	תִּתֵּן	
אֲנַחְנוּ	נוֹתְנִים / נוֹתְנוֹת	נָתַנּוּ	נִתֵּן	
אַתֶּם	נוֹתְנִים	נְתַתֶּם	תִּתְּנוּ	תְּנוּ
אַתֶּן	נוֹתְנוֹת	נְתַתֶּן	תִּתֵּנָּה	תֵּנָּה
הֵם	נוֹתְנִים	נָתְנוּ	יִתְּנוּ	
הֵן	נוֹתְנוֹת	נָתְנוּ	תִּתֵּנָּה	

בִּנְיָן: פָּעַל גִּזְרָה: פ״נ (מְיוּחֶדֶת) שֹׁרֶשׁ: נתן

59 לִכְרֹת

שֹׁרֶשׁ: כרת		גִּזְרָה: ל״ת (אֶפְעֹל)		בִּנְיָן: פָּעַל
צִוּוּי Imperative	עָתִיד Future	עָבָר Past	הֹוֶה Present	
	אֶכְרֹת	כָּרַתִּי	כּוֹרֵת כּוֹרֶתֶת	אֲנִי
כְּרֹת	תִּכְרֹת	כָּרַתָּ	כּוֹרֵת	אַתָּה
כִּרְתִי	תִּכְרְתִי	כָּרַתְּ	כּוֹרֶתֶת	אַתְּ
	יִכְרֹת	כָּרַת	כּוֹרֵת	הוּא
	תִּכְרֹת	כָּרְתָה	כּוֹרֶתֶת	הִיא
	נִכְרֹת	כָּרַתְנוּ	כּוֹרְתִים כּוֹרְתוֹת	אֲנַחְנוּ
כִּרְתוּ	תִּכְרְתוּ	כְּרַתֶּם	כּוֹרְתִים	אַתֶּם
כְּרֹתְנָה	תִּכְרֹתְנָה	כְּרַתֶּן	כּוֹרְתוֹת	אַתֶּן
	יִכְרְתוּ	כָּרְתוּ	כּוֹרְתִים	הֵם
	תִּכְרֹתְנָה	כָּרְתוּ	כּוֹרְתוֹת	הֵן

כָּפַת
לָפַת
שָׁבַת
שָׁתַת

60 לָמוּת

שֹׁרֶשׁ: מות		גִּזְרָה: ע״נ (מְיוּחֶדֶת)		בִּנְיָן: פָּעַל
צִוּוּי Imperative	עָתִיד Future	עָבָר Past	הֹוֶה Present	
	אָמוּת	מַתִּי	מֵת מֵתָה	אֲנִי
מוּת	תָּמוּת	מַתָּ	מֵת	אַתָּה
מוּתִי	תָּמוּתִי	מַתְּ	מֵתָה	אַתְּ
	יָמוּת	מֵת	מֵת	הוּא
	תָּמוּת	מֵתָה	מֵתָה	הִיא
	נָמוּת	מַתְנוּ	מֵתִים מֵתוֹת	אֲנַחְנוּ
מוּתוּ	תָּמוּתוּ	מַתֶּם	מֵתִים	אַתֶּם
מֹתְנָה	תָּמֹתְנָה	מַתֶּן	מֵתוֹת	אַתֶּן
	יָמוּתוּ	מֵתוּ	מֵתִים	הֵם
	תָּמֹתְנָה	מֵתוּ	מֵתוֹת	הֵן

61 לָגֶשֶׁת

בִּנְיָן: פָּעַל	גִּזְרָה: פ״נ (מְיוּחֶדֶת)			שֹׁרֶשׁ: נגשׁ
	הֹוֶה Present	עָבָר Past	עָתִיד Future	צִוּוּי Imperative
אֲנִי	נִגָּשׁ נִגֶּשֶׁת	נִגַּשְׁתִּי	אֶגַּשׁ	
אַתָּה	נִגָּשׁ	נִגַּשְׁתָּ	תִּגַּשׁ	גַּשׁ
אַתְּ	נִגֶּשֶׁת	נִגַּשְׁתְּ	תִּגְּשִׁי	גְּשִׁי
הוּא	נִגָּשׁ	נִגַּשׁ	יִגַּשׁ	
הִיא	נִגֶּשֶׁת	נִגְּשָׁה	תִּגַּשׁ	
אֲנַחְנוּ	נִגָּשִׁים נִגָּשׁוֹת	נִגַּשְׁנוּ	נִגַּשׁ	
אַתֶּם	נִגָּשִׁים	נִגַּשְׁתֶּם	תִּגְּשׁוּ	גְּשׁוּ
אַתֶּן	נִגָּשׁוֹת	נִגַּשְׁתֶּן	תִּגַּשְׁנָה	גַּשְׁנָה
הֵם	נִגָּשִׁים	נִגְּשׁוּ	יִגְּשׁוּ	
הֵן	נִגָּשׁוֹת	נִגְּשׁוּ	תִּגַּשְׁנָה	

62 לָחֹן

בִּנְיָן: פָּעַל	גִּזְרָה: כְּפוּלִים + ל״נ			שֹׁרֶשׁ: חנן
	הֹוֶה Present	עָבָר Past	עָתִיד Future	צִוּוּי Imperative
אֲנִי	חוֹנֵן חוֹנֶנֶת	חָנַנְתִּי	אָחֹן	
אַתָּה	חוֹנֵן	חָנַנְתָּ	תָּחֹן	חֹן
אַתְּ	חוֹנֶנֶת	חָנַנְתְּ	תָּחֹנִּי	חֹנִּי
הוּא	חוֹנֵן	חָנַן	יָחֹן	
הִיא	חוֹנֶנֶת	חָנְנָה	תָּחֹן	
אֲנַחְנוּ	חוֹנְנִים חוֹנְנוֹת	חָנַנּוּ	נָחֹן	
אַתֶּם	חוֹנְנִים	חֲנַנְתֶּם	תָּחֹנּוּ	חֹנּוּ
אַתֶּן	חוֹנְנוֹת	חֲנַנְתֶּן	תָּחֹנָּה	חֹנָּה
הֵם	חוֹנְנִים	חָנְנוּ	יָחֹנּוּ	
הֵן	חוֹנְנוֹת	חָנְנוּ	תָּחֹנָּה	

63 לִטְמֹן

קָרוֹ
רָגוֹ
רָכוֹ
שָׁכוֹ

שֹׁרֶשׁ: טמן	גִּזְרָה: ל״נ (אֶפְעֹל)			בִּנְיָן: פָּעַל	
צִוּוּי Imperative	עָתִיד Future	עָבָר Past	הֹוֶה Present		
	אֶטְמֹן	טָמַנְתִּי	טוֹמֵן טוֹמֶנֶת	אֲנִי	
טְמֹן	תִּטְמֹן	טָמַנְתָּ	טוֹמֵן	אַתָּה	
טִמְנִי	תִּטְמְנִי	טָמַנְתְּ	טוֹמֶנֶת	אַתְּ	
	יִטְמֹן	טָמַן	טוֹמֵן	הוּא	
	תִּטְמֹן	טָמְנָה	טוֹמֶנֶת	הִיא	
	נִטְמֹן	טָמַנּוּ	טוֹמְנִים טוֹמְנוֹת	אֲנַחְנוּ	
טִמְנוּ	תִּטְמְנוּ	טְמַנְתֶּם	טוֹמְנִים	אַתֶּם	
טְמֹנָּה	תִּטְמֹנָּה	טְמַנְתֶּן	טוֹמְנוֹת	אַתֶּן	
	יִטְמְנוּ	טָמְנוּ	טוֹמְנִים	הֵם	
	תִּטְמֹנָּה	טָמְנוּ	טוֹמְנוֹת	הֵן	

64 לַעֲגֹן

שֹׁרֶשׁ: עגן	גִּזְרָה: פ׳ גְרוֹנִית + ל״נ			בִּנְיָן: פָּעַל	
צִוּוּי Imperative	עָתִיד Future	עָבָר Past	הֹוֶה Present		
	אֶעֱגֹן	עָגַנְתִּי	עוֹגֵן עוֹגֶנֶת	אֲנִי	
עֲגֹן	תַּעֲגֹן	עָגַנְתָּ	עוֹגֵן	אַתָּה	
עִגְנִי	תַּעַגְנִי	עָגַנְתְּ	עוֹגֶנֶת	אַתְּ	
	יַעֲגֹן	עָגַן	עוֹגֵן	הוּא	
	תַּעֲגֹן	עָגְנָה	עוֹגֶנֶת	הִיא	
	נַעֲגֹן	עָגַנּוּ	עוֹגְנִים עוֹגְנוֹת	אֲנַחְנוּ	
עִגְנוּ	תַּעַגְנוּ	עֲגַנְתֶּם	עוֹגְנִים	אַתֶּם	
עֲגֹנָּה	תַּעֲגֹנָּה	עֲגַנְתֶּן	עוֹגְנוֹת	אַתֶּן	
	יַעַגְנוּ	עָגְנוּ	עוֹגְנִים	הֵם	
	תַּעֲגֹנָּה	עָגְנוּ	עוֹגְנוֹת	הֵן	

65 לְהִכָּנֵס

בִּנְיָן: נִפְעַל	גִּזְרָה: שְׁלֵמִים		שֹׁרֶשׁ: כנס	
	הֹוֶה Present	עָבָר Past	עָתִיד Future	צִוּוּי Imperative
אֲנִי	נִכְנָס נִכְנֶסֶת	נִכְנַסְתִּי	אֶכָּנֵס	
אַתָּה	נִכְנָס	נִכְנַסְתָּ	תִּכָּנֵס	הִכָּנֵס
אַתְּ	נִכְנֶסֶת	נִכְנַסְתְּ	תִּכָּנְסִי	הִכָּנְסִי
הוּא	נִכְנָס	נִכְנַס	יִכָּנֵס	
הִיא	נִכְנֶסֶת	נִכְנְסָה	תִּכָּנֵס	
אֲנַחְנוּ	נִכְנָסִים נִכְנָסוֹת	נִכְנַסְנוּ	נִכָּנֵס	
אַתֶּם	נִכְנָסִים	נִכְנַסְתֶּם	תִּכָּנְסוּ	הִכָּנְסוּ
אַתֶּן	נִכְנָסוֹת	נִכְנַסְתֶּן	תִּכָּנַסְנָה	הִכָּנַסְנָה
הֵם	נִכְנָסִים	נִכְנְסוּ	יִכָּנְסוּ	
הֵן	נִכְנָסוֹת	נִכְנְסוּ	תִּכָּנַסְנָה	

נִבְדַּל
נִבְדַּק
נִבְזַז
נִבְלַם
נִגְזַם
נִגְזַר
נִגְמַל
נִגְמַר
נִגְנַב
נִגְנַז
נִגְרַם
נִגְרַס
נִגְרַף
נִגְרַר
נִדְבַּק
נִדְבַּר
נִדְלַק
נִדְפַּס
עמ׳ 181 ◄

66 לְהִטָּמֵן

בִּנְיָן: נִפְעַל	גִּזְרָה: ל״נ		שֹׁרֶשׁ: טמן	
	הֹוֶה Present	עָבָר Past	עָתִיד Future	צִוּוּי Imperative
אֲנִי	נִטְמָן נִטְמֶנֶת	נִטְמַנְתִּי	אֶטָּמֵן	
אַתָּה	נִטְמָן	נִטְמַנְתָּ	תִּטָּמֵן	הִטָּמֵן
אַתְּ	נִטְמֶנֶת	נִטְמַנְתְּ	תִּטָּמְנִי	הִטָּמְנִי
הוּא	נִטְמָן	נִטְמַן	יִטָּמֵן	
הִיא	נִטְמֶנֶת	נִטְמְנָה	תִּטָּמֵן	
אֲנַחְנוּ	נִטְמָנִים נִטְמָנוֹת	נִטְמַנּוּ	נִטָּמֵן	
אַתֶּם	נִטְמָנִים	נִטְמַנְתֶּם	תִּטָּמְנוּ	הִטָּמְנוּ
אַתֶּן	נִטְמָנוֹת	נִטְמַנְתֶּן	תִּטָּמַנָּה	הִטָּמַנָּה
הֵם	נִטְמָנִים	נִטְמְנוּ	יִטָּמְנוּ	
הֵן	נִטְמָנוֹת	נִטְמְנוּ	תִּטָּמַנָּה	

67 לְהִכָּרֵת

בִּנְיָן: נִפְעַל	גִּזְרָה: שְׁלֵמִים + ל״ת		שֹׁרֶשׁ: כרת

	הֹוֶה Present	עָבָר Past	עָתִיד Future	צִוּוּי Imperative
אֲנִי	נִכְרָת נִכְרֶתֶת	נִכְרַתִּי	אֶכָּרֵת	
אַתָּה	נִכְרָת	נִכְרַתָּ	תִּכָּרֵת	הִכָּרֵת
אַתְּ	נִכְרֶתֶת	נִכְרַתְּ	תִּכָּרְתִי	הִכָּרְתִי
הוּא	נִכְרָת	נִכְרַת	יִכָּרֵת	
הִיא	נִכְרֶתֶת	נִכְרְתָה	תִּכָּרֵת	
אֲנַחְנוּ	נִכְרָתִים נִכְרָתוֹת	נִכְרַתְנוּ	נִכָּרֵת	
אַתֶּם	נִכְרָתִים	נִכְרַתֶּם	תִּכָּרְתוּ	הִכָּרְתוּ
אַתֶּן	נִכְרָתוֹת	נִכְרַתֶּן	תִּכָּרֵתְנָה	הִכָּרֵתְנָה
הֵם	נִכְרָתִים	נִכְרְתוּ	יִכָּרְתוּ	
הֵן	נִכְרָתוֹת	נִכְרְתוּ	תִּכָּרֵתְנָה	

נִבְעַת
נִכְפַּת

68 לְהֵרָדֵם

בִּנְיָן: נִפְעַל	גִּזְרָה: פ״ר		שֹׁרֶשׁ: רדם

	הֹוֶה Present	עָבָר Past	עָתִיד Future	צִוּוּי Imperative
אֲנִי	נִרְדָּם נִרְדֶּמֶת	נִרְדַּמְתִּי	אֵרָדֵם	
אַתָּה	נִרְדָּם	נִרְדַּמְתָּ	תֵּרָדֵם	הֵרָדֵם
אַתְּ	נִרְדֶּמֶת	נִרְדַּמְתְּ	תֵּרָדְמִי	הֵרָדְמִי
הוּא	נִרְדָּם	נִרְדַּם	יֵרָדֵם	
הִיא	נִרְדֶּמֶת	נִרְדְּמָה	תֵּרָדֵם	
אֲנַחְנוּ	נִרְדָּמִים נִרְדָּמוֹת	נִרְדַּמְנוּ	נֵרָדֵם	
אַתֶּם	נִרְדָּמִים	נִרְדַּמְתֶּם	תֵּרָדְמוּ	הֵרָדְמוּ
אַתֶּן	נִרְדָּמוֹת	נִרְדַּמְתֶּן	תֵּרָדֵמְנָה	הֵרָדֵמְנָה
הֵם	נִרְדָּמִים	נִרְדְּמוּ	יֵרָדְמוּ	
הֵן	נִרְדָּמוֹת	נִרְדְּמוּ	תֵּרָדֵמְנָה	

נִרְגַּם
נִרְדַּף
נִרְחַץ
נִרְטַב
נִרְכַּשׁ
נִרְמַז
נִרְמַס
נִרְקַב
נִרְקַם
נִרְשַׁם
נִרְתַּם

69 לְהֵרָגַע

נִרְצַח
נִרְתַּע

בִּנְיָן: נִפְעַל	גִּזְרָה: פ״ר + ל׳ גְרוֹנִית		שֹׁרֶשׁ: רגע	
	הֹוֶה Present	עָבָר Past	עָתִיד Future	צִוּוּי Imperative
אֲנִי	נִרְגָּע / נִרְגַּעַת	נִרְגַּעְתִּי	אֶרָגַע	
אַתָּה	נִרְגָּע	נִרְגַּעְתָּ	תֵּרָגַע	הֵרָגַע
אַתְּ	נִרְגַּעַת	נִרְגַּעְתְּ	תֵּרָגְעִי	הֵרָגְעִי
הוּא	נִרְגָּע	נִרְגַּע	יֵרָגַע	
הִיא	נִרְגַּעַת	נִרְגְּעָה	תֵּרָגַע	
אֲנַחְנוּ	נִרְגָּעִים / נִרְגָּעוֹת	נִרְגַּעְנוּ	נֵרָגַע	
אַתֶּם	נִרְגָּעִים	נִרְגַּעְתֶּם	תֵּרָגְעוּ	הֵרָגְעוּ
אַתֶּן	נִרְגָּעוֹת	נִרְגַּעְתֶּן	תֵּרָגַעְנָה	הֵרָגַעְנָה
הֵם	נִרְגָּעִים	נִרְגְּעוּ	יֵרָגְעוּ	
הֵן	נִרְגָּעוֹת	נִרְגְּעוּ	תֵּרָגַעְנָה	

70 לְהֵעָצֵר

נֶאֱבַק
נֶאֱגַר
נֶאֱחַז
נֶאֱטַם
נֶאֱכַל
נֶאֱלַם
נֶאֱלַץ
נֶאֱמַד
נֶאֱמַר
נֶאֱנַח
נֶאֱנַס
נֶאֱנַק
נֶאֱסַף
נֶאֱסַר
נֶאֱרַג
נֶאֱרַז
נֶאֱשַׁם
נֶהֱדַף

עמ׳ 181 ◄

בִּנְיָן: נִפְעַל	גִּזְרָה: פ׳ גְרוֹנִית (א׳, ה׳, ע׳)		שֹׁרֶשׁ: עצר	
	הֹוֶה Present	עָבָר Past	עָתִיד Future	צִוּוּי Imperative
אֲנִי	נֶעֱצָר / נֶעֱצֶרֶת	נֶעֱצַרְתִּי	אֵעָצֵר	
אַתָּה	נֶעֱצָר	נֶעֱצַרְתָּ	תֵּעָצֵר	הֵעָצֵר
אַתְּ	נֶעֱצֶרֶת	נֶעֱצַרְתְּ	תֵּעָצְרִי	הֵעָצְרִי
הוּא	נֶעֱצָר	נֶעֱצַר	יֵעָצֵר	
הִיא	נֶעֱצֶרֶת	נֶעֶצְרָה	תֵּעָצֵר	
אֲנַחְנוּ	נֶעֱצָרִים / נֶעֱצָרוֹת	נֶעֱצַרְנוּ	נֵעָצֵר	
אַתֶּם	נֶעֱצָרִים	נֶעֱצַרְתֶּם	תֵּעָצְרוּ	הֵעָצְרוּ
אַתֶּן	נֶעֱצָרוֹת	נֶעֱצַרְתֶּן	תֵּעָצַרְנָה	הֵעָצַרְנָה
הֵם	נֶעֱצָרִים	נֶעֶצְרוּ	יֵעָצְרוּ	
הֵן	נֶעֱצָרוֹת	נֶעֶצְרוּ	תֵּעָצַרְנָה	

71 לְהֵחָקֵר

בִּנְיָן: נִפְעַל	גִּזְרָה: פ׳ גְרוֹנִית (ח׳)		שֹׁרֶשׁ: חקר	
	הוֶה Present	עָבָר Past	עָתִיד Future	צִוּוּי Imperative
אֲנִי	נֶחְקָר נֶחְקֶרֶת	נֶחְקַרְתִּי	אֵחָקֵר	
אַתָּה	נֶחְקָר	נֶחְקַרְתָּ	תֵּחָקֵר	הֵחָקֵר
אַתְּ	נֶחְקֶרֶת	נֶחְקַרְתְּ	תֵּחָקְרִי	הֵחָקְרִי
הוּא	נֶחְקָר	נֶחְקַר	יֵחָקֵר	
הִיא	נֶחְקֶרֶת	נֶחְקְרָה	תֵּחָקֵר	
אֲנַחְנוּ	נֶחְקָרִים נֶחְקָרוֹת	נֶחְקַרְנוּ	נֵחָקֵר	
אַתֶּם	נֶחְקָרִים	נֶחְקַרְתֶּם	תֵּחָקְרוּ	הֵחָקְרוּ
אַתֶּן	נֶחְקָרוֹת	נֶחְקַרְתֶּן	תֵּחָקַרְנָה	הֵחָקַרְנָה
הֵם	נֶחְקָרִים	נֶחְקְרוּ	יֵחָקְרוּ	
הֵן	נֶחְקָרוֹת	נֶחְקְרוּ	תֵּחָקַרְנָה	

נֶחְבַּט
נֶחְבַּל
נֶחְבַּשׁ
נֶחְטַב
נֶחְטַף
נֶחְלַב
נֶחְלַץ
נֶחְלַשׁ
נֶחְנַךְ
נֶחְנַק
נֶחְסַךְ
נֶחְסַם
נֶחְפַּז
נֶחְפַּר
נֶחְצַב
נֶחְקַק
נֶחְרַד
נֶחְרַךְ

עמ׳ 181 ◄

72 לְהֵהָנוֹת

בִּנְיָן: נִפְעַל	גִּזְרָה: פ׳ גְרוֹנִית (א׳, ה׳) + ל״ה		שֹׁרֶשׁ: הנה	
	הוֶה Present	עָבָר Past	עָתִיד Future	צִוּוּי Imperative
אֲנִי	נֶהֱנֶה נֶהֱנֵית	נֶהֱנֵיתִי	אֵהָנֶה	
אַתָּה	נֶהֱנֶה	נֶהֱנֵיתָ	תֵּהָנֶה	הֵהָנֵה
אַתְּ	נֶהֱנֵית	נֶהֱנֵית	תֵּהָנִי	הֵהָנִי
הוּא	נֶהֱנֶה	נֶהֱנָה	יֵהָנֶה	
הִיא	נֶהֱנֵית	נֶהֶנְתָה	תֵּהָנֶה	
אֲנַחְנוּ	נֶהֱנִים נֶהֱנוֹת	נֶהֱנֵינוּ	נֵהָנֶה	
אַתֶּם	נֶהֱנִים	נֶהֱנֵיתֶם	תֵּהָנוּ	הֵהָנוּ
אַתֶּן	נֶהֱנוֹת	נֶהֱנֵיתֶן	תֵּהָנֶינָה	הֵהָנֶינָה
הֵם	נֶהֱנִים	נֶהֱנוּ	יֵהָנוּ	
הֵן	נֶהֱנוֹת	נֶהֱנוּ	תֵּהָנֶינָה	

נֶאֱפָה
נֶהֱגָה

73 לְהֵעָשׂוֹת

נַעֲנָה

בִּנְיָן: נִפְעַל	גִּזְרָה: פ׳ גְרוֹנִית (ע׳) + ל״ה		שֹׁרֶשׁ: עשה	
	הוֹוֶה Present	עָבָר Past	עָתִיד Future	צִוּוּי Imperative
אֲנִי	נַעֲשֶׂה / נַעֲשֵׂית	נַעֲשֵׂיתִי	אֵעָשֶׂה	
אַתָּה	נַעֲשֶׂה	נַעֲשֵׂיתָ	תֵּעָשֶׂה	הֵעָשֵׂה
אַתְּ	נַעֲשֵׂית	נַעֲשֵׂית	תֵּעָשִׂי	הֵעָשִׂי
הוּא	נַעֲשֶׂה	נַעֲשָׂה	יֵעָשֶׂה	
הִיא	נַעֲשֵׂית	נֶעֶשְׂתָה	תֵּעָשֶׂה	
אֲנַחְנוּ	נַעֲשִׂים / נַעֲשׂוֹת	נַעֲשֵׂינוּ	נֵעָשֶׂה	
אַתֶּם	נַעֲשִׂים	נַעֲשֵׂיתֶם	תֵּעָשׂוּ	הֵעָשׂוּ
אַתֶּן	נַעֲשׂוֹת	נַעֲשֵׂיתֶן	תֵּעָשֶׂינָה	הֵעָשֶׂינָה
הֵם	נַעֲשִׂים	נַעֲשׂוּ	יֵעָשׂוּ	
הֵן	נַעֲשׂוֹת	נַעֲשׂוּ	תֵּעָשֶׂינָה	

74 לְהִבָּהֵל

נִבְחַר
נִבְחַשׁ
נִגְאַל
נִגְעַל
נִדְהַם
נִדְחַס
נִדְחַף
נִדְחַק
נִזְהַר
נִזְעַק
נִלְחַם
נִלְחַץ
נִלְחַשׁ
נִלְעַס
נִמְאַס
נִמְהַל
נִמְחַל
נִמְחַץ

◄ עמ׳ 181

בִּנְיָן: נִפְעַל	גִּזְרָה: ע׳ גְרוֹנִית (א׳, ה׳, ח׳, ע׳)		שֹׁרֶשׁ: בהל	
	הוֹוֶה Present	עָבָר Past	עָתִיד Future	צִוּוּי Imperative
אֲנִי	נִבְהָל / נִבְהֶלֶת	נִבְהַלְתִּי	אֶבָּהֵל	
אַתָּה	נִבְהָל	נִבְהַלְתָּ	תִּבָּהֵל	הִבָּהֵל
אַתְּ	נִבְהֶלֶת	נִבְהַלְתְּ	תִּבָּהֲלִי	הִבָּהֲלִי
הוּא	נִבְהָל	נִבְהַל	יִבָּהֵל	
הִיא	נִבְהֶלֶת	נִבְהֲלָה	תִּבָּהֵל	
אֲנַחְנוּ	נִבְהָלִים / נִבְהָלוֹת	נִבְהַלְנוּ	נִבָּהֵל	
אַתֶּם	נִבְהָלִים	נִבְהַלְתֶּם	תִּבָּהֲלוּ	הִבָּהֲלוּ
אַתֶּן	נִבְהָלוֹת	נִבְהַלְתֶּן	תִּבָּהַלְנָה	הִבָּהַלְנָה
הֵם	נִבְהָלִים	נִבְהֲלוּ	יִבָּהֲלוּ	
הֵן	נִבְהָלוֹת	נִבְהֲלוּ	תִּבָּהַלְנָה	

75 לְהִבָּחֵן

בִּנְיָן: נִפְעַל		גִּזְרָה: ע׳ גְּרוֹנִית + ל״נ		שֹׁרֶשׁ: בחן
	הֹוֶה Present	עָבָר Past	עָתִיד Future	צִוּוּי Imperative
אֲנִי	נִבְחָן / נִבְחֶנֶת	נִבְחַנְתִּי	אֶבָּחֵן	
אַתָּה	נִבְחָן	נִבְחַנְתָּ	תִּבָּחֵן	הִבָּחֵן
אַתְּ	נִבְחֶנֶת	נִבְחַנְתְּ	תִּבָּחֲנִי	הִבָּחֲנִי
הוּא	נִבְחָן	נִבְחַן	יִבָּחֵן	
הִיא	נִבְחֶנֶת	נִבְחֲנָה	תִּבָּחֵן	
אֲנַחְנוּ	נִבְחָנִים / נִבְחָנוֹת	נִבְחַנּוּ	נִבָּחֵן	
אַתֶּם	נִבְחָנִים	נִבְחַנְתֶּם	תִּבָּחֲנוּ	הִבָּחֲנוּ
אַתֶּן	נִבְחָנוֹת	נִבְחַנְתֶּן	תִּבָּחֵנָּה	הִבָּחַנָּה
הֵם	נִבְחָנִים	נִבְחֲנוּ	יִבָּחֲנוּ	
הֵן	נִבְחָנוֹת	נִבְחֲנוּ	תִּבָּחֵנָּה	

נִטְחַן
נִשְׁעַן

76 לְהִשָּׁמַע

בִּנְיָן: נִפְעַל		גִּזְרָה: ל׳ גְּרוֹנִית		שֹׁרֶשׁ: שמע
	הֹוֶה Present	עָבָר Past	עָתִיד Future	צִוּוּי Imperative
אֲנִי	נִשְׁמָע / נִשְׁמַעַת	נִשְׁמַעְתִּי	אֶשָּׁמַע	
אַתָּה	נִשְׁמָע	נִשְׁמַעְתָּ	תִּשָּׁמַע	הִשָּׁמַע
אַתְּ	נִשְׁמַעַת	נִשְׁמַעַתְּ	תִּשָּׁמְעִי	הִשָּׁמְעִי
הוּא	נִשְׁמָע	נִשְׁמַע	יִשָּׁמַע	
הִיא	נִשְׁמַעַת	נִשְׁמְעָה	תִּשָּׁמַע	
אֲנַחְנוּ	נִשְׁמָעִים / נִשְׁמָעוֹת	נִשְׁמַעְנוּ	נִשָּׁמַע	
אַתֶּם	נִשְׁמָעִים	נִשְׁמַעְתֶּם	תִּשָּׁמְעוּ	הִשָּׁמְעוּ
אַתֶּן	נִשְׁמָעוֹת	נִשְׁמַעְתֶּן	תִּשָּׁמַעְנָה	הִשָּׁמַעְנָה
הֵם	נִשְׁמָעִים	נִשְׁמְעוּ	יִשָּׁמְעוּ	
הֵן	נִשְׁמָעוֹת	נִשְׁמְעוּ	תִּשָּׁמַעְנָה	

נִבְלַע
נִבְקַע
נִגְדַּע
נִגְרַע
נִזְרַע
נִטְבַּח
נִטְמַע
נִכְנַע
נִלְקַח
נִמְנַע
נִמְרַח
נִמְשַׁח
נִמְתַּח
נִסְלַח
נִפְגַּע
נִפְצַע
נִפְקַח
נִפְרַע

עמ׳ 181 ◄

77 לְהִקָּרֵא

נִבְרָא
נִטְמָא
נִכְלָא
נִמְלָא
נִמְצָא
נִרְפָּא

בִּנְיָן: נִפְעַל		גִּזְרָה: ל״א		שֹׁרֶשׁ: קרא
	הֹוֶה Present	עָבָר Past	עָתִיד Future	צִוּוּי Imperative
אֲנִי	נִקְרָא / נִקְרֵאת	נִקְרֵאתִי	אֶקָּרֵא	
אַתָּה	נִקְרָא	נִקְרֵאתָ	תִּקָּרֵא	הִקָּרֵא
אַתְּ	נִקְרֵאת	נִקְרֵאת	תִּקָּרְאִי	הִקָּרְאִי
הוּא	נִקְרָא	נִקְרָא	יִקָּרֵא	
הִיא	נִקְרֵאת	נִקְרְאָה	תִּקָּרֵא	
אֲנַחְנוּ	נִקְרָאִים / נִקְרָאוֹת	נִקְרֵאנוּ	נִקָּרֵא	
אַתֶּם	נִקְרָאִים	נִקְרֵאתֶם	תִּקָּרְאוּ	הִקָּרְאוּ
אַתֶּן	נִקְרָאוֹת	נִקְרֵאתֶן	תִּקָּרֶאנָה	הִקָּרֶאנָה
הֵם	נִקְרָאִים	נִקְרְאוּ	יִקָּרְאוּ	
הֵן	נִקְרָאוֹת	נִקְרְאוּ	תִּקָּרֶאנָה	

78 לְהִבָּנוֹת

נִדְמָה
נִכְוָה
נִכְפָּה
נִכְרָה
נִלְוָה
נִמְנָה
נִמְשָׁה
נִסְפָּה
נִפְדָּה
נִצְלָה
נִקְלָה
נִקְנָה
נִשְׁבָּה
נִתְלָה

בִּנְיָן: נִפְעַל		גִּזְרָה: ל״ה		שֹׁרֶשׁ: בנה
	הֹוֶה Present	עָבָר Past	עָתִיד Future	צִוּוּי Imperative
אֲנִי	נִבְנֶה / נִבְנֵית	נִבְנֵיתִי	אֶבָּנֶה	
אַתָּה	נִבְנֶה	נִבְנֵיתָ	תִּבָּנֶה	הִבָּנֵה
אַתְּ	נִבְנֵית	נִבְנֵית	תִּבָּנִי	הִבָּנִי
הוּא	נִבְנֶה	נִבְנָה	יִבָּנֶה	
הִיא	נִבְנֵית	נִבְנְתָה	תִּבָּנֶה	
אֲנַחְנוּ	נִבְנִים / נִבְנוֹת	נִבְנֵינוּ	נִבָּנֶה	
אַתֶּם	נִבְנִים	נִבְנֵיתֶם	תִּבָּנוּ	הִבָּנוּ
אַתֶּן	נִבְנוֹת	נִבְנֵיתֶן	תִּבָּנֶינָה	הִבָּנֶינָה
הֵם	נִבְנִים	נִבְנוּ	יִבָּנוּ	
הֵן	נִבְנוֹת	נִבְנוּ	תִּבָּנֶינָה	

79 לְהֵרָאוֹת

	בִּנְיָן: נִפְעַל		גִּזְרָה: ל"ה		שֹׁרֶשׁ: ראה
	הֹוֶה Present	עָבָר Past	עָתִיד Future	צִוּוּי Imperative	
אֲנִי	נִרְאֶה / נִרְאֵית	נִרְאֵיתִי	אֵרָאֶה		
אַתָּה	נִרְאֶה	נִרְאֵיתָ	תֵּרָאֶה	הֵרָאֵה	
אַתְּ	נִרְאֵית	נִרְאֵית	תֵּרָאִי	הֵרָאִי	
הוּא	נִרְאֶה	נִרְאָה	יֵרָאֶה		
הִיא	נִרְאֵית	נִרְאֲתָה	תֵּרָאֶה		
אֲנַחְנוּ	נִרְאִים / נִרְאוֹת	נִרְאֵינוּ	נֵרָאֶה		
אַתֶּם	נִרְאִים	נִרְאֵיתֶם	תֵּרָאוּ	הֵרָאוּ	
אַתֶּן	נִרְאוֹת	נִרְאֵיתֶן	תֵּרָאֶינָה	הֵרָאֶינָה	
הֵם	נִרְאִים	נִרְאוּ	יֵרָאוּ		
הֵן	נִרְאוֹת	נִרְאוּ	תֵּרָאֶינָה		

80 לְהִדָּחוֹת

	בִּנְיָן: נִפְעַל		גִּזְרָה: ל"ה + ע' גְרוֹנִית		שֹׁרֶשׁ: דחה
	הֹוֶה Present	עָבָר Past	עָתִיד Future	צִוּוּי Imperative	
אֲנִי	נִדְחֶה / נִדְחֵית	נִדְחֵיתִי	אֶדָּחֶה		
אַתָּה	נִדְחֶה	נִדְחֵיתָ	תִּדָּחֶה	הִדָּחֶה	
אַתְּ	נִדְחֵית	נִדְחֵית	תִּדָּחִי	הִדָּחִי	
הוּא	נִדְחֶה	נִדְחָה	יִדָּחֶה		
הִיא	נִדְחֵית	נִדְחֲתָה	תִּדָּחֶה		
אֲנַחְנוּ	נִדְחִים / נִדְחוֹת	נִדְחֵינוּ	נִדָּחֶה		
אַתֶּם	נִדְחִים	נִדְחֵיתֶם	תִּדָּחוּ	הִדָּחוּ	
אַתֶּן	נִדְחוֹת	נִדְחֵיתֶן	תִּדָּחֶינָה	הִדָּחֶינָה	
הֵם	נִדְחִים	נִדְחוּ	יִדָּחוּ		
הֵן	נִדְחוֹת	נִדְחוּ	תִּדָּחֶינָה		

81 לְהִנָּצֵל

נִגַּף
נִתַּז
נִתַּךְ

בִּנְיָן: נִפְעַל		גִּזְרָה: פ"נ		שֹׁרֶשׁ: נצל
	הוֹוֶה Present	עָבָר Past	עָתִיד Future	צִוּוּי Imperative
אֲנִי	נִצָּל נִצֶּלֶת	נִצַּלְתִּי	אֶנָּצֵל	
אַתָּה	נִצָּל	נִצַּלְתָּ	תִּנָּצֵל	הִנָּצֵל
אַתְּ	נִצֶּלֶת	נִצַּלְתְּ	תִּנָּצְלִי	הִנָּצְלִי
הוּא	נִצָּל	נִצַּל	יִנָּצֵל	
הִיא	נִצֶּלֶת	נִצְּלָה	תִּנָּצֵל	
אֲנַחְנוּ	נִצָּלִים נִצָּלוֹת	נִצַּלְנוּ	נִנָּצֵל	
אַתֶּם	נִצָּלִים	נִצַּלְתֶּם	תִּנָּצְלוּ	הִנָּצְלוּ
אַתֶּן	נִצָּלוֹת	נִצַּלְתֶּן	תִּנָּצַלְנָה	הִנָּצַלְנָה
הֵם	נִצָּלִים	נִצְּלוּ	יִנָּצְלוּ	
הֵן	נִצָּלוֹת	נִצְּלוּ	תִּנָּצַלְנָה	

82 לְהִנָּתֵן

בִּנְיָן: נִפְעַל		גִּזְרָה: פ"נ (מְיוּחֶדֶת)		שֹׁרֶשׁ: נתן
	הוֹוֶה Present	עָבָר Past	עָתִיד Future	צִוּוּי Imperative
אֲנִי	נִתָּן נִתֶּנֶת	נִתַּתִּי	אֶנָּתֵן	
אַתָּה	נִתָּן	נִתַּתָּ	תִּנָּתֵן	הִנָּתֵן
אַתְּ	נִתֶּנֶת	נִתַּתְּ	תִּנָּתְנִי	הִנָּתְנִי
הוּא	נִתָּן	נִתַּן	יִנָּתֵן	
הִיא	נִתֶּנֶת	נִתְּנָה	תִּנָּתֵן	
אֲנַחְנוּ	נִתָּנִים נִתָּנוֹת	נִתַּנּוּ	נִנָּתֵן	
אַתֶּם	נִתָּנִים	נִתַּתֶּם	תִּנָּתְנוּ	הִנָּתְנוּ
אַתֶּן	נִתָּנוֹת	נִתַּתֶּן	תִּנָּתַנָּה	הִנָּתַנָּה
הֵם	נִתָּנִים	נִתְּנוּ	יִנָּתְנוּ	
הֵן	נִתָּנוֹת	נִתְּנוּ	תִּנָּתַנָּה	

83 לְהִנָּשֵׂא

נִבָּא

בִּנְיָן: נִפְעַל		גִּזְרָה: פ״נ + ל״א		שֹׁרֶשׁ: נשא
	הוֹוֶה Present	עָבָר Past	עָתִיד Future	צִוּוּי Imperative
אֲנִי	נִשָּׂא נִשֵּׂאת	נִשֵּׂאתִי	אֶנָּשֵׂא	
אַתָּה	נִשָּׂא	נִשֵּׂאתָ	תִּנָּשֵׂא	הִנָּשֵׂא
אַתְּ	נִשֵּׂאת	נִשֵּׂאת	תִּנָּשְׂאִי	הִנָּשְׂאִי
הוּא	נִשָּׂא	נִשָּׂא	יִנָּשֵׂא	
הִיא	נִשֵּׂאת	נִשְּׂאָה	תִּנָּשֵׂא	
אֲנַחְנוּ	נִשָּׂאִים נִשָּׂאוֹת	נִשֵּׂאנוּ	נִנָּשֵׂא	
אַתֶּם	נִשָּׂאִים	נִשֵּׂאתֶם	תִּנָּשְׂאוּ	הִנָּשְׂאוּ
אַתֶּן	נִשָּׂאוֹת	נִשֵּׂאתֶן	תִּנָּשֶׂאנָה	הִנָּשֶׂאנָה
הֵם	נִשָּׂאִים	נִשְּׂאוּ	יִנָּשְׂאוּ	
הֵן	נִשָּׂאוֹת	נִשְּׂאוּ	תִּנָּשֶׂאנָה	

84 לְהִוָּלֵד

נוֹסַד
נוֹסַף
נוֹצַר
נוֹתַר

בִּנְיָן: נִפְעַל		גִּזְרָה: נָחֵי פ״י		שֹׁרֶשׁ: ילד
	הוֹוֶה Present	עָבָר Past	עָתִיד Future	צִוּוּי Imperative
אֲנִי	נוֹלָד נוֹלֶדֶת	נוֹלַדְתִּי	אִוָּלֵד	
אַתָּה	נוֹלָד	נוֹלַדְתָּ	תִּוָּלֵד	הִוָּלֵד
אַתְּ	נוֹלֶדֶת	נוֹלַדְתְּ	תִּוָּלְדִי	הִוָּלְדִי
הוּא	נוֹלָד	נוֹלַד	יִוָּלֵד	
הִיא	נוֹלֶדֶת	נוֹלְדָה	תִּוָּלֵד	
אֲנַחְנוּ	נוֹלָדִים נוֹלָדוֹת	נוֹלַדְנוּ	נִוָּלֵד	
אַתֶּם	נוֹלָדִים	נוֹלַדְתֶּם	תִּוָּלְדוּ	הִוָּלְדוּ
אַתֶּן	נוֹלָדוֹת	נוֹלַדְתֶּן	תִּוָּלַדְנָה	הִוָּלַדְנָה
הֵם	נוֹלָדִים	נוֹלְדוּ	יִוָּלְדוּ	
הֵן	נוֹלָדוֹת	נוֹלְדוּ	תִּוָּלַדְנָה	

85 לְהִוָּעֵד

נוֹאַשׁ
נוֹעַץ

בִּנְיָן: נִפְעַל		גִּזְרָה: פ״י + ע׳ גְּרוֹנִית		שֹׁרֶשׁ: יעד
	הֹוֶה Present	עָבָר Past	עָתִיד Future	צִוּוּי Imperative
אֲנִי	נוֹעָד / נוֹעֶדֶת	נוֹעַדְתִּי	אִוָּעֵד	
אַתָּה	נוֹעָד	נוֹעַדְתָּ	תִּוָּעֵד	הִוָּעֵד
אַתְּ	נוֹעֶדֶת	נוֹעַדְתְּ	תִּוָּעֲדִי	הִוָּעֲדִי
הוּא	נוֹעָד	נוֹעַד	יִוָּעֵד	
הִיא	נוֹעֶדֶת	נוֹעֲדָה	תִּוָּעֵד	
אֲנַחְנוּ	נוֹעָדִים / נוֹעָדוֹת	נוֹעַדְנוּ	נִוָּעֵד	
אַתֶּם	נוֹעָדִים	נוֹעַדְתֶּם	תִּוָּעֲדוּ	הִוָּעֲדוּ
אַתֶּן	נוֹעָדוֹת	נוֹעַדְתֶּן	תִּוָּעַדְנָה	הִוָּעַדְנָה
הֵם	נוֹעָדִים	נוֹעֲדוּ	יִוָּעֲדוּ	
הֵן	נוֹעָדוֹת	נוֹעֲדוּ	תִּוָּעַדְנָה	

86 לְהִוָּדַע

נוֹכַח
נוֹשַׁע

בִּנְיָן: נִפְעַל		גִּזְרָה: פ״י + ל׳ גְּרוֹנִית		שֹׁרֶשׁ: ידע
	הֹוֶה Present	עָבָר Past	עָתִיד Future	צִוּוּי Imperative
אֲנִי	נוֹדָע / נוֹדַעַת	נוֹדַעְתִּי	אִוָּדַע	
אַתָּה	נוֹדָע	נוֹדַעְתָּ	תִּוָּדַע	הִוָּדַע
אַתְּ	נוֹדַעַת	נוֹדַעְתְּ	תִּוָּדְעִי	הִוָּדְעִי
הוּא	נוֹדָע	נוֹדַע	יִוָּדַע	
הִיא	נוֹדַעַת	נוֹדְעָה	תִּוָּדַע	
אֲנַחְנוּ	נוֹדָעִים / נוֹדָעוֹת	נוֹדַעְנוּ	נִוָּדַע	
אַתֶּם	נוֹדָעִים	נוֹדַעְתֶּם	תִּוָּדְעוּ	הִוָּדְעוּ
אַתֶּן	נוֹדָעוֹת	נוֹדַעְתֶּן	תִּוָּדַעְנָה	הִוָּדַעְנָה
הֵם	נוֹדָעִים	נוֹדְעוּ	יִוָּדְעוּ	
הֵן	נוֹדָעוֹת	נוֹדְעוּ	תִּוָּדַעְנָה	

87 לְהִיָּרוֹת

בִּנְיָן: נִפְעַל		גִּזְרָה: פ״י + ל״ה		שֹׁרֶשׁ: ירה
	הֹוֶה Present	עָבָר Past	עָתִיד Future	צִוּוּי Imperative
אֲנִי	נוֹרֶה / נוֹרֵית	נוֹרֵיתִי	אִיָּרֶה	
אַתָּה	נוֹרֶה	נוֹרֵיתָ	תִּיָּרֶה	הִיָּרֶה
אַתְּ	נוֹרֵית	נוֹרֵית	תִּיָּרִי	הִיָּרִי
הוּא	נוֹרֶה	נוֹרָה	יִיָּרֶה	
הִיא	נוֹרֵית	נוֹרְתָה	תִּיָּרֶה	
אֲנַחְנוּ	נוֹרִים / נוֹרוֹת	נוֹרֵינוּ	נִיָּרֶה	
אַתֶּם	נוֹרִים	נוֹרֵיתֶם	תִּיָּרוּ	הִיָּרוּ
אַתֶּן	נוֹרוֹת	נוֹרֵיתֶן	תִּיָּרֶינָה	הִיָּרֶינָה
הֵם	נוֹרִים	נוֹרוּ	יִיָּרוּ	
הֵן	נוֹרוֹת	נוֹרוּ	תִּיָּרֶינָה	

88 לְהִדּוֹן

בִּנְיָן: נִפְעַל		גִּזְרָה: ע״ו		שֹׁרֶשׁ: דון
	הֹוֶה Present	עָבָר Past	עָתִיד Future	צִוּוּי Imperative
אֲנִי	נִדּוֹן / נִדּוֹנָה	נְדוּנוֹתִי	אֶדּוֹן	
אַתָּה	נִדּוֹן	נְדוּנוֹתָ	תִּדּוֹן	הִדּוֹן
אַתְּ	נִדּוֹנָה	נְדוּנוֹת	תִּדּוֹנִי	הִדּוֹנִי
הוּא	נִדּוֹן	נִדּוֹן	יִדּוֹן	
הִיא	נִדּוֹנָה	נִדּוֹנָה	תִּדּוֹן	
אֲנַחְנוּ	נִדּוֹנִים / נִדּוֹנוֹת	נְדוּנוֹנוּ	נִדּוֹן	
אַתֶּם	נִדּוֹנִים	נְדוּנוֹתֶם	תִּדּוֹנוּ	הִדּוֹנוּ
אַתֶּן	נִדּוֹנוֹת	נְדוּנוֹתֶן	תִּדֹּנָּה	הִדֹּנָּה
הֵם	נִדּוֹנִים	נִדּוֹנוּ	יִדּוֹנוּ	
הֵן	נִדּוֹנוֹת	נִדּוֹנוּ	תִּדֹּנָּה	

נִזּוֹן
נִמּוֹל

89 לְהִסּוֹג

נָמוֹג
נָפוֹץ

בִּנְיָן: נִפְעַל		גִּזְרָה: ע״ו		שֹׁרֶשׁ: סוג
	הֹוֶה Present	עָבָר Past	עָתִיד Future	צִוּוּי Imperative
אֲנִי	נָסוֹג / נְסוֹגָה	נְסוּגוֹתִי	אֶסּוֹג	
אַתָּה	נָסוֹג	נְסוּגוֹתָ	תִּסּוֹג	הִסּוֹג
אַתְּ	נְסוֹגָה	נְסוּגוֹת	תִּסּוֹגִי	הִסּוֹגִי
הוּא	נָסוֹג	נָסוֹג	יִסּוֹג	
הִיא	נְסוֹגָה	נָסוֹגָה	תִּסּוֹג	
אֲנַחְנוּ	נְסוֹגִים / נְסוֹגוֹת	נְסוּגוֹנוּ	נִסּוֹג	
אַתֶּם	נְסוֹגִים	נְסוּגוֹתֶם	תִּסּוֹגוּ	הִסּוֹגוּ
אַתֶּן	נְסוֹגוֹת	נְסוּגוֹתֶן	תִּסֹּגְנָה	הִסֹּגְנָה
הֵם	נְסוֹגִים	נָסוֹגוּ	יִסּוֹגוּ	
הֵן	נְסוֹגוֹת	נָסוֹגוּ	תִּסֹּגְנָה	

90 לְהִמֵּס

בִּנְיָן: נִפְעַל		גִּזְרָה: כְּפוּלִים		שֹׁרֶשׁ: מסס
	הֹוֶה Present	עָבָר Past	עָתִיד Future	צִוּוּי Imperative
אֲנִי	נָמֵס / נְמַסָּה	נְמַסּוֹתִי	אִמַּס	
אַתָּה	נָמֵס	נְמַסּוֹתָ	תִּמַּס	הִמַּס
אַתְּ	נְמַסָּה	נְמַסּוֹת	תִּמַּסִּי	הִמַּסִּי
הוּא	נָמֵס	נָמַס	יִמַּס	
הִיא	נְמַסָּה	נָמַסָּה	תִּמַּס	
אֲנַחְנוּ	נְמַסִּים / נְמַסּוֹת	נְמַסּוֹנוּ	נִמַּס	
אַתֶּם	נְמַסִּים	נְמַסּוֹתֶם	תִּמַּסּוּ	הִמַּסּוּ
אַתֶּן	נְמַסּוֹת	נְמַסּוֹתֶן	תִּמַּסְנָה	הִמַּסְנָה
הֵם	נְמַסִּים	נָמַסּוּ	יִמַּסּוּ	
הֵן	נְמַסּוֹת	נָמַסּוּ	תִּמַּסְנָה	

91 לְדַבֵּר

בִּנְיָן: פִּעֵל	גִּזְרָה: שְׁלֵמִים		שֹׁרֶשׁ: דבר	
	הֹוֶה Present	עָבָר Past	עָתִיד Future	צִוּוּי Imperative
אֲנִי	מְדַבֵּר מְדַבֶּרֶת	דִּבַּרְתִּי	אֲדַבֵּר	
אַתָּה	מְדַבֵּר	דִּבַּרְתָּ	תְּדַבֵּר	דַּבֵּר
אַתְּ	מְדַבֶּרֶת	דִּבַּרְתְּ	תְּדַבְּרִי	דַּבְּרִי
הוּא	מְדַבֵּר	דִּבֵּר	יְדַבֵּר	
הִיא	מְדַבֶּרֶת	דִּבְּרָה	תְּדַבֵּר	
אֲנַחְנוּ	מְדַבְּרִים מְדַבְּרוֹת	דִּבַּרְנוּ	נְדַבֵּר	
אַתֶּם	מְדַבְּרִים	דִּבַּרְתֶּם	תְּדַבְּרוּ	דַּבְּרוּ
אַתֶּן	מְדַבְּרוֹת	דִּבַּרְתֶּן	תְּדַבֵּרְנָה	דַּבֵּרְנָה
הֵם	מְדַבְּרִים	דִּבְּרוּ	יְדַבְּרוּ	
הֵן	מְדַבְּרוֹת	דִּבְּרוּ	תְּדַבֵּרְנָה	

אִבֵּד
אִבֵּק
אִגֵּד
אִגֵּף
אִיֵּם
אִיֵּר
אִיֵּשׁ
אִכֵּל
אִלֵּף
אִלֵּץ
אִמֵּץ
אִפֵּס
אִשֵּׁר
אִתֵּר
בִּדֵּר
בִּטֵּל
בִּיֵּל
בִּיֵּם
עמ׳ 181 ◄

92 לְוַסֵּת

בִּנְיָן: פִּעֵל	גִּזְרָה: ל״ת		שֹׁרֶשׁ: וסת	
	הֹוֶה Present	עָבָר Past	עָתִיד Future	צִוּוּי Imperative
אֲנִי	מְוַסֵּת מְוַסֶּתֶת	וִסַּתִּי	אֲוַסֵּת	
אַתָּה	מְוַסֵּת	וִסַּתָּ	תְּוַסֵּת	וַסֵּת
אַתְּ	מְוַסֶּתֶת	וִסַּתְּ	תְּוַסְּתִי	וַסְּתִי
הוּא	מְוַסֵּת	וִסֵּת	יְוַסֵּת	
הִיא	מְוַסֶּתֶת	וִסְּתָה	תְּוַסֵּת	
אֲנַחְנוּ	מְוַסְּתִים מְוַסְּתוֹת	וִסַּתְנוּ	נְוַסֵּת	
אַתֶּם	מְוַסְּתִים	וִסַּתֶּם	תְּוַסְּתוּ	וַסְּתוּ
אַתֶּן	מְוַסְּתוֹת	וִסַּתֶּן	תְּוַסֵּתְנָה	וַסֵּתְנָה
הֵם	מְוַסְּתִים	וִסְּתוּ	יְוַסְּתוּ	
הֵן	מְוַסְּתוֹת	וִסְּתוּ	תְּוַסֵּתְנָה	

אִמֵּת
בִּיֵּת
זִפֵּת
סִתֵּת
עִוֵּת
עִמֵּת
צִיֵּת

93 לְשַׂחֵק

בִּנְיָן: פִּעֵל	גִּזְרָה: ע' גְּרוֹנִית (ה', ח', ע')		שֹׁרֶשׁ: שחק	
	הֹוֶה Present	עָבָר Past	עָתִיד Future	צִוּוּי Imperative
אֲנִי	מְשַׂחֵק מְשַׂחֶקֶת	שִׂחַקְתִּי	אֲשַׂחֵק	
אַתָּה	מְשַׂחֵק	שִׂחַקְתָּ	תְּשַׂחֵק	שַׂחֵק
אַתְּ	מְשַׂחֶקֶת	שִׂחַקְתְּ	תְּשַׂחֲקִי	שַׂחֲקִי
הוּא	מְשַׂחֵק	שִׂחֵק	יְשַׂחֵק	
הִיא	מְשַׂחֶקֶת	שִׂחֲקָה	תְּשַׂחֵק	
אֲנַחְנוּ	מְשַׂחֲקִים מְשַׂחֲקוֹת	שִׂחַקְנוּ	נְשַׂחֵק	
אַתֶּם	מְשַׂחֲקִים	שִׂחַקְתֶּם	תְּשַׂחֲקוּ	שַׂחֲקוּ
אַתֶּן	מְשַׂחֲקוֹת	שִׂחַקְתֶּן	תְּשַׂחֵקְנָה	שַׂחֵקְנָה
הֵם	מְשַׂחֲקִים	שִׂחֲקוּ	יְשַׂחֲקוּ	
הֵן	מְשַׂחֲקוֹת	שִׂחֲקוּ	תְּשַׂחֵקְנָה	

אִחֵד
אִחֵל
בִּעֵר
גִּהֵץ
גִּהֵק
גִּחֵךְ
זִהֵם
טִהֵר
יִחֵד
יִחֵל
יִחֵס
יִעֵד
יִעֵל
יִעֵץ
יִעֵר
כִּעֵר
מִהֵר
מִעֵט

עמ' 182 ◄

94 לְנַצֵּחַ

בִּנְיָן: פִּעֵל	גִּזְרָה: ל' גְּרוֹנִית (ח', ע')		שֹׁרֶשׁ: נצח	
	הֹוֶה Present	עָבָר Past	עָתִיד Future	צִוּוּי Imperative
אֲנִי	מְנַצֵּחַ מְנַצַּחַת	נִצַּחְתִּי	אֲנַצֵּחַ	
אַתָּה	מְנַצֵּחַ	נִצַּחְתָּ	תְּנַצֵּחַ	נַצֵּחַ
אַתְּ	מְנַצַּחַת	נִצַּחְתְּ	תְּנַצְּחִי	נַצְּחִי
הוּא	מְנַצֵּחַ	נִצַּח	יְנַצֵּחַ	
הִיא	מְנַצַּחַת	נִצְּחָה	תְּנַצֵּחַ	
אֲנַחְנוּ	מְנַצְּחִים מְנַצְּחוֹת	נִצַּחְנוּ	נְנַצֵּחַ	
אַתֶּם	מְנַצְּחִים	נִצַּחְתֶּם	תְּנַצְּחוּ	נַצְּחוּ
אַתֶּן	מְנַצְּחוֹת	נִצַּחְתֶּן	תְּנַצַּחְנָה	נַצַּחְנָה
הֵם	מְנַצְּחִים	נִצְּחוּ	יְנַצְּחוּ	
הֵן	מְנַצְּחוֹת	נִצְּחוּ	תְּנַצַּחְנָה	

בִּדֵּחַ
בִּטֵּחַ
בִּצֵּעַ
בִּקֵּעַ
גִּלֵּחַ
דִּוֵּחַ
טִבֵּעַ
טִוֵּחַ
טִיֵּחַ
טִפֵּחַ
יִגֵּעַ
כִּסֵּחַ
נִסֵּחַ
נִפֵּחַ
נִצֵּחַ
נִתֵּחַ
סִיֵּעַ
סִפֵּחַ

עמ' 182 ◄

95 לְמַלֵּא

בִּנְיָן: פִּעֵל	גִּזְרָה: נָחֵי ל״א			שֹׁרֶשׁ: מלא
	הֹוֶה Present	עָבָר Past	עָתִיד Future	צִוּוּי Imperative
אֲנִי	מְמַלֵּא מְמַלֵּאת	מִלֵּאתִי	אֲמַלֵּא	
אַתָּה	מְמַלֵּא	מִלֵּאתָ	תְּמַלֵּא	מַלֵּא
אַתְּ	מְמַלֵּאת	מִלֵּאת	תְּמַלְּאִי	מַלְּאִי
הוּא	מְמַלֵּא	מִלֵּא	יְמַלֵּא	
הִיא	מְמַלֵּאת	מִלְּאָה	תְּמַלֵּא	
אֲנַחְנוּ	מְמַלְּאִים מְמַלְּאוֹת	מִלֵּאנוּ	נְמַלֵּא	
אַתֶּם	מְמַלְּאִים	מִלֵּאתֶם	תְּמַלְּאוּ	מַלְּאוּ
אַתֶּן	מְמַלְּאוֹת	מִלֵּאתֶן	תְּמַלֶּאנָה	מַלֶּאנָה
הֵם	מְמַלְּאִים	מִלְּאוּ	יְמַלְּאוּ	
הֵן	מְמַלְּאוֹת	מִלְּאוּ	תְּמַלֶּאנָה	

בִּטֵּא
דִּכֵּא
וִדֵּא
חִטֵּא
טִמֵּא
יִבֵּא
יִצֵּא
סִמֵּא
קִנֵּא
רִפֵּא

96 לְעַשֵּׁן

בִּנְיָן: פִּעֵל	גִּזְרָה: ל״נ			שֹׁרֶשׁ: עשן
	הֹוֶה Present	עָבָר Past	עָתִיד Future	צִוּוּי Imperative
אֲנִי	מְעַשֵּׁן מְעַשֶּׁנֶת	עִשַּׁנְתִּי	אֲעַשֵּׁן	
אַתָּה	מְעַשֵּׁן	עִשַּׁנְתָּ	תְּעַשֵּׁן	עַשֵּׁן
אַתְּ	מְעַשֶּׁנֶת	עִשַּׁנְתְּ	תְּעַשְּׁנִי	עַשְּׁנִי
הוּא	מְעַשֵּׁן	עִשֵּׁן	יְעַשֵּׁן	
הִיא	מְעַשֶּׁנֶת	עִשְּׁנָה	תְּעַשֵּׁן	
אֲנַחְנוּ	מְעַשְּׁנִים מְעַשְּׁנוֹת	עִשַּׁנּוּ	נְעַשֵּׁן	
אַתֶּם	מְעַשְּׁנִים	עִשַּׁנְתֶּם	תְּעַשְּׁנוּ	עַשְּׁנוּ
אַתֶּן	מְעַשְּׁנוֹת	עִשַּׁנְתֶּן	תְּעַשֵּׁנָּה	עַשֵּׁנָּה
הֵם	מְעַשְּׁנִים	עִשְּׁנוּ	יְעַשְּׁנוּ	
הֵן	מְעַשְּׁנוֹת	עִשְּׁנוּ	תְּעַשֵּׁנָּה	

אִבֵּן
אִזֵּן
אִמֵּן
גִּבֵּן
גִּוֵּן
גִּנֵּן
דִּשֵּׁן
זִמֵּן
חִסֵּן
חִתֵּן
טִגֵּן
כִּהֵן
כִּוֵּן
לִבֵּן
מִיֵּן
מִכֵּן
מִמֵּן
מִתֵּן

עמ׳ 182 ◄

97 לְאַחֵר

בִּנְיָן: פִּעֵל	גִּזְרָה: פ׳ גְּרוֹנִית + ע׳ גְּרוֹנִית		שֹׁרֶשׁ: אחר	
	הֹוֶה Present	עָבָר Past	עָתִיד Future	צִוּוּי Imperative
אֲנִי	מְאַחֵר מְאַחֶרֶת	אֵחַרְתִּי	אֲאַחֵר	
אַתָּה	מְאַחֵר	אֵחַרְתָּ	תְּאַחֵר	אַחֵר
אַתְּ	מְאַחֶרֶת	אֵחַרְתְּ	תְּאַחֲרִי	אַחֲרִי
הוּא	מְאַחֵר	אֵחֵר	יְאַחֵר	
הִיא	מְאַחֶרֶת	אֵחֲרָה	תְּאַחֵר	
אֲנַחְנוּ	מְאַחֲרִים מְאַחֲרוֹת	אֵחַרְנוּ	נְאַחֵר	
אַתֶּם	מְאַחֲרִים	אֵחַרְתֶּם	תְּאַחֲרוּ	אַחֲרוּ
אַתֶּן	מְאַחֲרוֹת	אֵחַרְתֶּן	תְּאַחֵרְנָה	אַחֵרְנָה
הֵם	מְאַחֲרִים	אֵחֲרוּ	יְאַחֲרוּ	
הֵן	מְאַחֲרוֹת	אֵחֲרוּ	תְּאַחֵרְנָה	

98 לְבָרֵךְ

בִּנְיָן: פִּעֵל	גִּזְרָה: ע׳ גְּרוֹנִית (א׳, ר׳)		שֹׁרֶשׁ: ברך	
	הֹוֶה Present	עָבָר Past	עָתִיד Future	צִוּוּי Imperative
אֲנִי	מְבָרֵךְ מְבָרֶכֶת	בֵּרַכְתִּי	אֲבָרֵךְ	
אַתָּה	מְבָרֵךְ	בֵּרַכְתָּ	תְּבָרֵךְ	בָּרֵךְ
אַתְּ	מְבָרֶכֶת	בֵּרַכְתְּ	תְּבָרְכִי	בָּרְכִי
הוּא	מְבָרֵךְ	בֵּרֵךְ	יְבָרֵךְ	
הִיא	מְבָרֶכֶת	בֵּרְכָה	תְּבָרֵךְ	
אֲנַחְנוּ	מְבָרְכִים מְבָרְכוֹת	בֵּרַכְנוּ	נְבָרֵךְ	
אַתֶּם	מְבָרְכִים	בֵּרַכְתֶּם	תְּבָרְכוּ	בָּרְכוּ
אַתֶּן	מְבָרְכוֹת	בֵּרַכְתֶּן	תְּבָרֵכְנָה	בָּרֵכְנָה
הֵם	מְבָרְכִים	בֵּרְכוּ	יְבָרְכוּ	
הֵן	מְבָרְכוֹת	בֵּרְכוּ	תְּבָרֵכְנָה	

בֵּאֵר
בֵּרֵר
גֵּרֵד
גֵּרֵשׁ
דֵּרֵג
זֵרֵז
יֵאֵשׁ
יֵרֵט
מֵרֵק
מֵרֵר
סֵרֵב
סֵרֵס
סֵרֵק
עֵרֵב
פֵּאֵר
פֵּרֵז
פֵּרֵט
פֵּרֵק

עמ׳ 182 ◄

99 לְשָׁרֵת

בִּנְיָן: פִּעֵל		גִּזְרָה: ע׳ גְּרוֹנִית + ל״ת		שֹׁרֶשׁ: שרת
	הֹוֶה Present	עָבָר Past	עָתִיד Future	צִוּוּי Imperative
אֲנִי	מְשָׁרֵת מְשָׁרֶתֶת	שֵׁרַתִּי	אֲשָׁרֵת	
אַתָּה	מְשָׁרֵת	שֵׁרַתָּ	תְּשָׁרֵת	שָׁרֵת
אַתְּ	מְשָׁרֶתֶת	שֵׁרַתְּ	תְּשָׁרְתִי	שָׁרְתִי
הוּא	מְשָׁרֵת	שֵׁרֵת	יְשָׁרֵת	
הִיא	מְשָׁרֶתֶת	שֵׁרְתָה	תְּשָׁרֵת	
אֲנַחְנוּ	מְשָׁרְתִים מְשָׁרְתוֹת	שֵׁרַתְנוּ	נְשָׁרֵת	
אַתֶּם	מְשָׁרְתִים	שֵׁרַתֶּם	תְּשָׁרְתוּ	שָׁרְתוּ
אַתֶּן	מְשָׁרְתוֹת	שֵׁרַתֶּן	תְּשָׁרֵתְנָה	שָׁרֵתְנָה
הֵם	מְשָׁרְתִים	שֵׁרְתוּ	יְשָׁרְתוּ	
הֵן	מְשָׁרְתוֹת	שֵׁרְתוּ	תְּשָׁרֵתְנָה	

100 לְמָאֵן

בִּנְיָן: פִּעֵל		גִּזְרָה: ע׳ גְּרוֹנִית + ל״נ		שֹׁרֶשׁ: מאן
	הֹוֶה Present	עָבָר Past	עָתִיד Future	צִוּוּי Imperative
אֲנִי	מְמָאֵן מְמָאֶנֶת	מֵאַנְתִּי	אֲמָאֵן	
אַתָּה	מְמָאֵן	מֵאַנְתָּ	תְּמָאֵן	מָאֵן
אַתְּ	מְמָאֶנֶת	מֵאַנְתְּ	תְּמָאֲנִי	מָאֲנִי
הוּא	מְמָאֵן	מֵאֵן	יְמָאֵן	
הִיא	מְמָאֶנֶת	מֵאֲנָה	תְּמָאֵן	
אֲנַחְנוּ	מְמָאֲנִים מְמָאֲנוֹת	מֵאַנּוּ	נְמָאֵן	
אַתֶּם	מְמָאֲנִים	מֵאַנְתֶּם	תְּמָאֲנוּ	מָאֲנוּ
אַתֶּן	מְמָאֲנוֹת	מֵאַנְתֶּן	תְּמָאֶנָּה	מָאֶנָּה
הֵם	מְמָאֲנִים	מֵאֲנוּ	יְמָאֲנוּ	
הֵן	מְמָאֲנוֹת	מֵאֲנוּ	תְּמָאֶנָּה	

101 לְאָרֵחַ

בִּנְיָן: פִּעֵל	גִּזְרָה: פ׳ גְּרוֹנִית + ע״ר + ל׳ גְּרוֹנִית			שֹׁרֶשׁ: ארח
	הֹוֶה Present	עָבָר Past	עָתִיד Future	צִוּוּי Imperative
אֲנִי	מְאָרֵחַ מְאָרַחַת	אֵרַחְתִּי	אֲאָרֵחַ	
אַתָּה	מְאָרֵחַ	אֵרַחְתָּ	תְּאָרֵחַ	אָרֵחַ
אַתְּ	מְאָרַחַת	אֵרַחְתְּ	תְּאָרְחִי	אָרְחִי
הוּא	מְאָרֵחַ	אֵרַח	יְאָרֵחַ	
הִיא	מְאָרַחַת	אֵרְחָה	תְּאָרֵחַ	
אֲנַחְנוּ	מְאָרְחִים מְאָרְחוֹת	אֵרַחְנוּ	נְאָרֵחַ	
אַתֶּם	מְאָרְחִים	אֵרַחְתֶּם	תְּאָרְחוּ	אָרְחוּ
אַתֶּן	מְאָרְחוֹת	אֵרַחְתֶּן	תְּאָרַחְנָה	אָרַחְנָה
הֵם	מְאָרְחִים	אֵרְחוּ	יְאָרְחוּ	
הֵן	מְאָרְחוֹת	אֵרְחוּ	תְּאָרַחְנָה	

102 לְגָרוֹת

בִּנְיָן: פִּעֵל	גִּזְרָה: ע״ר + ל״ה			שֹׁרֶשׁ: גרה
	הֹוֶה Present	עָבָר Past	עָתִיד Future	צִוּוּי Imperative
אֲנִי	מְגָרֶה מְגָרָה	גֵּרִיתִי	אֲגָרֶה	
אַתָּה	מְגָרֶה	גֵּרִיתָ	תְּגָרֶה	גָּרֵה
אַתְּ	מְגָרָה	גֵּרִית	תְּגָרִי	גָּרִי
הוּא	מְגָרֶה	גֵּרָה	יְגָרֶה	
הִיא	מְגָרָה	גֵּרְתָה	תְּגָרֶה	
אֲנַחְנוּ	מְגָרִים מְגָרוֹת	גֵּרִינוּ	נְגָרֶה	
אַתֶּם	מְגָרִים	גֵּרִיתֶם	תְּגָרוּ	גָּרוּ
אַתֶּן	מְגָרוֹת	גֵּרִיתֶן	תְּגָרֶינָה	גָּרֶינָה
הֵם	מְגָרִים	גֵּרוּ	יְגָרוּ	
הֵן	מְגָרוֹת	גֵּרוּ	תְּגָרֶינָה	

103 לְחַכּוֹת

		בִּנְיָן: פָּעַל	גִּזְרָה: ל"ה		שֹׁרֶשׁ: חכה
	הֹוֶה Present	עָבָר Past	עָתִיד Future	צִוּוּי Imperative	
אֲנִי	מְחַכֶּה / מְחַכָּה	חִכִּיתִי	אֲחַכֶּה		
אַתָּה	מְחַכֶּה	חִכִּיתָ	תְּחַכֶּה	חַכֵּה	
אַתְּ	מְחַכָּה	חִכִּית	תְּחַכִּי	חַכִּי	
הוּא	מְחַכֶּה	חִכָּה	יְחַכֶּה		
הִיא	מְחַכָּה	חִכְּתָה	תְּחַכֶּה		
אֲנַחְנוּ	מְחַכִּים / מְחַכּוֹת	חִכִּינוּ	נְחַכֶּה		
אַתֶּם	מְחַכִּים	חִכִּיתֶם	תְּחַכּוּ	חַכּוּ	
אַתֶּן	מְחַכּוֹת	חִכִּיתֶן	תְּחַכֶּינָה	חַכֶּינָה	
הֵם	מְחַכִּים	חִכּוּ	יְחַכּוּ		
הֵן	מְחַכּוֹת	חִכּוּ	תְּחַכֶּינָה		

אָדָה
בָּוָה
בָּכָה
בָּלָה
גָּלָה
גָּנָה
דָּדָה
דָּמָה
הָסָה
זָכָה
חָפָה
חָקָה
יָפָה
כָּבָה
כָּלָה
כָּנָה
כָּסָה
לָבָה

◀ עמ' 182

104 לְזַהוֹת

		בִּנְיָן: פִּעֵל	גִּזְרָה: ל"ה + ע' גְּרוֹנִית		שֹׁרֶשׁ: זהה
	הֹוֶה Present	עָבָר Past	עָתִיד Future	צִוּוּי Imperative	
אֲנִי	מְזַהֶה / מְזַהָה	זִהִיתִי	אֲזַהֶה		
אַתָּה	מְזַהֶה	זִהִיתָ	תְּזַהֶה	זַהֵה	
אַתְּ	מְזַהָה	זִהִית	תְּזַהִי	זַהִי	
הוּא	מְזַהֶה	זִהָה	יְזַהֶה		
הִיא	מְזַהָה	זִהֲתָה	תְּזַהֶה		
אֲנַחְנוּ	מְזַהִים / מְזַהוֹת	זִהִינוּ	נְזַהֶה		
אַתֶּם	מְזַהִים	זִהִיתֶם	תְּזַהוּ	זַהוּ	
אַתֶּן	מְזַהוֹת	זִהִיתֶן	תְּזַהֶינָה	זַהֶינָה	
הֵם	מְזַהִים	זִהוּ	יְזַהוּ		
הֵן	מְזַהוֹת	זִהוּ	תְּזַהֶינָה		

זָהָה
אָחָה

105 לְצַלְצֵל

אוֹרֵר
אִכְזֵב
אִכְלֵס
אִלְתֵּר
אִמְלֵל
אִפְשֵׁר
אִקְלֵם
אִשְׁפֵּז
בִּזְבֵּז
בִּלְבֵּל
בִּצְבֵּץ
גִּלְגֵּל
גִּמְגֵּם
גִּרְגֵּר
דִּגְדֵּג
דִּכְדֵּךְ
דִּלְדֵּל
דִּפְדֵּף

עמ׳ 182 ◄

בִּנְיָן: פִּעֵל	גִּזְרָה: מְרֻבָּעִים			שֹׁרֶשׁ: צלצל
	הֹוֶה Present	עָבָר Past	עָתִיד Future	צִוּוּי Imperative
אֲנִי	מְצַלְצֵל / מְצַלְצֶלֶת	צִלְצַלְתִּי	אֲצַלְצֵל	
אַתָּה	מְצַלְצֵל	צִלְצַלְתָּ	תְּצַלְצֵל	צַלְצֵל
אַתְּ	מְצַלְצֶלֶת	צִלְצַלְתְּ	תְּצַלְצְלִי	צַלְצְלִי
הוּא	מְצַלְצֵל	צִלְצֵל	יְצַלְצֵל	
הִיא	מְצַלְצֶלֶת	צִלְצְלָה	תְּצַלְצֵל	
אֲנַחְנוּ	מְצַלְצְלִים / מְצַלְצְלוֹת	צִלְצַלְנוּ	נְצַלְצֵל	
אַתֶּם	מְצַלְצְלִים	צִלְצַלְתֶּם	תְּצַלְצְלוּ	צַלְצְלוּ
אַתֶּן	מְצַלְצְלוֹת	צִלְצַלְתֶּן	תְּצַלְצֵלְנָה	צַלְצֵלְנָה
הֵם	מְצַלְצְלִים	צִלְצְלוּ	יְצַלְצְלוּ	
הֵן	מְצַלְצְלוֹת	צִלְצְלוּ	תְּצַלְצֵלְנָה	

106 לְהַרְהֵר

בִּנְאֵם
הִבְהֵב
הִדְהֵד
חִלְחֵל
חִרְחֵר
עִפְעֵף
עִרְעֵר
שִׁלְהֵב
תִּפְעֵל

בִּנְיָן: פִּעֵל	גִּזְרָה: מְרֻבָּעִים + גְּרוֹנִיּוֹת (ה׳)			שֹׁרֶשׁ: הרהר
	הֹוֶה Present	עָבָר Past	עָתִיד Future	צִוּוּי Imperative
אֲנִי	מְהַרְהֵר / מְהַרְהֶרֶת	הִרְהַרְתִּי	אֲהַרְהֵר	
אַתָּה	מְהַרְהֵר	הִרְהַרְתָּ	תְּהַרְהֵר	הַרְהֵר
אַתְּ	מְהַרְהֶרֶת	הִרְהַרְתְּ	תְּהַרְהֲרִי	הַרְהֲרִי
הוּא	מְהַרְהֵר	הִרְהֵר	יְהַרְהֵר	
הִיא	מְהַרְהֶרֶת	הִרְהֲרָה	תְּהַרְהֵר	
אֲנַחְנוּ	מְהַרְהֲרִים / מְהַרְהֲרוֹת	הִרְהַרְנוּ	נְהַרְהֵר	
אַתֶּם	מְהַרְהֲרִים	הִרְהַרְתֶּם	תְּהַרְהֲרוּ	הַרְהֲרוּ
אַתֶּן	מְהַרְהֲרוֹת	הִרְהַרְתֶּן	תְּהַרְהֵרְנָה	הַרְהֵרְנָה
הֵם	מְהַרְהֲרִים	הִרְהֲרוּ	יְהַרְהֲרוּ	
הֵן	מְהַרְהֲרוֹת	הִרְהֲרוּ	תְּהַרְהֵרְנָה	

107 לְטַאטֵא

שֹׁרֶשׁ: טאטא	גִּזְרָה: מְרֻבָּעִים + גְּרוֹנִיּוֹת (א')		בִּנְיָן: פָּעַל	
צִוּוּי Imperative	עָתִיד Future	עָבָר Past	הֹוֶה Present	
	אֲטַאטֵא	טִאטֵאתִי	מְטַאטֵא מְטַאטֵאת	אֲנִי
טַאטֵא	תְּטַאטֵא	טִאטֵאתָ	מְטַאטֵא	אַתָּה
טַאטְאִי	תְּטַאטְאִי	טִאטֵאת	מְטַאטֵאת	אַתְּ
	יְטַאטֵא	טִאטֵא	מְטַאטֵא	הוּא
	תְּטַאטֵא	טִאטְאָה	מְטַאטֵאת	הִיא
	נְטַאטֵא	טִאטֵאנוּ	מְטַאטְאִים מְטַאטְאוֹת	אֲנַחְנוּ
טַאטְאוּ	תְּטַאטְאוּ	טִאטֵאתֶם	מְטַאטְאִים	אַתֶּם
טַאטֶאנָה	תְּטַאטֶאנָה	טִאטֵאתֶן	מְטַאטְאוֹת	אַתֶּן
	יְטַאטְאוּ	טִאטְאוּ	מְטַאטְאִים	הֵם
	תְּטַאטֶאנָה	טִאטְאוּ	מְטַאטְאוֹת	הֵן

108 לְצַחְצֵחַ

שֹׁרֶשׁ: צחצח	גִּזְרָה: מְרֻבָּעִים + גְּרוֹנִיּוֹת (ח', ע')		בִּנְיָן: פָּעַל	
צִוּוּי Imperative	עָתִיד Future	עָבָר Past	הֹוֶה Present	
	אֲצַחְצֵחַ	צִחְצַחְתִּי	מְצַחְצֵחַ מְצַחְצַחַת	אֲנִי
צַחְצֵחַ	תְּצַחְצֵחַ	צִחְצַחְתָּ	מְצַחְצֵחַ	אַתָּה
צַחְצְחִי	תְּצַחְצְחִי	צִחְצַחְתְּ	מְצַחְצַחַת	אַתְּ
	יְצַחְצֵחַ	צִחְצֵחַ	מְצַחְצֵחַ	הוּא
	תְּצַחְצֵחַ	צִחְצְחָה	מְצַחְצַחַת	הִיא
	נְצַחְצֵחַ	צִחְצַחְנוּ	מְצַחְצְחִים מְצַחְצְחוֹת	אֲנַחְנוּ
צַחְצְחוּ	תְּצַחְצְחוּ	צִחְצַחְתֶּם	מְצַחְצְחִים	אַתֶּם
צַחְצֵחְנָה	תְּצַחְצֵחְנָה	צִחְצַחְתֶּן	מְצַחְצְחוֹת	אַתֶּן
	יְצַחְצְחוּ	צִחְצְחוּ	מְצַחְצְחִים	הֵם
	תְּצַחְצֵחְנָה	צִחְצְחוּ	מְצַחְצְחוֹת	הֵן

אִבְטֵחַ
אִזְרֵחַ
בִּעְבֵּעַ
כִּחְכֵּחַ
לִחְלֵחַ
נִעְנֵעַ
רִחְרֵחַ
שִׁכְנֵעַ

109 לְזַעְזֵעַ

פִּעְנֵחַ
קִעְקֵעַ
קִרְקֵעַ
שִׁעְשֵׁעַ
תִּעְתֵּעַ

בִּנְיָן: פִּעֵל | גִּזְרָה: מְרֻבָּעִים + גְּרוֹנִיּוֹת (ע׳) | שֹׁרֶשׁ: זעזע

	הֹוֶה Present	עָבָר Past	עָתִיד Future	צִוּוּי Imperative
אֲנִי	מְזַעְזֵעַ מְזַעְזַעַת	זִעְזַעְתִּי	אֲזַעְזֵעַ	
אַתָּה	מְזַעְזֵעַ	זִעְזַעְתָּ	תְּזַעְזֵעַ	זַעְזֵעַ
אַתְּ	מְזַעְזַעַת	זִעְזַעְתְּ	תְּזַעְזְעִי	זַעְזְעִי
הוּא	מְזַעְזֵעַ	זִעְזַע	יְזַעְזֵעַ	
הִיא	מְזַעְזַעַת	זִעְזְעָה	תְּזַעְזֵעַ	
אֲנַחְנוּ	מְזַעְזְעִים מְזַעְזְעוֹת	זִעְזַעְנוּ	נְזַעְזֵעַ	
אַתֶּם	מְזַעְזְעִים	זִעְזַעְתֶּם	תְּזַעְזְעוּ	זַעְזְעוּ
אַתֶּן	מְזַעְזְעוֹת	זִעְזַעְתֶּן	תְּזַעְזַעְנָה	זַעְזַעְנָה
הֵם	מְזַעְזְעִים	זִעְזְעוּ	יְזַעְזְעוּ	
הֵן	מְזַעְזְעוֹת	זִעְזְעוּ	תְּזַעְזַעְנָה	

110 לְתַכְנֵן

אִבְחֵן
אִכְסֵן
אִפְיֵן
אִרְגֵּן
דִּרְבֵּן
טִלְפֵּן
מִשְׁכֵּן
סִגְנֵן
סִקְרֵן
עִדְכֵּן
עִנְיֵן
עִצְבֵּן
רִאְיֵן
רִעְנֵן
שִׁרְיֵן
תִּזְמֵן
תִּמְרֵן

בִּנְיָן: פִּעֵל | גִּזְרָה: מְרֻבָּעִים + ל״נ | שֹׁרֶשׁ: תכנן

	הֹוֶה Present	עָבָר Past	עָתִיד Future	צִוּוּי Imperative
אֲנִי	מְתַכְנֵן מְתַכְנֶנֶת	תִּכְנַנְתִּי	אֲתַכְנֵן	
אַתָּה	מְתַכְנֵן	תִּכְנַנְתָּ	תְּתַכְנֵן	תַּכְנֵן
אַתְּ	מְתַכְנֶנֶת	תִּכְנַנְתְּ	תְּתַכְנְנִי	תַּכְנְנִי
הוּא	מְתַכְנֵן	תִּכְנֵן	יְתַכְנֵן	
הִיא	מְתַכְנֶנֶת	תִּכְנְנָה	תְּתַכְנֵן	
אֲנַחְנוּ	מְתַכְנְנִים מְתַכְנְנוֹת	תִּכְנַנּוּ	נְתַכְנֵן	
אַתֶּם	מְתַכְנְנִים	תִּכְנַנְתֶּם	תְּתַכְנְנוּ	תַּכְנְנוּ
אַתֶּן	מְתַכְנְנוֹת	תִּכְנַנְתֶּן	תְּתַכְנֵנָּה	תַּכְנֵנָּה
הֵם	מְתַכְנְנִים	תִּכְנְנוּ	יְתַכְנְנוּ	
הֵן	מְתַכְנְנוֹת	תִּכְנְנוּ	תְּתַכְנֵנָּה	

111 לְתַכְנֵת

תִּמְצֵת
תִּרְבֵּת

	הֹוֶה Present	עָבָר Past	עָתִיד Future	צִוּוּי Imperative
בִּנְיָן: פָּעֵל	גִּזְרָה: מְרֻבָּעִים + ל"ת			שֹׁרֶשׁ: תכנת
אֲנִי	מְתַכְנֵת / מְתַכְנֶתֶת	תִּכְנַתִּי	אֲתַכְנֵת	
אַתָּה	מְתַכְנֵת	תִּכְנַתָּ	תְּתַכְנֵת	תַּכְנֵת
אַתְּ	מְתַכְנֶתֶת	תִּכְנַתְּ	תְּתַכְנְתִי	תַּכְנְתִי
הוּא	מְתַכְנֵת	תִּכְנֵת	יְתַכְנֵת	
הִיא	מְתַכְנֶתֶת	תִּכְנְתָה	תְּתַכְנֵת	
אֲנַחְנוּ	מְתַכְנְתִים / מְתַכְנְתוֹת	תִּכְנַתְנוּ	נְתַכְנֵת	
אַתֶּם	מְתַכְנְתִים	תִּכְנַתֶּם	תְּתַכְנְתוּ	תַּכְנְתוּ
אַתֶּן	מְתַכְנְתוֹת	תִּכְנַתֶּן	תְּתַכְנֶתְנָה	תַּכְנֶתְנָה
הֵם	מְתַכְנְתִים	תִּכְנְתוּ	יְתַכְנְתוּ	
הֵן	מְתַכְנְתוֹת	תִּכְנְתוּ	תְּתַכְנֶתְנָה	

112 לְסוֹבֵב

בּוֹדֵד
בּוֹסֵס
בּוֹשֵׁשׁ
גּוֹלֵל
דּוֹבֵב
דּוֹמֵם
חוֹלֵל
חוֹקֵק
כּוֹפֵף
מוֹטֵט
עוֹדֵד
עוֹלֵל
עוֹרֵר
פּוֹצֵץ
פּוֹרֵר
צוֹפֵף
קוֹמֵם
רוֹמֵם

◄ עמ' 183

	הֹוֶה Present	עָבָר Past	עָתִיד Future	צִוּוּי Imperative
בִּנְיָן: פָּעֵל	גִּזְרָה: כְּפוּלִים + עו"י			שֹׁרֶשׁ: סבב
אֲנִי	מְסוֹבֵב / מְסוֹבֶבֶת	סוֹבַבְתִּי	אֲסוֹבֵב	
אַתָּה	מְסוֹבֵב	סוֹבַבְתָּ	תְּסוֹבֵב	סוֹבֵב
אַתְּ	מְסוֹבֶבֶת	סוֹבַבְתְּ	תְּסוֹבְבִי	סוֹבְבִי
הוּא	מְסוֹבֵב	סוֹבֵב	יְסוֹבֵב	
הִיא	מְסוֹבֶבֶת	סוֹבְבָה	תְּסוֹבֵב	
אֲנַחְנוּ	מְסוֹבְבִים / מְסוֹבְבוֹת	סוֹבַבְנוּ	נְסוֹבֵב	
אַתֶּם	מְסוֹבְבִים	סוֹבַבְתֶּם	תְּסוֹבְבוּ	סוֹבְבוּ
אַתֶּן	מְסוֹבְבוֹת	סוֹבַבְתֶּן	תְּסוֹבֵבְנָה	סוֹבֵבְנָה
הֵם	מְסוֹבְבִים	סוֹבְבוּ	יְסוֹבְבוּ	
הֵן	מְסוֹבְבוֹת	סוֹבְבוּ	תְּסוֹבֵבְנָה	

113 לְכוֹנֵן

גּוֹנֵן
רוֹקֵן

בִּנְיָן: פִּעֵל		גִּזְרָה: כְּפוּלִים + ע״ו/ע״י + ל״נ		שֹׁרֶשׁ: כון
	הֹוֶה Present	עָבָר Past	עָתִיד Future	צִוּוּי Imperative
אֲנִי	מְכוֹנֵן / מְכוֹנֶנֶת	כּוֹנַנְתִּי	אֲכוֹנֵן	
אַתָּה	מְכוֹנֵן	כּוֹנַנְתָּ	תְּכוֹנֵן	כּוֹנֵן
אַתְּ	מְכוֹנֶנֶת	כּוֹנַנְתְּ	תְּכוֹנְנִי	כּוֹנְנִי
הוּא	מְכוֹנֵן	כּוֹנֵן	יְכוֹנֵן	
הִיא	מְכוֹנֶנֶת	כּוֹנְנָה	תְּכוֹנֵן	
אֲנַחְנוּ	מְכוֹנְנִים / מְכוֹנְנוֹת	כּוֹנַנּוּ	נְכוֹנֵן	
אַתֶּם	מְכוֹנְנִים	כּוֹנַנְתֶּם	תְּכוֹנְנוּ	כּוֹנְנוּ
אַתֶּן	מְכוֹנְנוֹת	כּוֹנַנְתֶּן	תְּכוֹנֵנָּה	כּוֹנֵנָּה
הֵם	מְכוֹנְנִים	כּוֹנְנוּ	יְכוֹנְנוּ	
הֵן	מְכוֹנְנוֹת	כּוֹנְנוּ	תְּכוֹנֵנָּה	

114 לְצוֹתֵת

בִּנְיָן: פִּעֵל		גִּזְרָה: ע״ו + ל״ת		שֹׁרֶשׁ: צות
	הֹוֶה Present	עָבָר Past	עָתִיד Future	צִוּוּי Imperative
אֲנִי	מְצוֹתֵת / מְצוֹתֶתֶת	צוֹתַתִּי	אֲצוֹתֵת	
אַתָּה	מְצוֹתֵת	צוֹתַתָּ	תְּצוֹתֵת	צוֹתֵת
אַתְּ	מְצוֹתֶתֶת	צוֹתַתְּ	תְּצוֹתְתִי	צוֹתְתִי
הוּא	מְצוֹתֵת	צוֹתֵת	יְצוֹתֵת	
הִיא	מְצוֹתֶתֶת	צוֹתְתָה	תְּצוֹתֵת	
אֲנַחְנוּ	מְצוֹתְתִים / מְצוֹתְתוֹת	צוֹתַתְנוּ	נְצוֹתֵת	
אַתֶּם	מְצוֹתְתִים	צוֹתַתֶּם	תְּצוֹתְתוּ	צוֹתְתוּ
אַתֶּן	מְצוֹתְתוֹת	צוֹתַתֶּן	תְּצוֹתֵתְנָה	צוֹתֵתְנָה
הֵם	מְצוֹתְתִים	צוֹתְתוּ	יְצוֹתְתוּ	
הֵן	מְצוֹתְתוֹת	צוֹתְתוּ	תְּצוֹתֵתְנָה	

115 לְשׂוֹחֵחַ

בִּנְיָן: פִּעֵל		גִזְרָה: ע"ו-ע"י (מְיוּחֶדֶת)		שֹׁרֶשׁ: שׂיח
	הֹוֶה Present	עָבָר Past	עָתִיד Future	צִוּוּי Imperative
אֲנִי	מְשׂוֹחֵחַ / מְשׂוֹחַחַת	שׂוֹחַחְתִּי	אֲשׂוֹחֵחַ	
אַתָּה	מְשׂוֹחֵחַ	שׂוֹחַחְתָּ	תְּשׂוֹחֵחַ	שׂוֹחֵחַ
אַתְּ	מְשׂוֹחַחַת	שׂוֹחַחְתְּ	תְּשׂוֹחֲחִי	שׂוֹחֲחִי
הוּא	מְשׂוֹחֵחַ	שׂוֹחֵחַ	יְשׂוֹחֵחַ	
הִיא	מְשׂוֹחַחַת	שׂוֹחֲחָה	תְּשׂוֹחֵחַ	
אֲנַחְנוּ	מְשׂוֹחֲחִים / מְשׂוֹחֲחוֹת	שׂוֹחַחְנוּ	נְשׂוֹחֵחַ	
אַתֶּם	מְשׂוֹחֲחִים	שׂוֹחַחְתֶּם	תְּשׂוֹחֲחוּ	שׂוֹחֲחוּ
אַתֶּן	מְשׂוֹחֲחוֹת	שׂוֹחַחְתֶּן	תְּשׂוֹחַחְנָה	שׂוֹחַחְנָה
הֵם	מְשׂוֹחֲחִים	שׂוֹחֲחוּ	יְשׂוֹחֲחוּ	
הֵן	מְשׂוֹחֲחוֹת	שׂוֹחֲחוּ	תְּשׂוֹחַחְנָה	

116 לְאֶרֹעַ

בִּנְיָן: פִּעֵל		גִזְרָה: מְיוּחֶדֶת		שֹׁרֶשׁ: ארע
	הֹוֶה Present	עָבָר Past	עָתִיד Future	צִוּוּי Imperative
אֲנִי				
אַתָּה				
אַתְּ				
הוּא		אֵרַע	יְאֻרַע	
הִיא		אֵרְעָה	תְּאֻרַע	
אֲנַחְנוּ				
אַתֶּם				
אַתֶּן				
הֵם		אֵרְעוּ	יְאֻרְעוּ	
הֵן		אֵרְעוּ	תְּאֻרַעְנָה	

117 לְטַלְגְרֵף

שֹׁרֶשׁ: טלגרף		גִזְרָה: מְחֻמָּשִׁים		בִּנְיָן: פִּעֵל
צִוּוּי Imperative	עָתִיד Future	עָבָר Past	הֹוֶה Present	
	אֲטַלְגְרֵף	טִלְגְרַפְתִּי	מְטַלְגְרֵף מְטַלְגְרֶפֶת	אֲנִי
טַלְגְרֵף	תְּטַלְגְרֵף	טִלְגְרַפְתָּ	מְטַלְגְרֵף	אַתָּה
טַלְגְרְפִי	תְּטַלְגְרְפִי	טִלְגְרַפְתְּ	מְטַלְגְרֶפֶת	אַתְּ
	יְטַלְגְרֵף	טִלְגְרֵף	מְטַלְגְרֵף	הוּא
	תְּטַלְגְרֵף	טִלְגְרְפָה	מְטַלְגְרֶפֶת	הִיא
	נְטַלְגְרֵף	טִלְגְרַפְנוּ	מְטַלְגְרְפִים מְטַלְגְרְפוֹת	אֲנַחְנוּ
טַלְגְרְפוּ	תְּטַלְגְרְפִי	טִלְגְרַפְתֶּם	מְטַלְגְרְפִים	אַתֶּם
טַלְגְרֵפְנָה	תְּטַלְגְרֵפְנָה	טִלְגְרַפְתֶּן	מְטַלְגְרְפוֹת	אַתֶּן
	יְטַלְגְרְפוּ	טִלְגְרְפוּ	מְטַלְגְרְפִים	הֵם
	תְּטַלְגְרֵפְנָה	טִלְגְרְפוּ	מְטַלְגְרְפוֹת	הֵן

118

בִּנְיָן: פֻּעַל		גִּזְרָה: שְׁלֵמִים		שֹׁרֶשׁ: כבד
	הֹוֶה Present	עָבָר Past	עָתִיד Future	צִוּוּי Imperative
אֲנִי	מְכֻבָּד מְכֻבֶּדֶת	כֻּבַּדְתִּי	אֲכֻבַּד	
אַתָּה	מְכֻבָּד	כֻּבַּדְתָּ	תְּכֻבַּד	
אַתְּ	מְכֻבֶּדֶת	כֻּבַּדְתְּ	תְּכֻבְּדִי	
הוּא	מְכֻבָּד	כֻּבַּד	יְכֻבַּד	
הִיא	מְכֻבֶּדֶת	כֻּבְּדָה	תְּכֻבַּד	
אֲנַחְנוּ	מְכֻבָּדִים מְכֻבָּדוֹת	כֻּבַּדְנוּ	נְכֻבַּד	
אַתֶּם	מְכֻבָּדִים	כֻּבַּדְתֶּם	תְּכֻבְּדוּ	
אַתֶּן	מְכֻבָּדוֹת	כֻּבַּדְתֶּן	תְּכֻבַּדְנָה	
הֵם	מְכֻבָּדִים	כֻּבְּדוּ	יְכֻבְּדוּ	
הֵן	מְכֻבָּדוֹת	כֻּבְּדוּ	תְּכֻבַּדְנָה	

אִגֵּף
אִיֵּר
אִיֵּשׁ
אִכֵּל
אִלֵּף
אִלֵּץ
אִמֵּץ
אִפֵּס
אִשֵּׁר
אִתֵּר
בִּדֵּד
בִּטֵּל
בִּיֵּל
בִּיֵּם
בִּיֵּשׁ
בִּסֵּס
בִּצֵּר
בִּשֵּׁל

עמ׳ 183 ◄

119

בִּנְיָן: פֻּעַל		גִּזְרָה: ל״ת		שֹׁרֶשׁ: וסת
	הֹוֶה Present	עָבָר Past	עָתִיד Future	צִוּוּי Imperative
אֲנִי	מְוֻסָּת מְוֻסֶּתֶת	וֻסַּתִּי	אֲוֻסַּת	
אַתָּה	מְוֻסָּת	וֻסַּתָּ	תְּוֻסַּת	
אַתְּ	מְוֻסֶּתֶת	וֻסַּתְּ	תְּוֻסְּתִי	
הוּא	מְוֻסָּת	וֻסַּת	יְוֻסַּת	
הִיא	מְוֻסֶּתֶת	וֻסְּתָה	תְּוֻסַּת	
אֲנַחְנוּ	מְוֻסָּתִים מְוֻסָּתוֹת	וֻסַּתְנוּ	נְוֻסַּת	
אַתֶּם	מְוֻסָּתִים	וֻסַּתֶּם	תְּוֻסְּתוּ	
אַתֶּן	מְוֻסָּתוֹת	וֻסַּתֶּן	תְּוֻסַּתְנָה	
הֵם	מְוֻסָּתִים	וֻסְּתוּ	יְוֻסְּתוּ	
הֵן	מְוֻסָּתוֹת	וֻסְּתוּ	תְּוֻסַּתְנָה	

אִמֵּת
בִּיֵּת
זִפֵּת
סִפֵּת
עִוֵּת
פִּחֵת

120

אֻחַד
יֻחַד
יֻעַד
יֻעַל
יֻעַר
נֻחַם
רֻהַט
שֻׁחַד

בִּנְיָן: פֻּעַל	גִּזְרָה: ע׳ גְּרוֹנִית (ה׳, ח׳, ע׳)		שֹׁרֶשׁ: יחס	
	הוֶֹה Present	עָבָר Past	עָתִיד Future	צִוּוּי Imperative
אֲנִי	מְיֻחָס מְיֻחֶסֶת	יֻחַסְתִּי	אֲיֻחַס	
אַתָּה	מְיֻחָס	יֻחַסְתָּ	תְּיֻחַס	
אַתְּ	מְיֻחֶסֶת	יֻחַסְתְּ	תְּיֻחֲסִי	
הוּא	מְיֻחָס	יֻחַס	יְיֻחַס	
הִיא	מְיֻחֶסֶת	יֻחֲסָה	תְּיֻחַס	
אֲנַחְנוּ	מְיֻחָסִים מְיֻחָסוֹת	יֻחַסְנוּ	נְיֻחַס	
אַתֶּם	מְיֻחָסִים	יֻחַסְתֶּם	תְּיֻחֲסוּ	
אַתֶּן	מְיֻחָסוֹת	יֻחַסְתֶּן	תְּיֻחַסְנָה	
הֵם	מְיֻחָסִים	יֻחֲסוּ	יְיֻחֲסוּ	
הֵן	מְיֻחָסוֹת	יֻחֲסוּ	תְּיֻחַסְנָה	

121

בֻּטַּח
בֻּצַּע
גֻּלַּח
דֻּוַּח
טֻיַּח
טֻפַּח
נֻפַּח
נֻצַּח
נֻתַּח
סֻפַּח
פֻּתַּח
קֻפַּח
שֻׁלַּח
שֻׁסַּע

בִּנְיָן: פֻּעַל	גִּזְרָה: ל׳ גְּרוֹנִית (ח׳, ע׳)		שֹׁרֶשׁ: נסח	
	הוֶֹה Present	עָבָר Past	עָתִיד Future	צִוּוּי Imperative
אֲנִי	מְנֻסָּח מְנֻסַּחַת	נֻסַּחְתִּי	אֲנֻסַּח	
אַתָּה	מְנֻסָּח	נֻסַּחְתָּ	תְּנֻסַּח	
אַתְּ	מְנֻסַּחַת	נֻסַּחַתְּ	תְּנֻסְּחִי	
הוּא	מְנֻסָּח	נֻסַּח	יְנֻסַּח	
הִיא	מְנֻסַּחַת	נֻסְּחָה	תְּנֻסַּח	
אֲנַחְנוּ	מְנֻסָּחִים מְנֻסָּחוֹת	נֻסַּחְנוּ	נְנֻסַּח	
אַתֶּם	מְנֻסָּחִים	נֻסַּחְתֶּם	תְּנֻסְּחוּ	
אַתֶּן	מְנֻסָּחוֹת	נֻסַּחְתֶּן	תְּנֻסַּחְנָה	
הֵם	מְנֻסָּחִים	נֻסְּחוּ	יְנֻסְּחוּ	
הֵן	מְנֻסָּחוֹת	נֻסְּחוּ	תְּנֻסַּחְנָה	

122

בִּנְיָן: פִּעֵל		גִּזְרָה: ל״א		שֹׁרֶשׁ: מלא
	הֹוֶה Present	עָבָר Past	עָתִיד Future	צִוּוּי Imperative
אֲנִי	מְמַלֵּא מְמַלֵּאת	מִלֵּאתִי	אֲמַלֵּא	
אַתָּה	מְמַלֵּא	מִלֵּאתָ	תְּמַלֵּא	
אַתְּ	מְמַלֵּאת	מִלֵּאת	תְּמַלְּאִי	
הוּא	מְמַלֵּא	מִלֵּא	יְמַלֵּא	
הִיא	מְמַלֵּאת	מִלְּאָה	תְּמַלֵּא	
אֲנַחְנוּ	מְמַלְּאִים מְמַלְּאוֹת	מִלֵּאנוּ	נְמַלֵּא	
אַתֶּם	מְמַלְּאִים	מִלֵּאתֶם	תְּמַלְּאוּ	
אַתֶּן	מְמַלְּאוֹת	מִלֵּאתֶן	תְּמַלֵּאנָה	
הֵם	מְמַלְּאִים	מִלְּאוּ	יְמַלְּאוּ	
הֵן	מְמַלְּאוֹת	מִלְּאוּ	תְּמַלֵּאנָה	

בִּטֵּא
דִּכָּא
חִטֵּא
יִבָּא
יִצֵּא
סִמֵּא

123

בִּנְיָן: פִּעֵל		גִּזְרָה: ל״נ		שֹׁרֶשׁ: צנן
	הֹוֶה Present	עָבָר Past	עָתִיד Future	צִוּוּי Imperative
אֲנִי	מְצַנֵּן מְצַנֶּנֶת	צִנַּנְתִּי	אֲצַנֵּן	
אַתָּה	מְצַנֵּן	צִנַּנְתָּ	תְּצַנֵּן	
אַתְּ	מְצַנֶּנֶת	צִנַּנְתְּ	תְּצַנְּנִי	
הוּא	מְצַנֵּן	צִנֵּן	יְצַנֵּן	
הִיא	מְצַנֶּנֶת	צִנְּנָה	תְּצַנֵּן	
אֲנַחְנוּ	מְצַנְּנִים מְצַנְּנוֹת	צִנַּנּוּ	נְצַנֵּן	
אַתֶּם	מְצַנְּנִים	צִנַּנְתֶּם	תְּצַנְּנוּ	
אַתֶּן	מְצַנְּנוֹת	צִנַּנְתֶּן	תְּצַנֵּנָּה	
הֵם	מְצַנְּנִים	צִנְּנוּ	יְצַנְּנוּ	
הֵן	מְצַנְּנוֹת	צִנְּנוּ	תְּצַנֵּנָּה	

אִזֵּן
אִמֵּן
גִּנֵּן
דִּשֵּׁן
זִמֵּן
חִסֵּן
טִגֵּן
כִּוֵּן
לִבֵּן
מִיֵּן
מִכֵּן
מִמֵּן
מִתֵּן
נִגֵּן
סִבֵּן
סִמֵּן
סִנֵּן
עִשֵּׁן

עמ׳ 183 ◄

124

בִּנְיָן: פֻּעַל	גִּזְרָה: ע״ר		שֹׁרֶשׁ: צרף	
	הֹוֶה Present	עָבָר Past	עָתִיד Future	צִוּוּי Imperative
אֲנִי	מְצֹרָף מְצֹרֶפֶת	צֹרַפְתִּי	אֲצֹרַף	
אַתָּה	מְצֹרָף	צֹרַפְתָּ	תְּצֹרַף	
אַתְּ	מְצֹרֶפֶת	צֹרַפְתְּ	תְּצֹרְפִי	
הוּא	מְצֹרָף	צֹרַף	יְצֹרַף	
הִיא	מְצֹרֶפֶת	צֹרְפָה	תְּצֹרַף	
אֲנַחְנוּ	מְצֹרָפִים מְצֹרָפוֹת	צֹרַפְנוּ	נְצֹרַף	
אַתֶּם	מְצֹרָפִים	צֹרַפְתֶּם	תְּצֹרְפוּ	
אַתֶּן	מְצֹרָפוֹת	צֹרַפְתֶּן	תְּצֹרַפְנָה	
הֵם	מְצֹרָפִים	צֹרְפוּ	יְצֹרְפוּ	
הֵן	מְצֹרָפוֹת	צֹרְפוּ	תְּצֹרַפְנָה	

בֹּרַךְ
גֹּרַשׁ
דֹּרַג
זֹרַז
יֹרַט
מֹרַק
סֹרַס
סֹרַק
עֹרַב
פֹּאַר
פֹּרַט
פֹּרַק
פֹּרַר
פֹּרַשׁ
קֹרַב
קֹרַר
שֹׁרַשׁ

125

בִּנְיָן: פֻּעַל	גִּזְרָה: ע׳ גְרוֹנִית (א׳, ה׳, ע׳, ר׳)		שֹׁרֶשׁ: גהץ	
	הֹוֶה Present	עָבָר Past	עָתִיד Future	צִוּוּי Imperative
אֲנִי	מְגֹהָץ מְגֹהֶצֶת	גֹּהַצְתִּי	אֲגֹהַץ	
אַתָּה	מְגֹהָץ	גֹּהַצְתָּ	תְּגֹהַץ	
אַתְּ	מְגֹהֶצֶת	גֹּהַצְתְּ	תְּגֹהֲצִי	
הוּא	מְגֹהָץ	גֹּהַץ	יְגֹהַץ	
הִיא	מְגֹהֶצֶת	גֹּהֲצָה	תְּגֹהַץ	
אֲנַחְנוּ	מְגֹהָצִים מְגֹהָצוֹת	גֹּהַצְנוּ	נְגֹהַץ	
אַתֶּם	מְגֹהָצִים	גֹּהַצְתֶּם	תְּגֹהֲצוּ	
אַתֶּן	מְגֹהָצוֹת	גֹּהַצְתֶּן	תְּגֹהַצְנָה	
הֵם	מְגֹהָצִים	גֹּהֲצוּ	יְגֹהֲצוּ	
הֵן	מְגֹהָצוֹת	גֹּהֲצוּ	תְּגֹהַצְנָה	

זֹהַם
טֹהַר
נֹהַל
שֹׁעַר
תֹּאַם
תֹּאַר
תֹּעַד
תֹּעַשׁ

126

שֹׁרֶשׁ: זכה		גִּזְרָה: ל״ה		בִּנְיָן: פִּעֵל
צִוּוּי Imperative	עָתִיד Future	עָבָר Past	הֹוֶה Present	
	אֲזַכֶּה	זִכִּיתִי	מְזַכֶּה / מְזַכָּה	אֲנִי
	תְּזַכֶּה	זִכִּיתָ	מְזַכֶּה	אַתָּה
	תְּזַכִּי	זִכִּית	מְזַכָּה	אַתְּ
	יְזַכֶּה	זִכָּה	מְזַכֶּה	הוּא
	תְּזַכֶּה	זִכְּתָה	מְזַכָּה	הִיא
	נְזַכֶּה	זִכִּינוּ	מְזַכִּים / מְזַכּוֹת	אֲנַחְנוּ
	תְּזַכּוּ	זִכִּיתֶם	מְזַכִּים	אַתֶּם
	תְּזַכֶּינָה	זִכִּיתֶן	מְזַכּוֹת	אַתֶּן
	יְזַכּוּ	זִכּוּ	מְזַכִּים	הֵם
	תְּזַכֶּינָה	זִכּוּ	מְזַכּוֹת	הֵן

אִדָּה
גִּנָּה
זִכָּה
יִפָּה
כִּבָּה
כִּנָּה
כִּסָּה
לִבָּה
מִנָּה
מִצָּה
נִכָּה
נִסָּה
נִקָּה
עִנָּה
פִּנָּה
פִּצָּה
פִּתָּה
צִוָּה

עמ׳ 183 ◄

127

שֹׁרֶשׁ: זהה		גִּזְרָה: ל״ה + ע׳ גְּרוֹנִית		בִּנְיָן: פִּעֵל
צִוּוּי Imperative	עָתִיד Future	עָבָר Past	הֹוֶה Present	
	אֲזַהֶה	זִהִיתִי	מְזַהֶה / מְזַהָה	אֲנִי
	תְּזַהֶה	זִהִיתָ	מְזַהֶה	אַתָּה
	תְּזַהִי	זִהִית	מְזַהָה	אַתְּ
	יְזַהֶה	זִהָה	מְזַהֶה	הוּא
	תְּזַהֶה	זִהֲתָה	מְזַהָה	הִיא
	נְזַהֶה	זִהִינוּ	מְזַהִים / מְזַהוֹת	אֲנַחְנוּ
	תְּזַהוּ	זִהִיתֶם	מְזַהִים	אַתֶּם
	תְּזַהֶינָה	זִהִיתֶן	מְזַהוֹת	אַתֶּן
	יְזַהוּ	זִהוּ	מְזַהִים	הֵם
	תְּזַהֶינָה	זִהוּ	מְזַהוֹת	הֵן

אִחָה

128

בִּנְיָן: פִּעֵל	גִּזְרָה: ל"ה + ע"ר		שֹׁרֶשׁ: גרה	
	הֹוֶה Present	עָבָר Past	עָתִיד Future	צִוּוּי Imperative
אֲנִי	מְגָרֶה מְגָרָה	גֵּרִיתִי	אֲגָרֶה	
אַתָּה	מְגָרֶה	גֵּרִיתָ	תְּגָרֶה	
אַתְּ	מְגָרָה	גֵּרִית	תְּגָרִי	
הוּא	מְגָרֶה	גֵּרָה	יְגָרֶה	
הִיא	מְגָרָה	גֵּרְתָה	תְּגָרֶה	
אֲנַחְנוּ	מְגָרִים מְגָרוֹת	גֵּרִינוּ	נְגָרֶה	
אַתֶּם	מְגָרִים	גֵּרִיתֶם	תְּגָרוּ	
אַתֶּן	מְגָרוֹת	גֵּרִיתֶן	תְּגָרֶינָה	
הֵם	מְגָרִים	גֵּרוּ	יְגָרוּ	
הֵן	מְגָרוֹת	גֵּרוּ	תְּגָרֶינָה	

129

בִּנְיָן: פִּעֵל	גִּזְרָה: מְרֻבָּעִים		שֹׁרֶשׁ: פרסם	
	הֹוֶה Present	עָבָר Past	עָתִיד Future	צִוּוּי Imperative
אֲנִי	מְפַרְסֵם מְפַרְסֶמֶת	פִּרְסַמְתִּי	אֲפַרְסֵם	
אַתָּה	מְפַרְסֵם	פִּרְסַמְתָּ	תְּפַרְסֵם	
אַתְּ	מְפַרְסֶמֶת	פִּרְסַמְתְּ	תְּפַרְסְמִי	
הוּא	מְפַרְסֵם	פִּרְסֵם	יְפַרְסֵם	
הִיא	מְפַרְסֶמֶת	פִּרְסְמָה	תְּפַרְסֵם	
אֲנַחְנוּ	מְפַרְסְמִים מְפַרְסְמוֹת	פִּרְסַמְנוּ	נְפַרְסֵם	
אַתֶּם	מְפַרְסְמִים	פִּרְסַמְתֶּם	תְּפַרְסְמוּ	
אַתֶּן	מְפַרְסְמוֹת	פִּרְסַמְתֶּן	תְּפַרְסֵמְנָה	
הֵם	מְפַרְסְמִים	פִּרְסְמוּ	יְפַרְסְמוּ	
הֵן	מְפַרְסְמוֹת	פִּרְסְמוּ	תְּפַרְסֵמְנָה	

אִוְרֵר
אִכְזֵב
אִכְלֵס
אִלְתֵּר
אִמְלֵל
אִשְׁפֵּז
בִּזְבֵּז
בִּלְבֵּל
גִּלְגֵּל
דִּלְדֵּל
דִּרְדֵּר
הִפְנֵט
טִלְטֵל
טִרְפֵּד
טִשְׁטֵשׁ
כִּרְסֵם
לִכְלֵךְ
נִטְרֵל

עמ' 183 ◄

130

בֻּנְאַם
עֻרְעַר
תֻּפְעַל

בִּנְיָן: פֻּעַל	גִּזְרָה: מְרֻבָּעִים + ע׳ גְּרוֹנִית		שֹׁרֶשׁ: שלהב	
	הֹוֶה Present	עָבָר Past	עָתִיד Future	צִוּוּי Imperative
אֲנִי	מְשֻׁלְהָב מְשֻׁלְהֶבֶת	שֻׁלְהַבְתִּי	אֲשֻׁלְהַב	
אַתָּה	מְשֻׁלְהָב	שֻׁלְהַבְתָּ	תְּשֻׁלְהַב	
אַתְּ	מְשֻׁלְהֶבֶת	שֻׁלְהַבְתְּ	תְּשֻׁלְהֲבִי	
הוּא	מְשֻׁלְהָב	שֻׁלְהַב	יְשֻׁלְהַב	
הִיא	מְשֻׁלְהֶבֶת	שֻׁלְהֲבָה	תְּשֻׁלְהַב	
אֲנַחְנוּ	מְשֻׁלְהָבִים מְשֻׁלְהָבוֹת	שֻׁלְהַבְנוּ	נְשֻׁלְהַב	
אַתֶּם	מְשֻׁלְהָבִים	שֻׁלְהַבְתֶּם	תְּשֻׁלְהֲבוּ	
אַתֶּן	מְשֻׁלְהָבוֹת	שֻׁלְהַבְתֶּן	תְּשֻׁלְהַבְנָה	
הֵם	מְשֻׁלְהָבִים	שֻׁלְהֲבוּ	יְשֻׁלְהֲבוּ	
הֵן	מְשֻׁלְהָבוֹת	שֻׁלְהֲבוּ	תְּשֻׁלְהַבְנָה	

131

אֻבְטַח
אֻזְרַח
צֻחְצַח

בִּנְיָן: פֻּעַל	גִּזְרָה: מְרֻבָּעִים + ל׳ גְּרוֹנִית		שֹׁרֶשׁ: שכנע	
	הֹוֶה Present	עָבָר Past	עָתִיד Future	צִוּוּי Imperative
אֲנִי	מְשֻׁכְנָע מְשֻׁכְנַעַת	שֻׁכְנַעְתִּי	אֲשֻׁכְנַע	
אַתָּה	מְשֻׁכְנָע	שֻׁכְנַעְתָּ	תְּשֻׁכְנַע	
אַתְּ	מְשֻׁכְנַעַת	שֻׁכְנַעְתְּ	תְּשֻׁכְנְעִי	
הוּא	מְשֻׁכְנָע	שֻׁכְנַע	יְשֻׁכְנַע	
הִיא	מְשֻׁכְנַעַת	שֻׁכְנְעָה	תְּשֻׁכְנַע	
אֲנַחְנוּ	מְשֻׁכְנָעִים מְשֻׁכְנָעוֹת	שֻׁכְנַעְנוּ	נְשֻׁכְנַע	
אַתֶּם	מְשֻׁכְנָעִים	שֻׁכְנַעְתֶּם	תְּשֻׁכְנְעוּ	
אַתֶּן	מְשֻׁכְנָעוֹת	שֻׁכְנַעְתֶּן	תְּשֻׁכְנַעְנָה	
הֵם	מְשֻׁכְנָעִים	שֻׁכְנְעוּ	יְשֻׁכְנְעוּ	
הֵן	מְשֻׁכְנָעוֹת	שֻׁכְנְעוּ	תְּשֻׁכְנַעְנָה	

132

זִעֲזַע
נִעֲנַע
פִּעֲנַח
קִעֲקַע

בִּנְיָן: פִּעֵל	גִּזְרָה: מְרֻבָּעִים + גְּרוֹנִיּוֹת		שֹׁרֶשׁ: שעשע	
	הֹוֶה Present	עָבָר Past	עָתִיד Future	צִוּוּי Imperative
אֲנִי	מְשַׁעֲשֵׁעַ / מְשַׁעֲשַׁעַת	שִׁעֲשַׁעְתִּי	אֲשַׁעֲשֵׁעַ	
אַתָּה	מְשַׁעֲשֵׁעַ	שִׁעֲשַׁעְתָּ	תְּשַׁעֲשֵׁעַ	
אַתְּ	מְשַׁעֲשַׁעַת	שִׁעֲשַׁעְתְּ	תְּשַׁעַשְׁעִי	
הוּא	מְשַׁעֲשֵׁעַ	שִׁעֲשַׁע	יְשַׁעֲשֵׁעַ	
הִיא	מְשַׁעֲשַׁעַת	שִׁעַשְׁעָה	תְּשַׁעֲשֵׁעַ	
אֲנַחְנוּ	מְשַׁעַשְׁעִים / מְשַׁעַשְׁעוֹת	שִׁעֲשַׁעְנוּ	נְשַׁעֲשֵׁעַ	
אַתֶּם	מְשַׁעַשְׁעִים	שִׁעֲשַׁעְתֶּם	תְּשַׁעַשְׁעוּ	
אַתֶּן	מְשַׁעַשְׁעוֹת	שִׁעֲשַׁעְתֶּן	תְּשַׁעֲשַׁעְנָה	
הֵם	מְשַׁעַשְׁעִים	שִׁעַשְׁעוּ	יְשַׁעַשְׁעוּ	
הֵן	מְשַׁעַשְׁעוֹת	שִׁעַשְׁעוּ	תְּשַׁעֲשַׁעְנָה	

133

אִבְחֵן
אִכְסֵן
אִפְיֵן
אִרְגֵּן
דִּרְבֵּן
מִשְׁכֵּן
סִגְנֵן
עִדְכֵּן
רִאְיֵן
שִׁרְיֵן
תִּזְמֵן
תִּמְרֵן

בִּנְיָן: פִּעֵל	גִּזְרָה: מְרֻבָּעִים + ל״נ		שֹׁרֶשׁ: תכנן	
	הֹוֶה Present	עָבָר Past	עָתִיד Future	צִוּוּי Imperative
אֲנִי	מְתַכְנֵן / מְתַכְנֶנֶת	תִּכְנַנְתִּי	אֲתַכְנֵן	
אַתָּה	מְתַכְנֵן	תִּכְנַנְתָּ	תְּתַכְנֵן	
אַתְּ	מְתַכְנֶנֶת	תִּכְנַנְתְּ	תְּתַכְנְנִי	
הוּא	מְתַכְנֵן	תִּכְנֵן	יְתַכְנֵן	
הִיא	מְתַכְנֶנֶת	תִּכְנְנָה	תְּתַכְנֵן	
אֲנַחְנוּ	מְתַכְנְנִים / מְתַכְנְנוֹת	תִּכְנַנּוּ	נְתַכְנֵן	
אַתֶּם	מְתַכְנְנִים	תִּכְנַנְתֶּם	תְּתַכְנְנוּ	
אַתֶּן	מְתַכְנְנוֹת	תִּכְנַנְתֶּן	תְּתַכְנֵנָּה	
הֵם	מְתַכְנְנִים	תִּכְנְנוּ	יְתַכְנְנוּ	
הֵן	מְתַכְנְנוֹת	תִּכְנְנוּ	תְּתַכְנֵנָּה	

134

תֻּכְנַת

בִּנְיָן: פֻּעַל	גִּזְרָה: מְרֻבָּעִים + ל״ת		שֹׁרֶשׁ: תמצת	
	הוֹוֶה Present	עָבָר Past	עָתִיד Future	צִוּוּי Imperative
אֲנִי	מְתֻמְצָת מְתֻמְצֶתֶת	תֻּמְצַתִּי	אֲתֻמְצַת	
אַתָּה	מְתֻמְצָת	תֻּמְצַתָּ	תְּתֻמְצַת	
אַתְּ	מְתֻמְצֶתֶת	תֻּמְצַתְּ	תְּתֻמְצְתִי	
הוּא	מְתֻמְצָת	תֻּמְצַת	יְתֻמְצַת	
הִיא	מְתֻמְצֶתֶת	תֻּמְצְתָה	תְּתֻמְצַת	
אֲנַחְנוּ	מְתֻמְצָתִים מְתֻמְצָתוֹת	תֻּמְצַתְנוּ	נְתֻמְצַת	
אַתֶּם	מְתֻמְצָתִים	תֻּמְצַתֶּם	תְּתֻמְצְתוּ	
אַתֶּן	מְתֻמְצָתוֹת	תֻּמְצַתֶּן	תְּתֻמְצַתְנָה	
הֵם	מְתֻמְצָתִים	תֻּמְצְתוּ	יְתֻמְצְתוּ	
הֵן	מְתֻמְצָתוֹת	תֻּמְצְתוּ	תְּתֻמְצַתְנָה	

135 לְהִתְלַבֵּשׁ

- הִתְאַבֵּד
- הִתְאַבֵּל
- הִתְאַבֵּק
- הִתְאַגֵּד
- הִתְאַזֵּר
- הִתְאַמֵּץ
- הִתְאַמֵּת
- הִתְאַסֵּף
- הִתְאַפֵּס
- הִתְאַפֵּק
- הִתְאַפֵּר
- הִתְבַּגֵּר
- הִתְבַּדֵּל
- הִתְבַּדֵּר
- הִתְבַּטֵּל
- הִתְבַּיֵּשׁ
- הִתְבַּלֵּט
- הִתְבַּסֵּם

עמ׳ 183 ◄

בִּנְיָן: הִתְפַּעֵל | גִּזְרָה: שְׁלֵמִים | שֹׁרֶשׁ: לבשׁ

	הֹוֶה Present	עָבָר Past	עָתִיד Future	צִוּוּי Imperative
אֲנִי	מִתְלַבֵּשׁ / מִתְלַבֶּשֶׁת	הִתְלַבַּשְׁתִּי	אֶתְלַבֵּשׁ	
אַתָּה	מִתְלַבֵּשׁ	הִתְלַבַּשְׁתָּ	תִּתְלַבֵּשׁ	הִתְלַבֵּשׁ
אַתְּ	מִתְלַבֶּשֶׁת	הִתְלַבַּשְׁתְּ	תִּתְלַבְּשִׁי	הִתְלַבְּשִׁי
הוּא	מִתְלַבֵּשׁ	הִתְלַבֵּשׁ	יִתְלַבֵּשׁ	
הִיא	מִתְלַבֶּשֶׁת	הִתְלַבְּשָׁה	תִּתְלַבֵּשׁ	
אֲנַחְנוּ	מִתְלַבְּשִׁים / מִתְלַבְּשׁוֹת	הִתְלַבַּשְׁנוּ	נִתְלַבֵּשׁ	
אַתֶּם	מִתְלַבְּשִׁים	הִתְלַבַּשְׁתֶּם	תִּתְלַבְּשׁוּ	הִתְלַבְּשׁוּ
אַתֶּן	מִתְלַבְּשׁוֹת	הִתְלַבַּשְׁתֶּן	תִּתְלַבֵּשְׁנָה	הִתְלַבֵּשְׁנָה
הֵם	מִתְלַבְּשִׁים	הִתְלַבְּשׁוּ	יִתְלַבְּשׁוּ	
הֵן	מִתְלַבְּשׁוֹת	הִתְלַבְּשׁוּ	תִּתְלַבֵּשְׁנָה	

136 לְהִתְקָרֵב

- הִתְאָרֵךְ
- הִתְאָרֵס
- הִתְבָּאֵר
- הִתְבָּרֵךְ
- הִתְבָּרֵר
- הִתְגָּרֵד
- הִתְגָּרֵשׁ
- הִתְחָרֵט
- הִתְחָרֵשׁ
- הִתְיָאֵשׁ
- הִתְמָרֵד
- הִתְעָרֵב
- הִתְפָּאֵר
- הִתְפָּרֵס
- הִתְפָּרֵץ
- הִתְפָּרֵק
- הִתְפָּרֵשׁ
- הִתְקָרֵר

בִּנְיָן: הִתְפַּעֵל | גִּזְרָה: ע׳ גְּרוֹנִית (א׳, ר׳) | שֹׁרֶשׁ: קרב

	הֹוֶה Present	עָבָר Past	עָתִיד Future	צִוּוּי Imperative
אֲנִי	מִתְקָרֵב / מִתְקָרֶבֶת	הִתְקָרַבְתִּי	אֶתְקָרֵב	
אַתָּה	מִתְקָרֵב	הִתְקָרַבְתָּ	תִּתְקָרֵב	הִתְקָרֵב
אַתְּ	מִתְקָרֶבֶת	הִתְקָרַבְתְּ	תִּתְקָרְבִי	הִתְקָרְבִי
הוּא	מִתְקָרֵב	הִתְקָרֵב	יִתְקָרֵב	
הִיא	מִתְקָרֶבֶת	הִתְקָרְבָה	תִּתְקָרֵב	
אֲנַחְנוּ	מִתְקָרְבִים / מִתְקָרְבוֹת	הִתְקָרַבְנוּ	נִתְקָרֵב	
אַתֶּם	מִתְקָרְבִים	הִתְקָרַבְתֶּם	תִּתְקָרְבוּ	הִתְקָרְבוּ
אַתֶּן	מִתְקָרְבוֹת	הִתְקָרַבְתֶּן	תִּתְקָרֵבְנָה	הִתְקָרֵבְנָה
הֵם	מִתְקָרְבִים	הִתְקָרְבוּ	יִתְקָרְבוּ	
הֵן	מִתְקָרְבוֹת	הִתְקָרְבוּ	תִּתְקָרֵבְנָה	

137 לְהִתְנַהֵל

בִּנְיָן: הִתְפַּעֵל	גִּזְרָה: ע׳ גְּרוֹנִית (ה׳, ח׳, ע׳)			שֹׁרֶשׁ: נהל
	הֹוֶה Present	עָבָר Past	עָתִיד Future	צִוּוּי Imperative
אֲנִי	מִתְנַהֵל / מִתְנַהֶלֶת	הִתְנַהַלְתִּי	אֶתְנַהֵל	
אַתָּה	מִתְנַהֵל	הִתְנַהַלְתָּ	תִּתְנַהֵל	הִתְנַהֵל
אַתְּ	מִתְנַהֶלֶת	הִתְנַהַלְתְּ	תִּתְנַהֲלִי	הִתְנַהֲלִי
הוּא	מִתְנַהֵל	הִתְנַהֵל	יִתְנַהֵל	
הִיא	מִתְנַהֶלֶת	הִתְנַהֲלָה	תִּתְנַהֵל	
אֲנַחְנוּ	מִתְנַהֲלִים / מִתְנַהֲלוֹת	הִתְנַהַלְנוּ	נִתְנַהֵל	
אַתֶּם	מִתְנַהֲלִים	הִתְנַהַלְתֶּם	תִּתְנַהֲלוּ	הִתְנַהֲלוּ
אַתֶּן	מִתְנַהֲלוֹת	הִתְנַהַלְתֶּן	תִּתְנַהֵלְנָה	הִתְנַהֵלְנָה
הֵם	מִתְנַהֲלִים	הִתְנַהֲלוּ	יִתְנַהֲלוּ	
הֵן	מִתְנַהֲלוֹת	הִתְנַהֲלוּ	תִּתְנַהֵלְנָה	

הִתְאַהֵב
הִתְאַחֵד
הִתְאַחֵר
הִתְבַּהֵם
הִתְבַּהֵר
הִתְיַחֵד
הִתְיַחֵם
הִתְיַחֵס
הִתְיַעֵל
הִתְיָעֵץ
הִתְכַּחֵשׁ
הִתְכַּעֵר
הִתְלַהֵב
הִתְלַהֵט
הִתְלַחֵשׁ
הִתְמַעֵט
הִתְנַהֵג
הִתְנַחֵל

עמ׳ 184 ◄

138 לְהִתְגַּלֵּחַ

בִּנְיָן: הִתְפַּעֵל	גִּזְרָה: ל׳ גְּרוֹנִית			שֹׁרֶשׁ: גלח
	הֹוֶה Present	עָבָר Past	עָתִיד Future	צִוּוּי Imperative
אֲנִי	מִתְגַּלֵּחַ / מִתְגַּלַּחַת	הִתְגַּלַּחְתִּי	אֶתְגַּלַּח	
אַתָּה	מִתְגַּלֵּחַ	הִתְגַּלַּחְתָּ	תִּתְגַּלַּח	הִתְגַּלַּח
אַתְּ	מִתְגַּלַּחַת	הִתְגַּלַּחְתְּ	תִּתְגַּלְּחִי	הִתְגַּלְּחִי
הוּא	מִתְגַּלֵּחַ	הִתְגַּלַּח	יִתְגַּלַּח	
הִיא	מִתְגַּלַּחַת	הִתְגַּלְּחָה	תִּתְגַּלַּח	
אֲנַחְנוּ	מִתְגַּלְּחִים / מִתְגַּלְּחוֹת	הִתְגַּלַּחְנוּ	נִתְגַּלַּח	
אַתֶּם	מִתְגַּלְּחִים	הִתְגַּלַּחְתֶּם	תִּתְגַּלְּחוּ	הִתְגַּלְּחוּ
אַתֶּן	מִתְגַּלְּחוֹת	הִתְגַּלַּחְתֶּן	תִּתְגַּלַּחְנָה	הִתְגַּלַּחְנָה
הֵם	מִתְגַּלְּחִים	הִתְגַּלְּחוּ	יִתְגַּלְּחוּ	
הֵן	מִתְגַּלְּחוֹת	הִתְגַּלְּחוּ	תִּתְגַּלַּחְנָה	

הִתְבַּדֵּחַ
הִתְבַּצֵּעַ
הִתְבַּקֵּעַ
הִתְוַדֵּעַ
הִתְוַכֵּחַ
הִתְיַגֵּעַ
הִתְיַפֵּחַ
הִתְלַקֵּחַ
הִתְמַקֵּחַ
הִתְמַתֵּחַ
הִתְנַגֵּחַ
הִתְנַפֵּחַ
הִתְנַצֵּחַ
הִתְפַּכֵּחַ
הִתְפַּקֵּעַ
הִתְפַּתֵּחַ
הִתְקַלֵּחַ
הִתְרַוֵּחַ
הִתְרַתֵּחַ

139 לְהִתְפַּלֵּא

הִתְבַּטֵּא
הִתְחַבֵּא
הִתְמַלֵּא
הִתְמַצֵּא
הִתְנַבֵּא
הִתְנַשֵּׂא
הִתְרַפֵּא

שֹׁרֶשׁ: פלא		גִּזְרָה: ל״א		בִּנְיָן: הִתְפַּעֵל
צִוּוּי Imperative	עָתִיד Future	עָבָר Past	הֹוֶה Present	
	אֶתְפַּלֵּא	הִתְפַּלֵּאתִי	מִתְפַּלֵּא / מִתְפַּלֵּאת	אֲנִי
הִתְפַּלֵּא	תִּתְפַּלֵּא	הִתְפַּלֵּאתָ	מִתְפַּלֵּא	אַתָּה
הִתְפַּלְּאִי	תִּתְפַּלְּאִי	הִתְפַּלֵּאת	מִתְפַּלֵּאת	אַתְּ
	יִתְפַּלֵּא	הִתְפַּלֵּא	מִתְפַּלֵּא	הוּא
	תִּתְפַּלֵּא	הִתְפַּלְּאָה	מִתְפַּלֵּאת	הִיא
	נִתְפַּלֵּא	הִתְפַּלֵּאנוּ	מִתְפַּלְּאִים / מִתְפַּלְּאוֹת	אֲנַחְנוּ
הִתְפַּלְּאוּ	תִּתְפַּלְּאוּ	הִתְפַּלֵּאתֶם	מִתְפַּלְּאִים	אַתֶּם
הִתְפַּלֵּאנָה	תִּתְפַּלֵּאנָה	הִתְפַּלֵּאתֶן	מִתְפַּלְּאוֹת	אַתֶּן
	יִתְפַּלְּאוּ	הִתְפַּלְּאוּ	מִתְפַּלְּאִים	הֵם
	תִּתְפַּלֵּאנָה	הִתְפַּלְּאוּ	מִתְפַּלְּאוֹת	הֵן

140 לְהִתְחַתֵּן

הִתְאַבֵּן
הִתְאַזֵּן
הִתְאַמֵּן
הִתְגַּבֵּן
הִתְחַנֵּן
הִתְחַסֵּן
הִתְיַשֵּׁן
הִתְכַּוֵּן
הִתְמַתֵּן
הִתְנַוֵּן
הִתְעַדֵּן
הִתְעַנֵּן
הִתְרַסֵּן

שֹׁרֶשׁ: חתן		גִּזְרָה: ל״נ		בִּנְיָן: הִתְפַּעֵל
צִוּוּי Imperative	עָתִיד Future	עָבָר Past	הֹוֶה Present	
	אֶתְחַתֵּן	הִתְחַתַּנְתִּי	מִתְחַתֵּן / מִתְחַתֶּנֶת	אֲנִי
הִתְחַתֵּן	תִּתְחַתֵּן	הִתְחַתַּנְתָּ	מִתְחַתֵּן	אַתָּה
הִתְחַתְּנִי	תִּתְחַתְּנִי	הִתְחַתַּנְתְּ	מִתְחַתֶּנֶת	אַתְּ
	יִתְחַתֵּן	הִתְחַתֵּן	מִתְחַתֵּן	הוּא
	תִּתְחַתֵּן	הִתְחַתְּנָה	מִתְחַתֶּנֶת	הִיא
	נִתְחַתֵּן	הִתְחַתַּנּוּ	מִתְחַתְּנִים / מִתְחַתְּנוֹת	אֲנַחְנוּ
הִתְחַתְּנוּ	תִּתְחַתְּנוּ	הִתְחַתַּנְתֶּם	מִתְחַתְּנִים	אַתֶּם
הִתְחַתֵּנָּה	תִּתְחַתֵּנָּה	הִתְחַתַּנְתֶּן	מִתְחַתְּנוֹת	אַתֶּן
	יִתְחַתְּנוּ	הִתְחַתְּנוּ	מִתְחַתְּנִים	הֵם
	תִּתְחַתֵּנָּה	הִתְחַתְּנוּ	מִתְחַתְּנוֹת	הֵן

141 לְהִתְאָרֵחַ

הִתְפָּרֵעַ

בִּנְיָן: הִתְפַּעֵל	גִּזְרָה: ע״ר + ל׳ גְּרוֹנִית		שֹׁרֶשׁ: ארח	
	הֹוֶה Present	עָבָר Past	עָתִיד Future	צִוּוּי Imperative
אֲנִי	מִתְאָרֵחַ / מִתְאָרַחַת	הִתְאָרַחְתִּי	אֶתְאָרַח	
אַתָּה	מִתְאָרֵחַ	הִתְאָרַחְתָּ	תִּתְאָרַח	הִתְאָרַח
אַתְּ	מִתְאָרַחַת	הִתְאָרַחַתְּ	תִּתְאָרְחִי	הִתְאָרְחִי
הוּא	מִתְאָרֵחַ	הִתְאָרֵחַ	יִתְאָרַח	
הִיא	מִתְאָרַחַת	הִתְאָרְחָה	תִּתְאָרַח	
אֲנַחְנוּ	מִתְאָרְחִים / מִתְאָרְחוֹת	הִתְאָרַחְנוּ	נִתְאָרַח	
אַתֶּם	מִתְאָרְחִים	הִתְאָרַחְתֶּם	תִּתְאָרְחוּ	הִתְאָרְחוּ
אַתֶּן	מִתְאָרְחוֹת	הִתְאָרַחְתֶּן	תִּתְאָרַחְנָה	הִתְאָרַחְנָה
הֵם	מִתְאָרְחִים	הִתְאָרְחוּ	יִתְאָרְחוּ	
הֵן	מִתְאָרְחוֹת	הִתְאָרְחוּ	תִּתְאָרַחְנָה	

142 לְהִשְׁתַּמֵּשׁ

הִסְתַּבֵּךְ
הִסְתַּבֵּר
הִסְתַּגֵּל
הִסְתַּגֵּף
הִסְתַּגֵּר
הִסְתַּדֵּר
הִסְתַּיֵּג
הִסְתַּיֵּם
הִסְתַּכֵּל
הִסְתַּכֵּם
הִסְתַּלֵּק
הִסְתַּמֵּךְ
הִסְתַּפֵּק
הִסְתַּפֵּר
הִסְתַּתֵּר
הִשְׁתַּבֵּץ
הִשְׁתַּבֵּשׁ
הִשְׁתַּדֵּךְ

עמ׳ 184 ◄

בִּנְיָן: הִתְפַּעֵל	גִּזְרָה: פ׳ שׁוֹרֶקֶת (ס׳, שׁ׳, שׂ׳)		שֹׁרֶשׁ: שמשׁ	
	הֹוֶה Present	עָבָר Past	עָתִיד Future	צִוּוּי Imperative
אֲנִי	מִשְׁתַּמֵּשׁ / מִשְׁתַּמֶּשֶׁת	הִשְׁתַּמַּשְׁתִּי	אֶשְׁתַּמֵּשׁ	
אַתָּה	מִשְׁתַּמֵּשׁ	הִשְׁתַּמַּשְׁתָּ	תִּשְׁתַּמֵּשׁ	הִשְׁתַּמֵּשׁ
אַתְּ	מִשְׁתַּמֶּשֶׁת	הִשְׁתַּמַּשְׁתְּ	תִּשְׁתַּמְּשִׁי	הִשְׁתַּמְּשִׁי
הוּא	מִשְׁתַּמֵּשׁ	הִשְׁתַּמֵּשׁ	יִשְׁתַּמֵּשׁ	
הִיא	מִשְׁתַּמֶּשֶׁת	הִשְׁתַּמְּשָׁה	תִּשְׁתַּמֵּשׁ	
אֲנַחְנוּ	מִשְׁתַּמְּשִׁים / מִשְׁתַּמְּשׁוֹת	הִשְׁתַּמַּשְׁנוּ	נִשְׁתַּמֵּשׁ	
אַתֶּם	מִשְׁתַּמְּשִׁים	הִשְׁתַּמַּשְׁתֶּם	תִּשְׁתַּמְּשׁוּ	הִשְׁתַּמְּשׁוּ
אַתֶּן	מִשְׁתַּמְּשׁוֹת	הִשְׁתַּמַּשְׁתֶּן	תִּשְׁתַּמֵּשְׁנָה	הִשְׁתַּמֵּשְׁנָה
הֵם	מִשְׁתַּמְּשִׁים	הִשְׁתַּמְּשׁוּ	יִשְׁתַּמְּשׁוּ	
הֵן	מִשְׁתַּמְּשׁוֹת	הִשְׁתַּמְּשׁוּ	תִּשְׁתַּמֵּשְׁנָה	

143 לְהִשְׁתַּעֵל

בִּנְיָן: הִתְפַּעֵל	גִּזְרָה: פ׳ שׁוֹרֶקֶת + ע׳ גְּרוֹנִית	שֹׁרֶשׁ: שעל	הִשְׁתַּחֵל

	הֹוֶה Present	עָבָר Past	עָתִיד Future	צִוּוּי Imperative
אֲנִי	מִשְׁתַּעֵל / מִשְׁתַּעֶלֶת	הִשְׁתַּעַלְתִּי	אֶשְׁתַּעֵל	
אַתָּה	מִשְׁתַּעֵל	הִשְׁתַּעַלְתָּ	תִּשְׁתַּעֵל	הִשְׁתַּעֵל
אַתְּ	מִשְׁתַּעֶלֶת	הִשְׁתַּעַלְתְּ	תִּשְׁתַּעֲלִי	הִשְׁתַּעֲלִי
הוּא	מִשְׁתַּעֵל	הִשְׁתַּעֵל	יִשְׁתַּעֵל	
הִיא	מִשְׁתַּעֶלֶת	הִשְׁתַּעֲלָה	תִּשְׁתַּעֵל	
אֲנַחְנוּ	מִשְׁתַּעֲלִים / מִשְׁתַּעֲלוֹת	הִשְׁתַּעַלְנוּ	נִשְׁתַּעֵל	
אַתֶּם	מִשְׁתַּעֲלִים	הִשְׁתַּעַלְתֶּם	תִּשְׁתַּעֲלוּ	הִשְׁתַּעֲלוּ
אַתֶּן	מִשְׁתַּעֲלוֹת	הִשְׁתַּעַלְתֶּן	תִּשְׁתַּעֵלְנָה	הִשְׁתַּעֵלְנָה
הֵם	מִשְׁתַּעֲלִים	הִשְׁתַּעֲלוּ	יִשְׁתַּעֲלוּ	
הֵן	מִשְׁתַּעֲלוֹת	הִשְׁתַּעֲלוּ	תִּשְׁתַּעֵלְנָה	

144 לְהִסְתָּרֵק

בִּנְיָן: הִתְפַּעֵל	גִּזְרָה: פ׳ שׁוֹרֶקֶת + ע׳ גְּרוֹנִית (א׳, ע׳, ר׳)	שֹׁרֶשׁ: סרק	הִסְתָּאֵב / הִסְתָּעֵף / הִסְתָּעֵר

	הֹוֶה Present	עָבָר Past	עָתִיד Future	צִוּוּי Imperative
אֲנִי	מִסְתָּרֵק / מִסְתָּרֶקֶת	הִסְתָּרַקְתִּי	אֶסְתָּרֵק	
אַתָּה	מִסְתָּרֵק	הִסְתָּרַקְתָּ	תִּסְתָּרֵק	הִסְתָּרֵק
אַתְּ	מִסְתָּרֶקֶת	הִסְתָּרַקְתְּ	תִּסְתָּרְקִי	הִסְתָּרְקִי
הוּא	מִסְתָּרֵק	הִסְתָּרֵק	יִסְתָּרֵק	
הִיא	מִסְתָּרֶקֶת	הִסְתָּרְקָה	תִּסְתָּרֵק	
אֲנַחְנוּ	מִסְתָּרְקִים / מִסְתָּרְקוֹת	הִסְתָּרַקְנוּ	נִסְתָּרֵק	
אַתֶּם	מִסְתָּרְקִים	הִסְתָּרַקְתֶּם	תִּסְתָּרְקוּ	הִסְתָּרְקוּ
אַתֶּן	מִסְתָּרְקוֹת	הִסְתָּרַקְתֶּן	תִּסְתָּרֵקְנָה	הִסְתָּרֵקְנָה
הֵם	מִסְתָּרְקִים	הִסְתָּרְקוּ	יִסְתָּרְקוּ	
הֵן	מִסְתָּרְקוֹת	הִסְתָּרְקוּ	תִּסְתָּרֵקְנָה	

הִסְתַּיֵּעַ
הִסְתַּפֵּחַ
הִשְׁתַּבֵּחַ
הִשְׁתַּגֵּעַ
הִשְׁתַּטֵּחַ

145 לְהִשְׁתַּקֵּעַ

בִּנְיָן: הִתְפַּעֵל גִּזְרָה: פ׳ שׁוֹרֶקֶת + ל׳ גְּרוֹנִית שֹׁרֶשׁ: שקע

	הֹוֶה Present	עָבָר Past	עָתִיד Future	צִוּוּי Imperative
אֲנִי	מִשְׁתַּקֵּעַ מִשְׁתַּקַּעַת	הִשְׁתַּקַּעְתִּי	אֶשְׁתַּקַּע	
אַתָּה	מִשְׁתַּקֵּעַ	הִשְׁתַּקַּעְתָּ	תִּשְׁתַּקַּע	הִשְׁתַּקַּע
אַתְּ	מִשְׁתַּקַּעַת	הִשְׁתַּקַּעַתְּ	תִּשְׁתַּקְּעִי	הִשְׁתַּקְּעִי
הוּא	מִשְׁתַּקֵּעַ	הִשְׁתַּקֵּעַ	יִשְׁתַּקַּע	
הִיא	מִשְׁתַּקַּעַת	הִשְׁתַּקְּעָה	תִּשְׁתַּקַּע	
אֲנַחְנוּ	מִשְׁתַּקְּעִים מִשְׁתַּקְּעוֹת	הִשְׁתַּקַּעְנוּ	נִשְׁתַּקַּע	
אַתֶּם	מִשְׁתַּקְּעִים	הִשְׁתַּקַּעְתֶּם	תִּשְׁתַּקְּעוּ	הִשְׁתַּקְּעוּ
אַתֶּן	מִשְׁתַּקְּעוֹת	הִשְׁתַּקַּעְתֶּן	תִּשְׁתַּקַּעְנָה	הִשְׁתַּקַּעְנָה
הֵם	מִשְׁתַּקְּעִים	הִשְׁתַּקְּעוּ	יִשְׁתַּקְּעוּ	
הֵן	מִשְׁתַּקְּעוֹת	הִשְׁתַּקְּעוּ	תִּשְׁתַּקַּעְנָה	

146 לְהִשְׁתָּרֵעַ

בִּנְיָן: הִתְפַּעֵל גִּזְרָה: פ׳ שׁוֹרֶקֶת + ע״ר + ל׳ גְּרוֹנִית שֹׁרֶשׁ: שׂרע

	הֹוֶה Present	עָבָר Past	עָתִיד Future	צִוּוּי Imperative
אֲנִי	מִשְׁתָּרֵעַ מִשְׁתָּרַעַת	הִשְׁתָּרַעְתִּי	אֶשְׁתָּרַע	
אַתָּה	מִשְׁתָּרֵעַ	הִשְׁתָּרַעְתָּ	תִּשְׁתָּרַע	הִשְׁתָּרַע
אַתְּ	מִשְׁתָּרַעַת	הִשְׁתָּרַעַתְּ	תִּשְׁתָּרְעִי	הִשְׁתָּרְעִי
הוּא	מִשְׁתָּרֵעַ	הִשְׁתָּרֵעַ	יִשְׁתָּרַע	
הִיא	מִשְׁתָּרַעַת	הִשְׁתָּרְעָה	תִּשְׁתָּרַע	
אֲנַחְנוּ	מִשְׁתָּרְעִים מִשְׁתָּרְעוֹת	הִשְׁתָּרַעְנוּ	נִשְׁתָּרַע	
אַתֶּם	מִשְׁתָּרְעִים	הִשְׁתָּרַעְתֶּם	תִּשְׁתָּרְעוּ	הִשְׁתָּרְעוּ
אַתֶּן	מִשְׁתָּרְעוֹת	הִשְׁתָּרַעְתֶּן	תִּשְׁתָּרַעְנָה	הִשְׁתָּרַעְנָה
הֵם	מִשְׁתָּרְעִים	הִשְׁתָּרְעוּ	יִשְׁתָּרְעוּ	
הֵן	מִשְׁתָּרְעוֹת	הִשְׁתָּרְעוּ	תִּשְׁתָּרַעְנָה	

147 לְהִסְתַּכֵּן

הִסְתַּבֵּן
הִסְתַּמֵּן
הִסְתַּנֵּן
הִצְטַיֵּן
הִצְטַנֵּן
הִשְׁתַּכֵּן

בִּנְיָן: הִתְפַּעֵל	גִּזְרָה: פ׳ שׁוֹרֶקֶת + ל״נ		שֹׁרֶשׁ: סכן	
	הֹוֶה Present	עָבָר Past	עָתִיד Future	צִוּוּי Imperative
אֲנִי	מִסְתַּכֵּן / מִסְתַּכֶּנֶת	הִסְתַּכַּנְתִּי	אֶסְתַּכֵּן	
אַתָּה	מִסְתַּכֵּן	הִסְתַּכַּנְתָּ	תִּסְתַּכֵּן	הִסְתַּכֵּן
אַתְּ	מִסְתַּכֶּנֶת	הִסְתַּכַּנְתְּ	תִּסְתַּכְּנִי	הִסְתַּכְּנִי
הוּא	מִסְתַּכֵּן	הִסְתַּכֵּן	יִסְתַּכֵּן	
הִיא	מִסְתַּכֶּנֶת	הִסְתַּכְּנָה	תִּסְתַּכֵּן	
אֲנַחְנוּ	מִסְתַּכְּנִים / מִסְתַּכְּנוֹת	הִסְתַּכַּנּוּ	נִסְתַּכֵּן	
אַתֶּם	מִסְתַּכְּנִים	הִסְתַּכַּנְתֶּם	תִּסְתַּכְּנוּ	הִסְתַּכְּנוּ
אַתֶּן	מִסְתַּכְּנוֹת	הִסְתַּכַּנְתֶּן	תִּסְתַּכֵּנָּה	הִסְתַּכֵּנָּה
הֵם	מִסְתַּכְּנִים	הִסְתַּכְּנוּ	יִסְתַּכְּנוּ	
הֵן	מִסְתַּכְּנוֹת	הִסְתַּכְּנוּ	תִּסְתַּכֵּנָּה	

148 לְהִצְטַדֵּק

הִצְטַבֵּר
הִצְטַדֵּק
הִצְטַיֵּד
הִצְטַלֵּב
הִצְטַלֵּם
הִצְטַמֵּק
הִצְטַנֵּף

בִּנְיָן: הִתְפַּעֵל	גִּזְרָה: פ׳ שׁוֹרֶקֶת (צ׳)		שֹׁרֶשׁ: צדק	
	הֹוֶה Present	עָבָר Past	עָתִיד Future	צִוּוּי Imperative
אֲנִי	מִצְטַדֵּק / מִצְטַדֶּקֶת	הִצְטַדַּקְתִּי	אֶצְטַדֵּק	
אַתָּה	מִצְטַדֵּק	הִצְטַדַּקְתָּ	תִּצְטַדֵּק	הִצְטַדֵּק
אַתְּ	מִצְטַדֶּקֶת	הִצְטַדַּקְתְּ	תִּצְטַדְּקִי	הִצְטַדְּקִי
הוּא	מִצְטַדֵּק	הִצְטַדֵּק	יִצְטַדֵּק	
הִיא	מִצְטַדֶּקֶת	הִצְטַדְּקָה	תִּצְטַדֵּק	
אֲנַחְנוּ	מִצְטַדְּקִים / מִצְטַדְּקוֹת	הִצְטַדַּקְנוּ	נִצְטַדֵּק	
אַתֶּם	מִצְטַדְּקִים	הִצְטַדַּקְתֶּם	תִּצְטַדְּקוּ	הִצְטַדְּקוּ
אַתֶּן	מִצְטַדְּקוֹת	הִצְטַדַּקְתֶּן	תִּצְטַדֵּקְנָה	הִצְטַדֵּקְנָה
הֵם	מִצְטַדְּקִים	הִצְטַדְּקוּ	יִצְטַדְּקוּ	
הֵן	מִצְטַדְּקוֹת	הִצְטַדְּקוּ	תִּצְטַדֵּקְנָה	

149 לְהִצְטַחֵק

שֹׁרֶשׁ: צחק	גִּזְרָה: פ׳ שׁוֹרֶקֶת (צ׳) + ע׳ גְרוֹנִית		בִּנְיָן: הִתְפַּעֵל	
צִוּוּי Imperative	עָתִיד Future	עָבָר Past	הֹוֶה Present	
	אֶצְטַחֵק	הִצְטַחַקְתִּי	מִצְטַחֵק מִצְטַחֶקֶת	אֲנִי
הִצְטַחֵק	תִּצְטַחֵק	הִצְטַחַקְתָּ	מִצְטַחֵק	אַתָּה
הִצְטַחֲקִי	תִּצְטַחֲקִי	הִצְטַחַקְתְּ	מִצְטַחֶקֶת	אַתְּ
	יִצְטַחֵק	הִצְטַחֵק	מִצְטַחֵק	הוּא
	תִּצְטַחֵק	הִצְטַחֲקָה	מִצְטַחֶקֶת	הִיא
	נִצְטַחֵק	הִצְטַחַקְנוּ	מִצְטַחֲקִים מִצְטַחֲקוֹת	אֲנַחְנוּ
הִצְטַחֲקוּ	תִּצְטַחֲקוּ	הִצְטַחַקְתֶּם	מִצְטַחֲקִים	אַתֶּם
הִצְטַחֵקְנָה	תִּצְטַחֵקְנָה	הִצְטַחַקְתֶּן	מִצְטַחֲקוֹת	אַתֶּן
	יִצְטַחֲקוּ	הִצְטַחֲקוּ	מִצְטַחֲקִים	הֵם
	תִּצְטַחֵקְנָה	הִצְטַחֲקוּ	מִצְטַחֲקוֹת	הֵן

הִזְדַּהֵם
הִצְטַעֵר

150 לְהִצְטָרֵף

שֹׁרֶשׁ: צרף	גִּזְרָה: פ׳ שׁוֹרֶקֶת (צ׳) + ע״ר		בִּנְיָן: הִתְפַּעֵל	
צִוּוּי Imperative	עָתִיד Future	עָבָר Past	הֹוֶה Present	
	אֶצְטָרֵף	הִצְטָרַפְתִּי	מִצְטָרֵף מִצְטָרֶפֶת	אֲנִי
הִצְטָרֵף	תִּצְטָרֵף	הִצְטָרַפְתָּ	מִצְטָרֵף	אַתָּה
הִצְטָרְפִי	תִּצְטָרְפִי	הִצְטָרַפְתְּ	מִצְטָרֶפֶת	אַתְּ
	יִצְטָרֵף	הִצְטָרֵף	מִצְטָרֵף	הוּא
	תִּצְטָרֵף	הִצְטָרְפָה	מִצְטָרֶפֶת	הִיא
	נִצְטָרֵף	הִצְטָרַפְנוּ	מִצְטָרְפִים מִצְטָרְפוֹת	אֲנַחְנוּ
הִצְטָרְפוּ	תִּצְטָרְפוּ	הִצְטָרַפְתֶּם	מִצְטָרְפִים	אַתֶּם
הִצְטָרֵפְנָה	תִּצְטָרֵפְנָה	הִצְטָרַפְתֶּן	מִצְטָרְפוֹת	אַתֶּן
	יִצְטָרְפוּ	הִצְטָרְפוּ	מִצְטָרְפִים	הֵם
	תִּצְטָרֵפְנָה	הִצְטָרְפוּ	מִצְטָרְפוֹת	הֵן

הִצְטָרֵד
הִצְטָרֵךְ
הִשְׁתָּרֵךְ
הִשְׁתָּרֵר
הִשְׁתָּרֵשׁ

151 לְהִצְטַנֵּעַ

	שֹׁרֶשׁ: צנע	גִּזְרָה: פ׳ שׁוֹרֶקֶת (צ׳) + ל׳ גְרוֹנִית		בִּנְיָן: הִתְפַּעֵל	
הִצְטַבֵּעַ	צִוּוּי Imperative	עָתִיד Future	עָבָר Past	הֹוֶה Present	
		אֶצְטַנֵּעַ	הִצְטַנַּעְתִּי	מִצְטַנֵּעַ מִצְטַנַּעַת	אֲנִי
	הִצְטַנֵּעַ	תִּצְטַנֵּעַ	הִצְטַנַּעְתָּ	מִצְטַנֵּעַ	אַתָּה
	הִצְטַנְּעִי	תִּצְטַנְּעִי	הִצְטַנַּעַתְּ	מִצְטַנַּעַת	אַתְּ
		יִצְטַנֵּעַ	הִצְטַנֵּעַ	מִצְטַנֵּעַ	הוּא
		תִּצְטַנֵּעַ	הִצְטַנְּעָה	מִצְטַנַּעַת	הִיא
		נִצְטַנֵּעַ	הִצְטַנַּעְנוּ	מִצְטַנְּעִים מִצְטַנְּעוֹת	אֲנַחְנוּ
	הִצְטַנְּעוּ	תִּצְטַנְּעוּ	הִצְטַנַּעְתֶּם	מִצְטַנְּעִים	אַתֶּם
	הִצְטַנַּעְנָה	תִּצְטַנַּעְנָה	הִצְטַנַּעְתֶּן	מִצְטַנְּעוֹת	אַתֶּן
		יִצְטַנְּעוּ	הִצְטַנְּעוּ	מִצְטַנְּעִים	הֵם
		תִּצְטַנַּעְנָה	הִצְטַנְּעוּ	מִצְטַנְּעוֹת	הֵן

152 לְהִזְדַּקֵּף

	שֹׁרֶשׁ: זקף	גִּזְרָה: פ׳ שׁוֹרֶקֶת (ז׳)		בִּנְיָן: הִתְפַּעֵל	
הִזְדַּוֵּג הִזְדַּכֵּךְ הִזְדַּנֵּב הִזְדַּקֵּק הִזְדַּקֵּר	צִוּוּי Imperative	עָתִיד Future	עָבָר Past	הֹוֶה Present	
		אֶזְדַּקֵּף	הִזְדַּקַּפְתִּי	מִזְדַּקֵּף מִזְדַּקֶּפֶת	אֲנִי
	הִזְדַּקֵּף	תִּזְדַּקֵּף	הִזְדַּקַּפְתָּ	מִזְדַּקֵּף	אַתָּה
	הִזְדַּקְּפִי	תִּזְדַּקְּפִי	הִזְדַּקַּפְתְּ	מִזְדַּקֶּפֶת	אַתְּ
		יִזְדַּקֵּף	הִזְדַּקֵּף	מִזְדַּקֵּף	הוּא
		תִּזְדַּקֵּף	הִזְדַּקְּפָה	מִזְדַּקֶּפֶת	הִיא
		נִזְדַּקֵּף	הִזְדַּקַּפְנוּ	מִזְדַּקְּפִים מִזְדַּקְּפוֹת	אֲנַחְנוּ
	הִזְדַּקְּפוּ	תִּזְדַּקְּפוּ	הִזְדַּקַּפְתֶּם	מִזְדַּקְּפִים	אַתֶּם
	הִזְדַּקֵּפְנָה	תִּזְדַּקֵּפְנָה	הִזְדַּקַּפְתֶּן	מִזְדַּקְּפוֹת	אַתֶּן
		יִזְדַּקְּפוּ	הִזְדַּקְּפוּ	מִזְדַּקְּפִים	הֵם
		תִּזְדַּקֵּפְנָה	הִזְדַּקְּפוּ	מִזְדַּקְּפוֹת	הֵן

153 לְהִזְדָּרֵז

שֹׁרֶשׁ: זרז	גִּזְרָה: פּ' שׁוֹרֶקֶת (ז') + ע"ר	בִּנְיָן: הִתְפַּעֵל		
צִוּוּי Imperative	עָתִיד Future	עָבָר Past	הֹוֶה Present	
	אֶזְדָּרֵז	הִזְדָּרַזְתִּי	מִזְדָּרֵז מִזְדָּרֶזֶת	אֲנִי
הִזְדָּרֵז	תִּזְדָּרֵז	הִזְדָּרַזְתָּ	מִזְדָּרֵז	אַתָּה
הִזְדָּרְזִי	תִּזְדָּרְזִי	הִזְדָּרַזְתְּ	מִזְדָּרֶזֶת	אַתְּ
	יִזְדָּרֵז	הִזְדָּרֵז	מִזְדָּרֵז	הוּא
	תִּזְדָּרֵז	הִזְדָּרְזָה	מִזְדָּרֶזֶת	הִיא
	נִזְדָּרֵז	הִזְדָּרַזְנוּ	מִזְדָּרְזִים מִזְדָּרְזוֹת	אֲנַחְנוּ
הִזְדָּרְזוּ	תִּזְדָּרְזוּ	הִזְדָּרַזְתֶּם	מִזְדָּרְזִים	אַתֶּם
הִזְדָּרֵזְנָה	תִּזְדָּרֵזְנָה	הִזְדָּרַזְתֶּן	מִזְדָּרְזוֹת	אַתֶּן
	יִזְדָּרְזוּ	הִזְדָּרְזוּ	מִזְדָּרְזִים	הֵם
	תִּזְדָּרֵזְנָה	הִזְדָּרְזוּ	מִזְדָּרְזוֹת	הֵן

154 לְהִזְדַּקֵּן

שֹׁרֶשׁ: זקן	גִּזְרָה: פּ' שׁוֹרֶקֶת (ז') + ל"נ	בִּנְיָן: הִתְפַּעֵל		
צִוּוּי Imperative	עָתִיד Future	עָבָר Past	הֹוֶה Present	
	אֶזְדַּקֵּן	הִזְדַּקַּנְתִּי	מִזְדַּקֵּן מִזְדַּקֶּנֶת	אֲנִי
הִזְדַּקֵּן	תִּזְדַּקֵּן	הִזְדַּקַּנְתָּ	מִזְדַּקֵּן	אַתָּה
הִזְדַּקְּנִי	תִּזְדַּקְּנִי	הִזְדַּקַּנְתְּ	מִזְדַּקֶּנֶת	אַתְּ
	יִזְדַּקֵּן	הִזְדַּקֵּן	מִזְדַּקֵּן	הוּא
	תִּזְדַּקֵּן	הִזְדַּקְּנָה	מִזְדַּקֶּנֶת	הִיא
	נִזְדַּקֵּן	הִזְדַּקַּנּוּ	מִזְדַּקְּנִים מִזְדַּקְּנוֹת	אֲנַחְנוּ
הִזְדַּקְּנוּ	תִּזְדַּקְּנוּ	הִזְדַּקַּנְתֶּם	מִזְדַּקְּנִים	אַתֶּם
הִזְדַּקֵּנָּה	תִּזְדַּקֵּנָּה	הִזְדַּקַּנְתֶּן	מִזְדַּקְּנוֹת	אַתֶּן
	יִזְדַּקְּנוּ	הִזְדַּקְּנוּ	מִזְדַּקְּנִים	הֵם
	תִּזְדַּקֵּנָּה	הִזְדַּקְּנוּ	מִזְדַּקְּנוֹת	הֵן

155 לְהִתְכּוֹפֵף

הִתְאוֹשֵׁשׁ
הִתְבּוֹדֵד
הִתְבּוֹלֵל
הִתְבּוֹסֵס
הִתְבּוֹשֵׁשׁ
הִתְגּוֹדֵד
הִתְגּוֹלֵל
הִתְגּוֹרֵר
הִתְגּוֹשֵׁשׁ
הִתְהוֹלֵל
הִתְחוֹלֵל
הִתְלוֹצֵץ
הִתְמוֹגֵג
הִתְמוֹדֵד
הִתְמוֹטֵט
הִתְמוֹסֵס
הִתְנוֹסֵס
הִתְעוֹדֵד

עמ׳ 184 ◄

בִּנְיָן: הִתְפַּעֵל	גִּזְרָה: נָחֵי ע״ו + כְּפוּלִים		שֹׁרֶשׁ: כפף	
	הֹוֶה Present	עָבָר Past	עָתִיד Future	צִוּוּי Imperative
אֲנִי	מִתְכּוֹפֵף / מִתְכּוֹפֶפֶת	הִתְכּוֹפַפְתִּי	אֶתְכּוֹפֵף	
אַתָּה	מִתְכּוֹפֵף	הִתְכּוֹפַפְתָּ	תִּתְכּוֹפֵף	הִתְכּוֹפֵף
אַתְּ	מִתְכּוֹפֶפֶת	הִתְכּוֹפַפְתְּ	תִּתְכּוֹפְפִי	הִתְכּוֹפְפִי
הוּא	מִתְכּוֹפֵף	הִתְכּוֹפֵף	יִתְכּוֹפֵף	
הִיא	מִתְכּוֹפֶפֶת	הִתְכּוֹפְפָה	תִּתְכּוֹפֵף	
אֲנַחְנוּ	מִתְכּוֹפְפִים / מִתְכּוֹפְפוֹת	הִתְכּוֹפַפְנוּ	נִתְכּוֹפֵף	
אַתֶּם	מִתְכּוֹפְפִים	הִתְכּוֹפַפְתֶּם	תִּתְכּוֹפְפוּ	הִתְכּוֹפְפוּ
אַתֶּן	מִתְכּוֹפְפוֹת	הִתְכּוֹפַפְתֶּן	תִּתְכּוֹפֵפְנָה	הִתְכּוֹפֵפְנָה
הֵם	מִתְכּוֹפְפִים	הִתְכּוֹפְפוּ	יִתְכּוֹפְפוּ	
הֵן	מִתְכּוֹפְפוֹת	הִתְכּוֹפְפוּ	תִּתְכּוֹפֵפְנָה	

156 לְהִתְבּוֹנֵן

הִתְאוֹנֵן
הִתְגּוֹנֵן
הִתְכּוֹנֵן
הִתְלוֹנֵן
הִתְרוֹקֵן

בִּנְיָן: הִתְפַּעֵל	גִּזְרָה: נָחֵי ע״ו + כְּפוּלִים + ל״נ		שֹׁרֶשׁ: בין	
	הֹוֶה Present	עָבָר Past	עָתִיד Future	צִוּוּי Imperative
אֲנִי	מִתְבּוֹנֵן / מִתְבּוֹנֶנֶת	הִתְבּוֹנַנְתִּי	אֶתְבּוֹנֵן	
אַתָּה	מִתְבּוֹנֵן	הִתְבּוֹנַנְתָּ	תִּתְבּוֹנֵן	הִתְבּוֹנֵן
אַתְּ	מִתְבּוֹנֶנֶת	הִתְבּוֹנַנְתְּ	תִּתְבּוֹנְנִי	הִתְבּוֹנְנִי
הוּא	מִתְבּוֹנֵן	הִתְבּוֹנֵן	יִתְבּוֹנֵן	
הִיא	מִתְבּוֹנֶנֶת	הִתְבּוֹנְנָה	תִּתְבּוֹנֵן	
אֲנַחְנוּ	מִתְבּוֹנְנִים / מִתְבּוֹנְנוֹת	הִתְבּוֹנַנּוּ	נִתְבּוֹנֵן	
אַתֶּם	מִתְבּוֹנְנִים	הִתְבּוֹנַנְתֶּם	תִּתְבּוֹנְנוּ	הִתְבּוֹנְנוּ
אַתֶּן	מִתְבּוֹנְנוֹת	הִתְבּוֹנַנְתֶּן	תִּתְבּוֹנֵנָּה	הִתְבּוֹנֵנָּה
הֵם	מִתְבּוֹנְנִים	הִתְבּוֹנְנוּ	יִתְבּוֹנְנוּ	
הֵן	מִתְבּוֹנְנוֹת	הִתְבּוֹנְנוּ	תִּתְבּוֹנֵנָּה	

157 לְהִתְנוֹעֵעַ

התְרוֹעֵעַ

בִּנְיָן: הִתְפַּעֵל	גִּזְרָה: ע״ו + כְּפוּלִים + ל׳ גְרוֹנִית		שֹׁרֶשׁ: נוע	
	הֹוֶה Present	עָבָר Past	עָתִיד Future	צִוּוּי Imperative
אֲנִי	מִתְנוֹעֵעַ / מִתְנוֹעַעַת	הִתְנוֹעַעְתִּי	אֶתְנוֹעֵעַ	
אַתָּה	מִתְנוֹעֵעַ	הִתְנוֹעַעְתָּ	תִּתְנוֹעֵעַ	הִתְנוֹעֵעַ
אַתְּ	מִתְנוֹעַעַת	הִתְנוֹעַעְתְּ	תִּתְנוֹעֲעִי	הִתְנוֹעֲעִי
הוּא	מִתְנוֹעֵעַ	הִתְנוֹעֵעַ	יִתְנוֹעֵעַ	
הִיא	מִתְנוֹעַעַת	הִתְנוֹעֲעָה	תִּתְנוֹעֵעַ	
אֲנַחְנוּ	מִתְנוֹעֲעִים / מִתְנוֹעֲעוֹת	הִתְנוֹעַעְנוּ	נִתְנוֹעֵעַ	
אַתֶּם	מִתְנוֹעֲעִים	הִתְנוֹעַעְתֶּם	תִּתְנוֹעֲעוּ	הִתְנוֹעֲעוּ
אַתֶּן	מִתְנוֹעֲעוֹת	הִתְנוֹעַעְתֶּן	תִּתְנוֹעֵעְנָה	הִתְנוֹעֵעְנָה
הֵם	מִתְנוֹעֲעִים	הִתְנוֹעֲעוּ	יִתְנוֹעֲעוּ	
הֵן	מִתְנוֹעֲעוֹת	הִתְנוֹעֲעוּ	תִּתְנוֹעֵעְנָה	

158 לְהִסְתּוֹבֵב

הִסְתּוֹדֵד
הִצְטוֹפֵף
הִשְׁתּוֹבֵב
הִשְׁתּוֹלֵל
הִשְׁתּוֹמֵם
הִשְׁתּוֹקֵק

בִּנְיָן: הִתְפַּעֵל	גִּזְרָה: כְּפוּלִים + שׁוֹרְקִים		שֹׁרֶשׁ: סבב	
	הֹוֶה Present	עָבָר Past	עָתִיד Future	צִוּוּי Imperative
אֲנִי	מִסְתּוֹבֵב / מִסְתּוֹבֶבֶת	הִסְתּוֹבַבְתִּי	אֶסְתּוֹבֵב	
אַתָּה	מִסְתּוֹבֵב	הִסְתּוֹבַבְתָּ	תִּסְתּוֹבֵב	הִסְתּוֹבֵב
אַתְּ	מִסְתּוֹבֶבֶת	הִסְתּוֹבַבְתְּ	תִּסְתּוֹבְבִי	הִסְתּוֹבְבִי
הוּא	מִסְתּוֹבֵב	הִסְתּוֹבֵב	יִסְתּוֹבֵב	
הִיא	מִסְתּוֹבֶבֶת	הִסְתּוֹבְבָה	תִּסְתּוֹבֵב	
אֲנַחְנוּ	מִסְתּוֹבְבִים / מִסְתּוֹבְבוֹת	הִסְתּוֹבַבְנוּ	נִסְתּוֹבֵב	
אַתֶּם	מִסְתּוֹבְבִים	הִסְתּוֹבַבְתֶּם	תִּסְתּוֹבְבוּ	הִסְתּוֹבְבוּ
אַתֶּן	מִסְתּוֹבְבוֹת	הִסְתּוֹבַבְתֶּן	תִּסְתּוֹבֵבְנָה	הִסְתּוֹבֵבְנָה
הֵם	מִסְתּוֹבְבִים	הִסְתּוֹבְבוּ	יִסְתּוֹבְבוּ	
הֵן	מִסְתּוֹבְבוֹת	הִסְתּוֹבְבוּ	תִּסְתּוֹבֵבְנָה	

159 לְהִתְכַּסּוֹת

הִתְאַדָּה
הִתְאַוָּה
הִתְאַנָּה
הִתְבַּדָּה
הִתְבַּזָּה
הִתְבַּלָּה
הִתְגַלָּה
הִתְהַוָּה
הִתְוַדָּה
הִתְחַזָּה
הִתְחַלָּה
הִתְחַקָּה
הִתְיַפָּה
הִתְלַוָּה
הִתְמַנָּה
הִתְנַסָּה
הִתְנַקָּה
הִתְעַבָּה

עמ׳ 184 ◄

בִּנְיָן: הִתְפַּעֵל		גִּזְרָה: ל״ה		שֹׁרֶשׁ: כסה
	הֹוֶה Present	עָבָר Past	עָתִיד Future	צִוּוּי Imperative
אֲנִי	מִתְכַּסֶּה / מִתְכַּסָּה	הִתְכַּסֵּיתִי	אֶתְכַּסֶּה	
אַתָּה	מִתְכַּסֶּה	הִתְכַּסֵּיתָ	תִּתְכַּסֶּה	הִתְכַּסֵּה
אַתְּ	מִתְכַּסָּה	הִתְכַּסֵּית	תִּתְכַּסִּי	הִתְכַּסִּי
הוּא	מִתְכַּסֶּה	הִתְכַּסָּה	יִתְכַּסֶּה	
הִיא	מִתְכַּסָּה	הִתְכַּסְּתָה	תִּתְכַּסֶּה	
אֲנַחְנוּ	מִתְכַּסִּים / מִתְכַּסּוֹת	הִתְכַּסֵּינוּ	נִתְכַּסֶּה	
אַתֶּם	מִתְכַּסִּים	הִתְכַּסֵּיתֶם	תִּתְכַּסּוּ	הִתְכַּסּוּ
אַתֶּן	מִתְכַּסּוֹת	הִתְכַּסֵּיתֶן	תִּתְכַּסֶּינָה	הִתְכַּסֶּינָה
הֵם	מִתְכַּסִּים	הִתְכַּסּוּ	יִתְכַּסּוּ	
הֵן	מִתְכַּסּוֹת	הִתְכַּסּוּ	תִּתְכַּסֶּינָה	

160 לְהִתְמַחוֹת

הִתְאַחָה

בִּנְיָן: הִתְפַּעֵל		גִּזְרָה: ל״ה + ע׳ גְּרוֹנִית		שֹׁרֶשׁ: מחה
	הֹוֶה Present	עָבָר Past	עָתִיד Future	צִוּוּי Imperative
אֲנִי	מִתְמַחֶה / מִתְמַחָה	הִתְמַחֵיתִי	אֶתְמַחֶה	
אַתָּה	מִתְמַחֶה	הִתְמַחֵיתָ	תִּתְמַחֶה	הִתְמַחֵה
אַתְּ	מִתְמַחָה	הִתְמַחֵית	תִּתְמַחִי	הִתְמַחִי
הוּא	מִתְמַחֶה	הִתְמַחָה	יִתְמַחֶה	
הִיא	מִתְמַחָה	הִתְמַחֲתָה	תִּתְמַחֶה	
אֲנַחְנוּ	מִתְמַחִים / מִתְמַחוֹת	הִתְמַחֵינוּ	נִתְמַחֶה	
אַתֶּם	מִתְמַחִים	הִתְמַחֵיתֶם	תִּתְמַחוּ	הִתְמַחוּ
אַתֶּן	מִתְמַחוֹת	הִתְמַחֵיתֶן	תִּתְמַחֶינָה	הִתְמַחֶינָה
הֵם	מִתְמַחִים	הִתְמַחוּ	יִתְמַחוּ	
הֵן	מִתְמַחוֹת	הִתְמַחוּ	תִּתְמַחֶינָה	

161 לְהִתְרָאוֹת

בִּנְיָן: הִתְפַּעֵל	גִּזְרָה: נָחֵי ל״ה + ע׳ גְּרוֹנִית (א׳, ר׳)			שֹׁרֶשׁ: ראה
	הֹוֶה Present	עָבָר Past	עָתִיד Future	צִוּוּי Imperative
אֲנִי	מִתְרָאֶה / מִתְרָאָה	הִתְרָאֵיתִי	אֶתְרָאֶה	
אַתָּה	מִתְרָאֶה	הִתְרָאֵיתָ	תִּתְרָאֶה	הִתְרָאֵה
אַתְּ	מִתְרָאָה	הִתְרָאֵית	תִּתְרָאִי	הִתְרָאִי
הוּא	מִתְרָאֶה	הִתְרָאָה	יִתְרָאֶה	
הִיא	מִתְרָאָה	הִתְרָאֲתָה	תִּתְרָאֶה	
אֲנַחְנוּ	מִתְרָאִים / מִתְרָאוֹת	הִתְרָאֵינוּ	נִתְרָאֶה	
אַתֶּם	מִתְרָאִים	הִתְרָאֵיתֶם	תִּתְרָאוּ	הִתְרָאוּ
אַתֶּן	מִתְרָאוֹת	הִתְרָאֵיתֶן	תִּתְרָאֶינָה	הִתְרָאֶינָה
הֵם	מִתְרָאִים	הִתְרָאוּ	יִתְרָאוּ	
הֵן	מִתְרָאוֹת	הִתְרָאוּ	תִּתְרָאֶינָה	

הִתְגָּאָה
הִתְגָּרָה
הִתְחָרָה
הִתְעָרָה

162 לְהִשְׁתַּנּוֹת

בִּנְיָן: הִתְפַּעֵל	גִּזְרָה: שׁוֹרְקִים + ל״ה			שֹׁרֶשׁ: שנה
	הֹוֶה Present	עָבָר Past	עָתִיד Future	צִוּוּי Imperative
אֲנִי	מִשְׁתַּנֶּה / מִשְׁתַּנָּה	הִשְׁתַּנֵּיתִי	אֶשְׁתַּנֶּה	
אַתָּה	מִשְׁתַּנֶּה	הִשְׁתַּנֵּיתָ	תִּשְׁתַּנֶּה	הִשְׁתַּנֵּה
אַתְּ	מִשְׁתַּנָּה	הִשְׁתַּנֵּית	תִּשְׁתַּנִּי	הִשְׁתַּנִּי
הוּא	מִשְׁתַּנֶּה	הִשְׁתַּנָּה	יִשְׁתַּנֶּה	
הִיא	מִשְׁתַּנָּה	הִשְׁתַּנְּתָה	תִּשְׁתַּנֶּה	
אֲנַחְנוּ	מִשְׁתַּנִּים / מִשְׁתַּנּוֹת	הִשְׁתַּנֵּינוּ	נִשְׁתַּנֶּה	
אַתֶּם	מִשְׁתַּנִּים	הִשְׁתַּנֵּיתֶם	תִּשְׁתַּנּוּ	הִשְׁתַּנּוּ
אַתֶּן	מִשְׁתַּנּוֹת	הִשְׁתַּנֵּיתֶן	תִּשְׁתַּנֶּינָה	הִשְׁתַּנֶּינָה
הֵם	מִשְׁתַּנִּים	הִשְׁתַּנּוּ	יִשְׁתַּנּוּ	
הֵן	מִשְׁתַּנּוֹת	הִשְׁתַּנּוּ	תִּשְׁתַּנֶּינָה	

הִסְתַּוָּה
הִשְׁתָּהָה
הִשְׁתַּוָּה
הִשְׁתַּטָּה

163 לְהִשְׁתָּאוֹת

בִּנְיָן: הִתְפַּעֵל	גִּזְרָה: שׁוֹרְקִים + ל״ה + ע׳ גְרוֹנִית (א׳)		שֹׁרֶשׁ: שׁאה	
	הֹוֶה Present	עָבָר Past	עָתִיד Future	צִוּוּי Imperative
אֲנִי	מִשְׁתָּאֶה / מִשְׁתָּאָה	הִשְׁתָּאֵיתִי	אֶשְׁתָּאֶה	
אַתָּה	מִשְׁתָּאֶה	הִשְׁתָּאֵיתָ	תִּשְׁתָּאֶה	הִשְׁתָּאֵה
אַתְּ	מִשְׁתָּאָה	הִשְׁתָּאֵית	תִּשְׁתָּאִי	הִשְׁתָּאִי
הוּא	מִשְׁתָּאֶה	הִשְׁתָּאָה	יִשְׁתָּאֶה	
הִיא	מִשְׁתָּאָה	הִשְׁתָּאֲתָה	תִּשְׁתָּאֶה	
אֲנַחְנוּ	מִשְׁתָּאִים / מִשְׁתָּאוֹת	הִשְׁתָּאֵינוּ	נִשְׁתָּאֶה	
אַתֶּם	מִשְׁתָּאִים	הִשְׁתָּאֵיתֶם	תִּשְׁתָּאוּ	הִשְׁתָּאוּ
אַתֶּן	מִשְׁתָּאוֹת	הִשְׁתָּאֵיתֶן	תִּשְׁתָּאֶינָה	הִשְׁתָּאֶינָה
הֵם	מִשְׁתָּאִים	הִשְׁתָּאוּ	יִשְׁתָּאוּ	
הֵן	מִשְׁתָּאוֹת	הִשְׁתָּאוּ	תִּשְׁתָּאֶינָה	

164 לְהִצְטַוּוֹת

בִּנְיָן: הִתְפַּעֵל	גִּזְרָה: שׁוֹרְקִים (צ׳) + ל״ה		שֹׁרֶשׁ: צוה	
	הֹוֶה Present	עָבָר Past	עָתִיד Future	צִוּוּי Imperative
אֲנִי	מִצְטַוֶּה / מִצְטַוָּה	הִצְטַוֵּיתִי	אֶצְטַוֶּה	
אַתָּה	מִצְטַוֶּה	הִצְטַוֵּיתָ	תִּצְטַוֶּה	הִצְטַוֵּה
אַתְּ	מִצְטַוָּה	הִצְטַוֵּית	תִּצְטַוִּי	הִצְטַוִּי
הוּא	מִצְטַוֶּה	הִצְטַוָּה	יִצְטַוֶּה	
הִיא	מִצְטַוָּה	הִצְטַוְּתָה	תִּצְטַוֶּה	
אֲנַחְנוּ	מִצְטַוִּים / מִצְטַוּוֹת	הִצְטַוֵּינוּ	נִצְטַוֶּה	
אַתֶּם	מִצְטַוִּים	הִצְטַוֵּיתֶם	תִּצְטַוּוּ	הִצְטַוּוּ
אַתֶּן	מִצְטַוּוֹת	הִצְטַוֵּיתֶן	תִּצְטַוֶּינָה	הִצְטַוֶּינָה
הֵם	מִצְטַוִּים	הִצְטַוּוּ	יִצְטַוּוּ	
הֵן	מִצְטַוּוֹת	הִצְטַוּוּ	תִּצְטַוֶּינָה	

165 לְהִזְדַהוֹת

שֹׁרֶשׁ: זהה	גִּזְרָה: שׁוֹרְקִים (ז׳) + ל״ה + ע׳ גְּרוֹנִית		בִּנְיָן: הִתְפַּעֵל	
צִוּוּי Imperative	עָתִיד Future	עָבָר Past	הֹוֶה Present	
	אֶזְדַּהֶה	הִזְדַּהֵיתִי	מִזְדַּהֶה מִזְדַּהָה	אֲנִי
הִזְדַּהֵה	תִּזְדַּהֶה	הִזְדַּהֵיתָ	מִזְדַּהֶה	אַתָּה
הִזְדַּהִי	תִּזְדַּהִי	הִזְדַּהֵית	מִזְדַּהָה	אַתְּ
	יִזְדַּהֶה	הִזְדַּהָה	מִזְדַּהֶה	הוּא
	תִּזְדַּהֶה	הִזְדַּהֲתָה	מִזְדַּהָה	הִיא
	נִזְדַּהֶה	הִזְדַּהֵינוּ	מִזְדַּהִים מִזְדַּהוֹת	אֲנַחְנוּ
הִזְדַּהוּ	תִּזְדַּהוּ	הִזְדַּהֵיתֶם	מִזְדַּהִים	אַתֶּם
הִזְדַּהֶינָה	תִּזְדַּהֶינָה	הִזְדַּהֵיתֶן	מִזְדַּהוֹת	אַתֶּן
	יִזְדַּהוּ	הִזְדַּהוּ	מִזְדַּהִים	הֵם
	תִּזְדַּהֶינָה	הִזְדַּהוּ	מִזְדַּהוֹת	הֵן

166 לְהִשְׁתַּחֲווֹת

שֹׁרֶשׁ: שחה	גִּזְרָה: ל״ה (מְיוּחֶדֶת)		בִּנְיָן: הִתְפַּעֵל	
צִוּוּי Imperative	עָתִיד Future	עָבָר Past	הֹוֶה Present	
	אֶשְׁתַּחֲוֶה	הִשְׁתַּחֲוֵיתִי	מִשְׁתַּחֲוֶה מִשְׁתַּחֲוָה	אֲנִי
הִשְׁתַּחֲוֵה	תִּשְׁתַּחֲוֶה	הִשְׁתַּחֲוֵיתָ	מִשְׁתַּחֲוֶה	אַתָּה
הִשְׁתַּחֲוִי	תִּשְׁתַּחֲוִי	הִשְׁתַּחֲוֵית	מִשְׁתַּחֲוָה	אַתְּ
	יִשְׁתַּחֲוֶה	הִשְׁתַּחֲוָה	מִשְׁתַּחֲוֶה	הוּא
	תִּשְׁתַּחֲוֶה	הִשְׁתַּחֲוְתָה	מִשְׁתַּחֲוָה	הִיא
	נִשְׁתַּחֲוֶה	הִשְׁתַּחֲוֵינוּ	מִשְׁתַּחֲוִים מִשְׁתַּחֲווֹת	אֲנַחְנוּ
הִשְׁתַּחֲווּ	תִּשְׁתַּחֲווּ	הִשְׁתַּחֲוֵיתֶם	מִשְׁתַּחֲוִים	אַתֶּם
הִשְׁתַּחֲוֶינָה	תִּשְׁתַּחֲוֶינָה	הִשְׁתַּחֲוֵיתֶן	מִשְׁתַּחֲווֹת	אַתֶּן
	יִשְׁתַּחֲווּ	הִשְׁתַּחֲווּ	מִשְׁתַּחֲוִים	הֵם
	תִּשְׁתַּחֲוֶינָה	הִשְׁתַּחֲווּ	מִשְׁתַּחֲווֹת	הֵן

167 לְהִתְבַּלְבֵּל

בִּנְיָן: הִתְפַּעֵל | גִּזְרָה: מְרֻבָּעִים | שֹׁרֶשׁ: בלבל

	הֹוֶה Present	עָבָר Past	עָתִיד Future	צִוּוּי Imperative
אֲנִי	מִתְבַּלְבֵּל מִתְבַּלְבֶּלֶת	הִתְבַּלְבַּלְתִּי	אֶתְבַּלְבֵּל	
אַתָּה	מִתְבַּלְבֵּל	הִתְבַּלְבַּלְתָּ	תִּתְבַּלְבֵּל	הִתְבַּלְבֵּל
אַתְּ	מִתְבַּלְבֶּלֶת	הִתְבַּלְבַּלְתְּ	תִּתְבַּלְבְּלִי	הִתְבַּלְבְּלִי
הוּא	מִתְבַּלְבֵּל	הִתְבַּלְבֵּל	יִתְבַּלְבֵּל	
הִיא	מִתְבַּלְבֶּלֶת	הִתְבַּלְבְּלָה	תִּתְבַּלְבֵּל	
אֲנַחְנוּ	מִתְבַּלְבְּלִים מִתְבַּלְבְּלוֹת	הִתְבַּלְבַּלְנוּ	נִתְבַּלְבֵּל	
אַתֶּם	מִתְבַּלְבְּלִים	הִתְבַּלְבַּלְתֶּם	תִּתְבַּלְבְּלוּ	הִתְבַּלְבְּלוּ
אַתֶּן	מִתְבַּלְבְּלוֹת	הִתְבַּלְבַּלְתֶּן	תִּתְבַּלְבֵּלְנָה	הִתְבַּלְבֵּלְנָה
הֵם	מִתְבַּלְבְּלִים	הִתְבַּלְבְּלוּ	יִתְבַּלְבְּלוּ	
הֵן	מִתְבַּלְבְּלוֹת	הִתְבַּלְבְּלוּ	תִּתְבַּלְבֵּלְנָה	

הִתְאַגְרֵף
הִתְאוֹרֵר
הִתְאַכְזֵב
הִתְאַכְזֵר
הִתְאַסְלֵם
הִתְאַפְשֵׁר
הִתְאַקְלֵם
הִתְאַשְׁפֵּז
הִתְבַּזְבֵּז
הִתְגַּלְגֵּל
הִתְגַּנְדֵּר
הִתְדַּרְדֵּר
הִתְחַלְחֵל
הִתְחַסְפֵּס
הִתְחַשְׁמֵל
הִתְכַּלְכֵּל
הִתְכַּרְבֵּל
הִתְלַכְלֵךְ

עמ׳ 184 ◄

168 לְהִתְאַזְרֵחַ

בִּנְיָן: הִתְפַּעֵל | גִּזְרָה: מְרֻבָּעִים + גְּרוֹנִיּוֹת | שֹׁרֶשׁ: אזרח

	הֹוֶה Present	עָבָר Past	עָתִיד Future	צִוּוּי Imperative
אֲנִי	מִתְאַזְרֵחַ מִתְאַזְרַחַת	הִתְאַזְרַחְתִּי	אֶתְאַזְרֵחַ	
אַתָּה	מִתְאַזְרֵחַ	הִתְאַזְרַחְתָּ	תִּתְאַזְרֵחַ	הִתְאַזְרֵחַ
אַתְּ	מִתְאַזְרַחַת	הִתְאַזְרַחְתְּ	תִּתְאַזְרְחִי	הִתְאַזְרְחִי
הוּא	מִתְאַזְרֵחַ	הִתְאַזְרֵחַ	יִתְאַזְרֵחַ	
הִיא	מִתְאַזְרַחַת	הִתְאַזְרְחָה	תִּתְאַזְרֵחַ	
אֲנַחְנוּ	מִתְאַזְרְחִים מִתְאַזְרְחוֹת	הִתְאַזְרַחְנוּ	נִתְאַזְרֵחַ	
אַתֶּם	מִתְאַזְרְחִים	הִתְאַזְרַחְתֶּם	תִּתְאַזְרְחוּ	הִתְאַזְרְחוּ
אַתֶּן	מִתְאַזְרְחוֹת	הִתְאַזְרַחְתֶּן	תִּתְאַזְרַחְנָה	הִתְאַזְרַחְנָה
הֵם	מִתְאַזְרְחִים	הִתְאַזְרְחוּ	יִתְאַזְרְחוּ	
הֵן	מִתְאַזְרְחוֹת	הִתְאַזְרְחוּ	תִּתְאַזְרַחְנָה	

הִתְמַהְמֵהַּ
הִתְפַּרְחֵחַ

169 לְהִתְגַעְגֵעַ

בִּנְיָן: הִתְפַּעֵל	גִּזְרָה: מְרֻבָּעִים + גְּרוֹנִיּוֹת		שֹׁרֶשׁ: געגע	
	הֹוֶה Present	עָבָר Past	עָתִיד Future	צִוּוּי Imperative
אֲנִי	מִתְגַעְגֵעַ מִתְגַעְגַעַת	הִתְגַעְגַעְתִּי	אֶתְגַעְגֵעַ	
אַתָּה	מִתְגַעְגֵעַ	הִתְגַעְגַעְתָּ	תִּתְגַעְגֵעַ	הִתְגַעְגֵעַ
אַתְּ	מִתְגַעְגַעַת	הִתְגַעְגַעְתְּ	תִּתְגַעְגְעִי	הִתְגַעְגְעִי
הוּא	מִתְגַעְגֵעַ	הִתְגַעְגֵעַ	יִתְגַעְגֵעַ	
הִיא	מִתְגַעְגַעַת	הִתְגַעְגְעָה	תִּתְגַעְגֵעַ	
אֲנַחְנוּ	מִתְגַעְגְעִים מִתְגַעְגְעוֹת	הִתְגַעְגַעְנוּ	נִתְגַעְגֵעַ	
אַתֶּם	מִתְגַעְגְעִים	הִתְגַעְגַעְתֶּם	תִּתְגַעְגְעוּ	הִתְגַעְגְעוּ
אַתֶּן	מִתְגַעְגְעוֹת	הִתְגַעְגַעְתֶּן	תִּתְגַעְגַעְנָה	הִתְגַעְגַעְנָה
הֵם	מִתְגַעְגְעִים	הִתְגַעְגְעוּ	יִתְגַעְגְעוּ	
הֵן	מִתְגַעְגְעוֹת	הִתְגַעְגְעוּ	תִּתְגַעְגַעְנָה	

170 לְהִתְעַנְיֵן

בִּנְיָן: הִתְפַּעֵל	גִּזְרָה: מְרֻבָּעִים + ל"נ		שֹׁרֶשׁ: ענין	
	הֹוֶה Present	עָבָר Past	עָתִיד Future	צִוּוּי Imperative
אֲנִי	מִתְעַנְיֵן מִתְעַנְיֶנֶת	הִתְעַנְיַנְתִּי	אֶתְעַנְיֵן	
אַתָּה	מִתְעַנְיֵן	הִתְעַנְיַנְתָּ	תִּתְעַנְיֵן	הִתְעַנְיֵן
אַתְּ	מִתְעַנְיֶנֶת	הִתְעַנְיַנְתְּ	תִּתְעַנְיְנִי	הִתְעַנְיְנִי
הוּא	מִתְעַנְיֵן	הִתְעַנְיֵן	יִתְעַנְיֵן	
הִיא	מִתְעַנְיֶנֶת	הִתְעַנְיְנָה	תִּתְעַנְיֵן	
אֲנַחְנוּ	מִתְעַנְיְנִים מִתְעַנְיְנוֹת	הִתְעַנְיַנּוּ	נִתְעַנְיֵן	
אַתֶּם	מִתְעַנְיְנִים	הִתְעַנְיַנְתֶּם	תִּתְעַנְיְנוּ	הִתְעַנְיְנוּ
אַתֶּן	מִתְעַנְיְנוֹת	הִתְעַנְיַנְתֶּן	תִּתְעַנְיֵנָּה	הִתְעַנְיֵנָּה
הֵם	מִתְעַנְיְנִים	הִתְעַנְיְנוּ	יִתְעַנְיְנוּ	
הֵן	מִתְעַנְיְנוֹת	הִתְעַנְיְנוּ	תִּתְעַנְיֵנָּה	

הִתְאַכְסֵן
הִתְאַלְמֵן
הִתְאַרְגֵן
הִתְחַמְצֵן
הִתְעַדְכֵּן
הִתְעַצְבֵּן
הִתְרַאְיֵן

171 לְהִשְׁתַּחְרֵר

הִסְתַּחְרֵר
הִסְתַּכְסֵךְ
הִסְתַּלְסֵל
הִסְתַּנְוֵר
הִסְתַּקְרֵן
הִסְתַּרְבֵּל
הִצְטַמְצֵם
הִשְׁתַּכְלֵל
הִשְׁתַּכְשֵׁךְ
הִשְׁתַּלְהֵב
הִשְׁתַּלְשֵׁל
הִשְׁתַּעְבֵּד
הִשְׁתַּפְשֵׁף
הִשְׁתַּרְבֵּב

בִּנְיָן: הִתְפַּעֵל	גִּזְרָה: מְרֻבָּעִים + שׁוֹרְקִים			שֹׁרֶשׁ: שחרר
	הֹוֶה Present	עָבָר Past	עָתִיד Future	צִוּוּי Imperative
אֲנִי	מִשְׁתַּחְרֵר / מִשְׁתַּחְרֶרֶת	הִשְׁתַּחְרַרְתִּי	אֶשְׁתַּחְרֵר	
אַתָּה	מִשְׁתַּחְרֵר	הִשְׁתַּחְרַרְתָּ	תִּשְׁתַּחְרֵר	הִשְׁתַּחְרֵר
אַתְּ	מִשְׁתַּחְרֶרֶת	הִשְׁתַּחְרַרְתְּ	תִּשְׁתַּחְרְרִי	הִשְׁתַּחְרְרִי
הוּא	מִשְׁתַּחְרֵר	הִשְׁתַּחְרֵר	יִשְׁתַּחְרֵר	
הִיא	מִשְׁתַּחְרֶרֶת	הִשְׁתַּחְרְרָה	תִּשְׁתַּחְרֵר	
אֲנַחְנוּ	מִשְׁתַּחְרְרִים / מִשְׁתַּחְרְרוֹת	הִשְׁתַּחְרַרְנוּ	נִשְׁתַּחְרֵר	
אַתֶּם	מִשְׁתַּחְרְרִים	הִשְׁתַּחְרַרְתֶּם	תִּשְׁתַּחְרְרוּ	הִשְׁתַּחְרְרוּ
אַתֶּן	מִשְׁתַּחְרְרוֹת	הִשְׁתַּחְרַרְתֶּן	תִּשְׁתַּחְרֵרְנָה	הִשְׁתַּחְרֵרְנָה
הֵם	מִשְׁתַּחְרְרִים	הִשְׁתַּחְרְרוּ	יִשְׁתַּחְרְרוּ	
הֵן	מִשְׁתַּחְרְרוֹת	הִשְׁתַּחְרְרוּ	תִּשְׁתַּחְרֵרְנָה	

172 לְהִשְׁתַּעֲמֵם

בִּנְיָן: הִתְפַּעֵל	גִּזְרָה: מְרֻבָּעִים + שׁוֹרְקִים + גְּרוֹנִית			שֹׁרֶשׁ: שעמם
	הֹוֶה Present	עָבָר Past	עָתִיד Future	צִוּוּי Imperative
אֲנִי	מִשְׁתַּעֲמֵם / מִשְׁתַּעֲמֶמֶת	הִשְׁתַּעֲמַמְתִּי	אֶשְׁתַּעֲמֵם	
אַתָּה	מִשְׁתַּעֲמֵם	הִשְׁתַּעֲמַמְתָּ	תִּשְׁתַּעֲמֵם	הִשְׁתַּעֲמֵם
אַתְּ	מִשְׁתַּעֲמֶמֶת	הִשְׁתַּעֲמַמְתְּ	תִּשְׁתַּעַמְמִי	הִשְׁתַּעַמְמִי
הוּא	מִשְׁתַּעֲמֵם	הִשְׁתַּעֲמֵם	יִשְׁתַּעֲמֵם	
הִיא	מִשְׁתַּעֲמֶמֶת	הִשְׁתַּעַמְמָה	תִּשְׁתַּעֲמֵם	
אֲנַחְנוּ	מִשְׁתַּעַמְמִים / מִשְׁתַּעַמְמוֹת	הִשְׁתַּעֲמַמְנוּ	נִשְׁתַּעֲמֵם	
אַתֶּם	מִשְׁתַּעַמְמִים	הִשְׁתַּעֲמַמְתֶּם	תִּשְׁתַּעַמְמוּ	הִשְׁתַּעַמְמוּ
אַתֶּן	מִשְׁתַּעַמְמוֹת	הִשְׁתַּעֲמַמְתֶּן	תִּשְׁתַּעֲמֵמְנָה	הִשְׁתַּעֲמֵמְנָה
הֵם	מִשְׁתַּעַמְמִים	הִשְׁתַּעַמְמוּ	יִשְׁתַּעַמְמוּ	
הֵן	מִשְׁתַּעַמְמוֹת	הִשְׁתַּעַמְמוּ	תִּשְׁתַּעֲמֵמְנָה	

173 לְהִשְׁתַּעֲשֵׁעַ

בִּנְיָן: הִתְפַּעֵל	גִּזְרָה: מְרֻבָּעִים + שׁוֹרְקִים + גְּרוֹנִיּוֹת		שֹׁרֶשׁ: שעשע	
	הֹוֶה Present	עָבָר Past	עָתִיד Future	צִוּוּי Imperative
אֲנִי	מִשְׁתַּעֲשֵׁעַ / מִשְׁתַּעֲשַׁעַת	הִשְׁתַּעֲשַׁעְתִּי	אֶשְׁתַּעֲשֵׁעַ	
אַתָּה	מִשְׁתַּעֲשֵׁעַ	הִשְׁתַּעֲשַׁעְתָּ	תִּשְׁתַּעֲשֵׁעַ	הִשְׁתַּעֲשֵׁעַ
אַתְּ	מִשְׁתַּעֲשַׁעַת	הִשְׁתַּעֲשַׁעַתְּ	תִּשְׁתַּעַשְׁעִי	הִשְׁתַּעַשְׁעִי
הוּא	מִשְׁתַּעֲשֵׁעַ	הִשְׁתַּעֲשֵׁעַ	יִשְׁתַּעֲשֵׁעַ	
הִיא	מִשְׁתַּעֲשַׁעַת	הִשְׁתַּעַשְׁעָה	תִּשְׁתַּעֲשֵׁעַ	
אֲנַחְנוּ	מִשְׁתַּעַשְׁעִים / מִשְׁתַּעַשְׁעוֹת	הִשְׁתַּעֲשַׁעְנוּ	נִשְׁתַּעֲשֵׁעַ	
אַתֶּם	מִשְׁתַּעַשְׁעִים	הִשְׁתַּעֲשַׁעְתֶּם	תִּשְׁתַּעַשְׁעוּ	הִשְׁתַּעַשְׁעוּ
אַתֶּן	מִשְׁתַּעַשְׁעוֹת	הִשְׁתַּעֲשַׁעְתֶּן	תִּשְׁתַּעֲשֵׁעְנָה	הִשְׁתַּעֲשֵׁעְנָה
הֵם	מִשְׁתַּעַשְׁעִים	הִשְׁתַּעַשְׁעוּ	יִשְׁתַּעַשְׁעוּ	
הֵן	מִשְׁתַּעַשְׁעוֹת	הִשְׁתַּעַשְׁעוּ	תִּשְׁתַּעֲשֵׁעְנָה	

174 לְהִשְׁתַּכְנֵעַ

הצטחצח

בִּנְיָן: הִתְפַּעֵל	גִּזְרָה: מְרֻבָּעִים + שׁוֹרְקִים + גְּרוֹנִית		שֹׁרֶשׁ: שכנע	
	הֹוֶה Present	עָבָר Past	עָתִיד Future	צִוּוּי Imperative
אֲנִי	מִשְׁתַּכְנֵעַ / מִשְׁתַּכְנַעַת	הִשְׁתַּכְנַעְתִּי	אֶשְׁתַּכְנֵעַ	
אַתָּה	מִשְׁתַּכְנֵעַ	הִשְׁתַּכְנַעְתָּ	תִּשְׁתַּכְנֵעַ	הִשְׁתַּכְנֵעַ
אַתְּ	מִשְׁתַּכְנַעַת	הִשְׁתַּכְנַעַתְּ	תִּשְׁתַּכְנְעִי	הִשְׁתַּכְנְעִי
הוּא	מִשְׁתַּכְנֵעַ	הִשְׁתַּכְנֵעַ	יִשְׁתַּכְנֵעַ	
הִיא	מִשְׁתַּכְנַעַת	הִשְׁתַּכְנְעָה	תִּשְׁתַּכְנֵעַ	
אֲנַחְנוּ	מִשְׁתַּכְנְעִים / מִשְׁתַּכְנְעוֹת	הִשְׁתַּכְנַעְנוּ	נִשְׁתַּכְנֵעַ	
אַתֶּם	מִשְׁתַּכְנְעִים	הִשְׁתַּכְנַעְתֶּם	תִּשְׁתַּכְנְעוּ	הִשְׁתַּכְנְעוּ
אַתֶּן	מִשְׁתַּכְנְעוֹת	הִשְׁתַּכְנַעְתֶּן	תִּשְׁתַּכְנֵעְנָה	הִשְׁתַּכְנֵעְנָה
הֵם	מִשְׁתַּכְנְעִים	הִשְׁתַּכְנְעוּ	יִשְׁתַּכְנְעוּ	
הֵן	מִשְׁתַּכְנְעוֹת	הִשְׁתַּכְנְעוּ	תִּשְׁתַּכְנֵעְנָה	

175 לְהִזְדַּעֲזֵעַ

בִּנְיָן: הִתְפַּעֵל	גִּזְרָה: מְרֻבָּעִים + שׁוּרוּקִים + גְּרוֹנִיּוֹת		שֹׁרֶשׁ: זעזע	
	הֹוֶה Present	עָבָר Past	עָתִיד Future	צִוּוּי Imperative
אֲנִי	מִזְדַּעֲזֵעַ / מִזְדַּעֲזַעַת	הִזְדַּעֲזַעְתִּי	אֶזְדַּעֲזֵעַ	
אַתָּה	מִזְדַּעֲזֵעַ	הִזְדַּעֲזַעְתָּ	תִּזְדַּעֲזֵעַ	הִזְדַּעֲזֵעַ
אַתְּ	מִזְדַּעֲזַעַת	הִזְדַּעֲזַעַתְּ	תִּזְדַּעַזְעִי	הִזְדַּעַזְעִי
הוּא	מִזְדַּעֲזֵעַ	הִזְדַּעֲזֵעַ	יִזְדַּעֲזֵעַ	
הִיא	מִזְדַּעֲזַעַת	הִזְדַּעַזְעָה	תִּזְדַּעֲזֵעַ	
אֲנַחְנוּ	מִזְדַּעַזְעִים / מִזְדַּעַזְעוֹת	הִזְדַּעֲזַעְנוּ	נִזְדַּעֲזֵעַ	
אַתֶּם	מִזְדַּעַזְעִים	הִזְדַּעֲזַעְתֶּם	תִּזְדַּעַזְעוּ	הִזְדַּעַזְעוּ
אַתֶּן	מִזְדַּעַזְעוֹת	הִזְדַּעֲזַעְתֶּן	תִּזְדַּעֲזַעְנָה	הִזְדַּעֲזַעְנָה
הֵם	מִזְדַּעַזְעִים	הִזְדַּעַזְעוּ	יִזְדַּעַזְעוּ	
הֵן	מִזְדַּעַזְעוֹת	הִזְדַּעַזְעוּ	תִּזְדַּעֲזַעְנָה	

176 לְהִתְרַעֲנֵן

בִּנְיָן: הִתְפַּעֵל	גִּזְרָה: מְרֻבָּעִים + גְּרוֹנִיּוֹת + ל״נ		שֹׁרֶשׁ: רענן	
	הֹוֶה Present	עָבָר Past	עָתִיד Future	צִוּוּי Imperative
אֲנִי	מִתְרַעֲנֵן / מִתְרַעֲנֶנֶת	הִתְרַעֲנַנְתִּי	אֶתְרַעֲנֵן	
אַתָּה	מִתְרַעֲנֵן	הִתְרַעֲנַנְתָּ	תִּתְרַעֲנֵן	הִתְרַעֲנֵן
אַתְּ	מִתְרַעֲנֶנֶת	הִתְרַעֲנַנְתְּ	תִּתְרַעַנְנִי	הִתְרַעַנְנִי
הוּא	מִתְרַעֲנֵן	הִתְרַעֲנֵן	יִתְרַעֲנֵן	
הִיא	מִתְרַעֲנֶנֶת	הִתְרַעַנְנָה	תִּתְרַעֲנֵן	
אֲנַחְנוּ	מִתְרַעַנְנִים / מִתְרַעַנְנוֹת	הִתְרַעֲנַנּוּ	נִתְרַעֲנֵן	
אַתֶּם	מִתְרַעַנְנִים	הִתְרַעֲנַנְתֶּם	תִּתְרַעַנְנוּ	הִתְרַעַנְנוּ
אַתֶּן	מִתְרַעַנְנוֹת	הִתְרַעֲנַנְתֶּן	תִּתְרַעֲנֵנָּה	הִתְרַעֲנֵנָּה
הֵם	מִתְרַעַנְנִים	הִתְרַעַנְנוּ	יִתְרַעַנְנוּ	
הֵן	מִתְרַעַנְנוֹת	הִתְרַעַנְנוּ	תִּתְרַעֲנֵנָּה	

177 לְהִתַּמֵּם

בִּנְיָן: הִתְפַּעֵל		גִּזְרָה: פ״ת		שֹׁרֶשׁ: תמם
	הֹוֶה Present	עָבָר Past	עָתִיד Future	צִוּוּי Imperative
אֲנִי	מִתַּמֵּם מִתַּמֶּמֶת	הִתַּמַּמְתִּי	אֶתַּמֵּם	
אַתָּה	מִתַּמֵּם	הִתַּמַּמְתָּ	תִּתַּמֵּם	הִתַּמֵּם
אַתְּ	מִתַּמֶּמֶת	הִתַּמַּמְתְּ	תִּתַּמְּמִי	הִתַּמְּמִי
הוּא	מִתַּמֵּם	הִתַּמֵּם	יִתַּמֵּם	
הִיא	מִתַּמֶּמֶת	הִתַּמְּמָה	תִּתַּמֵּם	
אֲנַחְנוּ	מִתַּמְּמִים מִתַּמְּמוֹת	הִתַּמַּמְנוּ	נִתַּמֵּם	
אַתֶּם	מִתַּמְּמִים	הִתַּמַּמְתֶּם	תִּתַּמְּמוּ	הִתַּמְּמוּ
אַתֶּן	מִתַּמְּמוֹת	הִתַּמַּמְתֶּן	תִּתַּמֵּמְנָה	הִתַּמֵּמְנָה
הֵם	מִתַּמְּמִים	הִתַּמְּמוּ	יִתַּמְּמוּ	
הֵן	מִתַּמְּמוֹת	הִתַּמְּמוּ	תִּתַּמֵּמְנָה	

178 לְהַדְלִיק

בִּנְיָן: הִפְעִיל		גִּזְרָה: שְׁלֵמִים		שֹׁרֶשׁ: דלק
	הֹוֶה Present	עָבָר Past	עָתִיד Future	צִוּוּי Imperative
אֲנִי	מַדְלִיק מַדְלִיקָה	הִדְלַקְתִּי	אַדְלִיק	
אַתָּה	מַדְלִיק	הִדְלַקְתָּ	תַּדְלִיק	הַדְלֵק
אַתְּ	מַדְלִיקָה	הִדְלַקְתְּ	תַּדְלִיקִי	הַדְלִיקִי
הוּא	מַדְלִיק	הִדְלִיק	יַדְלִיק	
הִיא	מַדְלִיקָה	הִדְלִיקָה	תַּדְלִיק	
אֲנַחְנוּ	מַדְלִיקִים מַדְלִיקוֹת	הִדְלַקְנוּ	נַדְלִיק	
אַתֶּם	מַדְלִיקִים	הִדְלַקְתֶּם	תַּדְלִיקוּ	הַדְלִיקוּ
אַתֶּן	מַדְלִיקוֹת	הִדְלַקְתֶּן	תַּדְלֵקְנָה	הַדְלֵקְנָה
הֵם	מַדְלִיקִים	הִדְלִיקוּ	יַדְלִיקוּ	
הֵן	מַדְלִיקוֹת	הִדְלִיקוּ	תַּדְלֵקְנָה	

הִבְאִישׁ
הִבְדִּיל
הִבְהִיל
הִבְהִיק
הִבְהִיר
הִבְלִיג
הִבְלִיט
הִבְעִיר
הִבְרִיג
הִבְרִיךְ
הִבְרִיק
הִבְשִׁיל
הִגְבִּיל
הִגְבִּיר
הִגְדִּיל
הִגְדִּיר
הִגְדִּישׁ
הִגְזִים

עמ׳ 184 ◄

179 לְהַשְׁבִּית

בִּנְיָן: הִפְעִיל		גִּזְרָה: ל״ת		שֹׁרֶשׁ: שבת
	הֹוֶה Present	עָבָר Past	עָתִיד Future	צִוּוּי Imperative
אֲנִי	מַשְׁבִּית מַשְׁבִּיתָה	הִשְׁבַּתִּי	אַשְׁבִּית	
אַתָּה	מַשְׁבִּית	הִשְׁבַּתָּ	תַּשְׁבִּית	הַשְׁבֵּת
אַתְּ	מַשְׁבִּיתָה	הִשְׁבַּתְּ	תַּשְׁבִּיתִי	הַשְׁבִּיתִי
הוּא	מַשְׁבִּית	הִשְׁבִּית	יַשְׁבִּית	
הִיא	מַשְׁבִּיתָה	הִשְׁבִּיתָה	תַּשְׁבִּית	
אֲנַחְנוּ	מַשְׁבִּיתִים מַשְׁבִּיתוֹת	הִשְׁבַּתְנוּ	נַשְׁבִּית	
אַתֶּם	מַשְׁבִּיתִים	הִשְׁבַּתֶּם	תַּשְׁבִּיתוּ	הַשְׁבִּיתוּ
אַתֶּן	מַשְׁבִּיתוֹת	הִשְׁבַּתֶּן	תַּשְׁבֵּתְנָה	הַשְׁבֵּתְנָה
הֵם	מַשְׁבִּיתִים	הִשְׁבִּיתוּ	יַשְׁבִּיתוּ	
הֵן	מַשְׁבִּיתוֹת	הִשְׁבִּיתוּ	תַּשְׁבֵּתְנָה	

הִבְעִית
הִכְרִית
הִנְחִית
הִשְׁחִית
הִשְׁתִּית

180 לְהַשְׂמְאִיל

בִּנְיָן: הִפְעִיל	גִּזְרָה: מְרֻבָּעִים (מְיוּחֶדֶת)	שֹׁרֶשׁ: שמאל		
	הֹוֶה Present	עָבָר Past	עָתִיד Future	צִוּוּי Imperative
אֲנִי	מַשְׂמְאִיל מַשְׂמְאִילָה	הִשְׂמַאלְתִּי	אַשְׂמְאִיל	
אַתָּה	מַשְׂמְאִיל	הִשְׂמַאלְתָּ	תַּשְׂמְאִיל	הַשְׂמְאֵל
אַתְּ	מַשְׂמְאִילָה	הִשְׂמַאלְתְּ	תַּשְׂמְאִילִי	הַשְׂמְאִילִי
הוּא	מַשְׂמְאִיל	הִשְׂמְאִיל	יַשְׂמְאִיל	
הִיא	מַשְׂמְאִילָה	הִשְׂמְאִילָה	תַּשְׂמְאִיל	
אֲנַחְנוּ	מַשְׂמְאִילִים מַשְׂמְאִילוֹת	הִשְׂמַאלְנוּ	נַשְׂמְאִיל	
אַתֶּם	מַשְׂמְאִילִים	הִשְׂמַאלְתֶּם	תַּשְׂמְאִילוּ	הַשְׂמְאִילוּ
אַתֶּן	מַשְׂמְאִילוֹת	הִשְׂמַאלְתֶּן	תַּשְׂמֵאלְנָה	הַשְׂמֵאלְנָה
הֵם	מַשְׂמְאִילִים	הִשְׂמְאִילוּ	יַשְׂמְאִילוּ	
הֵן	מַשְׂמְאִילוֹת	הִשְׂמְאִילוּ	תַּשְׂמֵאלְנָה	

181 לְהַאֲכִיל

בִּנְיָן: הִפְעִיל	גִּזְרָה: פ' גְרוֹנִית (א', ה', ע')	שֹׁרֶשׁ: אכל		
	הֹוֶה Present	עָבָר Past	עָתִיד Future	צִוּוּי Imperative
אֲנִי	מַאֲכִיל מַאֲכִילָה	הֶאֱכַלְתִּי	אַאֲכִיל	
אַתָּה	מַאֲכִיל	הֶאֱכַלְתָּ	תַּאֲכִיל	הַאֲכֵל
אַתְּ	מַאֲכִילָה	הֶאֱכַלְתְּ	תַּאֲכִילִי	הַאֲכִילִי
הוּא	מַאֲכִיל	הֶאֱכִיל	יַאֲכִיל	
הִיא	מַאֲכִילָה	הֶאֱכִילָה	תַּאֲכִיל	
אֲנַחְנוּ	מַאֲכִילִים מַאֲכִילוֹת	הֶאֱכַלְנוּ	נַאֲכִיל	
אַתֶּם	מַאֲכִילִים	הֶאֱכַלְתֶּם	תַּאֲכִילוּ	הַאֲכִילוּ
אַתֶּן	מַאֲכִילוֹת	הֶאֱכַלְתֶּן	תַּאֲכֵלְנָה	הַאֲכֵלְנָה
הֵם	מַאֲכִילִים	הֶאֱכִילוּ	יַאֲכִילוּ	
הֵן	מַאֲכִילוֹת	הֶאֱכִילוּ	תַּאֲכֵלְנָה	

הֶאֱבִיס
הֶאְדִים
הֶאֱחִיד
הֶאֱפִיל
הֶאֱפִיר
הֶאֱצִיל
הֶאֱרִיךְ
הֶאְשִׁים
הֶחְוִיר
הֶחֱזִיק
הֶחֱזִיר
הֶחְלִיד
הֶחְלִים
הֶחֱלִיף
הֶחֱלִיק
הֶחֱלִישׁ
הֶחְמִיץ
הֶחְנִיף

עמ' 185 ◄

182 לְהַאֲמִין

הֶאֱזִין

בִּנְיָן: הִפְעִיל		גִּזְרָה: פ׳ גְרוֹנִית + ל״נ		שֹׁרֶשׁ: אמן
	הֹוֶה Present	עָבָר Past	עָתִיד Future	צִוּוּי Imperative
אֲנִי	מַאֲמִין / מַאֲמִינָה	הֶאֱמַנְתִּי	אַאֲמִין	
אַתָּה	מַאֲמִין	הֶאֱמַנְתָּ	תַּאֲמִין	הַאֲמֵן
אַתְּ	מַאֲמִינָה	הֶאֱמַנְתְּ	תַּאֲמִינִי	הַאֲמִינִי
הוּא	מַאֲמִין	הֶאֱמִין	יַאֲמִין	
הִיא	מַאֲמִינָה	הֶאֱמִינָה	תַּאֲמִין	
אֲנַחְנוּ	מַאֲמִינִים / מַאֲמִינוֹת	הֶאֱמַנּוּ	נַאֲמִין	
אַתֶּם	מַאֲמִינִים	הֶאֱמַנְתֶּם	תַּאֲמִינוּ	הַאֲמִינוּ
אַתֶּן	מַאֲמִינוֹת	הֶאֱמַנְתֶּן	תַּאֲמֵנָּה	הַאֲמֵנָּה
הֵם	מַאֲמִינִים	הֶאֱמִינוּ	יַאֲמִינוּ	
הֵן	מַאֲמִינוֹת	הֶאֱמִינוּ	תַּאֲמֵנָּה	

183 לְהַחְלִיט

הֶחְדִּיר
הֶחְכִּים
הֶחְכִּיר
הֶחְמִיר
הֶחְשִׁיד
הֶחְשִׁיךְ
הֶחְתִּים
הֶעְדִּיף

בִּנְיָן: הִפְעִיל		גִּזְרָה: פ׳ גְרוֹנִית (ח׳)		שֹׁרֶשׁ: חלט
	הֹוֶה Present	עָבָר Past	עָתִיד Future	צִוּוּי Imperative
אֲנִי	מַחְלִיט / מַחְלִיטָה	הֶחְלַטְתִּי	אַחְלִיט	
אַתָּה	מַחְלִיט	הֶחְלַטְתָּ	תַּחְלִיט	הַחְלֵט
אַתְּ	מַחְלִיטָה	הֶחְלַטְתְּ	תַּחְלִיטִי	הַחְלִיטִי
הוּא	מַחְלִיט	הֶחְלִיט	יַחְלִיט	
הִיא	מַחְלִיטָה	הֶחְלִיטָה	תַּחְלִיט	
אֲנַחְנוּ	מַחְלִיטִים / מַחְלִיטוֹת	הֶחְלַטְנוּ	נַחְלִיט	
אַתֶּם	מַחְלִיטִים	הֶחְלַטְתֶּם	תַּחְלִיטוּ	הַחְלִיטוּ
אַתֶּן	מַחְלִיטוֹת	הֶחְלַטְתֶּן	תַּחְלֵטְנָה	הַחְלֵטְנָה
הֵם	מַחְלִיטִים	הֶחְלִיטוּ	יַחְלִיטוּ	
הֵן	מַחְלִיטוֹת	הֶחְלִיטוּ	תַּחְלֵטְנָה	

184 לְהַמְצִיא

בִּנְיָן: הִפְעִיל	גִּזְרָה: ל׳ גְרוֹנִית (א׳)	שֹׁרֶשׁ: מצא		
	הֹוֶה Present	עָבָר Past	עָתִיד Future	צִוּוּי Imperative
אֲנִי	מַמְצִיא / מַמְצִיאָה	הִמְצֵאתִי	אַמְצִיא	
אַתָּה	מַמְצִיא	הִמְצֵאתָ	תַּמְצִיא	הַמְצֵא
אַתְּ	מַמְצִיאָה	הִמְצֵאת	תַּמְצִיאִי	הַמְצִיאִי
הוּא	מַמְצִיא	הִמְצִיא	יַמְצִיא	
הִיא	מַמְצִיאָה	הִמְצִיאָה	תַּמְצִיא	
אֲנַחְנוּ	מַמְצִיאִים / מַמְצִיאוֹת	הִמְצֵאנוּ	נַמְצִיא	
אַתֶּם	מַמְצִיאִים	הִמְצֵאתֶם	תַּמְצִיאוּ	הַמְצִיאוּ
אַתֶּן	מַמְצִיאוֹת	הִמְצֵאתֶן	תַּמְצֶאנָה	הַמְצֶאנָה
הֵם	מַמְצִיאִים	הִמְצִיאוּ	יַמְצִיאוּ	
הֵן	מַמְצִיאוֹת	הִמְצִיאוּ	תַּמְצֶאנָה	

הִבְרִיא
הִטְלִיא
הִמְרִיא
הִפְלִיא
הִקְפִּיא
הִקְרִיא
הִשְׂנִיא

185 לְהַרְוִיחַ

בִּנְיָן: הִפְעִיל	גִּזְרָה: ל׳ גְרוֹנִית (ח׳, ע׳)	שֹׁרֶשׁ: רוח		
	הֹוֶה Present	עָבָר Past	עָתִיד Future	צִוּוּי Imperative
אֲנִי	מַרְוִיחַ / מַרְוִיחָה	הִרְוַחְתִּי	אַרְוִיחַ	
אַתָּה	מַרְוִיחַ	הִרְוַחְתָּ	תַּרְוִיחַ	הַרְוַח
אַתְּ	מַרְוִיחָה	הִרְוַחְתְּ	תַּרְוִיחִי	הַרְוִיחִי
הוּא	מַרְוִיחַ	הִרְוִיחַ	יַרְוִיחַ	
הִיא	מַרְוִיחָה	הִרְוִיחָה	תַּרְוִיחַ	
אֲנַחְנוּ	מַרְוִיחִים / מַרְוִיחוֹת	הִרְוַחְנוּ	נַרְוִיחַ	
אַתֶּם	מַרְוִיחִים	הִרְוַחְתֶּם	תַּרְוִיחוּ	הַרְוִיחוּ
אַתֶּן	מַרְוִיחוֹת	הִרְוַחְתֶּן	תַּרְוַחְנָה	הַרְוַחְנָה
הֵם	מַרְוִיחִים	הִרְוִיחוּ	יַרְוִיחוּ	
הֵן	מַרְוִיחוֹת	הִרְוִיחוּ	תַּרְוַחְנָה	

הִבְטִיחַ
הִבְלִיעַ
הִבְקִיעַ
הִבְרִיחַ
הִדְמִיעַ
הִזְנִיחַ
הִזְרִיעַ
הִטְבִּיעַ
הִטְרִיחַ
הִכְנִיעַ
הִכְרִיחַ
הִכְרִיעַ
הִמְלִיחַ
הִנְצִיחַ
הִסְרִיחַ
הִפְקִיעַ
הִפְרִיחַ
הִפְרִיעַ

עמ׳ 185 ◄

186 לְהַגְבִּיהַּ

בִּנְיָן: הִפְעִיל		גִּזְרָה: ל׳ גְרוֹנִית (ה׳ קַיֶּמֶת)		שֹׁרֶשׁ: גבה
	הֹוֶה Present	עָבָר Past	עָתִיד Future	צִוּוּי Imperative
אֲנִי	מַגְבִּיהַּ / מַגְבִּיהָה	הִגְבַּהְתִּי	אַגְבִּיהַּ	
אַתָּה	מַגְבִּיהַּ	הִגְבַּהְתָּ	תַּגְבִּיהַּ	הַגְבַּהּ
אַתְּ	מַגְבִּיהָה	הִגְבַּהְתְּ	תַּגְבִּיהִי	הַגְבִּיהִי
הוּא	מַגְבִּיהַּ	הִגְבִּיהַּ	יַגְבִּיהַּ	
הִיא	מַגְבִּיהָה	הִגְבִּיהָה	תַּגְבִּיהַּ	
אֲנַחְנוּ	מַגְבִּיהִים / מַגְבִּיהוֹת	הִגְבַּהְנוּ	נַגְבִּיהַּ	
אַתֶּם	מַגְבִּיהִים	הִגְבַּהְתֶּם	תַּגְבִּיהוּ	הַגְבִּיהוּ
אַתֶּן	מַגְבִּיהוֹת	הִגְבַּהְתֶּן	תַּגְבַּהְנָה	הַגְבַּהְנָה
הֵם	מַגְבִּיהִים	הִגְבִּיהוּ	יַגְבִּיהוּ	
הֵן	מַגְבִּיהוֹת	הִגְבִּיהוּ	תַּגְבַּהְנָה	

187 לְהַלְבִּין

בִּנְיָן: הִפְעִיל		גִּזְרָה: ל״נ		שֹׁרֶשׁ: לבן
	הֹוֶה Present	עָבָר Past	עָתִיד Future	צִוּוּי Imperative
אֲנִי	מַלְבִּין / מַלְבִּינָה	הִלְבַּנְתִּי	אַלְבִּין	
אַתָּה	מַלְבִּין	הִלְבַּנְתָּ	תַּלְבִּין	הַלְבֵּן
אַתְּ	מַלְבִּינָה	הִלְבַּנְתְּ	תַּלְבִּינִי	הַלְבִּינִי
הוּא	מַלְבִּין	הִלְבִּין	יַלְבִּין	
הִיא	מַלְבִּינָה	הִלְבִּינָה	תַּלְבִּין	
אֲנַחְנוּ	מַלְבִּינִים / מַלְבִּינוֹת	הִלְבַּנּוּ	נַלְבִּין	
אַתֶּם	מַלְבִּינִים	הִלְבַּנְתֶּם	תַּלְבִּינוּ	הַלְבִּינוּ
אַתֶּן	מַלְבִּינוֹת	הִלְבַּנְתֶּן	תַּלְבֵּנָּה	הַלְבֵּנָּה
הֵם	מַלְבִּינִים	הִלְבִּינוּ	יַלְבִּינוּ	
הֵן	מַלְבִּינוֹת	הִלְבִּינוּ	תַּלְבֵּנָּה	

הִבְחִין
הִזְמִין
הִזְקִין
הִטְמִין
הִטְעִין
הִלְחִין
הִלְשִׁין
הִמְתִּין
הִפְגִּין
הִצְפִּין
הִקְטִין
הִקְצִין
הִקְרִין
הִרְכִּין
הִרְצִין
הִשְׁכִּין
הִשְׁעִין
הִשְׁתִּין
הִתְקִין

188 לְהַחֲטִיא

הֶחֱמִיא

שֹׁרֶשׁ: חטא	גִּזְרָה: פ׳ גְּרוֹנִית + ל״א		בִּנְיָן: הִפְעִיל	
צִוּוּי Imperative	עָתִיד Future	עָבָר Past	הֹוֶה Present	
	אַחֲטִיא	הֶחֱטֵאתִי	מַחֲטִיא מַחֲטִיאָה	אֲנִי
הַחֲטֵא	תַּחֲטִיא	הֶחֱטֵאתָ	מַחֲטִיא	אַתָּה
הַחֲטִיאִי	תַּחֲטִיאִי	הֶחֱטֵאת	מַחֲטִיאָה	אַתְּ
	יַחֲטִיא	הֶחֱטִיא	מַחֲטִיא	הוּא
	תַּחֲטִיא	הֶחֱטִיאָה	מַחֲטִיאָה	הִיא
	נַחֲטִיא	הֶחֱטֵאנוּ	מַחֲטִיאִים מַחֲטִיאוֹת	אֲנַחְנוּ
הַחֲטִיאוּ	תַּחֲטִיאוּ	הֶחֱטֵאתֶם	מַחֲטִיאִים	אַתֶּם
הַחֲטֶאנָה	תַּחֲטֶאנָה	הֶחֱטֵאתֶן	מַחֲטִיאוֹת	אַתֶּן
	יַחֲטִיאוּ	הֶחֱטִיאוּ	מַחֲטִיאִים	הֵם
	תַּחֲטֶאנָה	הֶחֱטִיאוּ	מַחֲטִיאוֹת	הֵן

189 לְהַחְבִּיא

שֹׁרֶשׁ: חבא	גִּזְרָה: פ׳ גְּרוֹנִית + ל״א		בִּנְיָן: הִפְעִיל	
צִוּוּי Imperative	עָתִיד Future	עָבָר Past	הֹוֶה Present	
	אַחְבִּיא	הֶחְבֵּאתִי	מַחְבִּיא מַחְבִּיאָה	אֲנִי
הַחְבֵּא	תַּחְבִּיא	הֶחְבֵּאתָ	מַחְבִּיא	אַתָּה
הַחְבִּיאִי	תַּחְבִּיאִי	הֶחְבֵּאת	מַחְבִּיאָה	אַתְּ
	יַחְבִּיא	הֶחְבִּיא	מַחְבִּיא	הוּא
	תַּחְבִּיא	הֶחְבִּיאָה	מַחְבִּיאָה	הִיא
	נַחְבִּיא	הֶחְבֵּאנוּ	מַחְבִּיאִים מַחְבִּיאוֹת	אֲנַחְנוּ
הַחְבִּיאוּ	תַּחְבִּיאוּ	הֶחְבֵּאתֶם	מַחְבִּיאִים	אַתֶּם
הַחְבֶּאנָה	תַּחְבֶּאנָה	הֶחְבֵּאתֶן	מַחְבִּיאוֹת	אַתֶּן
	יַחְבִּיאוּ	הֶחְבִּיאוּ	מַחְבִּיאִים	הֵם
	תַּחְבֶּאנָה	הֶחְבִּיאוּ	מַחְבִּיאוֹת	הֵן

190 לְהַרְשׁוֹת

הִלְוָה
הִלְקָה
הִסְוָה
הִפְלָה
הִפְנָה
הִפְרָה
הִקְנָה
הִקְצָה
הִקְשָׁה
הִרְבָּה
הִרְוָה
הִרְפָּה
הִרְצָה
הִשְׁוָה
הִשְׁלָה
הִשְׁקָה
הִשְׁרָה
הִתְוָה

עמ׳ 185 ◄

בִּנְיָן: הִפְעִיל	גִּזְרָה: נָחֵי ל״ה		שֹׁרֶשׁ: רשה	
	הֹוֶה Present	עָבָר Past	עָתִיד Future	צִוּוּי Imperative
אֲנִי	מַרְשֶׁה / מַרְשָׁה	הִרְשֵׁיתִי	אַרְשֶׁה	
אַתָּה	מַרְשֶׁה	הִרְשֵׁיתָ	תַּרְשֶׁה	הַרְשֵׁה
אַתְּ	מַרְשָׁה	הִרְשֵׁית	תַּרְשִׁי	הַרְשִׁי
הוּא	מַרְשֶׁה	הִרְשָׁה	יַרְשֶׁה	
הִיא	מַרְשָׁה	הִרְשְׁתָה	תַּרְשֶׁה	
אֲנַחְנוּ	מַרְשִׁים / מַרְשׁוֹת	הִרְשֵׁינוּ	נַרְשֶׁה	
אַתֶּם	מַרְשִׁים	הִרְשֵׁיתֶם	תַּרְשׁוּ	הַרְשׁוּ
אַתֶּן	מַרְשׁוֹת	הִרְשֵׁיתֶן	תַּרְשֶׁינָה	הַרְשֶׁינָה
הֵם	מַרְשִׁים	הִרְשׁוּ	יַרְשׁוּ	
הֵן	מַרְשׁוֹת	הִרְשׁוּ	תַּרְשֶׁינָה	

191 לְהַנְחוֹת

הִטְעָה
הִקְהָה
הִשְׁהָה
הִשְׁעָה
הִתְעָה

בִּנְיָן: הִפְעִיל	גִּזְרָה: נָחֵי ל״ה + ע׳ גְּרוֹנִית		שֹׁרֶשׁ: נחה	
	הֹוֶה Present	עָבָר Past	עָתִיד Future	צִוּוּי Imperative
אֲנִי	מַנְחֶה / מַנְחָה	הִנְחֵיתִי	אַנְחֶה	
אַתָּה	מַנְחֶה	הִנְחֵיתָ	תַּנְחֶה	הַנְחֵה
אַתְּ	מַנְחָה	הִנְחֵית	תַּנְחִי	הַנְחִי
הוּא	מַנְחֶה	הִנְחָה	יַנְחֶה	
הִיא	מַנְחָה	הִנְחֲתָה	תַּנְחֶה	
אֲנַחְנוּ	מַנְחִים / מַנְחוֹת	הִנְחֵינוּ	נַנְחֶה	
אַתֶּם	מַנְחִים	הִנְחֵיתֶם	תַּנְחוּ	הַנְחוּ
אַתֶּן	מַנְחוֹת	הִנְחֵיתֶן	תַּנְחֶינָה	הַנְחֶינָה
הֵם	מַנְחִים	הִנְחוּ	יַנְחוּ	
הֵן	מַנְחוֹת	הִנְחוּ	תַּנְחֶינָה	

192 לְהַרְאוֹת

בִּנְיָן: הֻפְעַל	גִּזְרָה: נָחֵי ל״ה + ע׳ גְּרוֹנִית		שֹׁרֶשׁ: ראה	
	הֹוֶה Present	עָבָר Past	עָתִיד Future	צִוּוּי Imperative
אֲנִי	מֻרְאֶה / מֻרְאָה	הֻרְאֵיתִי	אֻרְאֶה	
אַתָּה	מֻרְאֶה	הֻרְאֵיתָ	תֻּרְאֶה	הֻרְאֵה
אַתְּ	מֻרְאָה	הֻרְאֵית	תֻּרְאִי	הֻרְאִי
הוּא	מֻרְאֶה	הֻרְאָה	יֻרְאֶה	
הִיא	מֻרְאָה	הֻרְאֲתָה	תֻּרְאֶה	
אֲנַחְנוּ	מֻרְאִים / מֻרְאוֹת	הֻרְאֵינוּ	נֻרְאֶה	
אַתֶּם	מֻרְאִים	הֻרְאֵיתֶם	תֻּרְאוּ	הֻרְאוּ
אַתֶּן	מֻרְאוֹת	הֻרְאֵיתֶן	תֻּרְאֶינָה	הֻרְאֶינָה
הֵם	מֻרְאִים	הֻרְאוּ	יֻרְאוּ	
הֵן	מֻרְאוֹת	הֻרְאוּ	תֻּרְאֶינָה	

הֻלְאָה

193 לְהַחֲנוֹת

בִּנְיָן: הֻפְעַל	גִּזְרָה: נָחֵי ל״ה + פ׳ גְּרוֹנִית		שֹׁרֶשׁ: חנה	
	הֹוֶה Present	עָבָר Past	עָתִיד Future	צִוּוּי Imperative
אֲנִי	מָחֳנֶה / מָחֳנָה	הָחֳנֵיתִי	אָחֳנֶה	
אַתָּה	מָחֳנֶה	הָחֳנֵיתָ	תָּחֳנֶה	הָחֳנֵה
אַתְּ	מָחֳנָה	הָחֳנֵית	תָּחֳנִי	הָחֳנִי
הוּא	מָחֳנֶה	הָחֳנָה	יָחֳנֶה	
הִיא	מָחֳנָה	הָחֳנְתָה	תָּחֳנֶה	
אֲנַחְנוּ	מָחֳנִים / מָחֳנוֹת	הָחֳנֵינוּ	נָחֳנֶה	
אַתֶּם	מָחֳנִים	הָחֳנֵיתֶם	תָּחֳנוּ	הָחֳנוּ
אַתֶּן	מָחֳנוֹת	הָחֳנֵיתֶן	תָּחֳנֶינָה	הָחֳנֶינָה
הֵם	מָחֳנִים	הָחֳנוּ	יָחֳנוּ	
הֵן	מָחֳנוֹת	הָחֳנוּ	תָּחֳנֶינָה	

הָחֳיָה
הָחֳשָׁה
הָעֳלָה

194 לְהוֹרִיד

הוֹאִיל
הוֹבִיל
הוֹזִיל
הוֹלִיד
הוֹלִיךְ
הוֹסִיף
הוֹעִיד
הוֹעִיל
הוֹקִיר
הוֹרִיק
הוֹרִישׁ
הוֹשִׁיב
הוֹשִׁיט
הוֹתִיר

בִּנְיָן: הִפְעִיל | גִּזְרָה: נָחֵי פ״י | שֹׁרֶשׁ: ירד

	הֹוֶה Present	עָבָר Past	עָתִיד Future	צִוּוּי Imperative
אֲנִי	מוֹרִיד מוֹרִידָה	הוֹרַדְתִּי	אוֹרִיד	
אַתָּה	מוֹרִיד	הוֹרַדְתָּ	תּוֹרִיד	הוֹרֵד
אַתְּ	מוֹרִידָה	הוֹרַדְתְּ	תּוֹרִידִי	הוֹרִידִי
הוּא	מוֹרִיד	הוֹרִיד	יוֹרִיד	
הִיא	מוֹרִידָה	הוֹרִידָה	תּוֹרִיד	
אֲנַחְנוּ	מוֹרִידִים מוֹרִידוֹת	הוֹרַדְנוּ	נוֹרִיד	
אַתֶּם	מוֹרִידִים	הוֹרַדְתֶּם	תּוֹרִידוּ	הוֹרִידוּ
אַתֶּן	מוֹרִידוֹת	הוֹרַדְתֶּן	תּוֹרֵדְנָה	הוֹרֵדְנָה
הֵם	מוֹרִידִים	הוֹרִידוּ	יוֹרִידוּ	
הֵן	מוֹרִידוֹת	הוֹרִידוּ	תּוֹרֵדְנָה	

195 לְהוֹצִיא

בִּנְיָן: הִפְעִיל | גִּזְרָה: נָחֵי פ״י + ל״א | שֹׁרֶשׁ: יצא

	הֹוֶה Present	עָבָר Past	עָתִיד Future	צִוּוּי Imperative
אֲנִי	מוֹצִיא מוֹצִיאָה	הוֹצֵאתִי	אוֹצִיא	
אַתָּה	מוֹצִיא	הוֹצֵאתָ	תּוֹצִיא	הוֹצֵא
אַתְּ	מוֹצִיאָה	הוֹצֵאת	תּוֹצִיאִי	הוֹצִיאִי
הוּא	מוֹצִיא	הוֹצִיא	יוֹצִיא	
הִיא	מוֹצִיאָה	הוֹצִיאָה	תּוֹצִיא	
אֲנַחְנוּ	מוֹצִיאִים מוֹצִיאוֹת	הוֹצֵאנוּ	נוֹצִיא	
אַתֶּם	מוֹצִיאִים	הוֹצֵאתֶם	תּוֹצִיאוּ	הוֹצִיאוּ
אַתֶּן	מוֹצִיאוֹת	הוֹצֵאתֶן	תּוֹצֶאנָה	הוֹצֶאנָה
הֵם	מוֹצִיאִים	הוֹצִיאוּ	יוֹצִיאוּ	
הֵן	מוֹצִיאוֹת	הוֹצִיאוּ	תּוֹצֶאנָה	

196 לְהוֹדִיעַ

שֹׁרֶשׁ: ידע	גִּזְרָה: פ"י + ל' גְרוֹנִית		בִּנְיָן: הִפְעִיל		הוֹכִיחַ
צִוּוּי Imperative	עָתִיד Future	עָבָר Past	הֹוֶה Present		הוֹפִיעַ הוֹקִיעַ הוֹשִׁיעַ
	אוֹדִיעַ	הוֹדַעְתִּי	מוֹדִיעַ מוֹדִיעָה	אֲנִי	
הוֹדַע	תּוֹדִיעַ	הוֹדַעְתָּ	מוֹדִיעַ	אַתָּה	
הוֹדִיעִי	תּוֹדִיעִי	הוֹדַעְתְּ	מוֹדִיעָה	אַתְּ	
	יוֹדִיעַ	הוֹדִיעַ	מוֹדִיעַ	הוּא	
	תּוֹדִיעַ	הוֹדִיעָה	מוֹדִיעָה	הִיא	
	נוֹדִיעַ	הוֹדַעְנוּ	מוֹדִיעִים מוֹדִיעוֹת	אֲנַחְנוּ	
הוֹדִיעוּ	תּוֹדִיעוּ	הוֹדַעְתֶּם	מוֹדִיעִים	אַתֶּם	
הוֹדַעְנָה	תּוֹדַעְנָה	הוֹדַעְתֶּן	מוֹדִיעוֹת	אַתֶּן	
	יוֹדִיעוּ	הוֹדִיעוּ	מוֹדִיעִים	הֵם	
	תּוֹדַעְנָה	הוֹדִיעוּ	מוֹדִיעוֹת	הֵן	

197 לְהוֹדוֹת

שֹׁרֶשׁ: ידה	גִּזְרָה: נָחֵי פ"י + ל"ה		בִּנְיָן: הִפְעִיל		הוֹנָה
צִוּוּי Imperative	עָתִיד Future	עָבָר Past	הֹוֶה Present		הוֹרָה
	אוֹדֶה	הוֹדֵיתִי	מוֹדֶה מוֹדָה	אֲנִי	
הוֹדֵה	תּוֹדֶה	הוֹדֵיתָ	מוֹדֶה	אַתָּה	
הוֹדִי	תּוֹדִי	הוֹדֵית	מוֹדָה	אַתְּ	
	יוֹדֶה	הוֹדָה	מוֹדֶה	הוּא	
	תּוֹדֶה	הוֹדְתָה	מוֹדָה	הִיא	
	נוֹדֶה	הוֹדִינוּ	מוֹדִים מוֹדוֹת	אֲנַחְנוּ	
הוֹדוּ	תּוֹדוּ	הוֹדֵיתֶם	מוֹדִים	אַתֶּם	
הוֹדֶינָה	תּוֹדֶינָה	הוֹדֵיתֶן	מוֹדוֹת	אַתֶּן	
	יוֹדוּ	הוֹדוּ	מוֹדִים	הֵם	
	תּוֹדֶינָה	הוֹדוּ	מוֹדוֹת	הֵן	

198 לְהַכִּיר

בִּנְיָן: הִפְעִיל		גִּזְרָה: חַסְרֵי פ״נ, פ״י		שֹׁרֶשׁ: נכר
	הֹוֶה Present	עָבָר Past	עָתִיד Future	צִוּוּי Imperative
אֲנִי	מַכִּיר מַכִּירָה	הִכַּרְתִּי	אַכִּיר	
אַתָּה	מַכִּיר	הִכַּרְתָּ	תַּכִּיר	הַכֵּר
אַתְּ	מַכִּירָה	הִכַּרְתְּ	תַּכִּירִי	הַכִּירִי
הוּא	מַכִּיר	הִכִּיר	יַכִּיר	
הִיא	מַכִּירָה	הִכִּירָה	תַּכִּיר	
אֲנַחְנוּ	מַכִּירִים מַכִּירוֹת	הִכַּרְנוּ	נַכִּיר	
אַתֶּם	מַכִּירִים	הִכַּרְתֶּם	תַּכִּירוּ	הַכִּירוּ
אַתֶּן	מַכִּירוֹת	הִכַּרְתֶּן	תַּכֵּרְנָה	הַכֵּרְנָה
הֵם	מַכִּירִים	הִכִּירוּ	יַכִּירוּ	
הֵן	מַכִּירוֹת	הִכִּירוּ	תַּכֵּרְנָה	

הִבִּיט
הִגִּיד
הִגִּישׁ
הִזִּיק
הִטִּיל
הִכִּישׁ
הִסִּיק
הִפִּיל
הִצִּיב
הִצִּיג
הִצִּיל
הִצִּית
הִקִּיז
הִקִּיף
הִקִּישׁ
הִשִּׂיג
הִשִּׂיר
הִתִּיז

עמ׳ 185 ◄

199 לְהַשִּׂיא

בִּנְיָן: הִפְעִיל		גִּזְרָה: חַסְרֵי פ״נ + ל״א		שֹׁרֶשׁ: נשא
	הֹוֶה Present	עָבָר Past	עָתִיד Future	צִוּוּי Imperative
אֲנִי	מַשִּׂיא מַשִּׂיאָה	הִשֵּׂאתִי	אַשִּׂיא	
אַתָּה	מַשִּׂיא	הִשֵּׂאתָ	תַּשִּׂיא	הַשֵּׂא
אַתְּ	מַשִּׂיאָה	הִשֵּׂאת	תַּשִּׂיאִי	הַשִּׂיאִי
הוּא	מַשִּׂיא	הִשִּׂיא	יַשִּׂיא	
הִיא	מַשִּׂיאָה	הִשִּׂיאָה	תַּשִּׂיא	
אֲנַחְנוּ	מַשִּׂיאִים מַשִּׂיאוֹת	הִשֵּׂאנוּ	נַשִּׂיא	
אַתֶּם	מַשִּׂיאִים	הִשֵּׂאתֶם	תַּשִּׂיאוּ	הַשִּׂיאוּ
אַתֶּן	מַשִּׂיאוֹת	הִשֵּׂאתֶן	תַּשֶּׂאנָה	הַשֶּׂאנָה
הֵם	מַשִּׂיאִים	הִשִּׂיאוּ	יַשִּׂיאוּ	
הֵן	מַשִּׂיאוֹת	הִשִּׂיאוּ	תַּשֶּׂאנָה	

200 לְהַגִּיעַ

בִּנְיָן: הִפְעִיל		גִּזְרָה: חַסְרֵי פ״נ, פ״י + ל׳ גְּרוֹנִית		שֹׁרֶשׁ: נגע
	הֹוֶה Present	עָבָר Past	עָתִיד Future	צִוּוּי Imperative
אֲנִי	מַגִּיעַ מַגִּיעָה	הִגַּעְתִּי	אַגִּיעַ	
אַתָּה	מַגִּיעַ	הִגַּעְתָּ	תַּגִּיעַ	הַגַּע
אַתְּ	מַגִּיעָה	הִגַּעְתְּ	תַּגִּיעִי	הַגִּיעִי
הוּא	מַגִּיעַ	הִגִּיעַ	יַגִּיעַ	
הִיא	מַגִּיעָה	הִגִּיעָה	תַּגִּיעַ	
אֲנַחְנוּ	מַגִּיעִים מַגִּיעוֹת	הִגַּעְנוּ	נַגִּיעַ	
אַתֶּם	מַגִּיעִים	הִגַּעְתֶּם	תַּגִּיעוּ	הַגִּיעוּ
אַתֶּן	מַגִּיעוֹת	הִגַּעְתֶּן	תַּגַּעְנָה	הַגַּעְנָה
הֵם	מַגִּיעִים	הִגִּיעוּ	יַגִּיעוּ	
הֵן	מַגִּיעוֹת	הִגִּיעוּ	תַּגַּעְנָה	

הִבִּיעַ
הִגִּיהַּ
הִדִּיחַ
הִזִּיעַ
הִנִּיחַ
הִסִּיעַ
הִצִּיעַ

201 לְהַכּוֹת

בִּנְיָן: הִפְעִיל		גִּזְרָה: חַסְרֵי פ״נ + ל״ה		שֹׁרֶשׁ: נכה
	הֹוֶה Present	עָבָר Past	עָתִיד Future	צִוּוּי Imperative
אֲנִי	מַכֶּה מַכָּה	הִכֵּיתִי	אַכֶּה	
אַתָּה	מַכֶּה	הִכֵּיתָ	תַּכֶּה	הַכֵּה
אַתְּ	מַכָּה	הִכֵּית	תַּכִּי	הַכִּי
הוּא	מַכֶּה	הִכָּה	יַכֶּה	
הִיא	מַכָּה	הִכְּתָה	תַּכֶּה	
אֲנַחְנוּ	מַכִּים מַכּוֹת	הִכֵּינוּ	נַכֶּה	
אַתֶּם	מַכִּים	הִכֵּיתֶם	תַּכּוּ	הַכּוּ
אַתֶּן	מַכּוֹת	הִכֵּיתֶן	תַּכֶּינָה	הַכֶּינָה
הֵם	מַכִּים	הִכּוּ	יַכּוּ	
הֵן	מַכּוֹת	הִכּוּ	תַּכֶּינָה	

הִזָּה

202 לְהָקִים

הֵאִיץ
הֵאִיר
הֵבִיךְ
הֵבִיס
הֵגִיב
הֵגִיף
הֵזִיז
הֵחִיל
הֵחִישׁ
הֵטִיל
הֵטִיס
הֵכִיל
הֵמִיר
הֵנִיב
הֵנִיס
הֵנִיף
הֵסִיט
הֵסִיר

עמ׳ 185 ◀

בִּנְיָן: הִפְעִיל	גִּזְרָה: נָחֵי עו״י		שֹׁרֶשׁ: קום	
	הֹוֶה Present	עָבָר Past	עָתִיד Future	צִוּוּי Imperative
אֲנִי	מֵקִים / מְקִימָה	הֵקַמְתִּי	אָקִים	
אַתָּה	מֵקִים	הֵקַמְתָּ	תָּקִים	הָקֵם
אַתְּ	מְקִימָה	הֵקַמְתְּ	תָּקִימִי	הָקִימִי
הוּא	מֵקִים	הֵקִים	יָקִים	
הִיא	מְקִימָה	הֵקִימָה	תָּקִים	
אֲנַחְנוּ	מְקִימִים / מְקִימוֹת	הֵקַמְנוּ	נָקִים	
אַתֶּם	מְקִימִים	הֲקַמְתֶּם	תָּקִימוּ	הָקִימוּ
אַתֶּן	מְקִימוֹת	הֲקַמְתֶּן	תָּקֵמְנָה	הָקֵמְנָה
הֵם	מְקִימִים	הֵקִימוּ	יָקִימוּ	
הֵן	מְקִימוֹת	הֵקִימוּ	תָּקֵמְנָה	

203 לְהָכִין

הֵבִין
הֵהִין
הֵזִין
הֵלִין

בִּנְיָן: הִפְעִיל	גִּזְרָה: חַסְרֵי פ״נ + ל״ה		שֹׁרֶשׁ: כון	
	הֹוֶה Present	עָבָר Past	עָתִיד Future	צִוּוּי Imperative
אֲנִי	מֵכִין / מְכִינָה	הֵכַנְתִּי	אָכִין	
אַתָּה	מֵכִין	הֵכַנְתָּ	תָּכִין	הָכֵן
אַתְּ	מְכִינָה	הֵכַנְתְּ	תָּכִינִי	הָכִינִי
הוּא	מֵכִין	הֵכִין	יָכִין	
הִיא	מְכִינָה	הֵכִינָה	תָּכִין	
אֲנַחְנוּ	מְכִינִים / מְכִינוֹת	הֵכַנּוּ	נָכִין	
אַתֶּם	מְכִינִים	הֲכַנְתֶּם	תָּכִינוּ	הָכִינוּ
אַתֶּן	מְכִינוֹת	הֲכַנְתֶּן	תָּכֵנָּה	הָכֵנָּה
הֵם	מְכִינִים	הֵכִינוּ	יָכִינוּ	
הֵן	מְכִינוֹת	הֵכִינוּ	תָּכֵנָּה	

204 לְהָרִיחַ

הֵגִיחַ
הֵדִיחַ
הֵטִיחַ
הֵנִיעַ
הֵפִיחַ

שֹׁרֶשׁ: ריח		גִּזְרָה: נָחֵי עו"י + ל' גְרוֹנִית		בִּנְיָן: הִפְעִיל	
צִוּוּי Imperative	עָתִיד Future	עָבָר Past	הֹוֶה Present		
	אָרִיחַ	הֵרַחְתִּי	מֵרִיחַ / מְרִיחָה	אֲנִי	
הָרַח	תָּרִיחַ	הֵרַחְתָּ	מֵרִיחַ	אַתָּה	
הָרִיחִי	תָּרִיחִי	הֵרַחְתְּ	מְרִיחָה	אַתְּ	
	יָרִיחַ	הֵרִיחַ	מֵרִיחַ	הוּא	
	תָּרִיחַ	הֵרִיחָה	מְרִיחָה	הִיא	
	נָרִיחַ	הֵרַחְנוּ	מְרִיחִים / מְרִיחוֹת	אֲנַחְנוּ	
הָרִיחוּ	תָּרִיחוּ	הֵרַחְתֶּם	מְרִיחִים	אַתֶּם	
הָרַחְנָה	תָּרַחְנָה	הֵרַחְתֶּן	מְרִיחוֹת	אַתֶּן	
	יָרִיחוּ	הֵרִיחוּ	מְרִיחִים	הֵם	
	תָּרַחְנָה	הֵרִיחוּ	מְרִיחוֹת	הֵן	

205 לְהָבִיא

הֵקִיא

שֹׁרֶשׁ: בוא		גִּזְרָה: נָחֵי עו"י + ל"א		בִּנְיָן: הִפְעִיל	
צִוּוּי Imperative	עָתִיד Future	עָבָר Past	הֹוֶה Present		
	אָבִיא	הֵבֵאתִי	מֵבִיא / מְבִיאָה	אֲנִי	
הָבֵא	תָּבִיא	הֵבֵאתָ	מֵבִיא	אַתָּה	
הָבִיאִי	תָּבִיאִי	הֵבֵאת	מְבִיאָה	אַתְּ	
	יָבִיא	הֵבִיא	מֵבִיא	הוּא	
	תָּבִיא	הֵבִיאָה	מְבִיאָה	הִיא	
	נָבִיא	הֵבֵאנוּ	מְבִיאִים / מְבִיאוֹת	אֲנַחְנוּ	
הָבִיאוּ	תָּבִיאוּ	הֵבֵאתֶם	מְבִיאִים	אַתֶּם	
הָבֶאנָה	תָּבֶאנָה	הֵבֵאתֶן	מְבִיאוֹת	אַתֶּן	
	יָבִיאוּ	הֵבִיאוּ	מְבִיאִים	הֵם	
	תָּבֶאנָה	הֵבִיאוּ	מְבִיאוֹת	הֵן	

206 לְהָמִית

	בִּנְיָן: הִפְעִיל	גִּזְרָה: נָחֵי ע"וּ"י + ל"ת	שֹׁרֶשׁ: מות		
	הֹוֶה Present	עָבָר Past	עָתִיד Future	צִוּוּי Imperative	
אֲנִי	מֵמִית / מְמִיתָה	הֵמַתִּי	אָמִית		הֵסִית
אַתָּה	מֵמִית	הֵמַתָּ	תָּמִית	הָמֵת	
אַתְּ	מְמִיתָה	הֵמַתְּ	תָּמִיתִי	הָמִיתִי	
הוּא	מֵמִית	הֵמִית	יָמִית		
הִיא	מְמִיתָה	הֵמִיתָה	תָּמִית		
אֲנַחְנוּ	מְמִיתִים / מְמִיתוֹת	הֵמַתְנוּ	נָמִית		
אַתֶּם	מְמִיתִים	הֵמַתֶּם	תָּמִיתוּ	הָמִיתוּ	
אַתֶּן	מְמִיתוֹת	הֵמַתֶּן	תְּמֵתְנָה	הָמֵתְנָה	
הֵם	מְמִיתִים	הֵמִיתוּ	יָמִיתוּ		
הֵן	מְמִיתוֹת	הֵמִיתוּ	תְּמֵתְנָה		

207 לְהֵיטִיב

	בִּנְיָן: הִפְעִיל	גִּזְרָה: נָחֵי פ"י	שֹׁרֶשׁ: יטב		
	הֹוֶה Present	עָבָר Past	עָתִיד Future	צִוּוּי Imperative	
אֲנִי	מֵיטִיב / מֵיטִיבָה	הֵיטַבְתִּי	אֵיטִיב		הֵימִין הֵינִיק הֵישִׁיר
אַתָּה	מֵיטִיב	הֵיטַבְתָּ	תֵּיטִיב	הֵיטֵב	
אַתְּ	מֵיטִיבָה	הֵיטַבְתְּ	תֵּיטִיבִי	הֵיטִיבִי	
הוּא	מֵיטִיב	הֵיטִיב	יֵיטִיב		
הִיא	מֵיטִיבָה	הֵיטִיבָה	תֵּיטִיב		
אֲנַחְנוּ	מֵיטִיבִים / מֵיטִיבוֹת	הֵיטַבְנוּ	נֵיטִיב		
אַתֶּם	מֵיטִיבִים	הֵיטַבְתֶּם	תֵּיטִיבוּ	הֵיטִיבוּ	
אַתֶּן	מֵיטִיבוֹת	הֵיטַבְתֶּן	תֵּיטַבְנָה	הֵיטַבְנָה	
הֵם	מֵיטִיבִים	הֵיטִיבוּ	יֵיטִיבוּ		
הֵן	מֵיטִיבוֹת	הֵיטִיבוּ	תֵּיטַבְנָה		

208 לְהָקֵל

	הֹוֶה Present	עָבָר Past	עָתִיד Future	צִוּוּי Imperative
אֲנִי	מֵקֵל / מְקִלָּה	הֵקַלְתִּי	אָקֵל	
אַתָּה	מֵקֵל	הֵקַלְתָּ	תָּקֵל	הָקֵל
אַתְּ	מְקִלָּה	הֵקַלְתְּ	תָּקֵלִי	הָקֵלִי
הוּא	מֵקֵל	הֵקֵל	יָקֵל	
הִיא	מְקִלָּה	הֵקֵלָה	תָּקֵל	
אֲנַחְנוּ	מְקִלִּים / מְקִלּוֹת	הֵקַלְנוּ	נָקֵל	
אַתֶּם	מְקִלִּים	הֵקַלְתֶּם	תָּקֵלוּ	הָקֵלוּ
אַתֶּן	מְקִלּוֹת	הֵקַלְתֶּן	תָּקֵלְנָה	הָקֵלְנָה
הֵם	מְקִלִּים	הֵקֵלוּ	יָקֵלוּ	
הֵן	מְקִלּוֹת	הֵקֵלוּ	תָּקֵלְנָה	

בִּנְיָן: הִפְעִיל גִּזְרָה: כְּפוּלִים שֹׁרֶשׁ: קלל

הָאֵט
הֵמֵס
הָסֵב
הָעֵז
הָתֵל

209 לְהָגֵן

	הֹוֶה Present	עָבָר Past	עָתִיד Future	צִוּוּי Imperative
אֲנִי	מֵגֵן / מְגִנָּה	הֵגַנְתִּי	אָגֵן	
אַתָּה	מֵגֵן	הֵגַנְתָּ	תָּגֵן	הָגֵן
אַתְּ	מְגִנָּה	הֵגַנְתְּ	תָּגֵנִּי	הָגֵנִּי
הוּא	מֵגֵן	הֵגֵן	יָגֵן	
הִיא	מְגִנָּה	הֵגֵנָּה	תָּגֵן	
אֲנַחְנוּ	מְגִנִּים / מְגִנּוֹת	הֵגַנּוּ	נָגֵן	
אַתֶּם	מְגִנִּים	הֵגַנְתֶּם	תָּגֵנּוּ	הָגֵנּוּ
אַתֶּן	מְגִנּוֹת	הֵגַנְתֶּן	תָּגֵנָּה	הָגֵנָּה
הֵם	מְגִנִּים	הֵגֵנּוּ	יָגֵנּוּ	
הֵן	מְגִנּוֹת	הֵגֵנּוּ	תָּגֵנָּה	

בִּנְיָן: הִפְעִיל גִּזְרָה: כְּפוּלִים + ל״נ שֹׁרֶשׁ: גנן

210 לְהָפֵר

הֵצֵר

בִּנְיָן: הִפְעִיל	גִּזְרָה: כְּפוּלִים + ר׳		שֹׁרֶשׁ: פרר	
	הֹוֶה Present	עָבָר Past	עָתִיד Future	צִוּוּי Imperative
אֲנִי	מֵפֵר / מְפֵרָה	הֵפַרְתִּי	אָפֵר	
אַתָּה	מֵפֵר	הֵפַרְתָּ	תָּפֵר	הָפֵר
אַתְּ	מְפֵרָה	הֵפַרְתְּ	תָּפֵרִי	הָפֵרִי
הוּא	מֵפֵר	הֵפֵר	יָפֵר	
הִיא	מְפֵרָה	הֵפֵרָה	תָּפֵר	
אֲנַחְנוּ	מְפֵרִים / מְפֵרוֹת	הֵפַרְנוּ	נָפֵר	
אַתֶּם	מְפֵרִים	הֵפַרְתֶּם	תָּפֵרוּ	הָפֵרוּ
אַתֶּן	מְפֵרוֹת	הֵפַרְתֶּן	תָּפֵרְנָה	הָפֵרְנָה
הֵם	מְפֵרִים	הֵפֵרוּ	יָפֵרוּ	
הֵן	מְפֵרוֹת	הֵפֵרוּ	תָּפֵרְנָה	

211 לְהָרַע

בִּנְיָן: הִפְעִיל	גִּזְרָה: כְּפוּלִים + ל׳ גְּרוֹנִית		שֹׁרֶשׁ: רעע	
	הֹוֶה Present	עָבָר Past	עָתִיד Future	צִוּוּי Imperative
אֲנִי	מֵרַע / מְרֵעָה	הֲרַעְתִּי	אָרַע	
אַתָּה	מֵרַע	הֲרַעְתָּ	תָּרַע	הָרַע
אַתְּ	מְרֵעָה	הֲרַעְתְּ	תָּרֵעִי	הָרֵעִי
הוּא	מֵרַע	הֵרַע	יָרַע	
הִיא	מְרֵעָה	הֵרֵעָה	תָּרַע	
אֲנַחְנוּ	מְרֵעִים / מְרֵעוֹת	הֲרַעְנוּ	נָרַע	
אַתֶּם	מְרֵעִים	הֲרַעְתֶּם	תָּרֵעוּ	הָרֵעוּ
אַתֶּן	מְרֵעוֹת	הֲרַעְתֶּן	תָּרַעְנָה	הָרַעְנָה
הֵם	מְרֵעִים	הֵרֵעוּ	יָרֵעוּ	
הֵן	מְרֵעוֹת	הֵרֵעוּ	תָּרַעְנָה	

212

בִּנְיָן: הֻפְעַל		גִּזְרָה: שְׁלֵמִים		שֹׁרֶשׁ: זכר
	הֹוֶה Present	עָבָר Past	עָתִיד Future	צִוּוּי Imperative
אֲנִי	מֻזְכָּר מֻזְכֶּרֶת	הֻזְכַּרְתִּי	אֻזְכַּר	
אַתָּה	מֻזְכָּר	הֻזְכַּרְתָּ	תֻּזְכַּר	
אַתְּ	מֻזְכֶּרֶת	הֻזְכַּרְתְּ	תֻּזְכְּרִי	
הוּא	מֻזְכָּר	הֻזְכַּר	יֻזְכַּר	
הִיא	מֻזְכֶּרֶת	הֻזְכְּרָה	תֻּזְכַּר	
אֲנַחְנוּ	מֻזְכָּרִים מֻזְכָּרוֹת	הֻזְכַּרְנוּ	נֻזְכַּר	
אַתֶּם	מֻזְכָּרִים	הֻזְכַּרְתֶּם	תֻּזְכְּרוּ	
אַתֶּן	מֻזְכָּרוֹת	הֻזְכַּרְתֶּן	תֻּזְכַּרְנָה	
הֵם	מֻזְכָּרִים	הֻזְכְּרוּ	יֻזְכְּרוּ	
הֵן	מֻזְכָּרוֹת	הֻזְכְּרוּ	תֻּזְכַּרְנָה	

הֻבְרַג
הֻבְרַק
הֻגְבַּל
הֻגְבַּר
הֻגְדַּל
הֻגְדַּר
הֻגְנַב
הֻגְרַל
הֻגְשַׁם
הֻדְבַּק
הֻדְבַּר
הֻדְגַּם
הֻדְגַּשׁ
הֻדְלַף
הֻדְלַק
הֻדְפַּס
הֻדְרַךְ
הֻזְהַר

עמ׳ 185 ◄

213

בִּנְיָן: הֻפְעַל		גִּזְרָה: שְׁלֵמִים + ל״נ		שֹׁרֶשׁ: זמן
	הֹוֶה Present	עָבָר Past	עָתִיד Future	צִוּוּי Imperative
אֲנִי	מֻזְמָן מֻזְמֶנֶת	הֻזְמַנְתִּי	אֻזְמַן	
אַתָּה	מֻזְמָן	הֻזְמַנְתָּ	תֻּזְמַן	
אַתְּ	מֻזְמֶנֶת	הֻזְמַנְתְּ	תֻּזְמְנִי	
הוּא	מֻזְמָן	הֻזְמַן	יֻזְמַן	
הִיא	מֻזְמֶנֶת	הֻזְמְנָה	תֻּזְמַן	
אֲנַחְנוּ	מֻזְמָנִים מֻזְמָנוֹת	הֻזְמַנּוּ	נֻזְמַן	
אַתֶּם	מֻזְמָנִים	הֻזְמַנְתֶּם	תֻּזְמְנוּ	
אַתֶּן	מֻזְמָנוֹת	הֻזְמַנְתֶּן	תֻּזְמַנָּה	
הֵם	מֻזְמָנִים	הֻזְמְנוּ	יֻזְמְנוּ	
הֵן	מֻזְמָנוֹת	הֻזְמְנוּ	תֻּזְמַנָּה	

הֻטְמַן
הֻלְבַּן
הֻקְטַן
הֻקְרַן
הֻתְקַן

214

הֻשְׁתַּת

בִּנְיָן: הֻפְעַל	גִּזְרָה: ל״ת		שֹׁרֶשׁ: שבת	
	הוֹוֶה Present	עָבָר Past	עָתִיד Future	צִוּוּי Imperative
אֲנִי	מֻשְׁבָּת מֻשְׁבֶּתֶת	הֻשְׁבַּתִּי	אֻשְׁבַּת	
אַתָּה	מֻשְׁבָּת	הֻשְׁבַּתָּ	תֻּשְׁבַּת	
אַתְּ	מֻשְׁבֶּתֶת	הֻשְׁבַּתְּ	תֻּשְׁבְּתִי	
הוּא	מֻשְׁבָּת	הֻשְׁבַּת	יֻשְׁבַּת	
הִיא	מֻשְׁבֶּתֶת	הֻשְׁבְּתָה	תֻּשְׁבַּת	
אֲנַחְנוּ	מֻשְׁבָּתִים מֻשְׁבָּתוֹת	הֻשְׁבַּתְנוּ	נֻשְׁבַּת	
אַתֶּם	מֻשְׁבָּתִים	הֻשְׁבַּתֶּם	תֻּשְׁבְּתוּ	
אַתֶּן	מֻשְׁבָּתוֹת	הֻשְׁבַּתֶּן	תֻּשְׁבַּתְנָה	
הֵם	מֻשְׁבָּתִים	הֻשְׁבְּתוּ	יֻשְׁבְּתוּ	
הֵן	מֻשְׁבָּתוֹת	הֻשְׁבְּתוּ	תֻּשְׁבַּתְנָה	

215

הָחֳרַם
הָעֳבַד
הָעֳבַר
הָעֳדַף
הָעֳמַד
הָעֳמַק
הָעֳנַק
הָעֳנַשׁ
הָעֳסַק
הָעֳרַךְ
הָעֳתַּק

בִּנְיָן: הֻפְעַל	גִּזְרָה: פ׳ גְּרוֹנִית		שֹׁרֶשׁ: אשם	
	הוֹוֶה Present	עָבָר Past	עָתִיד Future	צִוּוּי Imperative
אֲנִי	מָאֳשָׁם מָאֳשֶׁמֶת	הָאֳשַׁמְתִּי	אָאֳשַׁם	
אַתָּה	מָאֳשָׁם	הָאֳשַׁמְתָּ	תָּאֳשַׁם	
אַתְּ	מָאֳשֶׁמֶת	הָאֳשַׁמְתְּ	תָּאָשְׁמִי	
הוּא	מָאֳשָׁם	הָאֳשַׁם	יָאֳשַׁם	
הִיא	מָאֳשֶׁמֶת	הָאָשְׁמָה	תָּאֳשַׁם	
אֲנַחְנוּ	מָאֳשָׁמִים מָאֳשָׁמוֹת	הָאֳשַׁמְנוּ	נָאֳשַׁם	
אַתֶּם	מָאֳשָׁמִים	הָאֳשַׁמְתֶּם	תָּאָשְׁמוּ	
אַתֶּן	מָאֳשָׁמוֹת	הָאֳשַׁמְתֶּן	תָּאֳשַׁמְנָה	
הֵם	מָאֳשָׁמִים	הָאָשְׁמוּ	יָאָשְׁמוּ	
הֵן	מָאֳשָׁמוֹת	הָאָשְׁמוּ	תָּאֳשַׁמְנָה	

216

בִּנְיָן: הֻפְעַל		גִּזְרָה: ל׳ גְּרוֹנִית (א׳)		שֹׁרֶשׁ: מצא
	הֹוֶה Present	עָבָר Past	עָתִיד Future	צִוּוּי Imperative
אֲנִי	מֻמְצָא מֻמְצֵאת	הֻמְצֵאתִי	אֻמְצָא	
אַתָּה	מֻמְצָא	הֻמְצֵאתָ	תֻּמְצָא	
אַתְּ	מֻמְצֵאת	הֻמְצֵאת	תֻּמְצְאִי	
הוּא	מֻמְצָא	הֻמְצָא	יֻמְצָא	
הִיא	מֻמְצֵאת	הֻמְצְאָה	תֻּמְצָא	
אֲנַחְנוּ	מֻמְצָאִים מֻמְצָאוֹת	הֻמְצֵאנוּ	נֻמְצָא	
אַתֶּם	מֻמְצָאִים	הֻמְצֵאתֶם	תֻּמְצְאוּ	
אַתֶּן	מֻמְצָאוֹת	הֻמְצֵאתֶן	תֻּמְצֶאנָה	
הֵם	מֻמְצָאִים	הֻמְצְאוּ	יֻמְצְאוּ	
הֵן	מֻמְצָאוֹת	הֻמְצְאוּ	תֻּמְצֶאנָה	

הֻחְבָּא
הֻקְפָּא

217

בִּנְיָן: הֻפְעַל		גִּזְרָה: ל׳ גְּרוֹנִית (ח׳, ע׳)		שֹׁרֶשׁ: פתע
	הֹוֶה Present	עָבָר Past	עָתִיד Future	צִוּוּי Imperative
אֲנִי	מֻפְתָּע מֻפְתַּעַת	הֻפְתַּעְתִּי	אֻפְתַּע	
אַתָּה	מֻפְתָּע	הֻפְתַּעְתָּ	תֻּפְתַּע	
אַתְּ	מֻפְתַּעַת	הֻפְתַּעְתְּ	תֻּפְתְּעִי	
הוּא	מֻפְתָּע	הֻפְתַּע	יֻפְתַּע	
הִיא	מֻפְתַּעַת	הֻפְתְּעָה	תֻּפְתַּע	
אֲנַחְנוּ	מֻפְתָּעִים מֻפְתָּעוֹת	הֻפְתַּעְנוּ	נֻפְתַּע	
אַתֶּם	מֻפְתָּעִים	הֻפְתַּעְתֶּם	תֻּפְתְּעוּ	
אַתֶּן	מֻפְתָּעוֹת	הֻפְתַּעְתֶּן	תֻּפְתַּעְנָה	
הֵם	מֻפְתָּעִים	הֻפְתְּעוּ	יֻפְתְּעוּ	
הֵן	מֻפְתָּעוֹת	הֻפְתְּעוּ	תֻּפְתַּעְנָה	

הֻבְטַח
הֻבְקַע
הֻבְרַח
הֻזְנַח
הֻטְבַּע
הֻטְרַח
הֻכְנַע
הֻכְרַח
הֻכְרַע
הֻמְלַח
הֻנְצַח
הֻפְקַע
הֻפְרַח
הֻפְרַע
הֻצְנַח
הֻרְגַּע
הֻרְשַׁע
הֻרְתַּח

עמ׳ 185 ◄

218

הֻבְהַל
הֻבְהַר
הֻבְעַר
הֻדְאַג
הֻזְעַק
הֻכְחַשׁ
הֻלְאַם
הֻלְחַם
הֻלְעַט
הֻמְחַז
הֻנְהַג
הֻפְחַד
הֻפְעַל
הֻצְהַר
הֻצְעַד
הֻקְהַל
הֻרְחַב
הֻרְחַק
עמ׳ 185 ◄

שֹׁרֶשׁ: רעל		גִּזְרָה: ע׳ גְּרוֹנִית (א׳, ה׳, ח׳, ע׳)		בִּנְיָן: הֻפְעַל
צִוּוּי Imperative	עָתִיד Future	עָבָר Past	הֹוֶה Present	
	אֻרְעַל	הֻרְעַלְתִּי	מֻרְעָל מֻרְעֶלֶת	אֲנִי
	תֻּרְעַל	הֻרְעַלְתָּ	מֻרְעָל	אַתָּה
	תֻּרְעֲלִי	הֻרְעַלְתְּ	מֻרְעֶלֶת	אַתְּ
	יֻרְעַל	הֻרְעַל	מֻרְעָל	הוּא
	תֻּרְעַל	הֻרְעֲלָה	מֻרְעֶלֶת	הִיא
	נֻרְעַל	הֻרְעַלְנוּ	מֻרְעֲלִים מֻרְעֲלוֹת	אֲנַחְנוּ
	תֻּרְעֲלוּ	הֻרְעַלְתֶּם	מֻרְעֲלִים	אַתֶּם
	תֻּרְעַלְנָה	הֻרְעַלְתֶּן	מֻרְעֲלוֹת	אַתֶּן
	יֻרְעֲלוּ	הֻרְעֲלוּ	מֻרְעֲלִים	הֵם
	תֻּרְעַלְנָה	הֻרְעֲלוּ	מֻרְעֲלוֹת	הֵן

219

שֹׁרֶשׁ: גבה		גִּזְרָה: ל׳ גְּרוֹנִית (ה׳ קַיֶּמֶת)		בִּנְיָן: הֻפְעַל
צִוּוּי Imperative	עָתִיד Future	עָבָר Past	הֹוֶה Present	
	אֻגְבַּהּ	הֻגְבַּהְתִּי	מֻגְבָּהּ מֻגְבַּהַת	אֲנִי
	תֻּגְבַּהּ	הֻגְבַּהְתָּ	מֻגְבָּהּ	אַתָּה
	תֻּגְבְּהִי	הֻגְבַּהְתְּ	מֻגְבַּהַת	אַתְּ
	יֻגְבַּהּ	הֻגְבַּהּ	מֻגְבָּהּ	הוּא
	תֻּגְבַּהּ	הֻגְבְּהָה	מֻגְבַּהַת	הִיא
	נֻגְבַּהּ	הֻגְבַּהְנוּ	מֻגְבָּהִים מֻגְבָּהוֹת	אֲנַחְנוּ
	תֻּגְבְּהוּ	הֻגְבַּהְתֶּם	מֻגְבָּהִים	אַתֶּם
	תֻּגְבַּהְנָה	הֻגְבַּהְתֶּן	מֻגְבָּהוֹת	אַתֶּן
	יֻגְבְּהוּ	הֻגְבְּהוּ	מֻגְבָּהִים	הֵם
	תֻּגְבַּהְנָה	הֻגְבְּהוּ	מֻגְבָּהוֹת	הֵן

220

בִּנְיָן: הֻפְעַל		גִזְרָה: ע׳ גְרוֹנִית + ל״נ		שֹׁרֶשׁ: טען
	הֹוֶה Present	עָבָר Past	עָתִיד Future	צִוּוּי Imperative
אֲנִי	מֻטְעָן / מֻטְעֶנֶת	הֻטְעַנְתִּי	אֻטְעַן	
אַתָּה	מֻטְעָן	הֻטְעַנְתָּ	תֻּטְעַן	
אַתְּ	מֻטְעֶנֶת	הֻטְעַנְתְּ	תֻּטְעֲנִי	
הוּא	מֻטְעָן	הֻטְעַן	יֻטְעַן	
הִיא	מֻטְעֶנֶת	הֻטְעֲנָה	תֻּטְעַן	
אֲנַחְנוּ	מֻטְעָנִים / מֻטְעָנוֹת	הֻטְעַנּוּ	נֻטְעַן	
אַתֶּם	מֻטְעָנִים	הֻטְעַנְתֶּם	תֻּטְעֲנוּ	
אַתֶּן	מֻטְעָנוֹת	הֻטְעַנְתֶּן	תֻּטְעַנָּה	
הֵם	מֻטְעָנִים	הֻטְעֲנוּ	יֻטְעֲנוּ	
הֵן	מֻטְעָנוֹת	הֻטְעֲנוּ	תֻּטְעַנָּה	

הֻלְחַן

221

בִּנְיָן: הֻפְעַל		גִזְרָה: נָחֵי ל״ה		שֹׁרֶשׁ: שוה
	הֹוֶה Present	עָבָר Past	עָתִיד Future	צִוּוּי Imperative
אֲנִי	מֻשְׁוֶה / מֻשְׁוֵית	הֻשְׁוֵיתִי	אֻשְׁוֶה	
אַתָּה	מֻשְׁוֶה	הֻשְׁוֵיתָ	תֻּשְׁוֶה	
אַתְּ	מֻשְׁוֵית	הֻשְׁוֵית	תֻּשְׁוִי	
הוּא	מֻשְׁוֶה	הֻשְׁוָה	יֻשְׁוֶה	
הִיא	מֻשְׁוֵית	הֻשְׁוְתָה	תֻּשְׁוֶה	
אֲנַחְנוּ	מֻשְׁוִים / מֻשְׁווֹת	הֻשְׁוֵינוּ	נֻשְׁוֶה	
אַתֶּם	מֻשְׁוִים	הֻשְׁוֵיתֶם	תֻּשְׁווּ	
אַתֶּן	מֻשְׁווֹת	הֻשְׁוֵיתֶן	תֻּשְׁוֶינָה	
הֵם	מֻשְׁוִים	הֻשְׁווּ	יֻשְׁווּ	
הֵן	מֻשְׁווֹת	הֻשְׁווּ	תֻּשְׁוֶינָה	

הֻלְקָה
הֻסְוָה
הֻפְנָה
הֻפְרָה
הֻקְצָה
הֻשְׁקָה
הֻשְׁרָה
הֻתְנָה

222

בִּנְיָן: הֻפְעַל | גִּזְרָה: ל״ה + פ׳ גְרוֹנִית | שֹׁרֶשׁ: עלה

	הוֶֹה Present	עָבָר Past	עָתִיד Future	צִוּוּי Imperative
אֲנִי	מֻעֱלֶה מֻעֱלָה	הֻעֱלֵיתִי	אֻעֱלֶה	
אַתָּה	מֻעֱלֶה	הֻעֱלֵיתָ	תֻּעֱלֶה	
אַתְּ	מֻעֱלָה	הֻעֱלֵית	תֻּעֱלִי	
הוּא	מֻעֱלֶה	הֻעֱלָה	יֻעֱלֶה	
הִיא	מֻעֱלָה	הֻעֶלְתָה	תֻּעֱלֶה	
אֲנַחְנוּ	מֻעֱלִים מֻעֱלוֹת	הֻעֱלֵינוּ	נֻעֱלֶה	
אַתֶּם	מֻעֱלִים	הֻעֱלֵיתֶם	תֻּעֱלוּ	
אַתֶּן	מֻעֱלוֹת	הֻעֱלֵיתֶן	תֻּעֱלֶינָה	
הֵם	מֻעֱלִים	הֻעֱלוּ	יֻעֱלוּ	
הֵן	מֻעֱלוֹת	הֻעֱלוּ	תֻּעֱלֶינָה	

223

הֻטְעָה
הֻנְחָה
הֻשְׁהָה
הֻתְעָה

בִּנְיָן: הֻפְעַל | גִּזְרָה: נָחֵי ל״ה + ע׳ גְרוֹנִית | שֹׁרֶשׁ: שעה

	הוֶֹה Present	עָבָר Past	עָתִיד Future	צִוּוּי Imperative
אֲנִי	מֻשְׁעֶה מֻשְׁעֵית	הֻשְׁעֵיתִי	אֻשְׁעֶה	
אַתָּה	מֻשְׁעֶה	הֻשְׁעֵיתָ	תֻּשְׁעֶה	
אַתְּ	מֻשְׁעֵית	הֻשְׁעֵית	תֻּשְׁעִי	
הוּא	מֻשְׁעֶה	הֻשְׁעָה	יֻשְׁעֶה	
הִיא	מֻשְׁעֵית	הֻשְׁעֲתָה	תֻּשְׁעֶה	
אֲנַחְנוּ	מֻשְׁעִים מֻשְׁעוֹת	הֻשְׁעֵינוּ	נֻשְׁעֶה	
אַתֶּם	מֻשְׁעִים	הֻשְׁעֵיתֶם	תֻּשְׁעוּ	
אַתֶּן	מֻשְׁעוֹת	הֻשְׁעֵיתֶן	תֻּשְׁעֶינָה	
הֵם	מֻשְׁעִים	הֻשְׁעוּ	יֻשְׁעוּ	
הֵן	מֻשְׁעוֹת	הֻשְׁעוּ	תֻּשְׁעֶינָה	

224

שֹׁרֶשׁ: קום		גִּזְרָה: נָחֵי פ״י, ע״ו	בִּנְיָן: הֻפְעַל

צִוּוּי Imperative	עָתִיד Future	עָבָר Past	הֹוֶה Present	
	אוּקַם	הוּקַמְתִּי	מוּקָם / מוּקֶמֶת	אֲנִי
	תּוּקַם	הוּקַמְתָּ	מוּקָם	אַתָּה
	תּוּקְמִי	הוּקַמְתְּ	מוּקֶמֶת	אַתְּ
	יוּקַם	הוּקַם	מוּקָם	הוּא
	תּוּקַם	הוּקְמָה	מוּקֶמֶת	הִיא
	נוּקַם	הוּקַמְנוּ	מוּקָמִים / מוּקָמוֹת	אֲנַחְנוּ
	תּוּקְמוּ	הוּקַמְתֶּם	מוּקָמִים	אַתֶּם
	תּוּקַמְנָה	הוּקַמְתֶּן	מוּקָמוֹת	אַתֶּן
	יוּקְמוּ	הוּקְמוּ	מוּקָמִים	הֵם
	תּוּקַמְנָה	הוּקְמוּ	מוּקָמוֹת	הֵן

הוּבַל
הוּבַס
הוּגַף
הוּזַז
הוּזַל
הוּטַב
הוּטַל
הוּטַס
הוּנַס
הוּנַף
הוּסַט
הוּסַר
הוּפַץ
הוּפַר
הוּצַף
הוּרַד
הוּרַם
הוּרַץ

עמ׳ 185 ◄

225

שֹׁרֶשׁ: מות		גִּזְרָה: נָחֵי ע״י + ל״ת	בִּנְיָן: הֻפְעַל

צִוּוּי Imperative	עָתִיד Future	עָבָר Past	הֹוֶה Present	
	אוּמַת	הוּמַתִּי	מוּמָת / מוּמֶתֶת	אֲנִי
	תּוּמַת	הוּמַתָּ	מוּמָת	אַתָּה
	תּוּמְתִי	הוּמַתְּ	מוּמֶתֶת	אַתְּ
	יוּמַת	הוּמַת	מוּמָת	הוּא
	תּוּמַת	הוּמְתָה	מוּמֶתֶת	הִיא
	נוּמַת	הוּמַתְנוּ	מוּמָתִים / מוּמָתוֹת	אֲנַחְנוּ
	תּוּמְתוּ	הוּמַתֶּם	מוּמָתִים	אַתֶּם
	תּוּמַתְנָה	הוּמַתֶּן	מוּמָתוֹת	אַתֶּן
	יוּמְתוּ	הוּמְתוּ	מוּמָתִים	הֵם
	תּוּמַתְנָה	הוּמְתוּ	מוּמָתוֹת	הֵן

הוּסַת

226

הוּבָא

בִּנְיָן: הֻפְעַל		גִזְרָה: נָחֵי פ״י + ל״א		שֹׁרֶשׁ: יצא
	הֹוֶה Present	עָבָר Past	עָתִיד Future	צִוּוּי Imperative
אֲנִי	מוּצָא / מוּצֵאת	הוּצֵאתִי	אוּצָא	
אַתָּה	מוּצָא	הוּצֵאתָ	תּוּצָא	
אַתְּ	מוּצֵאת	הוּצֵאת	תּוּצְאִי	
הוּא	מוּצָא	הוּצָא	יוּצָא	
הִיא	מוּצֵאת	הוּצְאָה	תּוּצָא	
אֲנַחְנוּ	מוּצָאִים / מוּצָאוֹת	הוּצֵאנוּ	נוּצָא	
אַתֶּם	מוּצָאִים	הוּצֵאתֶם	תּוּצְאוּ	
אַתֶּן	מוּצָאוֹת	הוּצֵאתֶן	תּוּצֶאנָה	
הֵם	מוּצָאִים	הוּצְאוּ	יוּצְאוּ	
הֵן	מוּצָאוֹת	הוּצְאוּ	תּוּצֶאנָה	

227

הֻטַּל
הֻכַּר
הֻפַּל
הֻצַּב
הֻקַּף
הֻשַּׂג
הֻתַּר
הֻתַּשׁ

בִּנְיָן: הֻפְעַל		גִזְרָה: חַסְרֵי פ״נ, פ״י		שֹׁרֶשׁ: יצג
	הֹוֶה Present	עָבָר Past	עָתִיד Future	צִוּוּי Imperative
אֲנִי	מֻצָּג / מֻצֶּגֶת	הֻצַּגְתִּי	אֻצַּג	
אַתָּה	מֻצָּג	הֻצַּגְתָּ	תֻּצַּג	
אַתְּ	מֻצֶּגֶת	הֻצַּגְתְּ	תֻּצְּגִי	
הוּא	מֻצָּג	הֻצַּג	יֻצַּג	
הִיא	מֻצֶּגֶת	הֻצְּגָה	תֻּצַּג	
אֲנַחְנוּ	מֻצָּגִים / מֻצָּגוֹת	הֻצַּגְנוּ	נֻצַּג	
אַתֶּם	מֻצָּגִים	הֻצַּגְתֶּם	תֻּצְּגוּ	
אַתֶּן	מֻצָּגוֹת	הֻצַּגְתֶּן	תֻּצַּגְנָה	
הֵם	מֻצָּגִים	הֻצְּגוּ	יֻצְּגוּ	
הֵן	מֻצָּגוֹת	הֻצְּגוּ	תֻּצַּגְנָה	

228

בִּנְיָן: הֻפְעַל	גִּזְרָה: חַסְרֵי פ״נ, פ״י + ל׳ גְרוֹנִית			שֹׁרֶשׁ: נסע
	הֹוֶה Present	עָבָר Past	עָתִיד Future	צִוּוּי Imperative
אֲנִי	מֻסָּע מֻסַּעַת	הֻסַּעְתִּי	אֻסַּע	
אַתָּה	מֻסָּע	הֻסַּעְתָּ	תֻּסַּע	
אַתְּ	מֻסַּעַת	הֻסַּעְתְּ	תֻּסְּעִי	
הוּא	מֻסָּע	הֻסַּע	יֻסַּע	
הִיא	מֻסַּעַת	הֻסְּעָה	תֻּסַּע	
אֲנַחְנוּ	מֻסָּעִים מֻסָּעוֹת	הֻסַּעְנוּ	נֻסַּע	
אַתֶּם	מֻסָּעִים	הֻסַּעְתֶּם	תֻּסְּעוּ	
אַתֶּן	מֻסָּעוֹת	הֻסַּעְתֶּן	תֻּסַּעְנָה	
הֵם	מֻסָּעִים	הֻסְּעוּ	יֻסְּעוּ	
הֵן	מֻסָּעוֹת	הֻסְּעוּ	תֻּסַּעְנָה	

229

בִּנְיָן: הֻפְעַל	גִּזְרָה: נָחֵי ע״ו + ל׳ גְרוֹנִית			שֹׁרֶשׁ: נוח
	הֹוֶה Present	עָבָר Past	עָתִיד Future	צִוּוּי Imperative
אֲנִי	מוּנָח מוּנַחַת	הוּנַחְתִּי	אוּנַח	
אַתָּה	מוּנָח	הוּנַחְתָּ	תּוּנַח	
אַתְּ	מוּנַחַת	הוּנַחְתְּ	תּוּנְחִי	
הוּא	מוּנָח	הוּנַח	יוּנַח	
הִיא	מוּנַחַת	הוּנְחָה	תּוּנַח	
אֲנַחְנוּ	מוּנָחִים מוּנָחוֹת	הוּנַחְנוּ	נוּנַח	
אַתֶּם	מוּנָחִים	הוּנַחְתֶּם	תּוּנְחוּ	
אַתֶּן	מוּנָחוֹת	הוּנַחְתֶּן	תּוּנַחְנָה	
הֵם	מוּנָחִים	הוּנְחוּ	יוּנְחוּ	
הֵן	מוּנָחוֹת	הוּנְחוּ	תּוּנַחְנָה	

230

הוּזַן
הוּכַן

שֹׁרֶשׁ: בין	גִּזְרָה: נָחֵי עו״י + ל״נ		בִּנְיָן: הֻפְעַל	
צִוּוּי Imperative	עָתִיד Future	עָבָר Past	הֹוֶה Present	
	אוּבַן	הוּבַנְתִּי	מוּבָן מוּבֶנֶת	אֲנִי
	תּוּבַן	הוּבַנְתָּ	מוּבָן	אַתָּה
	תּוּבְנִי	הוּבַנְתְּ	מוּבֶנֶת	אַתְּ
	יוּבַן	הוּבַן	מוּבָן	הוּא
	תּוּבַן	הוּבְנָה	מוּבֶנֶת	הִיא
	נוּבַן	הוּבַנּוּ	מוּבָנִים מוּבָנוֹת	אֲנַחְנוּ
	תּוּבְנוּ	הוּבַנְתֶּם	מוּבָנִים	אַתֶּם
	תּוּבַנָּה	הוּבַנְתֶּן	מוּבָנוֹת	אַתֶּן
	יוּבְנוּ	הוּבְנוּ	מוּבָנִים	הֵם
	תּוּבַנָּה	הוּבְנוּ	מוּבָנוֹת	הֵן

231

הוּאַט
הוּאַץ

שֹׁרֶשׁ: חוש	גִּזְרָה: נָחֵי עו״י + ע׳ גְּרוֹנִית		בִּנְיָן: הֻפְעַל	
צִוּוּי Imperative	עָתִיד Future	עָבָר Past	הֹוֶה Present	
	אוּחַשׁ	הוּחַשְׁתִּי	מוּחָשׁ מוּחֶשֶׁת	אֲנִי
	תּוּחַשׁ	הוּחַשְׁתָּ	מוּחָשׁ	אַתָּה
	תּוּחֲשִׁי	הוּחַשְׁתְּ	מוּחֶשֶׁת	אַתְּ
	יוּחַשׁ	הוּחַשׁ	מוּחָשׁ	הוּא
	תּוּחַשׁ	הוּחֲשָׁה	מוּחֶשֶׁת	הִיא
	נוּחַשׁ	הוּחַשְׁנוּ	מוּחָשִׁים מוּחָשׁוֹת	אֲנַחְנוּ
	תּוּחֲשׁוּ	הוּחַשְׁתֶּם	מוּחָשִׁים	אַתֶּם
	תּוּחַשְׁנָה	הוּחַשְׁתֶּן	מוּחָשׁוֹת	אַתֶּן
	יוּחֲשׁוּ	הוּחֲשׁוּ	מוּחָשִׁים	הֵם
	תּוּחַשְׁנָה	הוּחֲשׁוּ	מוּחָשׁוֹת	הֵן

232

שֹׁרֶשׁ: מסס	גִּזְרָה: כְּפוּלִים		בִּנְיָן: הֻפְעַל	
צִוּוּי Imperative	עָתִיד Future	עָבָר Past	הֹוֶה Present	
	אוּמַס	הוּמַסְתִּי	מוּמָס מוּמַסָּה	אֲנִי
	תּוּמַס	הוּמַסְתָּ	מוּמָס	אַתָּה
	תּוּמַסִּי	הוּמַסְתְּ	מוּמַסָּה	אַתְּ
	יוּמַס	הוּמַס	מוּמָס	הוּא
	תּוּמַס	הוּמַסָּה	מוּמַסָּה	הִיא
	נוּמַס	הוּמַסְנוּ	מוּמַסִּים מוּמַסּוֹת	אֲנַחְנוּ
	תּוּמַסּוּ	הוּמַסְתֶּם	מוּמַסִּים	אַתֶּם
	תּוּמַסְנָה	הוּמַסְתֶּן	מוּמַסּוֹת	אַתֶּן
	יוּמַסּוּ	הוּמַסּוּ	מוּמַסִּים	הֵם
	תּוּמַסְנָה	הוּמַסּוּ	מוּמַסּוֹת	הֵן

233

שֹׁרֶשׁ: נכה	גִּזְרָה: חַסְרֵי פ״נ + ל״ה		בִּנְיָן: הֻפְעַל	
צִוּוּי Imperative	עָתִיד Future	עָבָר Past	הֹוֶה Present	
	אֻכֶּה	הֻכֵּיתִי	מֻכֶּה מֻכָּה	אֲנִי
	תֻּכֶּה	הֻכֵּיתָ	מֻכֶּה	אַתָּה
	תֻּכִּי	הֻכֵּית	מֻכָּה	אַתְּ
	יֻכֶּה	הֻכָּה	מֻכֶּה	הוּא
	תֻּכֶּה	הֻכְּתָה	מֻכָּה	הִיא
	נֻכֶּה	הֻכֵּינוּ	מֻכִּים מֻכּוֹת	אֲנַחְנוּ
	תֻּכּוּ	הֻכֵּיתֶם	מֻכִּים	אַתֶּם
	תֻּכֶּינָה	הֻכֵּיתֶן	מֻכּוֹת	אַתֶּן
	יֻכּוּ	הֻכּוּ	מֻכִּים	הֵם
	תֻּכֶּינָה	הֻכּוּ	מֻכּוֹת	הֵן

הֻנְחַת

234

בִּנְיָן: הֻפְעַל	גִּזְרָה: ע׳ גְרוֹנִית + ל״ת		שֹׁרֶשׁ: שחת	
	הֹוֶה Present	עָבָר Past	עָתִיד Future	צִוּוּי Imperative
אֲנִי	מֻשְׁחָת מֻשְׁחֶתֶת	הֻשְׁחַתִּי	אֻשְׁחַת	
אַתָּה	מֻשְׁחָת	הֻשְׁחַתָּ	תֻּשְׁחַת	
אַתְּ	מֻשְׁחֶתֶת	הֻשְׁחַתְּ	תֻּשְׁחֲתִי	
הוּא	מֻשְׁחָת	הֻשְׁחַת	יֻשְׁחַת	
הִיא	מֻשְׁחֶתֶת	הֻשְׁחֲתָה	תֻּשְׁחַת	
אֲנַחְנוּ	מֻשְׁחָתִים מֻשְׁחָתוֹת	הֻשְׁחַתְנוּ	נֻשְׁחַת	
אַתֶּם	מֻשְׁחָתִים	הֻשְׁחַתֶּם	תֻּשְׁחֲתוּ	
אַתֶּן	מֻשְׁחָתוֹת	הֻשְׁחַתֶּן	תֻּשְׁחַתְנָה	
הֵם	מֻשְׁחָתִים	הֻשְׁחֲתוּ	יֻשְׁחֲתוּ	
הֵן	מֻשְׁחָתוֹת	הֻשְׁחֲתוּ	תֻּשְׁחַתְנָה	

235

בִּנְיָן: הֻפְעַל	גִּזְרָה: חַסְרֵי פ״נ, פ״י + ל״ת		שֹׁרֶשׁ: יצת	
	הֹוֶה Present	עָבָר Past	עָתִיד Future	צִוּוּי Imperative
אֲנִי	מֻצָּת מֻצֶּתֶת	הֻצַּתִּי	אֻצַּת	
אַתָּה	מֻצָּת	הֻצַּתָּ	תֻּצַּת	
אַתְּ	מֻצֶּתֶת	הֻצַּתְּ	תֻּצְּתִי	
הוּא	מֻצָּת	הֻצַּת	יֻצַּת	
הִיא	מֻצֶּתֶת	הֻצְּתָה	תֻּצַּת	
אֲנַחְנוּ	מֻצָּתִים מֻצָּתוֹת	הֻצַּתְנוּ	נֻצַּת	
אַתֶּם	מֻצָּתִים	הֻצַּתֶּם	תֻּצְּתוּ	
אַתֶּן	מֻצָּתוֹת	הֻצַּתֶּן	תֻּצַּתְנָה	
הֵם	מֻצָּתִים	הֻצְּתוּ	יֻצְּתוּ	
הֵן	מֻצָּתוֹת	הֻצְּתוּ	תֻּצַּתְנָה	

רשימת פעלים על־פי הלוחות: המשך

לצידו של כל לוח מופיעה רשימת הפעלים הנוטים לפיו. ללוחות רבים מתאימה רשימה ארוכה של פעלים. הפעלים ה״עודפים״, שלא נמצא להם מקום לצד הלוחות, מופיעים להלן, על־פי מספרי הלוחות.

LIST OF MATCHING VERBS: Continuation

Alongside each Verb Table, there appears a list of verbs that match the same conjugation. Many Tables have long lists of such matching verbs. The "surplus" verbs, for which there was insufficient space alongside the Table, are continued here in consecutive order.

1

גָמַל
גָמַר
גָנַב
גָנַז
גָסַס
גָרַב
גָרַם
גָרַס
גָרַף
גָרַר
דָגַל
דָגַר
דָלַף
דָלַק
דָפַק
דָקַר
דָרַךְ
דָרַס
דָרַשׁ
זָכַר
זָלַל
זָמַם
זָקַף
זָרַם
זָרַק
טָבַל
טָפַל
טָרַד
טָרַף
טָרַק
כָּבַל
כָּבַשׁ
כָּלַל
כָּפַל
כָּפַף
כָּפַר
כָּרַךְ
כָּתַב
לָגַם
לָחַךְ
לָכַד
מָדַד
מָזַג
מָכַר
מָלַךְ
מָסַר
מָצַץ
מָרַד
מָרַט
מָשַׁךְ
מָשַׁל
נָבַט
נָבַר
נָגַס
נָדַד
נָזַף
נָטַר
נָפַשׁ
נָצַץ
נָשַׁם
סָבַל
סָבַר
סָגַד
סָדַק
סָטַר
סָכַר
סָלַל
סָמַךְ
סָפַג
סָפַד
סָפַר
סָקַל
סָקַר
סָרַג
סָרַק
סָתַם
סָתַר
פָּגַם
פָּגַשׁ
פָּזַל
פָּטַר
פָּלַט
פָּלַשׁ
פָּסַל
פָּסַק
פָּצַר
פָּקַד
פָּקַק
פָּרַט
פָּרַם
פָּרַץ
פָּרַק
פָּרַשׁ
פָּרַשׂ
פָּשַׁט
פָּתַר
צָבַט
צָבַר
צָלַב
צָלַל
צָלַף
צָפַר
צָרַב
צָרַךְ
צָרַם
צָרַר
קָבַל
קָבַר
קָטַל
קָטַף
קָלַט
קָמַץ
קָנַס
קָסַם
קָפַץ
קָצַב
קָצַף
קָצַר
קָרַם
קָרַס
קָרַץ
קָשַׁר
רָגַם
רָדַף
רָכַס
רָכַשׁ
רָמַז
רָמַס
רָקַד
רָקַם
רָקַק
רָשַׁם
רָתַם
שָׁבַר
שָׁדַד
שָׁזַר
שָׁטַף
שָׁלַט
שָׁלַל
שָׁלַף
שָׁלַק
שָׁמַט
שָׁמַר
שָׁפַט
שָׁפַךְ
שָׁקַד
שָׁקַט
שָׁקַל
שָׁקַק
שָׁרַץ
שָׂרַק
שָׁתַל
שָׁתַק
שָׁכַר
שָׂרַד
שָׂרַף
שָׂרַר
תָּלַשׁ
תָּמַךְ
תָּסַס
תָּפַס
תָּפַר
תָּקַף
תָּרַם

9

עָמַד
עָמַל
עָמַס
עָנַב
עָנַד
עָסַק
עָצַם
עָצַר
עָקַב
עָקַד
עָקַף
עָקַץ
עָקַר
עָרַב
עָרַג
עָרַךְ
עָרַם
עָרַף
עָרַק
עָשַׁק
עָתַר

11

חָפַר
חָצַב
חָצַץ
חָקַק
חָרַג
חָרַז
חָרַט
חָרַךְ
חָרַף
חָרַץ
חָרַק
חָרַשׁ
חָשַׁב
חָשַׁד
חָשַׁף
חָשַׁק
חָשַׁשׁ
חָתַךְ
חָתַם
חָתַר

19

דָעַךְ
זָהַר
זָחַל
זָעַם
זָעַף
זָעַק
טָעַם
כָּאַב
כָּעַס
לָהַט
לָחַם
לָחַץ
לָחַשׁ
לָעַג
לָעַס
מָאַס
מָהַל
מָחַל
מָחַץ
מָחַק
מָעַד
מָעַךְ
מָעַל

נָאַם
נָאַף
נָהַג
נָהַם
נָחַר
נָחַת
נָעַל
נָעַץ
נָעַר
סָחַב
סָחַט
סָחַף
סָחַר
סָעַד
סָעַר
פָּחַד
פָּעַל
פָּעַם
פָּעַר
צָהַל
צָחַק
צָעַד
צָעַק
רָחַץ
רָחַק
רָחַשׁ
רָעַב
רָעַד
רָעַם
רָעַשׁ
שָׁאַב
שָׁאַג
שָׁאַף
שָׁחַט
שָׁחַק
שָׁעַט
תָּחַב

22

טָרַח
כָּרַע
מָנַע
מָרַח
מָשַׁח
מָתַח
נָבַח
נָבַע
נָכַח
סָלַח
פָּגַע

פָּסַח
פָּסַע
פָּצַח
פָּצַע
פָּקַח
פָּקַע
פָּרַח
פָּרַע
פָּשַׁע
פָּתַח
צָבַע
צָוַח
צָלַח
צָלַע
צָמַח
צָנַח
צָרַח
קָבַע
קָדַח
קָטַע
קָלַח
קָלַע
קָרַע
רָוַח
רָצַח
רָקַח
רָקַע
רָתַח
שָׁטַח
שָׁכַח
שָׁמַע
שָׁפַע
שָׁקַע
שָׁבַע
שָׂמַח
תָּבַע
תָּפַח
תָּקַע

38

פָּדָה
פָּלָה
פָּנָה
פָּצָה
פָּרָה
צָלָה
צָפָה
קָלָה
קָרָה
רָדָה

רָצָה
שָׁבָה
שָׁגָה
שָׁלָה
שָׁרָה
שָׁתָה
תָּלָה

50

נָם
נָס
סָר
עָט
עָף
צָד
צָם
צָף
צָר
קָץ
רָץ
שָׁב
שָׁט
תָּר

65

נִדְקַר
נִדְרַס
נִדְרַשׁ
נִזְכַּר
נִזְקַק
נִזְרַק
נִטְבַּל
נִטְפַּל
נִטְרַף
נִטְרַק
נִכְבַּל
נִכְבַּשׁ
נִכְלַל
נִכְלַם
נִכְסַף
נִכְפַּל
נִכְרַךְ
נִכְשַׁל
נִכְתַּב
נִלְכַּד
נִלְמַד
נִמְדַד
נִמְזַג
נִמְכַּר
נִמְלַט

נִמְסַר
נִמְצַץ
נִמְרַט
נִמְשַׁךְ
נִנְזַף
נִנְקַט
נִסְגַּר
נִסְדַּק
נִסְלַל
נִסְפַּג
נִסְפַּר
נִסְקַל
נִסְקַר
נִסְרַג
נִסְרַק
נִסְתַּם
נִפְגַּם
נִפְגַּשׁ
נִפְטַר
נִפְלַט
נִפְסַל
נִפְסַק
נִפְקַד
נִפְרַד
נִפְרַם
נִפְרַס
נִפְרַץ
נִפְרַשׂ
נִפְתַּר
נִצְבַּט
נִצְלַב
נִצְמַד
נִצְרַב
נִצְרַד
נִקְבַּר
נִקְטַל
נִקְטַף
נִקְלַט
נִקְנַס
נִקְצַר
נִקְשַׁר
נִשְׁבַּר
נִשְׁדַּד
נִשְׁטַף
נִשְׂכַּר
נִשְׁלַט
נִשְׁלַל
נִשְׁלַם
נִשְׁלַף
נִשְׁמַט

נִשְׁמַר
נִשְׁפַּט
נִשְׁפַּךְ
נִשְׁקַל
נִשְׂרַט
נִשְׂרַף
נִשְׁתַּל
נִתְלַשׁ
נִתְמַךְ
נִתְפַּס
נִתְפַּר
נִתְקַל
נִתְקַף
נִתְרַם

70

נֶהֱרַג
נֶהֱרַס
נֶחֱרַב
נֶחֱרַשׁ
נֶעֱדַר
נֶעֱזַב
נֶעֱזַר
נֶעֱטַף
נֶעֱלַב
נֶעֱלַם
נֶעֱנַשׁ
נֶעֱצַב
נֶעֱצַם
נֶעֱקַד
נֶעֱקַף
נֶעֱקַץ
נֶעֱקַר
נֶעֱרַךְ
נֶעֱרַם
נֶעֱרַף
נֶעֱשַׁק
נֶעֱתַּר

71

נֶחְשַׁב
נֶחְשַׁד
נֶחְשַׂף
נֶחְתַּךְ
נֶחְתַּם

74

נִמְחַק
נִמְעַךְ
נִנְעַל
נִנְעַץ

נִסְחַב
נִסְחַט
נִסְחַף
נִסְחַר
נִפְעַר
נִשְׁאַב
נִשְׁאַל
נִשְׁאַר
נִשְׁחַט
נִשְׁחַק

76

נִפְתַּח
נִצְבַּע
נִקְבַּע
נִקְדַּח
נִקְרַע
נִשְׁבַּע
נִשְׁכַּח
נִשְׁלַח
נִתְבַּע
נִתְקַע

91

בִּיֵּשׁ
בִּכֵּר
בִּסֵּס
בִּצֵּר
בִּקֵּר
בִּקֵּשׁ
בִּשֵּׁל
בִּשֵּׂם
בִּשֵּׂר
בִּתֵּק
בִּתֵּר
גִּבֵּב
גִּבֵּשׁ
גִּדֵּל
גִּדֵּף
גִּדֵּר
גִּיֵּס
גִּיֵּר
גִּלֵּם
גִּלֵּף
גִּמֵּד
גִּפֵּף
גִּשֵּׁר
גִּשֵּׁשׁ
דִּיֵּק
דִּלֵּג

דִּלֵּל
דִּמֵּם
הִגֵּר
הִדֵּק
הִלֵּל
הִמֵּם
הִסֵּס
וִתֵּר
זִבֵּל
זִוֵּג
זִיֵּף
זִכֵּךְ
זִמֵּר
זִנֵּק
זִקֵּק
חִבֵּב
חִבֵּל
חִבֵּק
חִבֵּר
חִדֵּד
חִדֵּשׁ
חִזֵּק
חִזֵּר
חִטֵּט
חִיֵּב
חִיֵּךְ
חִיֵּל
חִכֵּךְ
חִלֵּל
חִלֵּץ
חִלֵּק
חִמֵּם
חִמֵּשׁ
חִנֵּךְ
חִסֵּל
חִסֵּם
חִסֵּר
חִפֵּשׂ
חִשֵּׁב
חִשֵּׁל
חִתֵּל
טִיֵּל
טִנֵּף
טִפֵּל
טִפֵּס
יִבֵּב
יִבֵּשׁ
יִלֵּד
יִלֵּל
יִסֵּד

יִסֵּר
יִצֵּב
יִצֵּג
יִצֵּר
יִקֵּר
יִשֵּׁב
יִשֵּׁר
כִּבֵּד
כִּבֵּס
כִּוֵּץ
כִּזֵּב
כִּנֵּס
כִּפֵּר
כִּשֵּׁף
כִּתֵּר
לִבֵּב
לִטֵּף
לִטֵּשׁ
לִכֵּד
לִמֵּד
לִפֵּף
לִקֵּט
לִקֵּק
מִגֵּר
מִלֵּט
מִמֵּשׁ
מִקֵּד
מִקֵּם
מִקֵּשׁ
מִשֵּׁשׁ
נִגֵּב
נִדֵּב
נִוֵּט
נִכֵּשׁ
נִמֵּק
נִסֵּר
נִפֵּץ
נִצֵּל
נִצֵּר
נִקֵּב
נִקֵּד
נִקֵּז
נִקֵּר
נִשֵּׁל
נִשֵּׁק
נִתֵּץ
נִתֵּק
נִתֵּר
סִבֵּךְ
סִגֵּל

סִדֵּר
סִוֵּג
סִיֵּד
סִיֵּם
סִיֵּר
סִכֵּל
סִכֵּם
סִלֵּף
סִלֵּק
סִמֵּל
סִמֵּם
סִפֵּק
סִפֵּר
סִקֵּל
סִקֵּר
עִבֵּד
עִבֵּר
עִגֵּל
עִוֵּר
עִטֵּר
עִיֵּף
עִכֵּב
עִכֵּל
עִלֵּף
עִמֵּם
עִנֵּג
עִצֵּב
עִקֵּל
עִקֵּם
עִקֵּר
פִּגֵּר
פִּזֵּז
פִּזֵּם
פִּזֵּר
פִּטֵּם
פִּטֵּר
פִּיֵּס
פִּלֵּג
פִּלֵּס
פִּנֵּק
פִּסֵּל
פִּסֵּק
פִּצֵּל
פִּקֵּד
פִּשֵּׁט
פִּשֵּׁק
פִּשֵּׁר
פִּתֵּל
צִדֵּד
צִטֵּט

צִיֵּד
צִיֵּץ
צִיֵּר
צִלֵּם
צִמֵּק
קִבֵּל
קִבֵּץ
קִדֵּם
קִדֵּשׁ
קִיֵּם
קִלֵּל
קִלֵּף
קִמֵּט
קִמֵּץ
קִפֵּד
קִפֵּל
קִפֵּץ
קִצֵּץ
קִצֵּר
קִשֵּׁט
קִשֵּׁר
רִגֵּל
רִגֵּשׁ
רִדֵּד
רִטֵּשׁ
רִכֵּז
רִכֵּךְ
רִכֵּל
רִסֵּס
רִסֵּק
רִפֵּד
רִצֵּד
רִצֵּף
רִקֵּד
רִתֵּךְ
רִתֵּק
שִׁבֵּץ
שִׁבֵּר
שִׁבֵּשׁ
שִׁגֵּר
שִׁדֵּךְ
שִׁדֵּל
שִׁדֵּר
שִׁוֵּק
שִׁיֵּךְ
שִׁלֵּב
שִׁלֵּם
שִׁלֵּשׁ
שִׁמֵּר
שִׁמֵּשׁ

שִׁפֵּץ
שִׁפֵּר
שִׁקֵּם
שִׁקֵּף
שִׁקֵּר
שִׁתֵּף
שִׁתֵּק
שִׁכֵּל
תִּבֵּל
תִּוֵּךְ
תִּיֵּג
תִּיֵּק
תִּיֵּר

93

נִהֵל
נִחֵם
נִחֵשׁ
נִעֵר
פִּהֵק
פִּחֵת
צִעֵר
רִהֵט
רִחֵם
רִחֵף
שִׁחֵד
שִׁעֵר
תִּעֵב
תִּעֵד
תִּעֵשׁ

94

פִּלַּח
פִּצַּח
פִּקַּח
פִּתַּח
קִנַּח
קִפַּח
רִבַּע
רִוַּח
שִׁבַּח
שִׁגַּע
שִׁטַּח
שִׁלַּח
שִׁסַּע
שִׁמַּח

96

נִגֵּן
סִבֵּן

סִכֵּן
סִמֵּן
סִנֵּן
עִדֵּן
עִיֵּן
צִיֵּן
צִנֵּן
קִנֵּן
רִסֵּן
שִׁכֵּן
שִׁמֵּן
שִׁנֵּן
תִּקֵּן

98

פֵּרֵשׁ
צֵרֵף
קֵרֵב
קֵרֵר
שֵׁרֵשׁ
תֵּאֵם
תֵּאֵר
תֵּרֵץ

103

לִוָּה
מִנָּה
מִצָּה
נִכָּה
נִסָּה
נִפָּה
נִקָּה
עִבָּה
עִוָּה
עִנָּה
עִסָּה
פִּנָּה
פִּצָּה
פִּתָּה
צִוָּה
צִפָּה
קִוָּה
רִוָּה
רִמָּה
רִצָּה
שִׁנָּה
שִׁסָּה

105

דִּקְדֵּק

דִּקְלֵם
דִּרְדֵּר
דִּשְׁדֵּשׁ
הִפְנֵט
זִלְזֵל
זִמְזֵם
חִסְפֵּס
חִשְׁמֵל
טִלְטֵל
טִמְטֵם
טִפְטֵף
טִרְטֵר
טִרְפֵּד
טִשְׁטֵשׁ
כִּדְרֵר
כִּלְכֵּל
כִּפְתֵּר
כִּרְסֵם
כִּשְׁכֵּשׁ
לִבְלֵב
לִגְלֵג
לִכְלֵךְ
מִגְנֵט
מִלְמֵל
מִסְפֵּר
מִצְמֵץ
נִדְנֵד
נִטְרֵל
נִמְנֵם
נִפְנֵף
נִצְנֵץ
סִחְרֵר
סִכְסֵךְ
סִלְסֵל
סִנְוֵר
סִפְסֵר
סִרְבֵּל
עִרְבֵּב
עִרְבֵּל
עִרְטֵל
עִרְפֵּל
פִּטְפֵּט
פִּקְפֵּק
פִּרְזֵל
פִּרְנֵס
פִּרְסֵם
פִּרְפֵּר
צִמְצֵם
צִפְצֵף
קִטְלֵג
קִלְקֵל
קִנְטֵר
קִרְצֵף
קִרְקֵר
קִשְׁקֵשׁ
שִׁחְזֵר
שִׁחְרֵר
שִׁכְלֵל
שִׁכְפֵּל
שִׁלְשֵׁל
שִׁעְבֵּד
שִׁעְמֵם
שִׁפְשֵׁף
שִׁקְשֵׁק
שִׁרְבֵּב
שִׂגְשֵׂג
שִׂרְטֵט
תִּגְבֵּר
תִּדְלֵק
תִּדְרֵךְ
תִּזְמֵר
תִּחְבֵּל
תִּחְכֵּם
תִּחְקֵר
תִּסְבֵּךְ
תִּסְכֵּל
תִּפְקֵד
תִּקְצֵב
תִּקְצֵר
תִּקְתֵּק
תִּרְגֵּל
תִּרְגֵּם

112

רוֹצֵץ
שׁוֹטֵט
תּוֹפֵף

118

בֻּשַּׂם
בֻּתַּק
בֻּתַּר
גֻּבַּשׁ
גֻּדַּל
גֻּדַּף
גֻּדַּר
גֻּיַּס
גֻּיַּר
גֻּלַּם
גֻּלַּף
גֻּמַּד
דֻּבַּר
דֻּלַּל
הֻדַּק
זֻבַּל
זֻוַּג
זֻיַּף
זֻכַּךְ
זֻקַּק
חֻבַּר
חֻדַּד
חֻדַּשׁ
חֻזַּק
חֻיַּב
חֻיַּל
חֻלַּל
חֻלַּץ
חֻלַּק
חֻמַּם
חֻמַּשׁ
חֻנַּךְ
חֻסַּל
חֻשַּׁב
חֻשַּׁל
חֻתַּל
טֻנַּף
טֻפַּל
יֻבַּשׁ
יֻלַּד
יֻצַּג
יֻצַּר
יֻשַּׁב
יֻשַּׁר
כֻּבַּס
כֻּוַּץ
כֻּנַּס
כֻּשַּׁף
כֻּתַּר
לֻטַּף
לֻטַּשׁ
לֻכַּד
לֻקַּט
מֻגַּר
מֻלַּט
מֻמַּשׁ
מֻקַּד
מֻקַּם
מֻקַּשׁ
נֻגַּב
נֻסַּר
נֻפַּץ
נֻצַּל
נֻצַּר
נֻקַּב
נֻקַּד
נֻקַּז
נֻשַּׁל
נֻשַּׁק
נֻתַּץ
נֻתַּק
סֻבַּךְ
סֻדַּר
סֻוַּג
סֻיַּד
סֻכַּל
סֻכַּם
סֻלַּף
סֻלַּק
סֻמַּם
סֻפַּק
סֻפַּר
עֻבַּד
עֻגַּל
עֻטַּר
עֻכַּב
עֻכַּל
עֻצַּב
עֻקַּל
עֻקַּם
עֻקַּר
פֻּזַּר
פֻּטַּם
פֻּטַּר
פֻּיַּס
פֻּלַּג
פֻּנַּק
פֻּסַּל
פֻּסַּק
פֻּצַּל
פֻּצַּץ
פֻּשַּׁט
צֻטַּט
צֻיַּד
צֻיַּר
צֻלַּם
צֻמַּק
קֻבַּץ
קֻדַּם
קֻדַּשׁ
קֻיַּם
קֻלַּל
קֻלַּף
קֻמַּט
קֻפַּל
קֻצַּץ
קֻצַּר
קֻשַּׁט
קֻשַּׁר
רֻטַּשׁ
רֻכַּז
רֻכַּךְ
רֻסַּס
רֻסַּק
רֻפַּד
רֻצַּף
רֻתַּךְ
רֻתַּק
שֻׁבַּץ
שֻׁבַּשׁ
שֻׁגַּר
שֻׁדַּךְ
שֻׁדַּל
שֻׁדַּר
שֻׁוַּק
שֻׁלַּב
שֻׁלַּם
שֻׁמַּר
שֻׁפַּץ
שֻׁפַּר
שֻׁקַּם
שֻׁתַּף
שֻׁתַּק
תֻּבַּל
תֻּיַּג
תֻּיַּק

123

צֻיַּן
רֻסַּן
שֻׁכַּן
שֻׁמַּן
תֻּקַּן

126

צֻפָּה
רֻמָּה
שֻׁנָּה
שֻׁסָּה

129

סֻנְוַר
עֻרְבַּב
עֻרְבַּל
עֻרְטַל
צֻמְצַם
קֻטְלַג
קֻלְקַל
קֻשְׁקַשׁ
שֻׁחְזַר
שֻׁחְרַר
שֻׁכְלַל
שֻׁכְפַּל
שֻׁלְשַׁל
שֻׁעְבַּד
שֻׁעְמַם
שֻׁפְשַׁף
שֻׁרְבַּב
תֻּגְבַּר
תֻּדְלַק
תֻּדְרַךְ
תֻּזְמַר
תֻּחְכַּם
תֻּחְקַר
תֻּסְכַּל
תֻּקְצַב
תֻּרְגַּל
תֻּרְגַּם

135

הִתְבַּסֵּס
הִתְבַּצֵּר
הִתְבַּקֵּשׁ
הִתְבַּשֵּׁל
הִתְבַּשֵּׂם
הִתְבַּשֵּׂר
הִתְגַּבֵּר
הִתְגַּבֵּשׁ
הִתְגַּיֵּס
הִתְגַּיֵּר
הִתְגַּלֵּם
הִתְגַּמֵּד
הִתְגַּמֵּשׁ
הִתְגַּנֵּב
הִתְגַּפֵּף
הִתְגַּשֵּׁם
הִתְהַדֵּק
הִתְהַדֵּר
הִתְהַלֵּךְ
הִתְהַלֵּל
הִתְהַפֵּךְ

הִתְחַבֵּב
הִתְחַבֵּט
הִתְחַבֵּק
הִתְחַבֵּר
הִתְחַדֵּד
הִתְחַדֵּשׁ
הִתְחַוֵּר
הִתְחַזֵּק
הִתְחַיֵּב
הִתְחַיֵּל
הִתְחַכֵּךְ
הִתְחַכֵּם
הִתְחַלֵּף
הִתְחַלֵּק
הִתְחַמֵּם
הִתְחַמֵּק
הִתְחַמֵּשׁ
הִתְחַנֵּךְ
הִתְחַנֵּף
הִתְחַסֵּד
הִתְחַסֵּל
הִתְחַסֵּר
הִתְחַפֵּשׂ
הִתְחַצֵּף
הִתְחַשֵּׁב
הִתְחַשֵּׁל
הִתְחַשֵּׁק
הִתְיַבֵּשׁ
הִתְיַדֵּד
הִתְיַמֵּר
הִתְיַסֵּר
הִתְיַצֵּב
הִתְיַקֵּר
הִתְיַשֵּׁב
הִתְיַשֵּׁר
הִתְיַתֵּם
הִתְכַּבֵּד
הִתְכַּדֵּר
הִתְכַּוֵּץ
הִתְכַּנֵּס
הִתְכַּתֵּב
הִתְכַּתֵּשׁ
הִתְלַבֵּט
הִתְלַכֵּד
הִתְלַקֵּט
הִתְמַזֵּג
הִתְמַכֵּר
הִתְמַמֵּשׁ
הִתְמַסֵּד
הִתְמַסֵּר
הִתְמַקֵּד
הִתְמַקֵּם
הִתְמַשֵּׁךְ
הִתְנַגֵּב
הִתְנַגֵּד
הִתְנַגֵּשׁ
הִתְנַדֵּב
הִתְנַדֵּף
הִתְנַזֵּר
הִתְנַכֵּל
הִתְנַכֵּר
הִתְנַפֵּל
הִתְנַפֵּץ
הִתְנַצֵּל
הִתְנַצֵּר
הִתְנַקֵּז
הִתְנַקֵּם
הִתְנַקֵּשׁ
הִתְנַשֵּׂם
הִתְנַשֵּׁף
הִתְנַשֵּׁק
הִתְנַתֵּק
הִתְעַבֵּר
הִתְעַגֵּל
הִתְעַוֵּר
הִתְעַטֵּף
הִתְעַטֵּשׁ
הִתְעַיֵּף
הִתְעַכֵּב
הִתְעַכֵּל
הִתְעַלֵּל
הִתְעַלֵּם
הִתְעַלֵּס
הִתְעַלֵּף
הִתְעַמֵּל
הִתְעַמֵּק
הִתְעַנֵּג
הִתְעַסֵּק
הִתְעַפֵּשׁ
הִתְעַצֵּל
הִתְעַצֵּם
הִתְעַקֵּם
הִתְעַקֵּשׁ
הִתְעַשֵּׁר
הִתְפַּגֵּר
הִתְפַּזֵּר
הִתְפַּטֵּם
הִתְפַּטֵּר
הִתְפַּיֵּס
הִתְפַּלֵּג
הִתְפַּלֵּל
הִתְפַּלֵּץ
הִתְפַּלֵּשׁ
הִתְפַּנֵּק
הִתְפַּצֵּל
הִתְפַּקֵּד
הִתְפַּקֵּר
הִתְפַּשֵּׁר
הִתְפַּתֵּל
הִתְקַבֵּל
הִתְקַבֵּץ
הִתְקַדֵּם
הִתְקַדֵּר
הִתְקַדֵּשׁ
הִתְקַיֵּם
הִתְקַלֵּף
הִתְקַמֵּט
הִתְקַפֵּל
הִתְקַצֵּף
הִתְקַצֵּר
הִתְקַשֵּׁט
הִתְקַשֵּׁר
הִתְרַגֵּז
הִתְרַגֵּל
הִתְרַגֵּשׁ
הִתְרַכֵּז
הִתְרַכֵּךְ
הִתְרַסֵּק
הִתְרַפֵּט
הִתְרַפֵּס
הִתְרַפֵּק
הִתְרַשֵּׁל
הִתְרַשֵּׁם

137

הִתְנַחֵם
הִתְנַעֵר
הִתְפַּחֵם
הִתְפַּעֵל
הִתְפַּעֵם
הִתְקַהֵל
הִתְרַחֵב
הִתְרַחֵץ
הִתְרַחֵק
הִתְרַחֵשׁ
הִתְרַעֵם

142

הִשְׁתַּדֵּל
הִשְׁתַּזֵּף
הִשְׁתַּיֵּךְ
הִשְׁתַּכֵּר
הִשְׂתַּכֵּר
הִשְׁתַּלֵּב
הִשְׁתַּלֵּט
הִשְׁתַּלֵּם
הִשְׁתַּמֵּד
הִשְׁתַּמֵּט
הִשְׁתַּמֵּר
הִשְׁתַּנֵּק
הִשְׁתַּפֵּךְ
הִשְׁתַּפֵּר
הִשְׁתַּקֵּם
הִשְׁתַּקֵּף
הִשְׁתַּתֵּף
הִשְׁתַּתֵּק

155

הִתְעוֹפֵף
הִתְעוֹרֵר
הִתְפּוֹצֵץ
הִתְפּוֹרֵר
הִתְקוֹטֵט
הִתְקוֹמֵם
הִתְרוֹמֵם
הִתְרוֹפֵף
הִתְרוֹצֵץ
הִתְרוֹשֵׁשׁ

159

הִתְעַלָּה
הִתְעַנָּה
הִתְפַּנָּה
הִתְפַּתָּה
הִתְקַשָּׁה
הִתְרַבָּה
הִתְרַפָּה
הִתְרַצָּה

167

הִתְמַרְמֵר
הִתְנַדְנֵד
הִתְנַמְנֵם
הִתְעַרְבֵּב
הִתְעַרְבֵּל
הִתְעַרְטֵל
הִתְעַרְעֵר
הִתְעַרְפֵּל
הִתְפַּלְמֵס
הִתְפַּלְפֵּל
הִתְפַּרְכֵּס
הִתְפַּרְנֵס
הִתְפַּרְסֵם
הִתְקַלְקֵל
הִתְרַבְרֵב

178

הִגְלִיד
הִגְמִישׁ
הִגְנִיב
הִגְעִיל
הִגְרִיל
הִגְשִׁים
הִדְאִיג
הִדְבִּיק
הִדְבִּיר
הִדְגִּים
הִדְגִּישׁ
הִדְהִים
הִדְהִיר
הִדְלִיף
הִדְמִים
הִדְפִּיס
הִדְרִיךְ
הִדְרִים
הִזְהִיר
הִזְכִּיר
הִזְלִיף
הִזְנִיק
הִזְעִיק
הִזְרִים
הִזְרִיק
הִטְבִּיל
הִטְעִים
הִטְרִיד
הִכְאִיב
הִכְבִּיד
הִכְזִיב
הִכְחִיד
הִכְחִיל
הִכְחִישׁ
הִכְלִיב
הִכְלִיל
הִכְלִים
הִכְנִיס
הִכְעִיס
הִכְפִּיל
הִכְפִּישׁ
הִכְרִיז
הִכְשִׁיל
הִכְשִׁיר
הִכְתִּיב
הִכְתִּים
הִכְתִּיר
הִלְאִים
הִלְבִּישׁ
הִלְהִיב
הִלְחִים
הִלְעִיט
הִמְאִיס
הִמְחִיז
הִמְחִישׁ
הִמְטִיר
הִמְלִיט
הִמְלִיךְ
הִמְלִיץ
הִמְעִיט
הִמְרִיד
הִמְרִיץ
הִמְשִׁיךְ
הִמְשִׁיל
הִמְתִּיק
הִנְבִּיט
הִנְהִיג
הִנְחִיל
הִנְמִיךְ
הִנְעִיל
הִנְעִים
הִנְשִׁים
הִסְבִּיר
הִסְגִּיר
הִסְדִּיר
הִסְכִּים
הִסְלִים
הִסְמִיךְ
הִסְמִיק
הִסְעִיר
הִסְפִּיד
הִסְפִּיק
הִסְרִיט
הִסְתִּיר
הִפְגִּיז
הִפְגִּישׁ
הִפְחִיד
הִפְלִיג
הִפְלִיל
הִפְנִים
הִפְסִיד

הִפְסִיק
הִפְעִיל
הִפְצִיץ
הִפְצִיר
הִפְקִיד
הִפְקִיר
הִפְרִיד
הִפְרִיז
הִפְרִיךְ
הִפְרִישׁ
הִפְשִׁיט
הִפְשִׁיל
הִפְשִׁיר
הִצְדִּיק
הִצְהִיב
הִצְהִיר
הִצְחִיק
הִצְלִיב
הִצְלִיף
הִצְמִיד
הִצְעִיד
הִקְבִּיל
הִקְדִּים
הִקְדִּישׁ
הִקְהִיל
הִקְלִיט
הִקְנִיט
הִקְסִים
הִקְפִּיד
הִקְפִּיץ
הִקְצִיב
הִקְצִיף
הִקְרִיב
הִקְשִׁיב
הִרְבִּיץ
הִרְגִּיז
הִרְגִּיל
הִרְגִּישׁ
הִרְדִּים
הִרְחִיב
הִרְחִיק
הִרְטִיב
הִרְכִּיב
הִרְעִיב

הִרְעִיד
הִרְעִיל
הִרְעִים
הִרְעִישׁ
הִרְקִיד
הִרְשִׁים
הִשְׁאִיל
הִשְׁאִיר
הִשְׁחִיז
הִשְׁחִיל
הִשְׁחִים
הִשְׁחִיר
הִשְׁכִּיב
הִשְׂכִּיל
הִשְׁכִּים
הִשְׂכִּיר
הִשְׁלִיט
הִשְׁלִיךְ
הִשְׁלִים
הִשְׁמִיד
הִשְׁמִיט
הִשְׁמִיץ
הִשְׁפִּיל
הִשְׁקִיט
הִשְׁקִיף
הִשְׁתִּיל
הִשְׁתִּיק
הִתְאִים
הִתְחִיל
הִתְמִיד
הִתְסִיס
הִתְפִּיל
הִתְקִיף
הִתְרִים

181
הֶחֱנִיק
הֶחֱסִיר
הֶחֱרִיב
הֶחֱרִיד
הֶחֱרִים
הֶחֱרִיף
הֶחֱרִישׁ
הֶחֱשִׁיב

הֶעֱבִיד
הֶעֱבִיר
הֶעֱלִיב
הֶעֱלִיל
הֶעֱלִים
הֶעֱמִיד
הֶעֱמִיס
הֶעֱמִיק
הֶעֱנִיק
הֶעֱנִישׁ
הֶעֱסִיק
הֶעֱפִּיל
הֶעֱצִיב
הֶעֱרִיךְ
הֶעֱרִים
הֶעֱרִיץ
הֶעֱשִׁיר
הֶעְתִּיק

185
הִפְתִּיעַ
הִצְבִּיעַ
הִצְדִּיעַ
הִצְלִיחַ
הִצְמִיחַ
הִצְנִיחַ
הִצְנִיעַ
הִקְצִיעַ
הִקְרִיחַ
הִקְשִׁיחַ
הִרְבִּיעַ
הִרְגִּיעַ
הִרְשִׁיעַ
הִרְתִּיחַ
הִרְתִּיעַ
הִשְׁבִּיחַ
הִשְׁבִּיעַ
הִשְׂבִּיעַ
הִשְׁגִּיחַ
הִשְׁכִּיחַ
הִשְׁמִיעַ
הִשְׁפִּיעַ
הִשְׁקִיעַ
הִתְמִיהַּ

הִתְנִיעַ
הִתְרִיעַ

190
הִתְנָה
הִתְרָה

198
הֵתִּיךְ
הִתִּיר
הִתִּישׁ

202
הֵעִיב
הֵעִיד
הֵעִיף
הֵעִיק
הֵעִיר
הֵפִיג
הֵפִיץ
הֵפִיק
הֵצִיף
הֵצִיץ
הֵצִיק
הֵקִיץ
הֵרִים
הֵרִיץ
הֵרִיק
הֵשִׁיב
הֵשִׁיט

212
הָזְנַק
הָזְרַם
הָזְרַק
הָחְדַּר
הָחְזַק
הָחְזַר
הָחְכַּר
הָחְלַט
הָחְלַף

הָחְלַק
הָחְלַשׁ
הָחְמַץ
הָחְתַּם
הָטְבַּל
הָטְרַד
הָכְלַל
הָכְנַס
הָכְפַּל
הָכְרַז
הָכְשַׁל
הָכְשַׁר
הָכְתַּב
הָכְתַּם
הָכְתַּר
הָלְבַּשׁ
הָמְלַךְ
הָמְלַץ
הָמְרַץ
הָמְתַּק
הָנְמַךְ
הָנְשַׁם
הָסְבַּר
הָסְגַּר
הָסְפַּד
הָסְרַט
הָסְתַּר
הָפְגַּז
הָפְגַּשׁ
הָפְנַם
הָפְסַק
הָפְצַץ
הָפְקַד
הָפְקַר
הָפְרַד
הָפְרַךְ
הָפְרַשׁ
הָפְשַׁט
הָפְשַׁר
הָצְמַד
הָקְדַּם
הָקְדַּשׁ
הָקְלַט
הָקְסַם

הָקְפַּץ
הָקְצַב
הָקְצַף
הָרְגַּל
הָרְגַּשׁ
הָרְדַּם
הָרְכַּב
הָשְׁכַּב
הָשְׂכַּר
הָשְׁלַךְ
הָשְׁלַם
הָשְׁמַד
הָשְׁמַט
הָשְׁמַץ
הָשְׁפַּל
הָשְׁקַט
הָשְׁתַּל
הָשְׁתַּק
הָתְסַס
הָתְפַּל
הָתְקַף
הָתְרַם

217
הָשְׁבַּע
הָשְׁפַּע
הָשְׁקַע
הָתְנַע

218
הָרְעַב
הָרְעַל
הָשְׁאַל
הָשְׁאַר
הָשְׁחַז
הָשְׁחַל
הָתְאַם

224
הוּרַק
הוּשַׁב
הוּשַׁט

רשימת הלוחות
LIST OF VERB TABLES

בִּנְיַן פָּעַל

לוח מס׳	גזרה	הדגם
1	שלמים (אפעֹל)	סָגַר
2	שלמים (אפעַל)	לָמַד
3	שלמים (אפעַל)	גָּדַל
4	פ׳ גרונית א׳ (אפעֹל)	אָסַף
5	פ׳ גרונית א׳ (אפעַל)	אָרַךְ
6	פ׳ גרונית (א׳ נחה)	אָכַל
7	פ׳ גרונית א׳ נחה + ע׳ גרונית	אָהַב
8	פ׳ גרונית א׳ נחה + ע׳ גרונית	אָהַד
9	פ׳ גרונית (ה׳ ח׳ ע׳) (אפעֹל)	עָבַד
10	פ׳ גרונית ה׳ (אפעֹל)	הָדַף
11	פ׳ גרונית ח׳ (אפעֹל)	חָקַר
12	פ׳ גרונית ח׳ (אפעַל)	חָמַק
13	פ׳ גרונית ח׳ (אפעַל)	חָדַל
14	פ׳ גרונית ע׳	עָיֵף
15	פ׳ גרונית ח׳ (אפעֹל)	חָפֵץ
16	פ׳ גרונית ח׳ (אפעַל)	חָכַם
17	פ׳ גרונית ח׳ + ל״א	חָטָא
18	פ׳ גרונית ח׳ (אפעַל)	חָרַד
19	ע׳ גרונית (א׳ ה׳ ח׳ ע׳) (אפעַל)	שָׁאַל
20	ע׳ גרונית (אפעַל)	נָעַם
21	ע׳ גרונית + ל״נ	טָעַן
22	ל׳ גרונית (ח׳ ע׳) (אפעַל)	שָׁלַח
23	ל׳ גרונית (ה׳ קיימת) (אפעַל)	תָּמַהּ
24	ל׳ גרונית (ה׳ קיימת) (אפעַל)	גָּבַהּ
25	נחי פ״י	יָשַׁב
26	פ״י	יָנַק
27	פ״י	יָשֵׁן
28	פ״י + ל״א	יָצָא
29	פ״י + ל״א	יָרֵא
30	פ״י + ל׳ גרונית	יָדַע
31	פ״י + ל׳ גרונית	יָגַע
32	פ״נ + חסרי פ״י (אפעֹל)	נָפַל
33	פ״נ (אפעַל)	נָזַל
34	פ״נ+ ל׳ גרונית	נָסַע
35	ל״א	קָרָא
36	פ״נ + ל״א	נָשָׂא
37	ל״א	צָמֵא
38	ל״ה	קָנָה
39	ל״ה	כָּבָה
40	ל״ה + ע׳ גרונית	רָאָה
41	ל״ה + ע׳ גרונית	כָּהָה
42	ל״ה + פ״נ	נָטָה
43	ל״ה + פ״י	יָרָה
44	ל״ה + פ׳ גרונית	עָשָׂה
45	ל״ה + פ׳ גרונית	חָלָה
46	ל״ה + פ׳ גרונית	הָגָה
47	ל״ה + פ״א	אָפָה
48	ל״ה (מיוחדת)	הָיָה
49	ל״ה (מיוחדת)	חַי
50	נחי ע״ו	קָם
51	נחי ע״ו	בּוֹשׁ
52	נחי ע״ו + ל׳ גרונית	נָח
53	נחי ע״י	שָׂם
54	ע״ו + ל״א	בָּא
55	מיוחדת	יָכֹל
56	מיוחדת	קָטֹן
57	ל״נ (אפעַל)	שָׁמֵן
58	פ״נ (מיוחדת)	נָתַן
59	ל״ת (אפעֹל)	כָּרַת
60	ע״נ (מיוחדת)	מֵת
61	פ״נ (מיוחדת)	נִגַּשׁ
62	כפולים + ל״נ	חָנַן
63	ל״נ (אפעֹל)	טָמַן
64	פ׳ גרונית + ל״נ	עָגַן

בִּנְיַן נִפְעַל

לוח מס׳	גזרה	הדגם
65	שלמים	נִכְנַס
66	ל״נ	נִטְמַן
67	שלמים + ל״ת	נִכְרַת
68	פ״ר	נִרְדַּם
69	פ״ר + ל׳ גרונית	נִרְגַּע

לוח מס׳	גזרה	הדגם
70	פ׳ גרונית (א׳ ה׳ ע׳)	נֶעֱצַר
71	פ׳ גרונית (ח׳)	נֶחְקַר
72	פ׳ גרונית (א׳ ה׳) + ל״ה	נֶהֱנָה
73	פ׳ גרונית (ע׳) + ל״ה	נַעֲשָׂה
74	ע׳ גרונית (א׳ ה׳ ח׳ ע׳)	נִבְהַל
75	ע׳ גרונית + ל״נ	נִבְחַן
76	ל׳ גרונית	נִשְׁמַע
77	ל״א	נִקְרָא
78	ל״ה	נִבְנָה
79	ל״ה	נִרְאָה
80	ל״ה + ע׳ גרונית	נִדְחָה
81	פ״נ	נִצַּל
82	פ״נ (מיוחדת)	נִתַּן
83	פ״נ + ל״א	נִשָּׂא
84	נחי פ״י	נוֹלַד
85	פ״י + ע׳ גרונית	נוֹעַד
86	פ״י + ל׳ גרונית	נוֹדַע
87	פ״י + ל״ה	נוֹרָה
88	ע״ו	נָדוֹן
89	ע״ו	נָסוֹג
90	כפולים	נָמַס

בִּנְיַן פִּעֵל

לוח מס׳	גזרה	הדגם
91	שלמים	דִּבֵּר
92	ל״ת	וִסֵּת
93	ע׳ גרונית (ה׳ ח׳ ע׳)	שִׂחֵק
94	ל׳ גרונית (ח׳ ע׳)	נִצַּח
95	נחי ל״א	מִלֵּא
96	ל״נ	עִשֵּׁן
97	פ׳ גרונית + ע׳ גרונית	אִחֵר
98	ע׳ גרונית (א׳ ר׳)	בֵּרֵךְ
99	ע׳ גרונית + ל״ת	שֵׁרֵת
100	ע׳ גרונית + ל״נ	מֵאֵן
101	פ׳ גרונית + ע״ר + ל׳ גרונית	אֵרַח
102	ע״ר + ל״ה	גֵּרָה
103	ל״ה	חִכָּה
104	ל״ה + ע׳ גרונית	זִהָה
105	מרובעים	צִלְצֵל
106	מרובעים + גרוניות (ה׳)	הִרְהֵר
107	מרובעים + גרוניות (א׳)	טִאטֵא
108	מרובעים + גרוניות (ח׳ ע׳)	צִחְצַח
109	מרובעים + גרוניות (ע׳)	זִעְזַע
110	מרובעים + ל״נ	תִּכְנֵן
111	מרובעים + ל״ת	תִּכְנֵת
112	כפולים + עו״י	סוֹבֵב
113	כפולים + עו״י + ל״נ	כּוֹנֵן
114	ע״ו + ל״ת	צוֹתֵת
115	עו״י (מיוחדת)	שׁוֹחֵחַ
116	מיוחדת	אֵרַע
117	מחומשים	טִלְגְּרֵף

בִּנְיַן פֻּעַל

לוח מס׳	גזרה	הדגם
118	שלמים	כֻּבַּד
119	ל״ת	וֻסַּת
120	ע׳ גרונית (ה׳ ח׳ ע׳)	יֻחַס
121	ל׳ גרונית (ח׳ ע׳)	נֻסַּח
122	ל״א	מֻלָּא
123	ל״נ	צֻנַּן
124	ע״ר	צֹרַף
125	ע׳ גרונית (א׳ ה׳ ע׳ ר׳)	גֹּהַץ
126	ל״ה	זֻכָּה
127	ל״ה + ע׳ גרונית	זֻהָה
128	ל״ה + ע״ר	גֹּרָה
129	מרובעים	פֻּרְסַם
130	מרובעים + ע׳ גרונית	שֻׁלְהַב
131	מרובעים + ל׳ גרונית	שֻׁכְנַע
132	מרובעים + גרוניות	שֻׁעֲשַׁע
133	מרובעים + ל״נ	תֻּכְנַן
134	מרובעים + ל״ת	תֻּמְצַת

בִּנְיַן הִתְפַּעֵל

לוח מס׳	גזרה	הדגם
135	שלמים	הִתְלַבֵּשׁ
136	ע׳ גרונית (א׳, ר׳)	הִתְקָרֵב
137	ע׳ גרונית (ה׳, ח׳, ע׳)	הִתְנַהֵל
138	ל׳ גרונית	הִתְגַּלֵּחַ
139	ל״א	הִתְפַּלֵּא

לוח מס'	גזרה	הדגם
140	ל״נ	הִתְחַתֵּן
141	ע״ר + ל' גרונית	הִתְאָרֵחַ
142	פ' שורקת (ס', ש', שׂ')	הִשְׁתַּמֵּשׁ
143	פ' שורקת + ע' גרונית	הִשְׁתַּעֵל
144	פ' שורקת+ע' גרונית (א', ע', ר')	הִסְתָּרֵק
145	פ' שורקת + ל' גרונית	הִשְׁתַּקֵּעַ
146	פ' שורקת + ע״ר + ל' גרונית	הִשְׁתָּרֵעַ
147	פ' שורקת + ל״נ	הִסְתַּכֵּן
148	פ' שורקת (צ')	הִצְטַדֵּק
149	פ' שורקת (צ') + ע' גרונית	הִצְטַחֵק
150	פ' שורקת (צ') + ע״ר	הִצְטָרֵף
151	פ' שורקת (צ') + ל' גרונית	הִצְטַנֵּעַ
152	פ' שורקת (ז')	הִזְדַּקֵּף
153	פ' שורקת (ז') + ע״ר	הִזְדָּרֵז
154	פ' שורקת (ז') + ל״נ	הִזְדַּקֵּן
155	נחי עו״י + כפולים	הִתְכּוֹפֵף
156	נחי עו״י + כפולים + ל״נ	הִתְבּוֹנֵן
157	נחי עו״י+כפולים+ל' גרונית	הִתְנוֹעֵעַ
158	כפולים + שורקים	הִסְתּוֹבֵב
159	ל״ה	הִתְכַּסָּה
160	ל״ה + ע' גרונית	הִתְמַחָה
161	ל״ה + ע' גרונית (א', ר')	הִתְרָאָה
162	שורקים + ל״ה	הִשְׁתַּנָּה
163	שורקים+ל״ה+ע' גרונית (א')	הִשְׁתָּאָה
164	שורקים (צ') + ל״ה	הִצְטַוָּה
165	שורקים (ז')+ל״ה+ע' גרונית	הִזְדַּהָה
166	ל״ה (מיוחדת)	הִשְׁתַּחֲוָה
167	מרובעים	הִתְבַּלְבֵּל
168	מרובעים + גרוניות	הִתְאַזְרֵחַ
169	מרובעים + גרוניות	הִתְגַּעְגֵּעַ
170	מרובעים + ל״נ	הִתְעַנְיֵן
171	מרובעים + שורקים	הִשְׁתַּחְרֵר
172	מרובעים + שורקים + גרונית	הִשְׁתַּעֲמֵם
173	מרובעים + שורקים + גרוניות	הִשְׁתַּעֲשֵׁעַ
174	מרובעים + שורקים + גרונית	הִשְׁתַּכְנֵעַ
175	מרובעים + שורקים + גרוניות	הִזְדַּעֲזֵעַ
176	מרובעים + גרוניות + ל״נ	הִתְרַעֲנֵן
177	פ״ת	הִתַּמֵּם

בִּנְיַן הִפְעִיל

לוח מס'	גזרה	הדגם
178	שלמים	הִדְלִיק
179	ל״ת	הִשְׁבִּית
180	מרובעים (מיוחדת)	הִשְׂמְאִיל
181	פ' גרונית (א', ה', ע')	הֶאֱכִיל
182	פ' גרונית + ל״נ	הֶאֱמִין
183	פ' גרונית (ח')	הֶחְלִיט
184	ל' גרונית (א')	הִמְצִיא
185	ל' גרונית (ח', ע')	הִרְוִיחַ
186	ל' גרונית (ה' קיימת)	הִגְבִּיהַּ
187	ל״נ	הִלְבִּין
188	פ' גרונית + ל״א	הֶחְטִיא
189	פ' גרונית + ל״א	הֶחְבִּיא
190	נחי ל״ה	הִרְשָׁה
191	נחי ל״ה + ע' גרונית	הִנְחָה
192	נחי ל״ה + ע' גרונית	הֶרְאָה
193	נחי ל״ה + פ' גרונית	הֶחֱנָה
194	נחי פ״י	הוֹרִיד
195	נחי פ״י + ל״א	הוֹצִיא
196	נחי פ״י + ל' גרונית	הוֹדִיעַ
197	נחי פ״י + ל״ה	הוֹדָה
198	חסרי פ״נ, פ״י	הִכִּיר
199	חסרי פ״נ + ל״א	הִשִּׂיא
200	חסרי פ״נ, פ״י + ל' גרונית	הִגִּיעַ
201	חסרי פ״נ + ל״ה	הִכָּה
202	נחי עו״י	הֵקִים
203	נחי עו״י + ל״נ	הֵכִין
204	נחי עו״י + ל' גרונית	הֵרִיחַ
205	נחי עו״י + ל״א	הֵבִיא
206	נחי עו״י + ל״ת	הֵמִית
207	נחי פ״י	הֵיטִיב
208	כפולים	הֵקֵל
209	כפולים + ל״נ	הֵגֵן
210	כפולים + ר'	הֵפֵר
211	כפולים + ל' גרונית	הֵרַע

בִּנְיַן הֻפְעַל

לוח מס'	גזרה	הדגם
212	שלמים	הֻזְכַּר
213	שלמים + ל״נ	הֻזְמַן
214	ל״ת	הֻשְׁבַּת
215	פ' גרונית	הָאֳשַׁם
216	ל' גרונית (א')	הֻמְצָא
217	ל' גרונית (ח', ע')	הֻפְתַּע

לוח מס׳	גזרה	הדגם
218	ע׳ גרונית (א׳, ה׳, ח׳, ע׳)	הֻרְעַל
219	ל׳ גרונית (ה׳ קיימת)	הֻגְבַּהּ
220	ע׳ גרונית + ל״נ	הֻטְעַן
221	נחי ל״ה	הֻשְׁוָה
222	נחי ל״ה + פ׳ גרונית	הָעֳלָה
223	נחי ל״ה + ע׳ גרונית	הֻשְׁעָה
224	נחי פ״י, עו״י	הוּקַם
225	נחי עו״י + ל״ת	הוּמַת
226	נחי פ״י + ל״א	הוּצָא
227	חסרי פ״נ, פ״י	הֻצַּג
228	חסרי פ״נ, פ״י + ל׳ גרונית	הֻסַּע
229	נחי עו״י + ל׳ גרונית	הוּנַח
230	נחי עו״י + ל״נ	הוּבַן
231	נחי עו״י + ע׳ גרונית	הוּחַשׁ
232	כפולים	הוּמַס
233	חסרי פ״נ + ל״ה	הֻכָּה
234	ע׳ גרונית + ל״ת	הֻשְׁחַת
235	חסרי פ״נ, פ״י + ל״ת	הֻצַּת